中国系列·经济学

马克思主义理论研究
和建设工程重点教材

中国金融学

中央财经大学编写组

主　　编　李　健
副 主 编　李建军
主要成员　（以姓氏笔画为序）
　　　　　马　亚　王　辉　方　意　应展宇
　　　　　陈　颖　郭豫媚　黄志刚　黄昌利
　　　　　彭俞超

高等教育出版社·北京

图书在版编目（CIP）数据

中国金融学 / 中央财经大学编写组编. -- 北京：高等教育出版社，2025. 8. --（马克思主义理论研究和建设工程重点教材）（中国系列）. --ISBN 978-7-04-065213-0

Ⅰ. F832

中国国家版本馆CIP数据核字第2025SQ8632号

中国金融学
ZHONGGUO JINRONGXUE

责任编辑	于 明　赵 鹏　付雅楠	封面设计	姜 磊	版式设计	于 婕
责任绘图	邓 超	责任校对	刁丽丽	责任印制	张益豪

出版发行	高等教育出版社	网　　址	http://www.hep.edu.cn
社　　址	北京市西城区德外大街4号		http://www.hep.com.cn
邮政编码	100120	网上订购	http://www.hepmall.com.cn
印　　刷	北京利丰雅高长城印刷有限公司		http://www.hepmall.com
开　　本	787mm×1092mm　1/16		http://www.hepmall.cn
印　　张	29		
字　　数	510 千字	版　　次	2025 年 8 月第 1 版
购书热线	010-58581118	印　　次	2025 年 8 月第 1 次印刷
咨询电话	400-810-0598	定　　价	56.60 元

本书如有缺页、倒页、脱页等质量问题，请到所购图书销售部门联系调换
版权所有　侵权必究
物 料 号　65213-00

目 录

绪 论 / 1

  一、金融的内涵、构成要素与中国特色现代金融体系 / 1
  二、中国特色社会主义金融的本质与功能 / 3
  三、金融在现代经济中的地位与作用 / 5
  四、建设金融强国的要义与要求 / 7
  五、本书的编写思路与框架结构 / 9
  六、学习中国金融学的意义和方法 / 12

第一章 中国金融体系发展与改革开放伟大实践 / 16

 第一节 经济主体的财务活动与金融体系 / 16
  一、居民财务活动与金融体系的关系 / 17
  二、企业财务活动与金融体系的关系 / 18
  三、政府财政收支与金融体系的关系 / 19
  四、开放部门的经济活动与金融体系的关系 / 20
 第二节 中国金融体系的历史演进与发展现状 / 21
  一、中国金融体系发展的历史演进 / 22
  二、中国社会主义金融体系的发展与变迁 / 23
  三、新时代中国特色现代金融体系的发展现状 / 25
 第三节 改革开放以来金融发展的伟大成就与中国经验 / 29
  一、金融改革开放的伟大成就与学理认知 / 29
  二、中国特色金融发展的经验总结与路径选择 / 48

第二章 货币与人民币制度 / 52

第一节 货币 / 52
  一、货币起源及其形式 / 52
  二、货币职能与作用 / 57
  三、货币层次与结构 / 59

第二节 人民币制度 / 62
  一、货币制度与人民币制度的建设 / 63
  二、人民币制度的内容 / 67
  三、以人民为中心的货币管理实践 / 69

第三节 国际货币体系中的人民币 / 71
  一、国际货币体系的范畴与内容 / 71
  二、区域货币制度与货币合作 / 74
  三、人民币国际化 / 75

第三章 外汇与汇率 / 79

第一节 外汇与外汇市场 / 79
  一、外汇的定义、构成与特征 / 80
  二、汇率标价方法及分类 / 80
  三、外汇市场的类型、功能与中国外汇市场的发展 / 84
  四、外汇市场的交易方式 / 85

第二节 外汇管理与外汇储备 / 86
  一、外汇管理的内涵与目标 / 86
  二、外汇储备的定义与来源 / 87
  三、外汇储备的功能与规模管理 / 88
  四、外汇储备的运用 / 91

第三节 汇率的决定与影响 / 92
  一、汇率决定理论 / 92
  二、影响汇率的因素 / 97
  三、汇率的影响及其发挥条件 / 98

　　　　　　四、汇率风险及管理 / 100

　第四节　人民币汇率制度 / 101

　　　　　　一、汇率制度类型与比较 / 102

　　　　　　二、改革开放之后人民币汇率制度的演进 / 104

　　　　　　三、现行人民币汇率形成机制 / 105

第四章　信用形式与信用体系 / 109

　第一节　信用及其在经济中的作用 / 109

　　　　　　一、信用范畴及其基本形态 / 109

　　　　　　二、信用的产生发展及其作用 / 111

　　　　　　三、市场经济中的信用关系 / 113

　　　　　　四、市场经济中的投融资活动 / 115

　第二节　信用形式与金融产品 / 116

　　　　　　一、企业部门的信用形式及金融工具 / 117

　　　　　　二、银行信用及金融工具 / 119

　　　　　　三、政府信用及金融工具 / 121

　　　　　　四、居民部门的信用形式及工具 / 122

　　　　　　五、国际信用及金融工具 / 123

　第三节　信用总量与结构特征 / 125

　　　　　　一、信用统计 / 125

　　　　　　二、中国融资结构及其特征 / 126

　第四节　信用秩序与信用体系 / 129

　　　　　　一、信用秩序 / 130

　　　　　　二、维护信用秩序的机制 / 131

　　　　　　三、中国的信用体系 / 133

第五章　利率与金融资产价格 / 137

　第一节　利息与利率 / 137

　　　　　　一、货币时间价值的体现与度量 / 137

　　　　　二、利息的本质 / 141
　　　　　三、收益资本化规律及其应用 / 143
　第二节　利率决定及其影响因素 / 144
　　　　　一、利率决定理论 / 144
　　　　　二、利率的风险结构与期限结构 / 147
　　　　　三、影响利率变化的其他因素 / 150
　第三节　市场经济发展中利率的作用 / 151
　　　　　一、利率在配置金融资源中的价格引导作用 / 151
　　　　　二、利率在宏观调控中的作用 / 152
　　　　　三、利率是联通宏观与微观经济的金融机制 / 154
　　　　　四、利率发挥作用的前提 / 155
　　　　　五、利率市场化改革 / 156
　第四节　利率与金融资产定价 / 158
　　　　　一、金融资产风险、收益率与利率 / 158
　　　　　二、利率与有价证券价值评估 / 162
　　　　　三、金融资产定价 / 165

第六章　金融机构体系与经营管理 / 168

　第一节　社会主义市场经济发展中的金融业与金融机构 / 168
　　　　　一、金融产业与金融机构 / 168
　　　　　二、市场经济发展中金融机构的功能与作用 / 172
　　　　　三、中国金融机构体系的构成与特征 / 174
　　　　　四、中国金融机构的公司治理 / 176
　第二节　银行业金融机构的运作与管理 / 179
　　　　　一、银行业金融机构的发展与结构特征 / 179
　　　　　二、存款类金融机构的业务运作与经营管理 / 184
　　　　　三、非存款类金融机构的业务运作与管理 / 190
　第三节　证券业金融机构的运作与管理 / 195
　　　　　一、证券业金融机构的发展与行业特征 / 196
　　　　　二、证券业金融机构的业务运作 / 197

三、证券业金融机构的经营管理 / 199

第四节　保险业金融机构的运作与管理 / 200

一、保险业金融机构的发展与行业特征 / 201

二、保险业金融机构的业务种类 / 203

三、保险业金融机构的经营管理 / 204

第七章　金融市场体系与功能结构 / 208

第一节　金融市场及其功能 / 208

一、金融市场的构成要素 / 208

二、金融市场的分类 / 212

三、金融市场的功能与效率 / 213

第二节　中国金融市场体系与结构特征 / 216

一、中国金融市场体系的构成 / 216

二、中国金融市场体系的发展 / 217

三、中国金融市场体系的结构特征 / 219

第三节　货币市场 / 224

一、货币市场的特点与功能 / 224

二、回购市场 / 225

三、同业拆借市场 / 226

四、定期存单市场 / 227

五、银行承兑票据与短期融资券市场 / 228

六、短期国债和中央银行票据市场 / 229

第四节　资本市场 / 230

一、资本市场的特点和功能 / 230

二、股票市场 / 232

三、债券市场 / 235

第五节　衍生品市场 / 238

一、衍生品市场的特征和功能 / 238

二、远期与期货市场 / 239

三、互换市场 / 241

四、期权市场 / 242

第八章　金融开放与全球金融治理 / 244

第一节　金融开放 / 244
　　一、金融开放的含义与内容 / 244
　　二、金融开放的作用、前提、程度和顺序 / 245
　　三、金融业的对外开放 / 247
　　四、金融市场的对外开放 / 249
　　五、资本账户开放 / 251
　　六、国际金融中心的建设和发展 / 254
第二节　金融开放与国际收支 / 256
　　一、国际收支及其统计报表 / 256
　　二、金融开放与国际收支间的关系 / 259
　　三、国际收支失衡的原因、影响和治理 / 262
第三节　全球金融治理与国际金融合作 / 264
　　一、全球金融治理的架构体系 / 264
　　二、现行全球金融治理体系的局限与改革方向 / 267
　　三、全球金融治理中的中国参与和中国智慧 / 269

第九章　金融风险与金融监管体系 / 273

第一节　市场经济中的金融风险与管理 / 273
　　一、市场经济中的金融风险 / 273
　　二、金融风险的特征与类别 / 274
　　三、金融风险管理 / 276
第二节　金融监管理论 / 281
　　一、金融监管概述 / 282
　　二、金融监管的模式与微观审慎监管 / 283
　　三、金融监管的有效性 / 285
第三节　金融监管体系 / 287

一、金融监管体系的形成与职能 / 287

二、"四律一体"金融监管框架 / 289

三、金融监管的组织架构 / 291

第四节　金融监管的实施 / 292

一、银行监管 / 292

二、保险监管 / 295

三、证券监管 / 298

四、期货监管 / 301

第十章　金融安全与宏观审慎政策 / 305

第一节　系统性金融风险与金融危机 / 305

一、系统性金融风险的内涵 / 305

二、系统性金融风险的形成与防控 / 306

三、金融危机 / 310

四、新中国没有发生金融危机的经验分析 / 314

第二节　金融稳定与金融安全 / 316

一、金融稳定 / 316

二、金融安全 / 317

三、金融安全体系建设 / 320

第三节　宏观审慎政策 / 322

一、宏观审慎政策及其相关范畴 / 322

二、宏观审慎政策工具的作用机制 / 324

三、中国的宏观审慎政策实践 / 326

第十一章　中央银行制度与业务运作 / 332

第一节　中央银行制度 / 332

一、中央银行的形成与中国人民银行制度的初建 / 332

二、中国人民银行的组织制度类型 / 334

三、中国人民银行的组织结构 / 335

四、中国人民银行现代中央银行制度的确立与建设 / 338

第二节　中国人民银行的性质与职能 / 343

一、中国人民银行的性质 / 343

二、中国人民银行的职能 / 345

第三节　中国人民银行的业务 / 349

一、中国人民银行业务运作的法律规范与原则 / 349

二、中国人民银行资产负债表 / 351

三、中国人民银行的资产负债业务 / 352

四、中国人民银行的其他业务 / 356

第十二章　货币供求与均衡 / 359

第一节　货币需求 / 359

一、货币需求的含义与分析视角 / 359

二、市场经济条件下货币需求决定的理论 / 360

三、新中国不同时期货币需求的变化与影响因素 / 365

第二节　货币供给 / 369

一、现代信用货币的供给 / 370

二、渐进式改革中的货币供给机制变化 / 371

三、市场经济中的货币供给 / 372

第三节　货币均衡与经济均衡 / 377

一、货币失衡：通货膨胀与通货紧缩 / 377

二、货币均衡与经济均衡的关系 / 382

三、货币均衡机制的演变 / 388

第十三章　货币政策与宏观调控 / 393

第一节　货币政策的框架与目标体系 / 393

一、货币政策框架的构成 / 393

二、多重货币政策目标 / 394

三、货币政策操作指标与中介指标 / 397

　　　　四、数量型和价格型的货币政策框架 / 400

第二节　货币政策工具与传导机制 / 402

　　　　一、货币政策工具 / 402

　　　　二、货币政策传导机制 / 408

　　　　三、货币政策效果 / 411

第三节　货币政策与宏观调控体系 / 412

　　　　一、宏观调控体系的构成与思想理念 / 413

　　　　二、货币政策在宏观调控体系中的定位 / 416

　　　　三、货币政策与宏观审慎政策双支柱调控框架 / 417

　　　　四、货币政策与财政政策的协调配合 / 419

　　　　五、货币政策与其他政策的协调配合 / 421

第十四章　金融发展与金融"五篇大文章" / 423

第一节　金融发展与经济发展 / 423

　　　　一、金融发展与经济发展的关系 / 423

　　　　二、金融与实体经济的关系 / 426

　　　　三、新时代的金融发展与目标 / 427

第二节　科技金融 / 429

　　　　一、创新驱动发展与科技金融 / 429

　　　　二、科技金融的形式与发展 / 431

第三节　绿色金融 / 433

　　　　一、绿色发展理念 / 433

　　　　二、绿色金融与绿色金融体系 / 434

　　　　三、绿色金融政策 / 437

第四节　普惠金融 / 438

　　　　一、普惠金融的内涵 / 438

　　　　二、中国普惠金融的发展 / 440

　　　　三、中国普惠金融发展的支持政策 / 441

第五节　养老金融 / 442

　　　　一、人口老龄化趋势与养老金融 / 443

二、养老金融的主要形式与发展 / 443

第六节　数字金融 / 444

一、数字金融及其对经济的作用 / 445

二、数字金融的形式与发展 / 446

阅读文献 / 449
后记 / 451

绪　　论

金融是国民经济的血脉，是国家核心竞争力的重要组成部分。推进金融高质量发展、加快建设金融强国，是中央金融工作会议锚定的奋斗目标。党的二十届三中全会把深化金融体制改革、推动金融高水平开放，作为全面深化改革、推进中国式现代化的重要举措。要真正理解金融是"国之大者"和建设金融强国的意义，学好金融学是基础。本章界定金融的内涵、构成要素与中国特色现代金融体系的构成；阐释中国特色社会主义金融的本质与功能，阐明金融在现代经济中的重要地位与作用；论述建设金融强国的要义与要求；阐述教材的编写思路、框架结构、内容安排以及学习中国金融学的意义与方法。

一、金融的内涵、构成要素与中国特色现代金融体系

（一）金融的内涵

金融是货币与信用的融合体，是与货币信用相关的所有活动的集合。

"金融"的辞源及主要辞书中的释义

中国最早出现"金融"一词的辞典是1915年初版的《辞源》，1937年刊行的《辞海》中也可以查到。二者释义基本相同，都把资金融通和与之相关的利率、金融机构与金融市场活动包括在内。后面在修订的相关辞典中，口径没有大的变化，但释义更为具体且现实化。我国经济学家黄达在《金融学大辞典》中的释义是："金融，可以理解为凡既涉及货币，又涉及信用，以及以货币与信用结合为一体的形式，生成、运作的所有交易行为的集合；换一个角度，也可以理解为凡涉及货币供给、银行与非银行信用、证券交易、商业保险，以及以类似性质进行运作的所有交易行为的集合。"从古今中外的历史考察中可以印证，金融均源自货币的流通支付和融通资金的信用活动。因此，金融的内涵包括了与货币信用相关的所有活动及其相关的制度安排，

是在开放条件下各种金融基本要素、金融机构和金融市场、金融风险防范与监管、金融总量与结构均衡、货币政策与宏观调控等所有金融活动的聚合体。

金融学是研究各类经济主体的金融活动和金融体系各部分的相互关系与整体运行规律的科学。金融学类本科专业属于经济学学科门类，包括金融学、金融工程、保险学、投资学四个基本专业，以及金融数学、信用管理、经济与金融、金融科技等特设专业。根据金融学类本科专业教学质量国家标准，金融学以市场经济中的各类金融活动为研究对象，主要包括货币流通和信用活动、金融产品设计与估值定价、金融机构经营与管理、金融市场运行与投融资决策、金融风险管理与金融监管、货币政策与金融宏观调控等，本书在此范畴中搭建逻辑框架并安排章节内容。

（二）现代金融的构成要素

在现代市场经济中，金融的构成要素主要有：（1）由货币制度所规范的货币流通与管理；（2）汇率制度安排下的汇率形成机制与外汇管理；（3）由信用活动引起的债权债务或权益关系及其形式与体系；（4）信用活动中内生的利率与作用机制；（5）以各类金融机构为载体的金融产业运作；（6）以各种金融市场为空间的金融交易活动；（7）开放经济条件下的国际金融活动及其关系；（8）金融风险与金融监管；（9）金融安全与宏观审慎管理；（10）中央银行制度与业务运作；（11）货币供求及其均衡机制；（12）货币政策与宏观调控；（13）金融发展理念及路径选择。

（三）中国特色现代金融体系

金融体系是指由各种金融要素在一定的制度法规框架下组成的系统性综合体。各国因经济金融发展中的基础条件、制度和历史文化等方面存在着差异，导致金融体系不尽相同。上述要素构成的中国特色现代金融体系主要包括以下几个部分：

（1）金融工具及其价格体系，包括货币体系、信用体系及其金融工具体系，汇率、利率与资产价格体系。

全球金融体系的两种模式：银行主导型和市场主导型

（2）金融机构体系，包括银行、证券、保险、信托、租赁等各类金融机构。

（3）金融市场体系，包括货币市场、资本市场、保险市场、黄金市场和衍生品市场等各种金融市场。

（4）金融监管体系，包括法律法规体系与政府监管机构（包括金融监管机构、行业主管部门、司法机关、纪检监察机关等）、行业协会等互律机构、社会公律机构等监管组织体系。

（5）政策调控体系，包括总量均衡机制、货币政策、宏观审慎政策等。

（6）金融基础设施服务体系，包括金融资产登记存管系统、清算结算系统、交易设施、交易报告库、重要支付系统、基础征信系统等。

由于金融工具及其价格体系、金融基础设施服务体系都是内嵌在金融机构体系和金融市场体系之中的，所以本书后续章节重点围绕金融机构体系、金融市场体系、金融监管体系和政策调控体系，阐释与之相关的基本知识和运作学理。

二、中国特色社会主义金融的本质与功能

（一）中国特色社会主义金融的本质

金融的本质是服务。虽然各国都把金融业纳入服务业之中，但对金融本质的认识却不尽相同，主要体现在金融为谁服务的问题上。在中国特色社会主义理论体系中，金融发展必须在党的领导下坚持以人民为中心的价值取向，把金融服务实体经济作为根本宗旨，这是基于对金融发展内涵和规律的深刻认知。新中国成立以来，金融通过货币系统为商品经济和交易的计价、流通和支付清算提供服务，通过信用体系为资金余缺调剂和投融资活动提供服务，通过金融机构为各经济主体提供存款、贷款、汇款、财务顾问、资产管理、证券承销发行、经纪代理、信托、租赁、保险保障等全方位金融服务，通过金融市场为投资和融资活动、风险管理和财富管理提供服务。可见，金融最为核心和关键的本质在于为实体经济服务，这一本质特征体现了社会主义市场经济中金融的政治性和人民性。

> 金融要为实体经济服务，满足经济社会发展和人民群众需要。金融活，经济活；金融稳，经济稳。经济兴，金融兴；经济强，金融强。经济是肌体，金融是血脉，两者共生共荣。我们要深化对金融本质和规律的认识，立足中国实际，走出中国特色金融发展之路。
>
> ——习近平：《论把握新发展阶段、贯彻新发展理念、构建新发展格局》，中央文献出版社2021年版，第308页。

（二）中国特色社会主义金融的功能

金融的本质是通过金融功能来体现的，而金融功能则是通过各种金融活动发挥出来的。尽管现代金融活动的形式多样、种类繁多、交易复杂、关系错综、风

险伴生，但金融功能的底层逻辑依然是基于货币与信用这两个基本金融要素，体现的是金融以人民为中心和为实体经济服务的本质。现代金融的功能主要有以下几方面。

1. 提供货币并充当支付中介

市场经济中所有商品、劳务和资产交易都需要借助货币的支付清算才能完成，商业银行通过为客户办理转移存款、货币兑换、货币结算、货币收付和服务、第三方支付等业务，发挥支付中介的功能，在吸收存款、发放贷款、转账支付的过程中创造并提供信用货币。中央银行通过建立和管理支付清算体系，满足金融机构及社会经济活动中的资金清算服务需求，借助货币政策调控货币供给。外汇市场为国际货币兑换与储备提供交易平台。

2. 满足投融资需求并充当信用中介

资金余缺双方在信用的基础上，以金融工具为载体，通过跨期限和跨空间配置建立债权债务或权益关系，通过金融市场或金融机构借助各种金融工具及其交易满足投融资需求。金融机构在投融资活动中主要充当信用中介的角色。例如，银行通过存款与贷款成为资金提供者和资金借入者的信贷中介，证券机构在金融市场上通过发行承销与经纪业务成为证券发行和流通中介，信托机构通过接受运用委托财产成为委托人和受益人的信托中介。

3. 进行资源配置并充当相关管理者

建立在债权债务或权益关系上的投融资活动，实际上是一种资源的跨时空再配置。通过物资租赁方式实现资金融通的融资租赁也是资源配置的方式之一。通过充分的信息披露、适当的风险管控和活跃的资产交易，可以引导资金流向有发展潜力、能够产生高效益的部门和企业，实现资源的优化配置。在此过程中，金融扮演了三种管理者的角色。

（1）信息管理者。借助现代金融基础设施体系的征信系统、价格与交易统计系统等，金融成为全社会经济信息中心和信息管理者，不仅要保持充分、及时和真实的信息披露，还要对所获信息进行清洗和处理，提供各种分析研究报告，引导市场预期理性化，优化投融资者的决策。

（2）风险管理者。金融活动始终伴生着风险，金融机构通过多种金融产品和资产配置、金融市场借助各种金融工具及其定价交易，可以将经济运行中的风险进行期限匹配、跨期分担、分散转移和对冲补偿，对金融风险进行识别和管控，通过公司治理和金融机制使经济主体将风险控制在自身能力承受范围之内并获得与风险相匹配的收益，通过保险为人身和财产风险提供经济保障。严密的金融监管和有效的风险管控可以守住不发生系统性金融风险的底线。

（3）资产管理者。伴随着经济发展和收入增长，各经济主体的金融资产逐渐增加，金融机构通过提供货币、存款、有价证券和保险等金融契约的形式，动员各种闲置资金投入金融活动之中，形成了巨额的社会金融资产。金融机构作为社会金融资产的管理者，可以根据客户的要求提供企业财务规划、家庭资产理财、财产信托管理等金融服务，为客户提供证券、基金及其他金融产品并通过经营运作实现保值增值，使人民群众分享经济发展成果，增加公众的财产性收入和社会财富，促进其消费能力和水平的提升。

> **原理1** 金融要为实体经济服务，满足经济社会发展和人民群众需要。这是中国特色社会主义金融的本质。这一本质特征体现在提供货币并充当支付中介，满足投融资需求并充当信用中介，进行资源配置并充当信息、风险和资产管理者等金融功能及其发挥上。

三、金融在现代经济中的地位与作用

在现代中国经济社会生活中，"金融是国民经济的血脉，是国家核心竞争力的重要组成部分"[①]；"金融是现代经济的核心，在很大程度上影响甚至决定着经济健康发展"[②]；"金融是'国之大者'，关系中国式现代化建设全局"[③]。习近平的这些论断明确了金融的定位，高度概括了金融的重要性。

（一）金融是国民经济的血脉

金融之所以成为国民经济的血脉，是因为一切经济活动都要借助货币信用形式来完成，一切经济政策和调控措施也都要通过货币信用手段来发挥作用。金融以其独特的运作机制，为企业生产经营和创新创业提供资金支持，为人民群众的

---

① 中共中央党史和文献研究院编：《习近平关于金融工作论述摘编》，中央文献出版社2024年版，第11页。
② 中共中央文献研究室编：《十八大以来重要文献选编》（中），中央文献出版社2016年版，第781页。
③ 中共中央党史和文献研究院编：《习近平关于金融工作论述摘编》，中央文献出版社2024年版，第14页。

财富管理、平滑消费和养老保障提供服务，为政府的投融资和财政政策的实施提供工具，为对外开放和国际经济活动提供支付结算和投融资便利。正如血脉源源不断地为人体各部分输送养分，金融机构通过金融服务将资金持续导入国民经济各个领域；金融市场通过金融工具及其交易实现资金的融通与资本的流动；金融监管通过防范化解金融风险，确保金融血脉畅通无阻；金融调控通过维护金融平稳运行，促进国民经济的健康持续发展。这就是"金融活，经济活"的道理。

（二）金融在现代经济运行中发挥核心作用

现代经济是商品经济，货币信用关系渗透在全部经济活动之中。任何可交易品都要用货币来计价，任何购买都要用货币进行支付，任何资金的融通和投资活动都要借助信用形式才能完成。我们从各部门经济活动的现象中可见，金融无处不在且与每个经济主体息息相关。每个人、各类经济单位几乎每天都在接触金融：到银行等金融机构存款、取款或转账，申请各种贷款或发行证券，购买各类理财、基金产品或有价证券，办理各种保险，等等。各种新闻媒体每天报道金融机构、股票行情、外汇牌价、市场利率、货币政策、金融监管等各种信息，都会对经济主体的预期及行为产生重要影响。金融作用于社会经济生活的各个方面：小到个人的货币收支和理财、企业的资产负债管理和盈余分配、进出口部门的国际支付和国际融资，大到政府的财政收支和投融资活动、社会资源的配置、社会财富的分配、投资就业水平、价格波动等，无一不与金融相关，金融由此成为经济运作的枢纽和核心。因此，金融在很大程度上影响甚至决定着经济的健康发展，推动金融高质量发展，成为中国式现代化的内在要求和紧迫任务。

（三）金融是"国之大者"

习近平指出："金融系统要胸怀'国之大者'，强化使命担当，以金融高质量发展助力强国建设、民族复兴伟业。"[①] 金融的"国之大者"主要体现在以下几个方面。

1. 金融是国家的核心竞争力

国家兴衰，金融有责。当今世界，金融是大国博弈的必争之地，在国际金融活动中，无论是在国际货币、利率汇率、资源配置、资产定价、资本流动还是在风险管理、货币政策等方面，金融的竞争价值凸显，日益成为国际政治经济博弈

---

① 中共中央党史和文献研究院编：《习近平关于金融工作论述摘编》，中央文献出版社2024年版，第13页。

的重心，金融也因此成为国家核心竞争力的组成部分。

2. 金融事关中国式现代化建设全局

党的二十届三中全会提出，高水平社会主义市场经济体制是中国式现代化的重要保障。金融是现代市场经济的核心，事关中国式现代化建设全局，对强国建设具有无可替代的重要作用。从历史经验看，大国发展离不开强大金融体系的关键支撑，如果金融搞不好，甚至爆发金融危机，那么经济发展必然受到重挫，现代化进程可能迟滞甚至中断。因此，要推进中国式现代化建设，必须推动我国金融的高质量发展。

3. 金融安全是国家安全的重要组成部分

由于金融要素和运作的特殊性，风险始终内嵌于金融活动之中。金融风险的隐蔽性、突发性、传染性特别强，处理不善还会引发社会风险、政治风险等严重后果，危及国家安全。因此，防范化解金融风险，事关国家安全、发展全局和人民财产安全，是实现高质量发展必须跨越的重大关口，是一场输不起的战役。为此，必须加强金融监管，把各类金融活动全部纳入监管之下，科学防范和化解金融风险，强化安全能力建设，牢牢守住不发生系统性金融风险底线，维护金融安全和稳定，不断提高金融业竞争能力、抗风险能力、可持续发展能力，确保社会主义现代化事业顺利推进。

📖 **原理2** 在社会主义市场经济体制中，金融是国民经济的血脉，是"国之大者"，对经济的健康发展具有至关重要的作用，关乎中国式现代化建设全局，是国家核心竞争力的重要组成部分。

四、建设金融强国的要义与要求

2023年10月，中央金融工作会议确立了加快建设金融强国的目标，这是党中央站在党和国家事业发展全局作出的重大战略部署。我们需要把握建设金融强国的精髓要义和内在要求，在党中央对金融工作的集中统一领导下真抓实干。

（一）金融强国的关键核心金融要素

金融强国应具备六个关键核心金融要素：一是拥有强大的货币，在国际贸易、投资和外汇市场广泛使用，具有全球储备货币地位。二是拥有强大的中央银行，有能力做好货币政策调控和宏观审慎管理，及时有效防范化解系统性风险。

三是拥有强大的金融机构，运营效率高，抗风险能力强，门类齐全，具有全球布局能力和国际竞争力。四是拥有强大的国际金融中心，能够吸引全球投资者，影响国际定价体系。五是拥有强大的金融监管，金融法治健全，在国际金融规则制定中拥有强大话语权和影响力。六是拥有强大的金融人才队伍。建设金融强国，人才是基石。

（二）金融强国的基础是经济

经济强才能金融强，金融强国需要植根于强大的经济之中。只有在具有领先世界的经济实力、科技实力和综合国力的强大经济基础上，才能真正建立起金融强国。经济决定金融的底层逻辑，在本书第十四章中将详细阐释。

（三）建设金融强国的目的是强国

金融强国的最终目的是助力强国建设和民族复兴伟业。金融业通过提高货币流通、资金融通、资源配置、信息管理和风险管控等效率，可以为推动科学技术创新、产业结构升级、区域协调发展、全要素生产率提升贡献力量。为此，需要树立质量优先、效率至上的理念，着力打造现代金融机构和金融市场体系，疏通资金进入实体经济的渠道；优化融资结构，打造适应实体经济发展的金融链；优先满足国家重点建设项目的资金需求，全面提升为实体经济服务的效率和水平，以金融强国服务支撑强国建设和民族复兴伟业。

（四）实现金融强国的必由之路是金融高质量发展

高质量发展是全面建设社会主义现代化国家的首要任务。金融高质量发展是指在保持金融安全与稳定的基础上，以高标准、高质量、高效率的方式推动金融服务实体经济和民生，进而助推经济高质量发展。推动金融高质量发展是实现金融强国的内在要求和必由之路，也是走好中国特色金融发展之路的主题。当前我国金融领域仍然存在各种矛盾和问题，与高质量发展的差距亟待缩小。需要在市场化和法治化轨道上，加大金融改革创新力度，推动金融服务结构优化和质量提升。加强金融法治建设，为金融业发展保驾护航。坚持法治和德治相结合，弘扬中华优秀传统文化，培育中国特色金融文化，守好中国特色现代金融体系的根和魂。深化金融供给侧结构性改革，引导金融业发展同经济社会发展相协调，提高为实体经济服务的质效。着力做好金融"五篇大文章"，即科技金融、绿色金融、普惠金融、养老金融和数字金融，以金融自身的高质量发展服务于经济社会的高质量发展。

（五）建设金融强国的主攻方向是构建中国特色现代金融体系

建设金融强国的要领在于强大六个关键核心金融要素，主攻方向是加快构建中国特色现代金融体系，主要包括六个方面：科学稳健的金融调控体系，结构合理的金融市场体系，分工协作的金融机构体系，完备有效的金融监管体系，多样化专业性的金融产品和服务体系，自主可控安全高效的金融基础设施体系。本书后续各章将阐释与之相关的基本知识与原理。

（六）金融强国的主力军是强大的金融人才队伍

毛泽东指出："世间一切事物中，人是第一个可宝贵的。在共产党领导下，只要有了人，什么人间奇迹也可以造出来。"① 在党的领导下，强大的金融人才队伍是建设金融强国的主力军。无论是构建中国特色现代金融体系，还是做强金融强国的六个关键核心金融要素，或是建设金融强国走高质量发展的道路，包括做好金融发展的"五篇大文章"，都需要有一支强大的金融人才队伍去奋斗拼搏才能实现。强大的金融人才队伍至少满足"纯洁性、专业性、战斗力"三个要求：第一，需要有坚定的政治信仰，坚持服务人民的工作导向，牢固树立人民至上的价值理念，胸怀"国之大者"，忠诚担当使命，永葆政治上的纯洁性。第二，需要系统掌握金融知识、基本原理和相关技能，拥有精深的专业素养、精准的分析判断力、高效的业务能力和广阔的国际视野，敢于挑大梁，创新实干，具有一流水准的专业性。第三，需要坚守"诚实守信、以义取利、稳健审慎、守正创新、依法合规"② 的金融从业红线，保持金融人才队伍作风过硬的战斗力。因此，培养和锻造具备纯洁性、专业性和战斗力的金融人才队伍，是加快建设金融强国的迫切要求和重要支撑。本书的编写就是为培养强大的金融人才队伍提供系统的知识储备，奠定坚实的学理基础。

五、本书的编写思路与框架结构

本书以习近平新时代中国特色社会主义思想为指导，以中国金融发展实践为逻辑起点，以金融服务实体经济发展为基本理念，阐释经济发展中金融体系运行的一般原理与客观规律。全面阐释中国特色现代金融体系的基本元素、内在结构、内涵特征及其形成与发展过程，全景式地展现波澜壮阔的中国金融改革发展历程和现实场景。深入总结新中国成立后特别是新时代以来，在党的领导下中国金融发展的伟大成就和宝贵经验，阐释博大精深的中国金融思想，从中提炼出若

---

① 《毛泽东选集》第四卷，人民出版社1991年版，第1512页。
② 中共中央党史和文献研究院编：《习近平关于金融工作论述摘编》，中央文献出版社2024年版，第171页。

干学理认知与本土化的原创性金融学原理。

本书由"绪论+14章"构成。绪论阐述金融的构成要素及其体系、本质与功能、地位与作用，建设金融强国的要义与要求，本书编写思路与框架结构，学习中国金融学的意义和方法。第一章从中国金融发展与改革开放伟大成就中提炼总体上的学理认知，总结中国特色金融发展之路的主要经验，后面的第二至十四章对中国经验进行多方位的学理分析和理论概括，得出符合客观规律的科学认识，在遵循客观规律的基础上，各章提炼出若干条具体的金融学基本原理，汇聚成具有中国特色的金融学自主知识体系和学理体系。

除绪论外，14章主体内容主要由总论与五大模块构成。全书的框架结构与逻辑关系如图1所示。

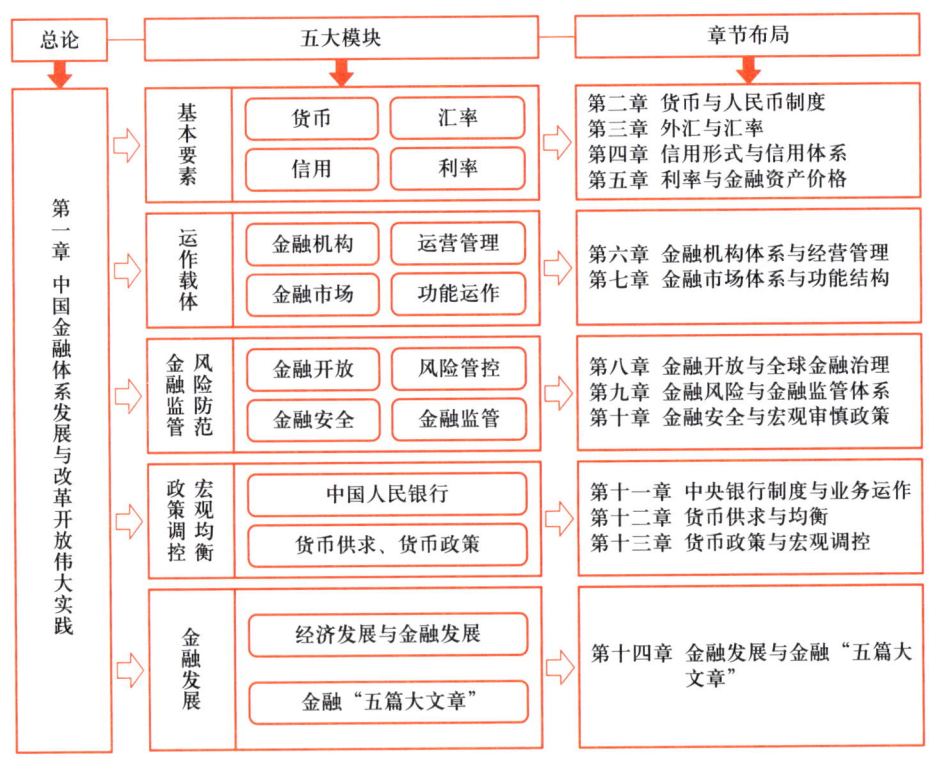

图1 《中国金融学》的框架结构与逻辑关系

（一）中国金融体系发展与改革开放伟大实践

第一章作为全书的总论，从各个经济主体的财务活动入手，阐释中国金融体系与实体经济关系的底层逻辑和基本原理；概括中国金融体系发展演进的历史脉络和现状特征；从改革开放以来中国金融发展的伟大成就中概括总体的学理认知，总结中国特色金融发展的主要经验，为后续各章展开具体的学理阐释奠定实践基础。

（二）金融基本要素与价格机制

金融基本要素是指构成现代金融体系与维系金融运作正常进行的基本元素。社会主义市场经济中各部门的经济活动都要借助货币来计价交易，不同主权货币之间的兑换价格体现为汇率；各经济主体的投融资活动要通过信用来实现，各种货币借贷和金融工具的交易都以利率为参照来进行估值定价。因此，货币、汇率、信用、利率等是现代金融体系必不可少的基本要素。第二章至第五章分别阐释货币、汇率、信用、利率等金融基本要素的内涵及其在社会主义市场经济中的运动。

（三）金融运作载体

金融运作载体是指金融活动参与者运用各种金融工具进行交易或授受金融服务的场所。在社会主义市场经济中，无论是居民、非金融企业、政府和开放部门内部的金融活动，还是各部门之间的金融活动，都要通过金融机构或金融市场来完成。因此，金融机构和金融市场就成为金融体系的两大运作载体。第六章从金融业发展的视角阐述中国金融机构体系及其经营管理等运作学理；第七章论述金融市场的基本知识与原理及其在社会主义市场经济中的运作。

（四）开放条件下的金融风险防范

金融风险是指受未来市场各种因素变化的影响，导致金融活动参与者未来收益或损失的不确定性。随着改革的深化和金融运作日益复杂化，金融风险管控变得越来越重要，需要通过构建完善的金融监管体系，对各类金融机构和市场实施有效监管，同时需要树立中国特色的金融安全理念，建立宏观审慎评估框架，守住不发生系统性金融风险的底线，保障社会主义市场经济运行中的金融安全和国家安全。第八章讨论中国的金融开放与全球金融治理；第九章阐述金融风险管控的基本原理和金融监管体系的架构及实施内容；第十章阐明金融安全和防范系统性风险的重要性，论述宏观审慎政策及其评估框架的学理与实践，为后面的模块奠定理论基础。

（五）宏观均衡与政策调控

宏观均衡是指在货币经济条件下社会总供求和货币供求在总量与结构上达到基本平衡的状态。由于金融的特殊重要性，在市场经济中需要采用各种政策和制度，通过特设的管理机构，对金融体系及其运作进行调节、控制、监督、管理。

其中，中央银行是政府调控稳定货币金融，进而调控稳定整个国民经济的职能机构。由于所有经济总量和信用总量都以货币来计值，所以，货币总量成为宏观金融研究的重点问题，货币供求及其均衡成为研究宏观金融和经济动态均衡的核心。金融宏观调控的主要政策是货币政策，中央银行通过制定和实施货币政策，调控货币供求和金融活动进而调节社会经济运行。第十一章讨论中央银行制度、中国人民银行的职能地位及其业务运作；第十二章阐述货币供求与均衡的基本理论，解读社会主义市场经济中货币需求特征和货币供给机制，阐释中国货币供求与经济总供求之间的关系及其综合平衡的治理思想；第十三章重点阐述中国现行货币政策框架下的目标、工具和传导机制，阐释货币政策与财政政策等宏观调控政策协调配合的原理和实践经验。

（六）金融发展与金融"五篇大文章"

发展理念是发展行动的先导，是发展思路、发展方向、发展着力点的集中体现。任何国家都是在一定的理念引领下选择金融发展的目的、动力、方式和路径。党的十八大以来，在新发展理念指引下，金融发展更加致力于以人民为中心，加强金融企业的社会责任，努力做好科技金融、绿色金融、普惠金融、养老金融、数字金融"五篇大文章"，向着正确的方向行稳致远。第十四章在阐释金融发展基本理论的基础上，重点阐释加快建设金融强国、做好金融"五篇大文章"的学理及其新实践。

综上，《中国金融学》是以习近平新时代中国特色社会主义思想为指导，以货币、汇率、信用、利率等为基本要素，以金融机构和金融市场为运作载体，以风险防范与监管为安全保障，以货币政策和宏观调控为手段追求供求均衡和金融稳定，以新发展理念为指引促进金融发展的学理集合。

六、学习中国金融学的意义和方法

（一）学习中国金融学的意义

1. 中国金融学所研究的范畴和运作原理在经济生活中具有极端重要性

金融是国民经济的血脉，是现代市场经济运行的核心，是"国之大者"。金融所包括的基本范畴和运作在经济社会中具有极端重要性，金融学就是专门研究这些范畴和运作原理的学科。通过学习中国金融学，才能掌握、理解和运用这些重要的金融范畴和学理，培养学生的金融思维和金融工作能力，树立经济和金融一盘棋思想，在金融强国建设中有担当、有作为，从而能够理性地从事金融活动，推动金融高质量发展。

2. 现实生活中提出的种种课题，需要通过学习中国金融学来取得科学的认识

金融体系是一个复杂的巨系统，金融运行并不都是直观可见的。人们虽然每天与金融打交道，但却对很多问题心存疑惑：我们每天使用的货币是从哪儿来的？汇率是怎么决定的？信用为什么成为现代社会最基本的经济关系？市场利率由谁决定？各种金融工具是怎么定价的？同样1元面值的股票为什么有的交易价格为几百元，有的才为1元？银行的资金是怎么运转的？保险的主要功能是什么？为什么中央银行的货币政策有这么大的影响力？等等。许多具体而现实的问题困扰着人们，这就需要通过系统学习中国金融学，掌握相关的基本概念、基本知识和基本原理，把握金融运行的内在逻辑和客观规律，才能找到科学认识和探索金融问题的入门钥匙，研究并解决我国现实中的诸多经济和金融问题，扎实做好金融强国建设的各项工作。

3. 为深入学习各类相关专业课程奠定理论基础

由于货币、汇率、信用、利率、金融市场、金融机构、金融风险、中央银行、货币政策等金融因素已经渗透于现代经济生活的方方面面，金融学类专业的所有课程都与本书讨论的原理相关。在金融学类本科专业教学质量国家标准的课程设置中，金融学是统率性的专业基础理论课程，讲解的是金融专业知识与原理体系的整体框架及其内在逻辑。本书中的大部分章节对应的是一门甚或几门专业课程，在后续的专业教学中发挥着引领性的作用。因此，学好中国金融学课程可以为后续的专业课程奠定坚实的理论基础。其他专业比如经济学、国际经济与贸易、财政学、会计学、工商管理等的主要课程中也都会涉及本书的基本概念、基本知识和基本原理，也都与中国金融学的理论密切关联。所以，学好和掌握中国金融学的基本理论对于学习这些相关专业的课程会大有帮助。

（二）学习中国金融学的立场观点方法

1. 坚持用马克思主义基本原理和贯穿其中的立场观点方法进行学习

在中国金融学的学习过程中，应该始终以马克思主义为指导，结合中国实际，坚持用中国化时代化的马克思主义指导新的实践，特别是把马克思主义政治经济学中与金融相关的基本原理与中国具体实际相结合。坚持以马克思主义为指导，是要运用其科学的世界观和方法论解决中国的问题，其指导性体现在学习中就是要坚持辩证唯物主义和历史唯物主义，弘扬实事求是的科学精神，运用正

确的世界观和方法论去分析并解决金融问题。同时,"把马克思主义思想精髓同中华优秀传统文化精华贯通起来、同人民群众日用而不觉的共同价值观念融通起来"①。要把握好习近平新时代中国特色社会主义思想的世界观和方法论,坚持好、运用好贯穿其中的立场观点方法,以"六个必须坚持",即必须坚持人民至上、必须坚持自信自立、必须坚持守正创新、必须坚持问题导向、必须坚持系统观念和必须坚持胸怀天下,来深入理解本书中阐释的具有鲜明中国特色的金融理论体系。

2. 借鉴吸收全人类一切优秀文明成果

人类在金融问题上已经取得的共识、对规律的认识和经验教训,是优秀文明成果的体现,我们都应该认真学习和汲取。因为市场经济的运作具有相对的客观性和内在规律性,市场经济中的货币、信用、银行等金融范畴及其运作也有基本共性,而金融学作为市场经济中研究金融范畴基本原理的课程,应该抽象并阐明具有客观规律性的基本原理。因此,对于人类社会发展中已经揭示出来的金融内在规律,需要认真学习和掌握,取其精华,为我所用。既不要盲目崇拜,全盘照搬;也不要盲目排斥,一概否定。

> 我们坚持马克思主义政治经济学基本原理和方法论,并不排斥国外经济理论的合理成分。西方经济学关于金融、价格、货币、市场、竞争、贸易、汇率、产业、企业、增长、管理等方面的知识,有反映社会化大生产和市场经济一般规律的一面,要注意借鉴。同时,对国外特别是西方经济学,我们要坚持去粗取精、去伪存真,坚持以我为主、为我所用,对其中反映资本主义制度属性、价值观念的内容,对其中具有西方意识形态色彩的内容,不能照抄照搬。
>
> ——《习近平经济文选》第一卷,中央文献出版社2025年版,第105页。

3. 立足国情,实事求是

在中国大地上学习金融学,目的是更好地从事实际工作和解决中国的经济金融问题,因此,在学习中必须时时注意中国的历史和现实,从国情出发来观察、分析和解决问题,脱离实际生搬硬套国外理论是不可取的。只有运用金融学的基

---

① 《习近平著作选读》第一卷,人民出版社2023年版,第15页。

本知识和客观原理，结合国情来分析和解决现实金融问题，才符合实事求是的科学精神，才能真正学好中国金融学。为此，需要精读马克思主义经典原著，认真学好教材，泛读金融学和经济学的专业书刊，包括相关名著和重要论文，牢固掌握金融学基本知识和原理，研习金融学的分析方法。同时，密切关注新闻时局和经济金融问题，带着现实中的问题来学习和理解中国金融学，学会查阅相关文献资料，观察问题的来龙去脉，用所学的知识与原理去认识问题、分析问题并寻找解决问题的路径。在理论与实际的结合中，掌握金融学理，提升专业素养，成为强大的金融人才队伍中的合格成员。

重要术语

金融　金融学　新发展理念　中国特色现代金融体系　金融强国　金融高质量发展　金融"五篇大文章"　金融基本要素　金融运作载体　金融风险　宏观均衡

思考题

1. 金融的内涵是什么？现代金融由哪些基本要素构成？
2. 中国特色现代金融体系主要包括什么？
3. 如何理解中国特色社会主义金融的本质与功能？
4. 为什么说金融是国民经济的血脉？
5. 金融是"国之大者"主要体现在哪些方面？
6. 如何理解金融强国的要义？如何才能建设金融强国？
7. 为什么说金融强国的主力军是强大的金融人才队伍？
8. 为什么要学习中国金融学？如何学习中国金融学？

即测即评

第一章　中国金融体系发展与改革开放伟大实践

　　金融体系是市场经济运作的核心。建设金融强国，必须加快构建中国特色现代金融体系。改革开放是当代中国大踏步赶上时代的重要法宝，中国式现代化是在改革开放中不断推进的，也必将在改革开放中开辟广阔前景。在党的坚强领导下，中国金融体系从散乱到统一、从弱小到强大，逐步走出一条中国特色金融发展之路。金融与实体经济血肉相连、共生共荣。本章从居民、企业、政府和开放部门等经济主体的财务活动与金融的有机联系入手，阐明中国特色现代金融体系与实体经济关系的底层逻辑和基本原理，刻画中国金融体系的演进脉络和发展现状，概括改革开放以来的中国金融发展伟大成就与学理认知，总结中国特色金融发展的主要经验，凝练中国金融学的基本理论元素，为后续各章的学习提供一个总体框架。

第一节　经济主体的财务活动与金融体系

　　金融源于社会经济活动并为之服务。一方面，国内外各经济部门及其彼此间的经济活动，都需要通过金融体系来实现；另一方面，金融体系在服务社会经济活动的过程中发展完善。社会主义市场经济中主要有居民、企业、政府和开放部门四大经济主体，各个经济主体的财务活动与金融体系有着错综复杂而又密不可分的关系，揭示并理解二者的关系，是我们把握金融与实体经济血肉相连关系的关键。

一、居民财务活动与金融体系的关系

居民部门又称住户部门,主要包括城乡居民和个体经营者。居民财务活动主要是指居民经济生活中的日常收支活动和储蓄、投资、借贷等理财活动。这些活动与金融体系的联结非常紧密。

我国城乡居民通过生产经营、提供劳务和资本等各种渠道以现金或存款方式获得货币收入,通过现金和各种支付工具完成支出,居民的货币收支与金融机构体系的支付结算和货币总量结构的宏观调控体系密切相关。居民的货币盈余通过储蓄理财、投资、保险或信托等使用出去,由此与金融机构、金融市场、宏观调控体系建立了紧密联系。居民的消费贷款和经营贷款影响了信贷总量与结构,民间借贷则与社会信用体系相联系。

消费金融聚力促消费惠民生

居民财务活动与金融体系的关系如图 1-1 所示。

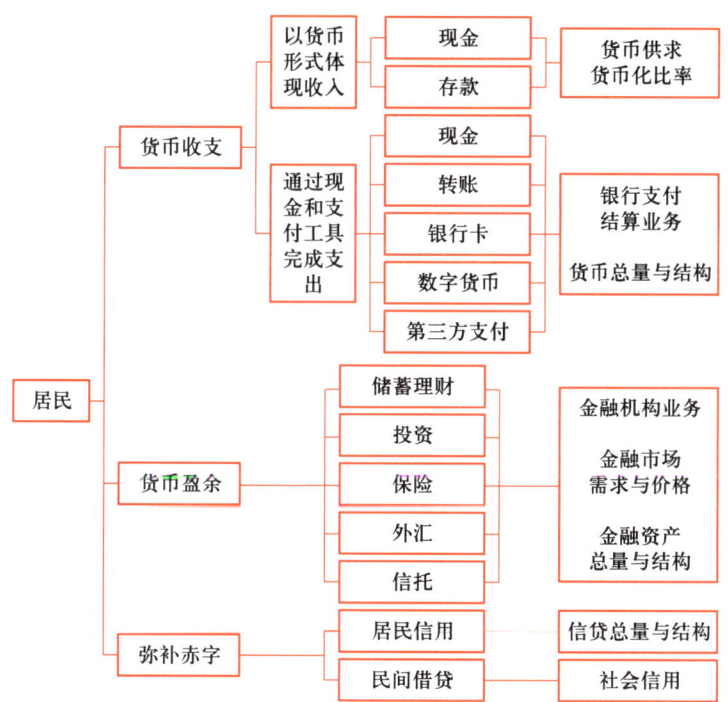

图 1-1 居民财务活动与金融体系的关系

二、企业财务活动与金融体系的关系

企业又称厂商，是市场经济中最基本、最活跃的经济主体，企业生产经营中的财务活动与金融体系的关系最为密切。

（一）企业是金融机构服务的主要对象之一

企业是指以营利为目的从事生产经营活动的独立经济组织，可分为金融企业和非金融企业，本书中涉及的企业均指非金融企业。企业财务活动是指企业在生产经营过程中资金的获得、使用、耗费、分配等一系列活动。企业财务活动中的多种需求需要多种金融服务与产品来满足。例如，银行主要通过对公业务为企业提供多种金融服务，包括企业存款业务、贷款业务、转账结算、资产管理、证券发行、国际资金转移等；证券机构为企业提供票据、债券和股票的发行承销、撮合交易、委托投资、投资顾问等业务；保险机构为企业提供财产保险、员工保险、年金管理等业务；信托机构为企业提供信托融资、信托投资等业务；金融租赁机构为企业提供融资租赁等业务；等等。一方面，企业庞大的财务活动是金融机构业务的基础，企业也由此成为金融机构最重要的客户群体；另一方面，企业的财务运作离不开金融机构，企业资金的供求和收付、理财等都需要金融机构为之提供服务。

（二）企业是金融市场上最主要的参与者

企业发行的票据、股票和债券等是金融市场最主要的交易工具；企业的债券买卖、票据交易、股权交易等，使企业成为货币市场和资本市场上最活跃的参与者；企业的公司治理、财务状况特别是经营与业绩的变化，对金融市场上的利率、股价和资产价格影响很大。

（三）企业的财务活动对宏观金融总量和结构有决定性影响

企业的贷款需求是货币创造的前提条件，企业信用的扩张或收缩直接影响货币信用总量；企业的资产组合与理财活动、投资活动对金融资产结构和货币结构有决定性影响；企业的进出口和海外投融资对国际收支影响巨大，也影响外汇供求和汇率；企业对宏观金融调控的反应也是货币政策能否见效的重要影响因素。

企业财务活动与金融体系的关系如图1-2所示。

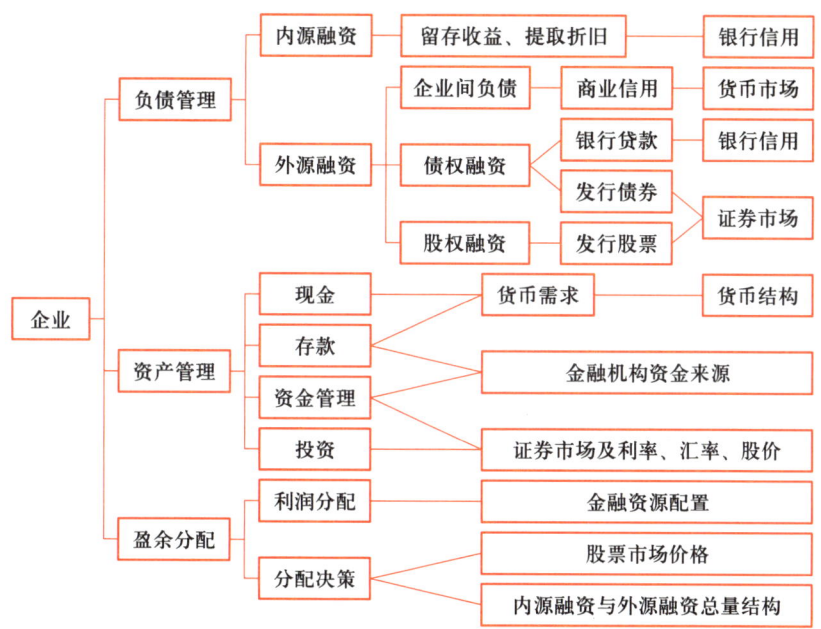

图1-2 企业财务活动与金融体系的关系

三、政府财政收支与金融体系的关系

政府为了实现国家管理职能，需要参与国民收入分配和再分配活动，由此形成财政收支。财政收支是指各级人民政府及其下属单位或其他组织按照《预算法》[①]和国家其他有关规定，纳入国家预算管理的收支，包括一般公共预算收支和政府性基金预算收支。财政收支与金融体系的关系极为密切。

第一，所有财政资金收支都要通过金融体系借助货币或支付工具来完成。国库的预算资金要通过中央银行来进行收付，财政收入形成的存款是中央银行重要的负债来源，财政透支或借款成为中央银行的资产。

第二，财政出现赤字主要通过发行公债来弥补。公债对金融体系影响很大，公债及其衍生品是债券市场和衍生品市场上最重要的交易品种。国债（中央政府发行的公债）利率通常作为无风险的基准利率，国债收益率则是分析利率期限结构的基本标的，国债的价格波动在市场上具有主导性的影响。国债既是金融机构调节资金流动性的二级储备，也是中央银行实施货币政策的主要操作工具。国债的发行是金融机构重要的承销业务，例如我国招标发行的国债，就是通过中标的

---

① 为行文简洁，本书在引用我国法律法规时一律使用简称，如《中华人民共和国预算法》简称为《预算法》。单独注明的除外。

金融机构来承销的。政府的外债也大多通过在境外发行主权债券、借入外国政府和国际金融组织贷款等方式筹集。

第三，政府投资需要通过银行资金转账和支付结算来实现，对货币需求和货币流通具有重要影响；通过影响社会资金供求影响利率，进而影响整个金融市场及其运行。政府的对外投资会对国际金融体系产生重要影响。

近年来全球性的国家债务问题

第四，政府的主动性财政收支安排及其财政政策的制定实施，是宏观调控体系中最重要的组成部分。

政府财政收支与金融体系的关系如图1-3所示。

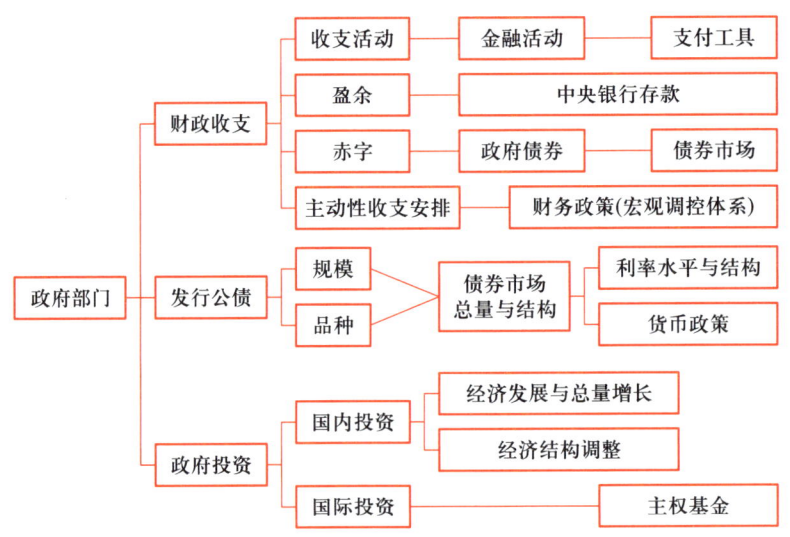

图1-3 政府财政收支与金融体系的关系

四、开放部门的经济活动与金融体系的关系

开放部门是在开放经济条件下从事国际经济活动的国内经济主体的统称。各国开放部门间的经济活动形成国际支付、融资与资本流动等国际金融活动，与金融体系有着密切关系。每一项国际交易活动都需要通过金融机构运用金融工具进行支付结算才能完成，国际支付与结算的发展催生了多样化的金融工具，推进了国际信用和国际货币市场的发展。企业的贸易融资和非贸易融资活动都需要通过金融机构的国际业务来实现。开放部门经济活动导致的国际货币和资本流动形成了国际金融市场，直接影响外汇市场供求的总量与结构变化，影响汇率的波动，对国际收支有决定性作用，是宏观调控关注的重点。开放部门的经济活动与金融

体系的关系如图 1-4 所示。

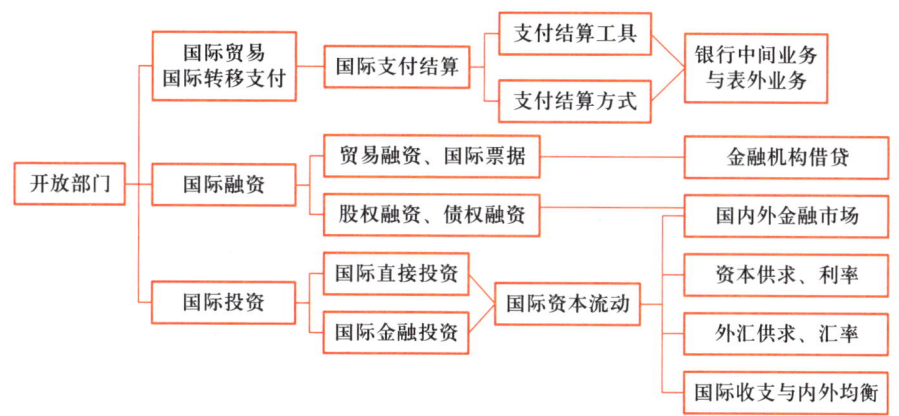

图 1-4　开放部门的经济活动与金融体系的关系

从上述居民、企业、政府和开放部门四个经济主体的财务活动与金融体系的关系中可见：一方面，各个经济主体的资金供求及其交易，是金融体系赖以生存发展的土壤，故"经济兴，金融兴；经济强，金融强"；另一方面，金融是一切经济活动顺利进行的基本条件，是推动经济发展的重要因素，各经济主体的运作发展需要金融体系为之提供源源不断的资金支持和多种服务，故"金融活，经济活；金融稳，经济稳"。这便是金融应该服务实体经济并与之共生共荣的道理所在，也是深化对金融本质和规律认识的要义。

📖 **原理 1-1**　金融供求及其交易源于社会各部门的财务活动，金融体系在为实体经济服务的过程中实现自身的高质量发展。

第二节　中国金融体系的历史演进与发展现状

如前所述，金融体系内生于各经济部门及其彼此间的经济活动之中。现实经济中的金融运行是在特定的制度安排、理念支配与宏观调控下，各经济主体运用货币信用形式与工具及其价格机制，通过金融机构业务经营和金融市场交易完成各自的经济金融活动过程。与此同时，金融在服务社会经济主体的过程中逐渐发展为一个有机的金融体系。不同时期的经济社会发展水平决定了当时金融体系的发展状况。中国的金融体系随着经济社会发展和制度变迁不断演进完善，目前已经发展成为大规模、多元化、现代化的社会主义市场金融体系。

一、中国金融体系发展的历史演进

在中国漫长的经济社会发展历史中，自给自足的自然经济和小生产方式长期占主导，商品经济和社会化大生产方式发展比较落后。尽管货币、信用和金融机构的起源较早，形成了适应当时社会发展阶段与需求并具有自身特色的金融体系，但长期以来实行金属货币制度，信用活动中高利贷盛行，金融机构和金融市场不发达，历代政府对金融的管控主要聚焦于货币发行与流通、高利贷等与自身利益相关之处。因此，古代金融体系对社会生产力和生产关系影响微弱。

中国历史上的金融之最

中国近代自洋务运动以后，陆续引入资本主义工业革命的成果，社会化大生产方式在我国逐渐兴起，票号、钱庄等旧式金融机构和高利贷无法适应生产方式变化的需要，新式金融机构应运而生。1845 年英商丽如银行成为我国第一家外商新式银行；1865 年华商设立首家保险机构——义和公司保险行；1882 年成立了首家民族证券公司——上海平准股票公司；最早成立的民族资本的新式金融机构是 1897 年成立的第一家股份制银行——中国通商银行，该银行的建立被认为是中国现代银行制度开端的标志。随后，各类新式金融机构陆续建立，形成了现代金融机构体系的雏形。

新民主主义革命时期根据地的金融发展

新民主主义革命时期，中国共产党在各个革命根据地建立了自己的金融机构，如 1927 年在湖南浏阳设立的浏东平民银行、1932 年成立的中华苏维埃共和国国家银行、1937 年成立的陕甘宁边区银行、1940 年成立的西北农民银行等，为人民战争的胜利和新中国的成立作出了重要贡献。

同一时期，国民党统治区出现了拆借市场、票据市场和股票市场。官僚资本逐渐垄断了金融业，金融机构体系的主体是四大家族控制的"四行二局一库"。其中，"四行"是中央银行、中国银行、交通银行和中国农民银行，"二局"是中央信托局和邮政储金汇业局，"一库"是中央合作金库。"四行二局一库"成为国民党政府实行金融垄断的重要工具，集中度很高；而民营资本的金融机构处于帝国主义、官僚资本主义的双重压力之下，规模小且发展艰难。

总体而言，受制于帝国主义、封建主义和官僚资本主义的三重压迫，这一时期的中国金融体系发展步履艰难。

二、中国社会主义金融体系的发展与变迁

新中国成立以后,在艰难困苦的条件下建立了社会主义金融体系,发展的历史沿革大致可分为两大阶段。

(一)社会主义革命和建设时期的金融体系

新中国成立前夕,百废待兴,建立新型的金融机构体系迫在眉睫。1948年12月1日,在华北银行①、北海银行、西北农民银行的基础上建立中国人民银行。新中国成立之初,中国人民银行接管和没收了官僚资本银行,迅速扩大国家银行的规模,充实人员和资本力量,取消外国在华银行的特权。同时将革命根据地和解放区的银行分别改造为中国人民银行的分支机构,并对民族资本银行、私人钱庄进行了社会主义改造。通过这些措施,中国人民银行逐渐成为全国唯一的国家银行,奠定了国有金融机构居于支配地位的新中国金融机构体系的基础。同时,建立农村信用合作社,利用原有的金融市场发挥投融资作用,初步形成了组织有效和运行有序的金融体系,在稳定经济社会生活、促进国民经济恢复方面发挥了积极作用。

新中国成立初期的金融体系变迁

党的七届三中全会为经济恢复时期党的工作规定了策略路线和行动纲领。从1953年第一个"五年计划"开始大规模、有计划地进行社会主义建设,实行了高度集中的计划经济体制。与之相应采用了高度集中的"大一统"金融体系,即金融机构、金融活动和管理运作高度集中统一的体系。这个体系的基本特征体现为三个集中统一:一是各类金融机构集中统一,所有金融机构都并入或划归中国人民银行管理,中国人民银行是全国唯一一家既办理各项银行业务又履行中央银行职能的金融机构;二是各种金融活动集中统一,信用集中统一于中国人民银行,取消商业信用和其他各种信用形式,取消金融市场,实行严格的现金管理和信贷资金管理制度,所有现金收支都必须通过中国人民银行办理,企业和居民只能在中国人民银行开户存款,各项贷款都通过中国人民银行发放,各企业单位间的货币资金收付统一由中国人民银行划转结算,中国人民银行成为全国唯一的信贷中心、现金出纳中心和结算中心;三是管理运作集中统一,货币资金运行的支

---

① 依据华北人民政府布告,华北银行是在1948年10月由冀南银行与晋察冀边区银行在石家庄合并而成。

配权高度集中统一于中央，由财政、企业主管部门和中国人民银行等政府部门在统一的计划之内分工管理，资金的流量和流向均按计划进行，中国人民银行内部管理权限集中统一于总行，基层银行没有经营自主权。"大一统"金融体系成为当时高度集中的物资计划管理和财政信贷计划管理体制的有机组成部分，在集中力量办事、指挥协调顺畅、计划执行到位、利于全局管控等方面表现出明显的优势和效率，但统得过多、管得过严、忽视商品经济和价值规律作用的弊端也很突出。

（二）改革开放和社会主义现代化建设新时期金融体系的变迁

1. 党的十一届三中全会召开以后金融体系的重大变化

（1）为适应改革开放的需要，金融机构体系开始突破"大一统"的框架。1979年2月，恢复中国农业银行负责管理和经营农业资金的职能；1979年3月，确定中国银行为国家指定的外汇专业银行；1979年8月，基建体制改革在试点行业实行了"拨改贷"，即基本建设投资由财政无偿拨款改为通过贷款方式供应，为了适应"拨改贷"的制度改革需要，中国人民建设银行（1996年更名为中国建设银行）从财政部分设出来，专门负责经营管理基本建设资金，1983年开始经营一般银行业务；1983年9月，国务院决定中国人民银行专门行使中央银行职能；1984年1月，中国工商银行成立，承担原来由中国人民银行办理的支付结算、工商信贷和居民储蓄等业务。1986年重建交通银行后，又陆续增设了招商银行等全国性综合银行和区域性银行。同时批准成立了一些非银行金融机构，如中国人民保险公司、中国国际信托投资公司和多家证券公司、财务公司、城乡信用合作社、金融租赁公司等，允许部分合格的营业性外资金融机构在我国开业，形成了多元化和开放式的金融机构体系。

（2）发行各类有价证券，恢复发展金融市场体系。1979年中国人民银行批准部分企业签发商业汇票；1981年开始发行国库券；1985年开始发行金融债券，之后的企业债券、股票、各种政府债券等证券陆续发行；1986年企业债券和股票的转让市场率先在沈阳、上海起步；1988年4月国库券开始上市交易；上海证券交易所和深圳证券交易所分别于1990年12月和1991年7月开业；1992年开放了国债期货交易；1996年1月全国银行间同业拆借市场开始运行；1997年6月全国银行间债券市场开始运行，多种类的金融市场体系基本形成。

（3）宏观调控体系突破了只有中国人民银行的格局。为了加强对证券市场的监管，1992年成立了国务院证券委员会和中国证券监督管理委员会（简称证监会）。

2. 党的十四大以来金融体系的主要变化

党的十四大明确了建立社会主义市场经济体制的改革目标。党的十四届三中全会通过的《中共中央关于建立社会主义市场经济体制若干问题的决定》提出，要使市场在国家宏观调控下对资源配置起基础性作用。为适应社会主义市场经济体制的需要，1993 年，《国务院关于金融体制改革的决定》提出："建立在国务院领导下，独立执行货币政策的中央银行宏观调控体系；建立政策性金融与商业性金融分离，以国有商业银行为主体、多种金融机构并存的金融组织体系；建立统一开放、有序竞争、严格管理的金融市场体系。"

我国通过成立政策性银行、专业银行转向国有商业银行、组建民营银行和城市商业银行、大力发展证券投资基金等非银行金融机构、扩大对外开放等举措，形成了适应市场经济体制的金融机构体系。通过成立全国统一的银行间外汇市场、黄金市场、新三板市场、股权交易市场和在原有市场中分设回购市场、创业板市场、科创板市场和北京证券交易所等举措，完善了金融市场体系。为保证金融机构建立垂直领导体制，1998 年设立了中央金融工作委员会，同年成立中国保险业监督管理委员会（简称保监会）；2003 年成立中国银行业监督管理委员会（简称银监会）后，撤销了中央金融工作委员会。2017 年成立了国务院金融稳定发展委员会。2018 年整合银监会和保监会职责，组建中国银行保险监督管理委员会（简称银保监会）。2023 年在银保监会的基础上组建国家金融监督管理总局。为加强党中央对金融工作的集中统一领导，2023 年组建中央金融委员会，作为党中央决策议事协调机构，不再保留国务院金融稳定发展委员会及其办事机构，同时组建新的中央金融工作委员会负责金融系统党的工作，与中央金融委员会办公室合署办公。由此形成了在党的中央金融委员会领导下"一行一局一会"的宏观调控与监管体系。

三、新时代中国特色现代金融体系的发展现状

党的十八大以来，我国有序推进金融改革发展，管控金融风险，金融业保持快速发展，金融体系的规模稳步增长且构成不断完善，为建设金融强国，加快构建中国特色现代金融体系。新时代特色鲜明的中国金融机构体系、金融市场体系、金融宏观调控与监管体系的市场化和现代化程度日益提升。

（一）金融机构体系的构成与发展现状

金融机构体系是指由多种类金融机构形成的金融业组织体系。中国现行的金融机构体系是在中央金融委员会领导和中国人民银行、国家金融监督管理总局、

证监会调控监管下，形成的以银行业为主体，证券业、保险业共同构成的多种类、多元化体系，本书第六章中将有详细阐释。截至2024年年末，中国金融机构体系的主要构成如图1-5所示。

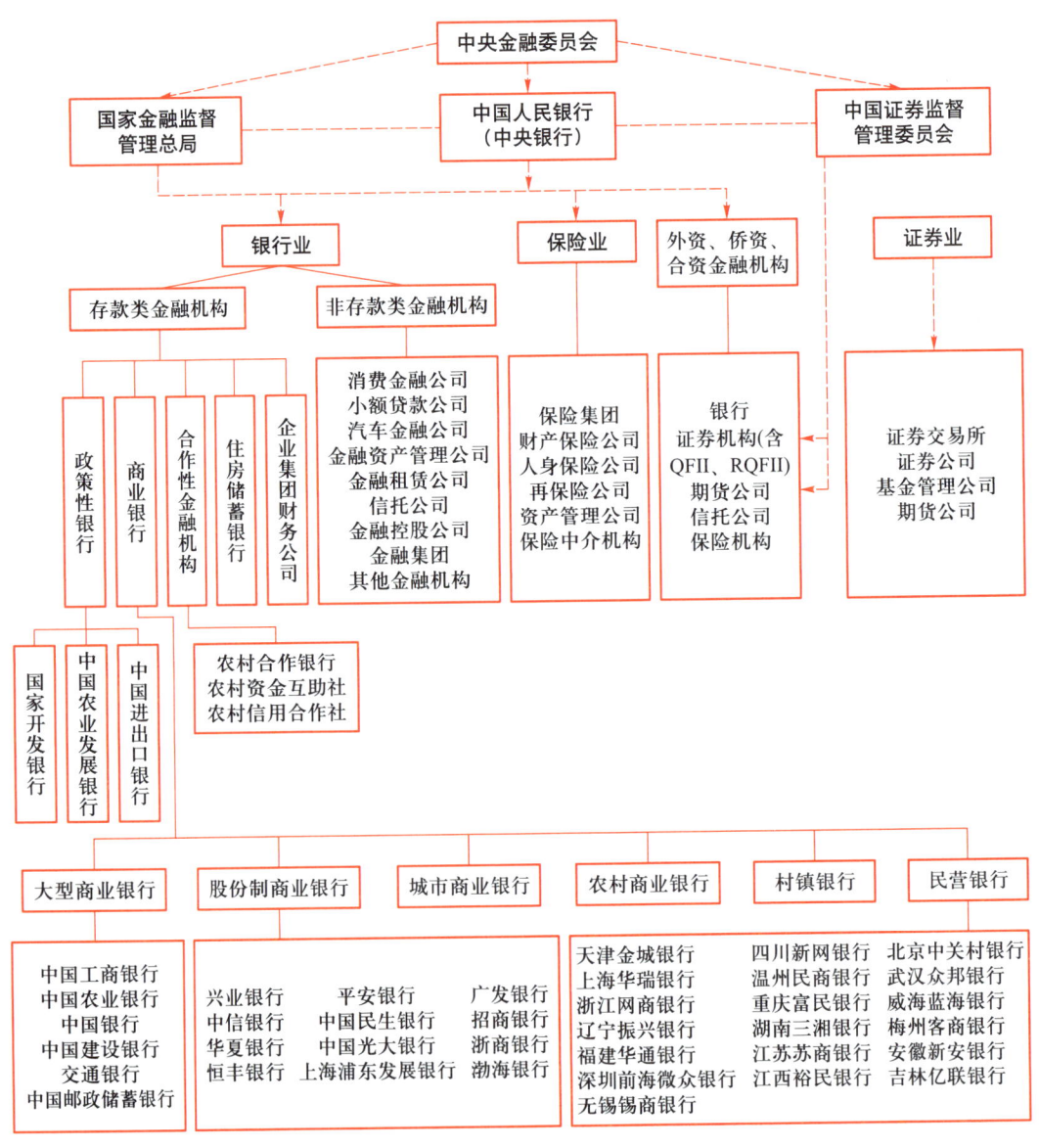

图1-5 中国金融机构体系的构成

目前，中国金融机构体系按金融业的行业分类主要有银行业、证券业和保险业。银行业金融机构主要分为存款类和非存款类机构。截至2024年年末，银行业金融机构共有4 295家；证券业金融机构包括148家证券公司、151家期货公司和163家公募基金管理公司；保险业金融机构包括保险集团（控股）公司13

家，财产保险公司 89 家，人身保险公司 92 家，再保险公司 7 家，资产管理公司 34 家，其他保险机构 3 家。各行业的资产负债规模见表 1-1。

表 1-1 2024 年年末金融业资产负债规模

单位：万亿元

机构类型	总资产	总负债	所有者权益
银行业	444.57	408.11	36.46
证券业	15.11	11.48	3.64
保险业	35.91	32.58	3.32
合计	495.59	452.17	43.42

注：本书图表中的数据因四舍五入，部分数据分项加总后与合计值略有差异。后续图表不再说明。
资料来源：中国人民银行网站。

（二）金融市场体系的构成与发展现状

金融市场体系是指由不同功能特征的金融市场组成的市场体系。中国的金融市场体系主要由资本市场、货币市场、衍生品市场、外汇市场、保险市场和黄金市场构成。每个市场中又有若干子市场，各个市场发挥着不同的功能与作用。目前，中国金融市场体系构成如图 1-6 所示。

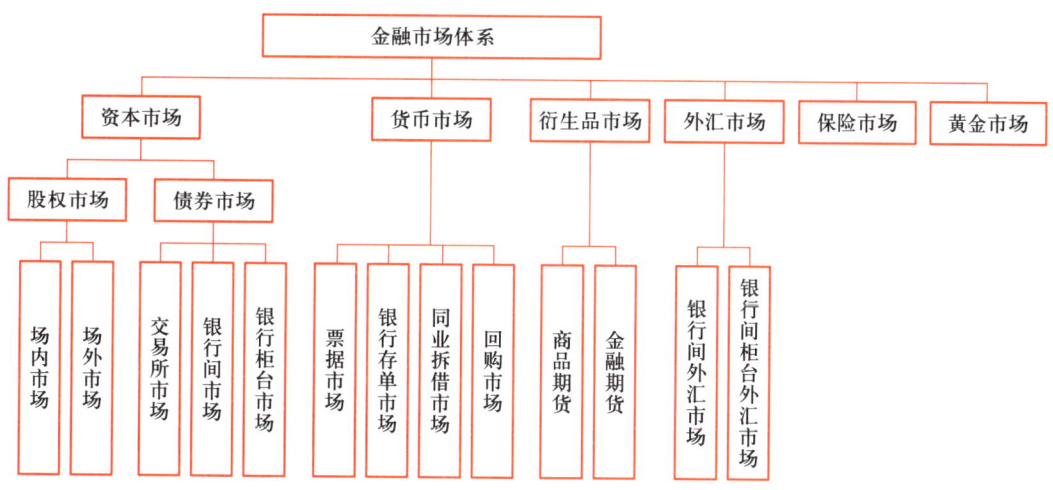

图 1-6 中国金融市场体系构成简图

进入 21 世纪以来，金融市场的交易规模迅速扩大，交易品种和交易方式日益多元化，国内外参与者越来越多，在金融运行和经济发展中发挥的作用也越来越大，本书第七章中将作详细介绍。

（三）金融宏观调控与监管体系的构成及发展现状

宏观调控与监管体系是指由发挥宏观调控和监管职能的机构组成的体系。社会主义市场经济中的金融宏观调控与监管体系是在中央金融委员会领导下，由中国人民银行、国家金融监督管理总局、证监会制定政策措施并组织实施运行的。金融宏观调控体系以中国人民银行为主体，以货币政策为核心，借助各种政策工具调节货币供给量和信用量，实现货币供求均衡和社会总供求均衡，促进金融与经济协调稳定发展。我国现行的"四律一体"监管体系，是指在"一行一局一会"以法律法规为准绳的组织领导和监督管理下，由行业协会组织实施的行业互律、金融机构的自律和社会机构与公众的公律共同构成的全方位监管体系，如图1-7所示。

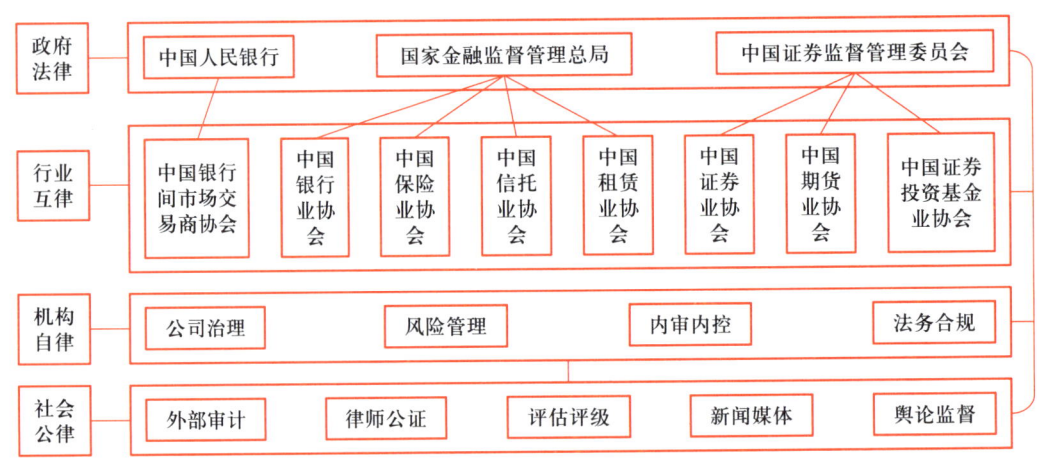

图 1-7 "四律一体"监管体系

在市场经济的金融运行中，防范金融风险和保持金融稳定极为重要。为此，不仅需要通过实施微观审慎监管防控非系统性金融风险，保障各家金融机构的安全和稳健运营，而且需要通过制定实施宏观审慎政策守住不发生系统性金融风险的底线。为保证实现金融安全和稳定发展的目标，需要同时运用并发挥货币政策和宏观审慎政策的作用。目前，为健全货币政策和宏观审慎政策双支柱调控框架，强化中国人民银行宏观审慎管理和系统性风险防范职责，将拟订行业重要法律法规草案和审慎监管基本制度的职责划入中国人民银行。为加强党中央对金融工作的集中统一领导，组建中央金融委员会和中央金融工作委员会。机构改革同步推进，在国家层面组建国家金融监督管理总局；在地方层面建立以中央金融监管部门地方派出机构为主的地方金融监管体制，地方政府设立金融管理局，专司地方金融管理职责。新时代将进一步加强和完善现代金融监管，强化金融稳定保障体系，依法将各类金融活动全部纳入监管，守住不发生系统性金融风险底线。

综上，目前我国形成比较完备和发达的金融机构体系、金融市场体系和金融宏观调控与监管体系，在社会主义市场经济体系中发挥着核心作用。

第三节　改革开放以来金融发展的伟大成就与中国经验

党的十一届三中全会以后，开启了改革开放和社会主义现代化建设新时期。党的十四大确立了社会主义市场经济体制的改革目标。党的十八大以来，不断加深对中国特色社会主义金融本质的认识，积极探索新时代金融发展规律，不断推进金融实践创新、理论创新、制度创新，积累了宝贵经验，逐步走出一条中国特色金融发展之路，取得了举世瞩目的伟大成就。

一、金融改革开放的伟大成就与学理认知

改革开放以来，与中国经济的快速发展相适应，中国金融迅猛发展，从计划经济体制下的附属行政性机构，发展成为现代经济的核心和第三产业中的支柱，取得了世界公认的伟大成就，与此同时不断深化对金融的学理认知。按金融学的一般逻辑顺序，将改革开放以来金融发展的伟大成就和学理认知概括如下。

（一）货币作用的充分发挥与稳健运行

社会主义市场经济是货币信用经济。改革开放以来，我们充分发挥货币的职能作用，保持了货币体系的稳健运行，拥有了强大的货币，取得了巨大的成就。

1. 充分发挥货币交易媒介的职能作用，构建高效的货币流通和支付体系

改革开放以来，随着市场经济体制的确立和商品经济的快速发展，货币流通的范围和数量急速扩大，市场经济中所有商品、劳务和可交易品都需要用货币来标价，需要通过货币支付或结算来完成交易，货币在现实经济社会运作中的交易媒介职能作用越来越大。我国通过制定《人民币管理条例》和《现金管理暂行条例》及其实施细则，保证了人民币的发行和流通秩序，防范了货币流通的风险。随着现代科技在金融领域的广泛运用，构建起了快速、安全、顺畅、高效的现代

支付体系，通过中国人民银行各类支付清算系统、境内外币支付系统和银行业金融机构、清算机构、第三方支付机构等，各经济主体的货币支付从以传统的现金或支票转账为主，转变为以现代化电子支付系统或移动支付为主，电子票据、银行卡、网上支付、移动支付、ATM 业务、POS 业务和支付宝、微信支付等新型支付方式已经普及全国，中国人民银行在全球率先发行数字人民币，实时完成的支付将货币便利交易的功能发挥到了极致。与此同时，对各种货币支付方式归口纳入统一的体系进行严格管理，有效地防范了洗钱、腐败和支付风险，保证了支付体系的高效和安全运作。在对外开放过程中，稳慎扎实推进人民币国际化，发展人民币离岸市场。

2. 充分发挥货币的资产职能，集中社会资金

在社会主义市场经济中，货币是社会财富的一般代表，贮藏货币等于贮藏社会财富；同时，与其他资产形式相比，货币是流动性最强的资产，具有与一切商品直接交换的能力，可随时用于购买或支付，是人们最重要的资产保存形式。改革开放以来，随着企业和居民货币收入的增长，银行存款、活钱理财等货币性资产成为主要的资产保存方式，提供了最具流动性的价值贮藏和资产形式，在财富日益增长的过程中丰富了人们的贮藏手段和投资形式。与此同时，货币发挥资产职能所形成的各类金融机构存款、非存款机构部门持有的货币市场基金等，是银行等金融机构的主要资金来源。2024 年年末，金融机构人民币各项存款达到 308.38 万亿元，M2 层次的货币总量为 313.53 万亿元，其中执行资产职能的准货币占货币总量的比重已经达到 78.6%[①]，所集中的巨额社会资金，通过银行信贷进行优化配置，有利于促进经济高质量发展。

3. 遵循货币流通规律，努力保持人民币的币值稳定

在信用货币制度下，货币量的多少不仅影响商品交换的效率，而且影响商品交换的价格。根据社会主义市场经济体制的运行要求，币值稳定是市场经济正常运行和发挥价格机制作用的关键，也是货币职能正常发挥的必要条件。在《中国人民银行法》确定的"保持货币币值的稳定，并以此促进经济增长"的货币政策目标下，我们始终把稳定货币作为首要目标和基本立足点，在经济快速发展中果断控制住了几次通货膨胀的势头，努力保持住了人民币币值的稳定，对内体现为物价基本稳定，对外体现为人民币汇率基本稳定，没有发生过恶性通货膨胀，努

---

① 准货币为 M2 与 M1 之差。数据根据中国人民银行网站公布的货币供应量计算。

力保证人民的利益不受损失，在人民币管理中着力体现人民性。

4. **在币值稳定的基础上努力促进经济增长**

马克思曾用"第一推动力"来概括货币在资本循环周转和社会再生产运动中对经济发展的推动作用。在市场经济中，货币具有集结各种生产要素从而启动社会生产的能力，例如企业的生产经营首先需要拥有一定数量的货币用来购买生产设备、原材料和支付人力成本，生产经营的持续进行也依赖于货币资本的不断投入，因此，提供适当的货币数量成为推动市场经济发展的充分必要条件。改革开放以来，为了满足我国经济快速增长中的货币需求，货币供应量（M2）也相应增长并努力与名义经济增长率相匹配，在保证币值稳定的基础上，努力促进经济增长。

> **学理认知一** 充分发挥货币的职能作用，保持币值稳定和货币流通的良好秩序，才能拥有强大的货币，为经济高质量发展创造良好的货币环境。

（二）有效的外汇管理与人民币汇率形成机制的合理化

社会主义市场经济是高度开放的经济，外汇与汇率在开放经济中发挥着极为重要的职能作用。改革开放以来，我国在外汇管理和人民币汇率的形成机制合理化等方面取得了显著的成效。

1. **与时俱进调整外汇管理体制，有效实现了外汇管理的主要目的**

外汇管理是国家金融管理的重要内容，我国的外汇管理一直是为国家发展战略服务的。改革开放以来，为适应外汇管理环境和客观条件的变化，我国数次修订外汇管理法规，与时俱进地调整外汇管理的目标、方式、内容和手段以满足对外开放的需要，保证了外汇的正常运转，发挥了外汇的积极作用，没有发生过重大的外汇失衡或外汇风险，在实现调节国际收支平衡、防范外汇风险和维护金融安全、促进国内经济发展和内外均衡、便利外汇使用或交易等管理目标方面的效果明显。

2. **渐进式地发展外汇市场，充分发挥外汇市场机制的作用**

外汇市场起步于 1980 年的外汇调剂活动，1994 年 4 月形成了全国统一的银行间外汇市场，目前已经发展成为高度开放、运作有效的外汇市场。2024 年中国外汇市场的累计成交金额折合 41.14 万亿美元。在调节外汇供求、防范汇率风险和形成合理的人民币汇率等方面发挥了重要的市场机制作用。

3. **不断优化外汇储备管理，充分发挥外汇储备的功能与作用**

随着我国经济的快速发展和对外开放的扩大，出现了多年国际收支的盈余，外汇储备不断增加，2024年官方外汇储备达到3.2万亿美元，极大地增强了我国对外支付和清偿能力，提振了海内外对中国经济实力的信心，成为维护人民币汇率稳定和抵御外部冲击的重要力量。特别是创新了外汇储备的运用方式，为国有商业银行注资补充资本金，顺利实现了股份制改造，助力了国有商业银行的腾飞式发展。

4. 不断完善人民币汇率形成机制，努力保持人民币汇率的基本稳定

在开放经济条件下，汇率作为重要的涉外金融价格，对经济主体的行为、本国及贸易伙伴的国际竞争力、进出口、物价、跨境资金流动、利率等国内金融价格，进而对整体的宏观经济状况都会产生重要影响。社会主义市场经济体制确立以来，人民币汇率形成机制日益市场化和合理化，有效的外汇管理和高效运行的银行间外汇市场以及充足的外汇储备，为人民币汇率的基本稳定保驾护航，也为有序推进人民币国际化创造了条件。

> **学理认知二**　有效的外汇管理、充足的外汇储备、完善的人民币汇率形成机制和日益有效的外汇市场，是人民币汇率基本稳定的保障，也是人民币国际化的必要条件。

（三）信用形式多样化与融资需求的满足

社会主义市场经济是信用经济。经济学中的信用是授信方和受信方之间以履约保证为基础的投融资交易活动。经过40多年的改革开放，我国已经形成了庞大的信用体系，在经济发展和社会进步中发挥了巨大的促进作用。

1. 各种信用形式齐备，满足各经济主体的投融资需求

改革开放以来，打破了"大一统"体系下只有一种银行信用的局限性，大力发展和运用多种信用形式，金融工具种类繁多，规模巨大，资金融通形成的债权债务关系无所不在，权益信用成为投资的主要形式，各经济主体之间错综复杂的信用关系相互交织，形成了一个覆盖整个经济生活的庞大信用网络，基本满足了居民、企业、政府、开放部门等各经济主体财务活动中的多元化投融资需求。

2. 通过信用聚集和配置巨量社会资金，有力地推动了实体经济的增长

充分发挥多种信用形式动员和聚集社会闲散资金的功能，将聚集起来的巨量社会资金通过金融机构的各种贷款、汇票承兑、证券投资，或通过金融市场的票据、债券、股票发行注入实体经济，有力地促进了投资、生产、流通和消费的增长。2024年，我国社会融资规模的增量为32.26万亿元，社会融资存量已经达到

408.34万亿元，成为我国经济增长和实体经济发展的主要支撑力量。

3. 投融资效率不断提升

伴随着各种信用形式的发展和信用体系的日益发达，信用活动的市场化程度逐渐提高，在发挥间接融资优势的基础上，不断扩大直接融资的比重，增强资本市场的投资功能，充分发挥金融市场机制在优化资源配置中的作用，分散或降低金融风险。与此同时，采取多项措施努力破解民营企业和中小微企业融资难、融资贵问题，融资的可得性和便利度不断提高，融资成本逐渐降低，提升了金融服务实体经济的能力。

4. 信用制度逐渐完善，社会信用体系日益完备

改革开放以来，与信用形式多元化相适应，发展了种类多样和业务多元的信用中介与服务机构体系。与此同时，逐步建立健全了信用制度及与之相适应的法律法规体系，建立起了以政府信用管理部门为主导、行业协会协助、信用机构自律和社会监督协同的信用管理系统，架构起了包括信用档案、信用调查、信用评估、信用查询和失信公示在内的社会征信系统，法治意识、契约精神、守约观念等现代经济活动的重要意识规范已然形成。

学理认知三　以服务实体经济为基点，以守信为理念，采用多样化信用形式与金融工具，运用市场化配置机制，架构完备的社会信用体系，可以充分发挥信用促进社会主义市场经济发展的作用。

（四）利率市场化与价格调节功能的发挥

利率作为市场经济运作中最重要的金融要素价格，在微观上对个人的消费和储蓄、企业经营管理和投资决策有直接影响，在宏观上对借贷资金的供求、市场的总供求、物价水平、国民收入分配格局、汇率和国际资本流动、金融资产定价、货币政策传导、经济增长和就业等都具有十分重要的影响。改革开放以来，我国在推进利率市场化形成机制改革、利率体系的完善和充分发挥利率的杠杆作用等方面取得了显著成效。

1. 稳步推进利率体制改革，逐步形成了市场化的利率决定机制

改革开放以来，通过增加利率种类、逐步扩大管制利率的浮动幅度、赋予金融机构更大的自主定价权，按照"先外币、后本币；先贷款、后存款；先长期、后短期；先大额、后小额；先农村、后城市"的顺序稳步推进利率市场化，目

前，我国已基本形成了由市场供求决定的利率形成和传导机制。

2. 充分发挥利率在经济金融运作中的价格机制作用

过去的主导认识是把利息作为企业成本的一部分，长期实行固定化的低利率政策，利率的作用很小。在建立社会主义市场经济体制机制的过程中逐渐深化认识，根据国情把利息作为资本要素的报酬和对机会成本与风险的补偿，注重并充分发挥利率的价格机制作用：一是把利率作为金融市场的价格，在平衡借贷资金供求和金融资源配置方面发挥重要的价格引导作用；二是利用收益资本化规律，发挥利率在各类资产估值和定价中的作用；三是通过影响微观经济主体的决策，调节消费、投资和储蓄结构；四是通过中央银行利率政策，发挥调节社会总供求和经济结构的作用。利率已经成为社会主义市场经济的核心要素，也是联通宏观经济与微观经济的纽带，利率的价格机制作用空间越来越大。

3. 构建和培育以基准利率为核心的市场化利率体系

要完善市场化利率形成和传导机制，需要健全基准利率和市场化利率体系。目前基准利率体系建设已取得重要进展，货币市场、债券市场、信贷市场等基本上都已培育了各自的指标性利率，存款类金融机构间的债券回购利率、国债收益率、贷款市场报价利率（LPR）等在相应金融市场中都发挥了重要的基准作用，具有较强的公信力、权威性和市场认可度，为观测市场运行、货币政策调控和指导金融产品定价提供了关键性的参考指标。

4. 充分发挥利率传导机制的作用

通过稳妥推进存贷款基准利率与市场利率的并轨，提高债券市场定价效率，更好发挥国债收益率曲线定价基准作用，深化要素市场化配置改革，运用更多市场化的价格手段进行有效的宏观调控，最终实现资源合理配置。不断深化利率市场化改革，持续释放贷款市场报价利率改革效能，推动实际贷款利率明显下降。通过市场化的利率传导机制，引导实际贷款利率更大幅度下行，有利于支持中小企业发展。

> **学理认知四** 渐进式稳步推进利率市场化改革，建立健全由市场供求决定的利率形成机制、中央银行引导基准利率进而作用于信贷利率和市场利率的联动机制，有利于发挥基准利率和市场化利率体系的作用，提高要素配置效率和政策传导效率。

（五）发展多元化金融机构及其运作产业化

新中国成立以来，我们与时俱进地发展和改革与经济体制相适应的金融机构体系，形成了体系完整、规模庞大的现代金融产业，取得了令世人瞩目的成就。

1. 建成大规模、多元化、市场化、现代化的金融机构体系

社会主义革命和建设时期，在党的领导下，通过整合根据地金融机构、接管官僚资本金融业、整顿和改造私营金融业等有力措施，一举结束了旧中国散乱畸形的金融业格局，建立了新型的与计划经济体制相匹配的"大一统"金融机构体系。党的十一届三中全会以来，通过分设四大专业银行及其后续的国有商业银行改革、新建多元化金融机构、引进或新建"三资"金融机构等渐进式的金融体制改革，在短短40多年间建成了银行、证券、保险、信托、租赁齐备的金融产业。多元化金融机构体系能够为各经济主体提供多种金融产品与服务，市场化运作的金融机构在优胜劣汰的竞争中不断创新产品或改善服务，现代化装备的金融机构在科技赋能驱动下业务能力迅速增强，数字化转型中的金融产业已经迈入世界先进行列。

2. 架构起适应社会主义市场经济体制的金融机构产权结构

改革开放以来，各类金融机构通过新建股份公司或股份制改革，形成了以国有控股为主体，多种股份混合所有，民营资本和外资、合资等多样化产权并存的股权结构，通过各种方式不断充实资本实力。例如，2024年年末商业银行的资本充足率达到15.74%，其中核心一级资本充足率11.00%，远高于《巴塞尔协议Ⅲ》的要求。2024年英国《银行家》杂志公布的全球1 000家大银行排名榜单上，以一级资本实力计算，中国工商银行连续12年蝉联榜首，中国建设银行位列亚军，中国农业银行排名第三位；跻身前20名的中资银行有10家。

3. 建立并逐步完善中国特色现代企业制度

在股份制改革的基础上，金融机构按中国特色现代企业制度逐步建立规范有效的公司治理结构。一是产权结构基本实现多元化；二是在党委领导下，"三会一层"（即股东会、董事会、监事会①和高级管理层）各司其职、有效制衡、协调运作的公司治理结构初步形成；三是金融机构树立起资本约束的现代经营理念，行业发展从重规模增长向重风险防控转型，不断优化经营发展模式；四是重

---

① 根据《公司法》及相关法规，2025年起国有资本控股的金融机构已陆续撤销监事会。

视风险管理，普遍实行全面风险管理策略，内部控制机制日益健全。党的十九大以来，把持续健全金融机构法人治理结构作为打好防控金融风险攻坚战的重要抓手，加快探索中国特色的现代金融企业制度。一方面强化党的领导和党的建设，积极探索党组织发挥领导核心和政治核心作用的途径和方式，推动金融机构党的领导与公司治理有机融合；另一方面严格规范股权管理，加强董事会建设，明确董事会法定地位并做实董事会功能，规范高管层履职的激励约束机制，推进市场化选聘职业经理人制度等，切实推动金融机构公司治理水平不断提升。

4. 明确服务性、竞争性产业定位，在服务实体经济的过程中发展壮大

社会主义市场经济体制确立以来，金融机构全面完成了从计划经济体制中的行政性机构向市场经济体制中企业法人的转变，明确了金融产业化发展的方向。金融机构是现代金融产业的载体，也是为市场经济和社会生活提供金融服务最重要的组织。近年来通过贯彻落实"为实体经济服务是金融的天职"[①]的理念，不仅为国有企业、股份制企业、政府部门、事业单位和居民提供全面金融服务，而且通过建设科技金融、普惠金融体系，加强了对科创企业、小微企业、"三农"和偏远地区的金融服务，补齐了短板。在为实体经济服务的过程中不断丰富业务种类，创新产品和服务，推动科技赋能，规模迅速扩大。

5. 遵循市场经济中金融产业发展规律，保持金融机构的稳健运行

吸收成熟市场经济金融机构经营管理的成功经验和先进技术，以实体经济的健康发展作为金融机构获得持续稳定回报的"本"和"源"，不断改善经营管理，讲求经营效率，严格管控风险，提升价值创造能力。

> **学理认知五** 金融机构体系应服务于经济发展的需要。为满足经济高质量发展中的金融需求，架构多元化、市场化、现代化的金融机构体系及产权结构，建立和完善中国特色的公司治理结构，明确服务性、竞争性产业定位，遵循市场经济中金融产业的发展规律，在服务实体经济的过程中强壮金融机构自身。

---

① 《习近平著作选读》第一卷，人民出版社2023年版，第614页。

(六）发展多种类金融市场与强化市场化功能

金融市场是现代市场经济运作的核心平台。党的十一届三中全会以来，伴随着经济体制改革和社会经济金融格局的变化，各类金融市场快速重建与发展，提高了直接融资的比重，发挥了资金融通、资源配置、资产定价、风险分担、推动改革等方面的功能作用，成就斐然。

1. 多种类的金融市场体系满足了经济主体不同的投融资需求

从1981年恢复国债发行、试办票据贴现、出现企业内部债券开始，短短40多年间，金融市场经历了从无到有、从小到大的渐进式发展，目前已经形成了由货币市场、资本市场、外汇市场、衍生品市场和黄金市场等构成的多种类、多层次的金融市场体系。各市场上金融产品与工具日益丰富，各经济主体都可以借助金融市场便利地进行投融资活动。逐步改善融资结构，提高直接融资的比重，2024年年末社会融资存量中直接融资占比已经达到30%，满足了各经济主体不同的投融资需求，成为社会主义市场经济中重要的要素市场。

2. 建成了种类丰富、交易活跃的货币市场体系，成为短期资金融通和流动性调节的最重要场所

中国已经构建起由回购市场、同业拆借市场、定期存单市场、票据市场、短期国债市场组成的货币市场体系，能够提供兼具不同风险、收益和流动性特征的多元化金融产品，参与者众多，交易量巨大。2024年，银行间货币市场成交额达1 783.7万亿元，不仅可以满足金融机构和企业融通短期资金、进行流动性管理的需求，也成为生成基准利率和发挥货币政策利率传导机制作用的重要场所。

3. 多层次资本市场体系的形成与发展，有效发挥了推改革、促发展的作用

目前，中国已经形成了包括主板、创业板、新三板、科创板、北京证券交易所、区域性股权市场以及私募股权市场等层次丰富、作用分明的多层次股权市场体系和银行间债市、交易所债市及商业银行柜台等在内的多层次债券市场体系，市场规模均居全球第二位。中国资本市场的功能和对实体经济的适配性不断提升，对新技术、新产业、新业态、新模式企业的支持力度不断增强。中国资本市场在发展中一直助力经济体制改革，为国有企业改革、现代企业制度的建立和完善公司治理搭建平台；通过聚集资金、定价与价格发现、风险分担、并购重组、激励创新等方面具有的独特优势，充分发挥市场在资源配置中的决定性作用，提高金融资源配置效率，在促进资本形成、支持科技创新和服务实体经济等方面发

挥了不可替代的重要作用。

> **学理认知六** 金融市场的发展以服务实体经济、满足投融资需求为基本立足点，充分发挥金融市场的功能，优化融资结构，在支持实体经济高质量发展的过程中，实现金融市场的繁荣稳定。

（七）稳步推进金融开放与积极参与全球金融治理

改革开放以来，中国金融业的对外开放步伐稳健，在渐进式开放的过程中把握好开放的时机、顺序、速度和力度，取得了积极成效。与此同时，积极参与全球金融治理，在国际金融舞台上发挥了重要作用。

1. 渐进式开放金融业，金融机构"引进来"与"走出去"并重

1979年，日本输出入银行在北京设立了中国第一家外资银行代表处，标志着中国银行业开放的大门正式向世界打开。1982年南洋商业银行在深圳设立分行以后，外资金融机构纷至沓来。中国在金融开放过程中始终坚持自主性原则，根据国情和所需具备的条件，逐步取消或放宽外资持股比例限制、放宽外资机构和业务准入条件、扩大外资机构业务范围、优化外资机构监管规则和简化行政许可流程等，稳步推进对外开放。党的十八大以来，监管部门新推出60多项银行保险开放政策，相关的法律法规修订已基本完成，双向开放的制度措施不断完备，有力促进了外资机构来华投资兴业。截至2024年年底，外资银行在华的营业性机构总数已经有842家，总资产已达到4.05万亿元。与此同时，稳步推进中资金融机构"走出去"，2024年年底，大型商业银行境外机构网点数量合计超千家，中国银行业对外金融资产16 094亿美元，对外负债14 323亿美元。[①] 金融机构的双向开放，一方面促进了资金、管理、技术、理念和人才的双向交流，快速提升了中国金融机构市场化的业务经营能力和管理水平，有力推动了改革深化和国内金融业的发展；另一方面促进了外界对中国市场、中国治理的深入了解，有利于共建国际金融合作大平台。

2. 不断扩大金融市场开放，着力提升中国金融市场的法治化和国际化水平

随着国内统一货币市场的规范发展，1998年花旗银行等8家外资银行首批获准进入全国同业拆借市场，2015年11月首批境外央行类机构正式进入中国

---

① 资料来源：国家外汇管理局网站。

银行间外汇市场，2016年首批5家境外机构进入中国境内外币拆借市场，2021年2月汇丰银行（汇丰中国）首次参与中国第一批外币同业存单的发行，稳步推动了中国货币市场和外汇市场的对外开放，有利于深化利率市场化和汇率形成机制的改革，完善市场利率定价自律机制，推动货币市场透明化、规范化发展。

资本市场的双向开放起步于1982年中国国际信托投资公司在东京发行的日元私募债，1987年中国人民银行发布《关于中国境内机构在境外发行债券的管理规定》，1992年建立B股市场，大量境内企业陆续在纽约、伦敦、新加坡和中国香港上市或发行债券。2002年实施合格境外机构投资者（QFII）制度，在沪港通、深港通、债券通、互换通等互联互通机制下，境外投资者对中国股市、债市的参与正逐步升温，持有流通股市值、债券存量占比、境外机构在中国发债规模不断增加，提升了对全球投资者的吸引力。近年来中国股市和债市指标陆续纳入国际知名指数，提高了中国金融市场的国际关注度，能够对国际定价体系产生影响力。金融市场对外开放产品体系和市场制度在开放中不断完善，金融市场的双向开放有力推动了与国际规则的接轨，有效提升了国内金融市场运作的规范化、法治化和国际化水平，逐步迈向强大的国际金融中心。

3. 稳妥推进货币可兑换和资本账户开放，管理手段日益国际化

为了便利与世界各国的经济贸易往来，更好地融入国际经济体系，积极创造条件实现党中央和国务院提出的"逐步使人民币成为可兑换的货币"的目标。1994年实施了汇率并轨和银行结售汇制度的改革；1996年7月起将外商投资企业全部纳入银行结售汇体系；1996年12月中国正式接受《国际货币基金组织协定》第八条款，实现了人民币在经常项目下的可兑换，陆续推进人民币资本项目可兑换，在国际货币基金组织资本项目交易分类标准下的40个子项中，目前可兑换和部分可兑换的项目超过90%。货币可兑换和资本账户的管理手段已经从过去的行政手段转变为国际通行的法律和经济手段。

4. 积极参与全球金融治理，为维护国际金融秩序贡献中国智慧和中国力量

中国在改革开放中逐渐融入全球金融治理体系，积极加强国际金融合作，在应对国际金融危机中发挥了重要作用。近年来积极参与国际金融规则的制定和国际货币体系改革，践行共商共建共享的全球治理观，承担更大的国际责任，逐渐深度参与全球金融治理，主动承担改革和建设全球金融治理体系的责任，推动国际金融秩序朝着更加公正合理的方向发展，切实维护多边主义，促进多边金融合

作，发挥了负责任大国应有的作用。

> **学理认知七** 坚持金融开放的自主性，实事求是，不断创造条件，渐进扩大开放，有效防控金融开放的风险。在双向开放中促进金融改革与发展，提升中国金融发展的现代化和国际化水平，为改善全球金融治理贡献中国智慧和中国力量。

（八）有效管控金融风险与切实加强金融监管

金融运作的特殊性决定了金融风险如影随形。各国金融发展的历史表明，金融发展程度与金融风险程度成正比，特别是随着经济全球化的发展，金融风险日趋复杂化和多样化。改革开放以来，国际金融危机频发，但中国却在金融快速发展中始终保持着稳健态势，没有发生过重大金融风险或金融危机，这一奇迹得益于以下举措。

1. 坚持金融为实体经济服务的根本宗旨，从根本上防范化解金融风险

深入认识金融与实体经济的关系，防止企业过度金融化和资金在金融系统内部空转等"脱实向虚"风险，严控虚拟性、泡沫性、投机性金融活动，坚决打击放大金融风险的行为或交易，规范金融综合经营和产融结合，通过金融机构和金融市场将资金注入实体经济运行之中，通过社会化再生产和服务经营实现资金的保值增值，在经济增长和社会发展中夯实金融发展的根基，奠定防控金融风险的坚实基础。

2. 金融机构牢固树立防控风险的理念，建立健全金融机构全面风险管理治理架构

各类金融机构承担起风险管理的主体责任，在全覆盖、穿透式的全面风险管理架构下，制定准确清晰的风险偏好、风险限额和风险管理策略，始终把严格风险管理流程、强化风险内控机制与审计制度建设放在经营管理的重中之重，不断完善风险管理信息系统和数据治理，筑牢风险管理的三道防线，借助于各种风险管理技术、方法与手段，把金融风险控制在可承受的范围之内，微观审慎监管效果良好，因风险爆发破产倒闭的金融机构比例在全球处于极低水平。

3. 构建"四律一体"监管体系，宏观审慎监管得以强化

目前已经形成了以法律为准绳实施的政府监管、由行业协会组织实施的行业互律、金融机构的自律和社会机构与公众的公律共同构成的"四律一体"监管体

系，如图 1-7 所示。近年来我国不断完善金融法律体系，强化金融稳定保障体系，加强全方位内外监管的举措，坚决整治严重干扰金融市场秩序的行为，严格规范金融市场交易行为和金融机构的经营管理行为，增加监管的覆盖面和穿透力，建立风险应急处置机制，成功化解了一些风险事件，牢牢守住了不发生系统性金融风险的底线。

4. 主动化解金融风险，及时控制以防蔓延

金融业近年来加强了前瞻性风险管理，建立风险预警机制，主动识别和科学度量风险，充分评估资产的真实风险并做实分级分类，在利润充裕期间增加拨备计提和资本补充，尽力提早处置不良资产，党的十八大以来银行业处置不良资产逾 21 万亿元，在很大程度上消除了风险隐患。

> **学理认知八** 坚持金融为实体经济服务的根本宗旨，是从根本上防范化解金融风险的基石。通过切实发挥金融机构的全面风险管理治理架构和"四律一体"监管体系的作用，主动防控金融风险，是守住不发生系统性金融风险底线的有效保障。

（九）保障金融安全与搭建宏观双支柱框架

金融是现代经济的核心，也是整个经济运行和社会生活的血液，金融的安全和稳定，直接影响到经济与社会的整体稳定。目前，在中央建立了高效权威、协调有力的金融稳定工作机制，在地方形成了守土有责的严肃监管氛围，强化属地风险处置责任，打造全国一盘棋的金融风险防控格局，确保国家金融安全。同时搭建起货币政策与宏观审慎政策双支柱框架，采取各种有效举措保障金融安全，在保持稳定的基础上实现了金融体系的可持续发展。

1. 把金融安全放到国家安全重要组成部分的高度

把金融安全作为关系到国家经济社会发展全局和带有战略性、根本性的治国理政大事来处理，在党的坚强领导和集中统一、高效权威的国家安全领导体制下，采取一系列措施强化金融稳定保障体系，切实维护金融安全和稳定。一方面，严密防范国内经济运行中的金融风险，主动应对挑战，建立风险预警机制，准确判断风险隐患，及时化解金融风险，保障金融安全；另一方面，积极应对经济全球化深入发展过程中国际金融风险和危机的外溢效应，防止或阻断对我国金融安全形成威胁的外部冲击，经受住了几次严重的国际金融危机大考，牢牢守住

了不发生系统性金融风险的底线。

2. 坚决果断处置风险，确保金融安全与稳定

把防范化解重大风险与推进改革统一起来，坚持金融反腐和处置风险一体推进。一旦出现重大金融风险苗头，果断决策，采取强有力的措施快速处置，坚决避免局部风险蔓延成系统性金融风险、区域性风险演化为全国性风险。例如，通过规范第三方支付，严肃治理跨境赌博、电信网络诈骗和非法支付活动"资金链"等保障支付体系的安全；通过遏制房地产泡沫与投机、控制各部门杠杆率、整治互联网金融乱象，维护信用体系的安全；通过打击影子银行、及时接管清算问题金融机构来缓释金融机构体系的风险，努力以最小成本实现金融风险的"精准拆弹"，维护金融安全。

3. 加强宏观审慎监管，坚持严格防控系统性金融风险的底线思维

总结2008年国际金融危机的经验教训，中国构建了宏观审慎政策框架，从时间和结构两个维度，采用跨周期、动态的调节方式和资本管理、流动性及资产负债管理等多种宏观审慎政策工具，抑制系统性金融风险的生成与扩散。引入差别准备金动态调整机制并升级为宏观审慎评估体系（MPA），从七大方面对金融机构的行为进行引导，实施逆周期调节，将表外理财纳入MPA广义信贷指标范围，还将同业存单纳入MPA同业负债占比指标考核，将全口径跨境资本流动纳入宏观审慎管理范畴，在统筹监管系统重要性金融机构等方面也取得了有益进展。面对国际金融危机和疫情冲击、国内外两个市场同时承压等严峻的金融形势，强有力的宏观审慎监管有效地防范了系统性风险的发生。

4. 健全货币政策与宏观审慎政策双支柱调控框架

建立健全科学稳健的金融调控体系，把保持价格稳定与维护金融稳定两大目标有机结合起来，创新性地建立并逐步完善货币政策与宏观审慎政策双支柱调控框架，在维护宏观经济稳定和国家金融稳定中发挥重要作用，为金融安全保驾护航。

> **学理认知九** 把金融安全作为国家安全的战略性、根本性大事来处理，果断及时处置风险可阻止蔓延。强化宏观审慎监管以防范系统性风险，建立货币政策与宏观审慎政策双支柱调控框架，确保宏观经济稳定与金融安全。

（十）建立现代中央银行制度及其职能作用的充分发挥

中央银行制度是现代市场经济中最基本的经济制度之一。中央银行在现代货币、金融和经济体系运行中居于核心地位。改革开放以后，中国建立了中央银行与商业银行相分离的双层银行体系，不断完善现代中央银行制度，充分发挥中国人民银行作为中央银行的职能作用，取得了显著的成就。

1. 改革复合型国家银行制度，建立健全现代中央银行制度

新中国成立以后，与这一时期实行高度集中的计划经济体制相适应，采用了高度集中统一的国家银行体制，中国人民银行同时具有中央银行和商业银行的双重职能，属于复合型的国家银行制度。为了适应经济体制改革和对外开放的需要，国务院决定改革金融体制，由中国人民银行专门行使中央银行职能，同时恢复、分设和组建了中国农业银行、中国银行、中国建设银行和中国工商银行，逐步确立了中央银行与商业银行相分离的二级银行体制，为中国人民银行制定实施货币政策和履行各项中央银行职能提供制度保障。1995 年《中国人民银行法》的颁布，标志着我国的中央银行体制走向法治化、规范化的轨道。党的十八大以来，我国着力建设现代中央银行制度，在完善货币政策框架、防控系统性金融风险、改善金融基础设施服务体系和参与国际金融协调合作治理机制等方面取得了明显的成效，向实现强大的中央银行目标迈出坚实的步伐。

2. 充分发挥中央银行的职能作用

中国人民银行在国务院领导下，恪尽职守，充分发挥"制定和执行货币政策，防范和化解金融风险，维护金融稳定"的职能。一是大力强化与制定和执行货币政策有关的职能，坚守"保持货币币值的稳定，并以此促进经济增长"的货币政策目标，依法拓展和规范中央银行资产负债业务运作，综合并灵活运用利率、汇率等各种货币政策工具，适时实施金融宏观调控，在经济稳定运行和发展中发挥着引领作用。二是对金融业的整体风险、金融控股公司以及交叉性金融工具的风险进行监测和评估，组织反洗钱工作和管理信贷征信业，防范和化解系统性金融风险，加强与外汇管理相配套的政策研究与制定工作，防范外部冲击，在维护国家金融安全和宏观审慎监管中发挥主导作用。三是大力推进金融基础设施建设，不断健全支付清算体系、征信系统、反洗钱监测系统，完善金融法律环境、会计准则、信用环境、定价机制、规则体系等，在为金融活动提供公共服务并保证金融稳健、持续、安全运行方面发挥了保障作用，为建设金融强国的必要设施夯实基础。

3. 积极参与和推动国际金融协调，提升中国在全球金融治理中的地位

当今世界各国之间的经济、金融联系已经非常紧密，各国中央银行之间以及与国际金融机构之间在应对危机和实施货币政策中的协调合作越来越重要。中国人民银行作为国家对外经济金融联系的主要承办机构和协调机构，发挥着纽带、桥梁、组织和协调的重要作用，积极参加国际金融组织的活动并建立了良好的合作关系，主动参与国际金融合作及相关规则的制定，与各国中央银行之间开展各种交流合作活动，务实开展重大的机制性对话与国际货币政策协调，加强金融监管的国际协作，承担起维护国际经济、金融秩序的责任，显著提高了中国在全球金融治理体系中的地位和作用。

> **学理认知十** 在法治轨道上建立和完善现代中央银行制度，保持中央银行业务运作的适时性和规范性，充分发挥中央银行的职能作用，提高政策调控和宏观管理能力，积极参与全球金融治理与协调，才能成为强大的中央银行。

（十一）货币供求的均衡与货币政策的有效性

1. 将货币均衡内嵌于经济均衡之中，实现货币-经济的稳定均衡

依据中国特色的综合平衡理论建立货币-经济的"四边联动"均衡机制，以实体经济运作中的总供给引出的真实货币需求作为货币供给的主要依据，通过货币供给调节总需求，进而影响总供给。实践表明，以经济均衡为基础的货币均衡具有内在稳定性。

2. 货币供求机制动态适应经济体制运行的需要并不断调整完善

货币供求机制是内生于经济体制的有机组成部分并运行于特定的经济体制之中。新中国成立之后，货币供求机制不断地调整以适应经济体制运行的需要。特别是改革开放以来，在满足经济快速增长和体制转型的同时，货币供求机制渐进式地完成了从单一计划到计划与市场双轨并行，再到市场主导的平滑转换，稳步改革资金计划管理体制和运作模式，逐步建立起市场化的货币供求运行机制，根据货币需求的变化和体制改革的深化，不断完善货币供给调控方式，在保持币值稳定并促进经济增长的同时，没有发生过持续严重的通货膨胀。

3. 建立并完善货币政策框架，提升货币政策实施的有效性

自1984年中国人民银行专门行使中央银行职能以来，建立并不断完善货币政策框架，以法律形式确立了稳定币值并以此促进经济增长的最终目标，在经济体制和金融体制改革的过程中，逐步放弃计划调控的方式，渐进式地灵活采用存款准备金、再贷款、再贴现、公开市场业务、借贷便利等市场化货币政策工具，根据国情实事求是地选择货币政策的操作指标和中介指标，适时建立或疏通货币政策的传导机制，努力改善货币政策的实施效果。尤其是党的十八大以来，为了实现国家发展战略目标和新发展理念，深化金融供给侧结构性改革并增强金融服务实体经济的能力，不断丰富和完善货币政策框架，畅通货币政策传导机制，提升了货币政策的有效性。在常规性货币政策工具的基础上，中国人民银行创新性地运用包括定向降准、结构性再贷款（再贴现）、直达实体经济的多种结构性货币政策工具实现"精准滴灌"；通过改革完善贷款市场报价利率形成机制，在切实降低企业综合融资成本的同时，疏通货币政策的利率传导渠道；通过构建目标利率和利率走廊机制，推动货币政策由数量型调控为主向价格型调控为主转变；等等。

4. 货币政策在宏观调控体系中发挥中坚作用

党的十八届三中全会以来，我国逐步形成了以国家发展规划为战略导向，以财政政策和货币政策为主要手段，产业、投资、就业、消费、区域等政策协同发力的宏观调控体系，充分发挥中国特色社会主义制度的独特优势，坚持党对宏观调控的集中统一领导，统筹宏观调控的顶层设计、总体布局、整体推进和综合实施，增强宏观政策取向一致性，有效保持了国民经济的持续稳定和协调发展。货币政策作为宏观调控体系中最主要的两大政策之一，坚持服务国家发展需要的大局观、统筹兼顾与综合平衡的调控观，积极贯彻新发展理念，主动与财政政策和其他经济政策协调配合，在宏观调控体系中发挥了中坚作用。

学理认知十一 将货币均衡内嵌于经济均衡之中，以经济均衡为基础追求货币均衡。货币供求机制动态适应经济体制运行的需要，渐进式地完成从单一计划到市场主导的平滑转换。在陆续放弃计划调控方式的同时，逐步搭建市场经济中的货币政策框架，不断提高货币政策有效性，坚持服务国家发展需要的大局观，在宏观调控体系中发挥中坚作用。

（十二）金融发展的新理念与对社会发展的贡献

党的十八大以来，习近平提出了中国金融发展的一系列新理念，包括以人民为中心的价值理念，在加快建设金融强国中努力做好科技金融、绿色金融、普惠金融、养老金融、数字金融"五篇大文章"。金融业积极响应并努力践行新发展理念，加强企业社会责任，在以下几个方面成绩斐然。

1. 以新发展理念为引领，强化金融服务实体经济的功能

为配合和支持实体经济，大力推进金融业供给侧结构性改革，把增加有效金融供给的重点放在提高满足实体经济金融需求的能力上。不断改善金融结构，通过增加新型金融机构优化金融产业结构；通过拓展多元化货币市场和发展多层次资本市场改善金融市场结构；通过多种融资方式提高直接融资比重并提升金融资源配置效率；通过金融创新改善产品结构和金融资产结构；通过政策引导推动金融资源向贫困地区倾斜，助力脱贫攻坚战取得胜利，努力服务于乡村振兴；通过进一步扩大开放、改善金融开放结构等，完善金融有效支持实体经济的体制机制，努力提升金融服务实体经济的质效。

2. 借助金融科技，助力数字经济发展，赋能高质量金融发展

近年来，各类金融机构加快金融科技布局，加速推进数字化转型，全方位提高金融科技的业务赋能，产品和工具应用日益丰富，金融服务的效率和包容性大幅提高，更好地满足了企业和个人的金融需求。目前已实现基本金融服务城乡全覆盖，即使在最偏远的农村地区，每个成年人也都有自己的银行账户；中国的移动支付普及率和规模位居全球首位，存款、取款、汇款和消费几乎都实现了实时到账，城乡居民生活更加方便；数字信贷利用大数据开展智能风控，大大提高了融资的可得性；数字保险显著拓宽了保险覆盖范围，并已实现跨省结算；金融机构采用多种数字化工具精准帮扶贫困户发展适宜产业。

3. 为绿色发展提供精准的金融服务

近年来，绿色金融伴随绿色发展大潮异军突起，通过大力发展绿色信贷、推动证券市场支持绿色投资、设立绿色发展基金、发展绿色保险、完善环境权益交易市场和工具、支持地方发展绿色金融、推动开展绿色金融国际合作等，架构起中国特色的绿色金融体系，在全球居于领先位置。绿色保险产品体系涵盖了绿色保险产品、绿色保险服务及保险资金的绿色应用，规模持续增长。其他绿色金融服务方兴未艾，例如，支持设立各种市场化运作的绿色发展基金及其投资项目；发展各类碳金融产品和交易；发展各类基于绿色环境权益的融资工具及其交易，拓展企业绿色融资渠道。此外，通过二十国集团、共建"一带一路"倡议、金砖国家等机制和平台推动绿色金融全球化发展。

4. 增强金融服务的普惠性和人民性

近年来，我国大力发展普惠金融，努力缓解人民日益增长的金融服务需求和金融供给不平衡不充分之间的矛盾。大中型银行设立聚焦服务小微企业、"三农"的普惠金融事业部，建立专门的综合服务、统计核算、风险管理、资源配置、考核评价机制，提升普惠金融服务的覆盖率、可得性、满意度和商业可持续性。与此同时，财政政策和货币政策加大对普惠金融的支持力度；差异化金融监管有效助力普惠金融的发展；建立健全普惠金融的信用信息体系和金融风险分担机制，加大金融消费者利益保护，架构起中国特色的普惠金融体系。普惠金融的覆盖面不断扩大，"三农"领域的金融支持力度不断加大。

5. 大力发展养老金融

近年来，围绕做好养老金融这篇大文章和落实发展银发经济的有关政策，保险机构发挥保险保障优势，大力发展商业保险年金，覆盖近亿人。以专属商业养老保险为抓手，积极满足新产业、新业态人员养老保障需求。与个人养老金相关的金融产品供给不断增加，持续推进商业养老金融的试点工作。改善对孤寡、残障失能等特殊困难老人的服务，加快建立长期护理保险制度。养老保险公司逐步转型为专业化经营机构，稳步推进多层次、多支柱的养老保险体系建设。

6. 努力发展数字金融

新时代以来，中国数字金融的发展成就斐然。移动支付的规模和应用场景覆盖方面已是全球领先；深度渗透于普惠金融，打通了金融服务的"最后一公里"；中国人民银行推出的"数字人民币"应用越来越广泛；技术驱动的生态创新层出不穷，科技赋能重塑了金融机构传统的业务模式，提升了其展业能力与效率、压降了成本、优化了组织架构。2024年11月，中国人民银行等七部门联合印发《推动数字金融高质量发展行动方案》，为系统性推进数字金融创新与规范发展提供了纲领。

7. 强化金融企业的社会责任

新时代以来，各类金融机构高度重视社会责任，逐步将社会责任融入金融机构的发展战略、治理结构、企业文化和业务流程之中，形成流程化的管理机制，建立适当的内外部评估机制和企业社会责任的信息公开披露制度，构建金融机构履行社会责任的长效机制。在切实做好消费者保护、员工关怀、社会公益等的同时，加大金融支持力度，服务经济社会高质量发展。

> **学理认知十二** 中国金融发展以新发展理念为引领,深化金融供给侧结构性改革,努力强化金融服务实体经济的功能,借助现代科技赋能,提高金融发展的质量。努力做好科技金融、绿色金融、普惠金融、养老金融、数字金融"五篇大文章",增强金融服务的人民性。切实履行金融企业的社会责任,为社会发展注入巨大的正能量。

二、中国特色金融发展的经验总结与路径选择

上述伟大成就展现了中国金融改革开放的壮丽气象,奠定了新时代新征程中国特色金融发展的坚实基础。党的十八大以来,在党中央坚强领导下,探索新时代金融发展规律,不断开拓创新,走出了一条中国特色金融发展之路,积累了以下"八个坚持"的宝贵经验。

(一)坚持党中央对金融工作的集中统一领导

党的领导是中国特色金融发展之路最本质的特征,既是金融事业取得重大成就最宝贵的历史经验,也是金融事业行稳致远、长治久安的必然要求,更是进一步全面深化改革、推进中国式现代化的根本保证。党的十八大以来,党中央为金融工作举旗定向、谋篇布局,深入研究解决金融领域带有全局性的重大问题,及时采取一系列重大举措防范金融风险,不断推动金融更好服务经济社会发展。只有坚持党中央对金融工作的集中统一领导,发挥党总揽全局、协调各方的领导核心作用,坚决贯彻落实党中央决策部署,将政治优势、制度优势转化为金融治理效能,才能战胜金融发展中的各种风险挑战,激发金融高质量发展的强劲动力,凝聚建设金融强国的磅礴力量,才能确保中国特色的金融发展始终沿着正确方向前进。

(二)坚持以人民为中心的价值取向

金融工作的人民性是党的宗旨决定的。全心全意为人民服务,是我们党一切行动的根本出发点和落脚点。党领导的金融事业,归根到底要造福人民。金融发展的价值观要明确回答为了谁、依靠谁的问题。与以资本为核心,一切为资本和少数有钱人服务的资本主义金融截然不同,社会主义金融发展始终把人民利益放在首位,站在人民的立场认识、分析和解决金融发展中的问题,及时回应人民的期待和关切,增强金融产品与服务的多样性、普惠性、可及性,保护好人民群众

财产安全和合法权益,增强人民群众的获得感、幸福感、安全感。

> 人民是我们党执政的最深厚基础和最大底气。为人民谋幸福、为民族谋复兴,这既是我们党领导现代化建设的出发点和落脚点,也是新发展理念的"根"和"魂"。只有坚持以人民为中心的发展思想,坚持发展为了人民、发展依靠人民、发展成果由人民共享,才会有正确的发展观、现代化观。
> ——《习近平著作选读》第二卷,人民出版社 2023 年版,第 407 页。

(三)坚持把金融服务实体经济作为根本宗旨

实体经济是金融的根基,金融是实体经济的血脉,二者密切相依、共生共荣。脱离了实体经济的支撑,金融就会成为无源之水、无本之木。把服务实体经济作为金融发展的根本宗旨,既是促进经济与金融良性循环的内在要求,又是为经济高质量发展和建设现代化产业体系提供重要支撑,也是防范化解金融风险的根本举措。一些资本主义国家在金融化资本的驱动下,金融热衷于脱离实体经济的自我循环与膨胀,造成虚拟经济过度扩张、实体经济发展受损、金融风险不断积累,最终引发金融危机,惨痛的教训值得深刻吸取。走好中国特色金融发展之路,就要坚持金融服务实体经济的根本宗旨,不搞脱实向虚,强化金融服务功能,拓展金融服务实体经济的深度和广度,为实体经济发展提供更高质量、更有效率的金融支持。

(四)坚持把防控风险作为金融工作的永恒主题

金融是经营管理风险的行业,随着金融规模的扩大和复杂程度的提高,风险的系统性关联度有增无减,防范化解金融风险特别是防止发生系统性金融风险,是金融工作的根本性任务。必须高度重视金融风险的传染性、隐蔽性和破坏性,增强忧患意识和责任意识,树牢底线思维、极限思维,做好风险防控工作,牢牢守住不发生系统性金融风险的底线。党的十八大以来,切实把维护金融安全作为治国理政的大事,坚持统筹发展和安全,紧盯重点领域和关键环节,着眼建立健全体制机制,着力增强金融体系的韧性,全面加强金融监管,扎实稳妥防控和化解风险,努力维护国家经济金融稳定和人民财产安全。

(五)坚持在市场化法治化轨道上推进金融创新发展

金融是创新活跃的行业,金融创新能力是金融强国的重要软实力。但由于金融交易涉及复杂多样的权利义务关系,具有信息不对称的特点,对信用及其规范性的要求很高。在资本逐利性的驱动下，金融创新具有两面性，任由其无序发展，可能引发风险、造成乱象，甚至借金融创新之名、行违法犯罪之实，酿成巨大风险，影响经济社会稳健发展。因此，必须有健全的金融监管制度，强化市场规则，完善的金融法律，有禁必止，违法必究，自觉地运用法治思维和法治方式来规范金融市场行为，坚持守正创新，科学处理好发展与规范、创新与监管的关系。通过市场化促创新、增活力，通过法治化控风险、守底线，保持中国特色金融发展行稳致远。

（六）坚持深化金融供给侧结构性改革

深化金融供给侧结构性改革是服务实体经济高质量发展的内在要求，也是整体供给侧结构性改革的有机组成部分，核心在于增强金融服务实体经济的能力。我国金融发展的规模居世界前列，但金融供给资源结构仍然存在一些问题。一是社会融资结构以间接融资为主，银行贷款占据主导地位，难以满足经济结构的转型升级和创新驱动发展战略实施中的多样化融资需求，也容易形成银行信贷过度集中的金融风险。二是金融市场结构以债权融资为主，股权融资占比较低，导致金融市场的激励约束机制不健全，实体经济资本相对不足和杠杆率上升，风险分担能力不强以及创新动力不足等问题。因此，要增加对中小民营企业、低收入群体、高科技行业、战略性新兴产业以及"三农"领域的支持力度，解决制造业中长期融资难问题，优化融资结构，提高直接融资比重；健全多层次资本市场体系，发展多元化股权融资，提高金融服务的质量与效率。

（七）坚持统筹金融开放和安全

金融开放是对外开放的重要组成部分，金融安全是国家安全的重要组成部分。统筹好发展和安全，是确保经济持续健康发展和社会大局稳定的关键。开放促发展，安全保发展，坚持发展和安全并重，在着力推进金融高水平开放的同时，确保国家金融和经济安全，方能实现高质量发展和高水平安全的良性互动。

（八）坚持稳中求进工作总基调

稳中求进，必须坚持稳字当头，稳方向路线，稳方针政策，稳战略部署，宏观调控、金融发展、金融改革、金融监管、风险处置等都要稳，坚持货币政策的稳健性，灵活运用多种政策工具，促进宏观经济平稳健康发展。同时，在稳态中不断解决问题，不断开拓前进，在转方式、调结构、提质量、增效益上积极进取，在深化金融改革与发展中保持战略主动，增强发展韧性，以金融高质量发展助推中国式现代化进程。

在后续的章节中，将详细阐释与上述伟大成就中的学理认知和"八个坚持"宝贵经验相关的金融学基本知识，凝练中国金融学的基本原理，深化对现代金融发展客观规律的认识，努力形成体现中国立场、中国智慧、中国价值的金融学自主知识体系，为新时代中国金融高质量发展提供理论依据。

重要术语

居民财务活动　企业财务活动　财政收支　开放部门　"大一统"金融体系　"拨改贷"　金融机构体系　金融市场体系　宏观调控与监管体系　"四律一体"监管体系　金融改革　金融开放　中国特色金融发展之路

思考题

1. 如何理解金融源自社会经济活动并为之服务？试着从熟悉的居民、企业、政府和开放部门的财务活动中寻找答案。

2. 你知道的中国金融体系演进的历史故事有哪些？

3. 新中国金融体系是如何演变过来的？

4. 我国现行金融体系的构成是怎样的？请具体说明其中的一个。

5. 改革开放以来中国金融伟大成就主要体现在哪些方面？请举出几个实例来说明。

6. 中国特色金融发展之路有哪些宝贵经验？

即测即评

第二章　货币与人民币制度

强大的货币是金融强国的基石。人民币正在成为国际经济与贸易活动中的计价、结算和融资货币,在全球货币体系和东亚货币合作中的地位不断提升,发挥着不可或缺的作用。本章将阐释货币的产生、形式演进、职能与作用等基本原理,介绍中国的货币层次划分,人民币运行、稳妥推进数字人民币的研发和应用,人民币在国际货币体系与区域合作中的作用,以及稳慎扎实推进人民币国际化的进程。

第一节　货　　币

党的十八大以来,全面贯彻落实习近平新时代中国特色社会主义思想,在新时代的伟大变革中,加快构建新发展格局,着力推动高质量发展,构建高水平社会主义市场经济体制。国家兴衰,金融有责。建设金融强国是全面建设社会主义现代化国家的战略任务和必然要求。金融强国的关键核心金融要素可归结为"六个强大",其中第一个就是"强大的货币"。强大的货币必然是国际化货币,是位于世界货币技术前沿的国家主权货币。党的二十届三中全会提出,稳妥推进数字人民币研发和应用。数字人民币对于数字经济时代更好发挥金融的媒介交易、配置资源等重要功能具有现实意义。

一、货币起源及其形式

(一)货币的起源

1. 货币的内涵

货币是商品交换的产物,是从商品世界分离出来的固定充当一般等价物的特殊商品，是价值和使用价值的统一体。理解货币的内涵可以从价值角度和职能角度来展开。从价值角度看，货币是固定充当一般等价物的特殊商品，具有商品属性；从职能角度看，货币是在商品和服务交易、债权与债务清算、单向转移支付等经济活动中被普遍接受的东西，是发挥交易媒介功能的事物。货币经历了实物货币、金属货币、纸质货币、存款货币、电子货币等阶段，其中，纸质货币是典型的信用货币。现代信用货币是基于一套法律规制和政府信用维系的交易媒介和价值的一般代表。

2. 中国货币的出现与发展

从历史考证看，货币的出现是和交换联系在一起的。人类早期的交换多为物物交换，物品之间是简单的价值对等交换，随着物品交换范围的扩大，出现了大部分交易者愿意接受的物品，这可以看作早期的实物货币。中国古代出现过兽皮、谷物、贝壳等作为货币。金属铸币是标准的货币，大约公元前800年中国就开始仿照农具铸造布币（又称铲币）、刀币等金属货币；金属货币之后是纸质货币，最早的纸币是交子，出现在中国北宋时期的成都。

3. 中国货币起源的学说

中国古代的货币起源学说主要从两个角度解释了货币的产生。一是先王制币说。该学说认为，中国的货币起源是"先王制币"，其表述为："先王为其途之远，其至之难，故托用于其重，以珠玉为上币，以黄金为中币，以刀布为下币。三币握之则非有补于暖也，食之则非有补于饱也，先王以守财物，以御民事，而平天下也。"（《管子·国蓄》）自秦统一六国建立秦朝后，法律上就规定铸币权属于国家。二是交换需要说。西汉司马迁认为，货币是用来沟通物品交换的手段，因此货币就是为适应物品交换的需要而自然产生的。这些理论远远早于西方的货币学说。

4. 马克思关于货币产生的理论分析

马克思运用历史和逻辑的方法，以劳动价值理论为基础，从商品价值表现和实现的角度阐明了货币产生的客观必然性。在原始社会后期，随着社会生产力的发展，出现了社会分工和私有制，劳动产品也就转化成了专门为交换而生产的商品。各种商品功能和品质各异，无法直接进行比较，能够决定商品交换比例的只能是所有商品都共有的东西，这就是商品的价值——凝结在商品中的无差别的人类劳动。然而商品的价值是看不见、摸不着的，只能通过交换来表现。因此，随着交换的发展，也就产生了不同的价值形式，马克思将其概括为偶然的价值形式、扩大的价值形式、一般价值形式和货币形式。

从原始公社时期偶然的价值形式，发展到社会分工和私有制产生后商品交换经常化时期的扩大的价值形式后，社会交换仍然是直接的物物交换。随着交换物品的种类越来越多，地域越来越广，物物交换的困难日益凸显。人们在设法解决困难的过程中，发现有某种物品较多地参与交换，且能够为大多数人所需要，因此人们就把自己的商品先换成这种物品，再用它去换回自己想要的商品，久而久之这种物品就成为交换的媒介，这个媒介就是一般等价物。于是，直接的物物交换就发展为利用一般等价物充当媒介的间接交换，扩大的价值形式演进为一般价值形式。当从发挥一般等价物作用的几种商品中分离出一种商品作为交易媒介时，这种比较固定地充当一般等价物的商品就成为货币。可见，商品是货币产生的前提，没有商品和商品交换，就不会有货币。货币是在商品交换过程中自发产生的，是商品交换发展的必然产物。

总体上来看，货币的产生与交换的发展有密切的关系，货币是为了解决交换中商品交换需求匹配的难题而产生的。

原理 2-1 货币是商品交换发展的必然产物，是固定充当一般等价物的特殊商品，是价值和使用价值的统一体。

（二）货币形式

货币形式主要是围绕币材变化演进的。币材是指充当货币的物品或铸造、印制货币的材料。一般来说，币材应同时具备价值较高、易于分割、易于保存、便于携带的特质，其中便于携带及有利于便捷支付对货币形式的演进最为重要，是货币形式演进的主要推动力。

货币形式的演进大致经历了以下几个阶段。

1. 实物货币

实物货币是指以自然界存在的某种物品或人类生产的某种物品来充当货币。能否作为实物货币，主要取决于两个要素：一是稀缺性，此类物品罕见或相对珍贵而受到人们的喜爱，才能作为一般等价物被广泛接受；二是流动性，也就是容易转让，能够在交易中作为媒介而转手。我国古代贝壳、纺轮、兽皮、绢帛、牲畜、盐等都曾经在不同的地域充当过交易的媒介，其中使用时间较长、影响较大的一类是贝币，另一类是绢帛，它们基本具备上述实物货币的两个要素。然而以实物形式作为货币，并不能很好地满足交换的要求。许多实物货币都形态不一，不易分割、保存，不便携带，而且价值不稳定，不是理想的货币形式。

2. 金属货币

金属货币是以金属作为铸币材料的货币，主要的货币金属有铜、铁、银、金等。与实物货币相比，金属货币具有价值稳定、易于分割、易于储藏等优势，更适宜于充当货币。以贵金属作为币材是货币发展史上的重要进步。中国是最早使用金属货币的国家，商代后期我国已经出现金属铸币，春秋时代开始铸造制式化金属货币。但是在中国历史上，流通中的铸币主要由铁、铜等贱金属铸造，金、银主要作为衡量价值和贮藏财富的工具。西方国家使用金银作为金属货币的历史比较久远。金属货币形式上主要有铸币与称量货币两类。铸币是铸成一定形状并由国家印记证明其重量和成色的金属货币。中国历史上使用时间最长的铸币是圆形方孔的铜钱，从秦始皇统一币制开始到清朝末期，2 000多年时间里一直使用。金银多行使称量货币的职能。称量货币是指以金属条块的形式按重量流通的金属货币。这种金属条块在使用时每次都要称重量，鉴定成色，所以称为称量货币。

3. 纸质货币

纸质货币是使用纸质材料印制的货币，简称纸币，包括国家发行的纸质货币、商人发行的兑换券和银行发行的纸质信用货币（银行券）等。中国是世界上使用纸币最早的国家，北宋交子、南宋会子，以及元、明、清时期的各种"钞"都是与金属货币挂钩的纸币。近代新式银行出现后，为了弥补流通中金属铸币的不足，银行便开始发行银行券。最初的银行券是通过银行的存贷款等信用业务作为基础发行的，并且随时可兑现成金属货币，但因各银行的发行量和保证兑现的能力不同，引起了银行券流通的混乱。后来，银行券集中由指定银行发行，就有了中央银行的雏形。随着金属货币制度的崩溃，中央银行发行的银行券从不完全兑现金属货币到完全不能兑现为金属货币，成为纯粹的信用货币。

4. 存款货币

存款货币是指能够发挥货币交易媒介和资产职能的银行存款，包括可以直接进行转账支付的活期存款和定期存款、居民储蓄存款等。现代银行的一项重要业务是为客户办理结算业务，充当支付中介。存款货币产生于现代银行的存款、贷款和转账支付业务广泛发展的基础之上，具体参阅第十二章。用存款货币取代现金进行支付，具有快速、安全、方便的优点，特别是可克服在大额异地交易中很难用现金进行即时交易的问题。故在发达的商品经济中，转账结算是一种重要的支付方式，绝大部分交易是利用存款货币的转移进行支付的。

5. 电子货币

电子货币是指以金融电子化网络为基础，通过计算机网络系统，以传输电子信息的方式实现支付和存储功能的电子数据。这些电子数据基于持有人所拥有的纸币或存款货币而产生，可以像现金和存款货币一样进行汇兑、存款、贷款和支付。20 世纪 60 年代以来，国际信用卡组织构建了信用卡支付系统，银行卡成为支票之后的重要支付介质。各国银行纷纷加入信用卡组织。随着银行卡的发行和使用，出现了电子货币概念。20 世纪 90 年代以来，中国的银行卡迅猛发展，银行卡信息交换总中心于 1998 年正式运行，形成了覆盖全国的信息交换系统，规范并促进了电子货币的流通。随着互联网的普及，基于互联网技术的第三方支付兴起。2010 年 6 月，中国人民银行公布了《非金融机构支付服务管理办法》，移动支付迅速发展，电子货币应用场景得以拓展。

电子货币通常利用卡基支付工具、网络支付和移动支付等电子支付工具来发挥货币的功能。卡基支付工具包括借记卡、贷记卡和储值卡。借记卡和贷记卡一般是由银行发行的，统称为银行卡。储值卡是指由非金融机构发行的具有电子钱包性质的多用途卡，不记名，不挂失，适用于小额支付领域，大多用于乘坐公共交通工具、高速公路付费、加油付费和超市购物等。网络支付是指人们利用互联网进行的支付。移动支付是指利用移动电话采取编发短信息、拨打电话以及基于网页、客户端软件、近场通信（NFC）等方式实现电子货币的支付，例如我国的微信支付、支付宝等。

（三）货币形式的创新：数字货币与数字人民币

数字货币是一种基于节点网络和数字加密算法形成的虚拟货币。具有法律效力的数字货币称为法定数字货币或央行数字货币，通常是由中央银行发行、与纸质货币等同使用且具有法定地位的数字货币。相较于传统电子货币，法定数字货币拥有更高效便捷、安全可靠、保护隐私等优点，也能有效防范洗钱和打击非法金融活动。中国人民银行发行的数字人民币（缩写为"e-CNY"）走在全球央行数字货币实践前列。数字人民币由指定运营机构向公众兑换，以广义账户体系为基础，支持银行账户松耦合功能，与纸钞和硬币等价，具有价值特征和法偿性，支持可控匿名。数字人民币的理论与实践还在探索之中，坚持"稳妥推进数字人民币研发和应用"非常重要。

数字人民币的实践、加密货币的优缺点与比特币的发展

二、货币职能与作用

（一）货币的职能

货币职能是指货币固有的功能。马克思从历史和逻辑统一的角度，对典型的货币——金币的职能按照先后顺序排列为价值尺度、流通手段、贮藏手段、支付手段和世界货币五个职能。在现代信用货币制度下，货币的职能可以归纳为交易媒介职能和资产职能两类。

1. 交易媒介职能

交易媒介职能就是货币在商品交易中作为价值尺度、流通手段和支付手段，从而提高交易效率，降低交易成本，便利商品交换的职能。货币发挥交易媒介职能主要通过三种方式实现。

（1）价值尺度，是指用货币去计算并衡量商品或劳务的价值，从而为商品或劳务的交换进行货币标价，也称为计价标准。以货币作为尺度来衡量各种不同商品或劳务的价值，就可以直接进行价值比较，简单明了。

（2）流通手段，是指货币在商品交换中作为中介，通过一手交钱一手交货作为商品流通的媒介完成交易，即商品即时交易中的现金支付，不仅使得交换不需要任何设施就能够随时随地进行，而且可以即时结清交换关系。

（3）支付手段，是指货币作为延期支付的手段来结清债权债务关系或完成现期捐赠、给予等单向价值转移。如在商品赊销预付、信贷收支、财政收支、工资发放或劳务收支、捐赠或赔款等活动中，货币都发挥着支付手段的职能。

货币发挥的交易媒介职能主要是与商品交换发生联系，货币的流通范围主要在商品和劳务市场，发挥交易媒介职能的货币量多少不仅影响商品和劳务交换的效率，而且影响商品和劳务的价格。人们为了购买商品或支付劳务，就必须持有一定的货币量，由此产生了货币交易性需求。与货币需求对应的是货币供给，只有货币供求达到均衡，以货币表示的价格才能稳定。因此，货币能否正常发挥交易媒介的职能成为衡量货币流通状况的标准。

2. 资产职能

资产职能是指货币可以作为人们资产的一种存在形式，成为实现资产保值增值的一种手段。货币发挥资产职能，被人们作为财富和价值贮藏以及资产保值增值的一种手段，是与货币的属性分不开的。因为货币不仅是一般等价物，也是社会财富的一般代表，贮藏货币等于贮藏社会财富。同时，在现代银行和金融市场体系下，贮藏货币能给持有人带来一定的收益，实现资产的保值增值。作为资产的货币是为了实现人们的投资获利或保值增值需求，所以称之为资产性货币需求。人们的资产选择行为对资产性货币需求量具有决定性作用，对利率、汇率、股票等资产的价格有较大的影响。

> **原理 2-2** 现代信用货币作为价值尺度为商品标价，作为流通手段完成商品即时交易，作为支付手段结清债权债务关系或进行单向价值转移；货币也是实现资产保值增值的一种手段。

（二）货币的作用

在经济发展过程中，货币是金融媒介交易功能发挥的关键，其具体作用体现为在社会生产、分配、流通和消费全过程中发挥的促进作用。

1. 在社会再生产中发挥第一和持续推动力作用

货币具有集结各种生产要素从而启动社会生产的能力。在商品经济条件下进行生产活动，需要拥有一定数量的货币来购买生产设备、原材料和雇佣劳动力，如果没有货币把各种生产要素合理组合起来，资本增殖、积累以及扩大再生产都无从谈起。因此，从社会再生产过程来看，"要求货币形式的资本或货币资本作为每一个新开办的企业的第一推动力和持续的动力"[①]。马克思的"第一推动力"作用理论可以说明，为何企业出现了"三角债"需要增加货币投放，为何经济增长缓慢时需要适度宽松的货币政策操作。如果把经济系统比作"轮船"，货币就是浮起船的"水"，没有水，船就无法行进。

2. 通过媒介交易发挥促进商品经济发展的作用

社会主义市场经济下的收入分配、商品交换与流通、投资与消费、国内外贸易等，都需要通过货币来完成。以货币为尺度进行的初次分配和社会再分配更为公平合理；使用货币为各种可交易品定价，克服了价值衡量与交换比率确定的困难，为顺利实现交换提供了前提条件；使用货币进行商品交换可以降低信息搜寻成本，提高交换效率，有利于促进商品流通与市场的扩大；用货币作为支付手段可以冲抵部分交易金额，进而节约流通费用，有利于商品经济的发展。

---

① 《马克思恩格斯文集》第六卷，人民出版社 2009 年版，第 393 页。

3. 通过资产职能促进市场经济的发展

货币为各经济主体收入大于支出形成的储蓄提供了最具流动性的价值贮藏和资产保存形式，在财富日益增长的过程中丰富了居民的储蓄形式；货币的资产职能可以调节社会消费需求，平滑经济主体的跨期消费；发挥资产职能所形成的巨额货币性资产，成为金融体系能够有效利用的社会资金，通过投融资活动优化资源配置，促进现代市场经济的长期稳健发展。

货币在发挥各种积极作用的同时，也会对社会经济发展和居民生活产生一些负面的影响，如货币的跨期支付使得财政超分配和信用膨胀成为可能，货币供给过多就会造成通货膨胀，而货币供给过少又影响商品价值的实现。

三、货币层次与结构

现代市场经济中的货币由中央银行发行和管理。对货币运行的观测调控，首先需要对货币进行统计归类，以便精准施策。国际货币基金组织（International Monetary Fund，IMF）对货币层次有基本的划分标准，中国人民银行依据我国金融运行的实际情况，在国际标准的基础上对货币层次划分做了改进，为分析货币运行和货币结构提供了数据基础。

（一）货币层次划分标准

1. 货币层次划分的必要性

当代各国流通的都是由现金和存款货币构成的信用货币。在现代支付体系下，现金的使用量在整个社会交易额中所占的份额很小，存款货币占主体。现金和各种存款货币都代表了一定的购买力，但是它们在购买能力上有区别。现金和可签发支票的活期存款是可以直接用于交易支付的现实购买力，而定期和其他存款要经过提现或转换存款种类才能变为现实购买力，中央银行对现金、活期存款、定期存款和其他存款的控制和影响能力也不同。因此，必须对信用货币划分层次，以便精准分析经济状况，做好调控政策设计。

2. 货币层次划分的依据

目前，各国中央银行在对货币进行层次划分时，都以流动性作为依据和标准，但其内涵有一定差别。按流动性的强弱将货币划分为不同的层次，是科学统计货币总量、客观分析货币流通状况、正确制定实施货币政策和及时有效地进行宏观调控的必要基础。从货币统计体系中信用货币层次划分的角度看，流动性是指金融资产变成现金且不受损失的能力。流通中的现钞和硬币本身就是现金，具有完全的流动性；活期存款转化为现金相对比较容易，流动性较强；定期存款和其他货币性资产转化为现金则有一定的约束条件，流动性较弱。从宏观经济的角度看，流动性多指货币投放量，货币供应量指标大致可以反映经济中流动性的规模。从金融市场角度看，流动性多用来描述资产交易的活跃度与变现能力。有时候，笼统说金融市场流动性不足，多是指进入金融市场的交易性货币量不足。

3. 货币层次类型划分

世界各国金融体系、金融工具和金融资产类型各不相同，因此各国货币层次划分的具体内容有较大差异，但基本上都包含了狭义货币和广义货币两大层次。狭义货币是指流通中的货币加上银行活期存款，通常用 M1 表示。狭义货币量反映了整个社会对商品和劳务的直接购买能力，它的增减变化对商品和劳务的价格会形成直接的影响。广义货币是指狭义货币加上准货币，通常用 M2 表示。准货币是指能够转化成狭义货币的信用工具或金融资产，通常包括定期存款、其他存款与短期证券等。准货币的流动性小于狭义货币，它反映的是整个社会潜在的或未来的购买能力。广义货币的确立，对研究货币流通整体状况具有重要意义。流动性总量是指广义货币加上具有一定货币性的金融资产，它包含的金融资产的种类更多，范围更大。

代表性国家货币层次划分

📖 **原理 2-3** 货币层次划分的依据是流动性，狭义货币流动性大于准货币流动性。

（二）中国的货币层次划分

中国人民银行从 1994 年开始划分货币层次，按照流动性强弱，将货币划分为 M0、M1 和 M2 三个层次，并一直保持至今。其间中国人民银行对货币层次中包含的金融资产的内容进行了调整：2001 年 7 月起，证券公司客户保证金存款计入 M2 层次；2011 年 10 月起，住房公积金中心存款和非存款类金融机构在存款类金融机构的存款计入 M2 层次；2018 年 1 月，非存款机构部门持有的货币市场基金取代货币市场基金存款（含存单）；2022 年 12 月起，流通中的数字人民币纳入 M0；2025 年 1 月起，启用新的 M1 统计口径。调整后的货币层次的具体内容为：

流通中货币（M0），是指离开银行体系进入社会流通中的现钞和硬币，以及流通中的数字人民币。

货币（M1），也称狭义货币，是指在流通中货币（M0）基础上加单位活期存款、个人活期存款、非银行支付机构客户备付金。

货币和准货币（M2），也称广义货币，是指在 M1 基础上加准货币。准货币包括单位定期存款、个人定期存款、证券公司客户保证金存款、住房公积金中心存款、其他存款、非存款机构部门持有的货币市场基金等。

（三）中国的货币总量与结构变化

1. 货币总量快速增长

改革开放以后，中国从计划经济逐步转型到有计划的商品经济。在这个过程中，个体经济、民营经济、集体经济等得到迅速发展，释放出巨大的市场活力，相应地，生产资料市场、劳动力市场、金融市场、信息市场等要素市场初步形成，商品经济的发展和交易活动的扩大导致货币化程度迅速提高，货币需求随之上升，货币供应与存款货币创造机制逐步形成，货币总量快速增长。

社会主义市场经济体制的改革目标确立后，中国经济规模和市场活力进一步提升，与此同时，货币总量也迅速增加，M2 从 1992 年的 2.54 万亿元增加到 2024 年的 313.53 万亿元。货币总量的持续快速增长，一方面有效地应对了 1997 年亚洲金融危机、2008 年国际金融危机等外部冲击；另一方面满足了改革开放和经济发展中迅速增长的货币需求，在投资拉动型的经济增长方式没有发生根本变化时，货币供给的第一推动力作用是比较明显的，有力地支持了经济增长和总供给的增加，且没有发生长期严重的通货膨胀。

2. 货币层次结构明显变化

三个层次的货币供应量增速不同，引起不同层次货币总量的不同变化，导致相对结构发生了明显的变化。

由于不同层次的货币执行不同的职能，货币层次结构的变化主要反映货币总量中执行不同职能货币的比例结构及其影响变化。从图 2-1 中可以看出，近 30 年来，中国的货币层次结构发生了很大的变化，主要特点有：

（1）M0 在 M2 中的占比不断走低。从 1992 年到 2024 年，M0 在 M2 中的比重从 17.07% 下降到 4.09% 左右。M0 占比的下降与经济活动中支付结算的技术进步带来现金使用的减少、货币收入增长中的持币比例下降等有关。

（2）M1 在 M2 中的占比连续下降。从 1992 年到 2024 年，M1 占 M2 的比重从 46.18% 下降到 21.40%，表明货币的交易性需求相对减少。处于 M1 层次上的现金和活期存款主要用于交易，执行交易媒介职能。M1 占 M2 的比重连续下降，说明货币总量的增长中进入商品和劳务市场的货币量相对减少，货币总量的增长对商品和劳务价格的影响力逐渐下降。

（3）准货币（M2-M1）在M2中的占比不断上升。从1992年到2024年，准货币占M2的比重从53.82%上升到78.60%，表明货币的资产性需求相对增加。准货币主要发挥资产职能，说明随着社会主义市场经济的发展和货币收入的增加，储蓄中的货币性资产增长较多。尽管各类金融市场有众多金融工具可供选择，出于回避风险的考虑，人们还是愿意更多地选择各种银行存款、货币市场基金等货币性资产作为保值增值的方式。准货币占比的提高，意味着大量的储蓄均以货币形式存在，企业和居民的投融资活动仍然高度依赖于银行体系，金融风险也集中在银行体系，货币与资产价格之间的相互影响逐渐增大，这也是中央银行实施货币政策时需要关注资产价格的主要原因。本书第四、七、十二、十三章等相关章节将深入讨论这些问题。

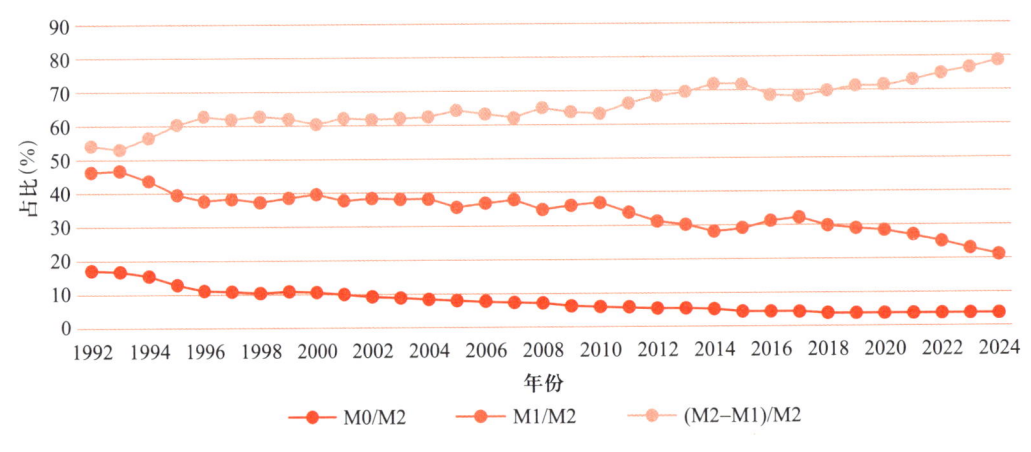

图2-1　1992—2024年中国货币层次结构变化图

资料来源：依据中国人民银行统计数据计算并绘制。

第二节　人民币制度

从法律角度看，货币需要靠一套完整的制度规则来维系，这是国家信用支撑货币信用的基础条件。中国人民币制度体系始于1948年12月，经过70多年的发展日臻完善，人民币在全球货币体系中的地位和作用不断提升，成为稳定世界经济与金融体系的重要力量。

一、货币制度与人民币制度的建设

在现代货币体系下,一国的货币制度往往与政治体制相匹配,货币制度设计体现政府的治理理念,通过构建法律、规制、组织和运行机制等,维持货币运行的基本目标。

(一)货币制度的概念与类型

1. 货币制度的概念

货币制度是针对货币的有关要素、货币流通的组织与管理等内容以国家法律形式或国际协议形式加以规定所形成的制度,目的是保证货币和货币流通的稳定,使之能够正常地发挥各种职能。货币制度规定了货币的铸造、印刷、发行、流通、回笼、面值结构、法偿能力等内容,是一国经济制度的重要组成部分。货币制度是伴随着国家统一铸造货币开始的,从白银、黄金等金属本位货币制度,发展到现在不兑现的信用货币制度。现代货币制度以不兑现的信用货币制度为主。中国人民币制度属于不兑现的信用货币制度。

本位币及其法偿能力是货币制度的重要内容。本位币也称为主币,是一个国家流通中的基本通货,一般作为该国法定的价格标准。与本位币对应的是辅币,它是指本位货币单位以下的小面额货币,是本位币面值按一定比例的等分,主要解决商品流通中不足1个货币单位的小额货币支付问题。一般来说,主币与辅币的法偿能力有差异。货币的法偿能力就是法定支付能力,分为无限法偿和有限法偿。无限法偿是指不论支付数额多大,不论属于何种性质的支付(买东西、还账、缴税等),对方都不能拒绝接受。在不兑现的信用货币制度下,中央银行发行的纸质货币具有无限法偿能力。有限法偿是指在一次支付中若超过规定的数额,收款人有权拒收,但在法定限额内不能拒收。在金属货币制度下,不足值的辅币通常为有限法偿,但信用货币制度下则没有明确的规定。

2. 货币制度的类型

货币制度主要可分为银本位制、金银复本位制、金本位制以及不兑现的信用货币制度,具体分类如下。

(1)银本位制是白银作为本位币的货币制度,其基本特征是:银币为本位货币,可以自由铸造、自由熔化;银行券可以自由兑现银币或等量白银;白银和银币可以自由输出输入。我国用白银作为货币的时间很长,唐宋时期白银已普遍流通,宋仁宗景祐年间(1034—1038年)银锭正式取得货币地位。金、元、明时期确立了银两制度，白银是法定的主币。清宣统二年（1910年）颁布了《币制则例》，宣布实行银本位制，实际是银圆和银两并行。1933年，国民政府实行"废两改元"，颁布《银本位币铸造条例》，发行银本位币。1935年11月，实行法币改革，废止了银本位制。

（2）金银复本位制是金、银两种铸币同时作为本位币的货币制度，其基本特征是：金银两种金属同时作为法定币材，一般情况下，大额批发交易用黄金，小额零星交易用白银。金银铸币都可以自由铸造、自由输出输入国境，都有无限法偿能力，金币和银币之间、金币银币与货币符号之间都可以自由兑换。这种标准的金银复本位制叫作平行本位，就是官价与市价同步变化。

金银复本位制是一种不稳定的货币制度，当金银铸币各按其自身所包含的价值并行流通时，市场上的商品就出现了金价和银价两种价格，容易引起价格混乱，给商品流通带来许多困难。政府出于稳定金银比价的考虑，就制定了官价不随市价调整或者较长时间不调整的规则，通过官价来影响市价，这就是双本位。在双本位下，一种金属价格被高估，另一种金属价格被低估，就会引发市场投机套利，出现"劣币驱逐良币"的现象，即当两种实际价值不同而法定比价相同的货币同时流通时，市场价格偏高的货币（良币）就会被市场价格偏低的货币（劣币）排斥，在价值规律的作用下，良币退出流通进入贮藏，而劣币充斥市场。在我国西汉时期，贾谊就曾指出"奸钱日繁，正钱日亡"（《新书·铸钱》）的事实。"奸钱"指的就是劣币，"正钱"指的就是良币。而英国在16世纪才发现这一现象，被称为"格雷欣法则"。为了避免这种问题，政府又想出办法，规定价值低的金属货币不能自由铸造、自由熔化，目的是确保价值低的货币数量稳定，保证比价稳定，这就是跛行本位。实际结果是，价值高的金属货币供给没有增加，价值低的货币数量被限制，造成了通货紧缩。这种货币制度越来越不能适应经济发展对货币的客观需要，于是改行单本位制成为必然。

格雷欣法则

> **原理 2-4** 在金银复本位制度下，当两种实际价值不同而法定比价相同的货币同时流通时，市场价格偏高的货币（良币）就会被市场价格偏低的货币（劣币）排斥，在价值规律的作用下，良币退出流通进入贮藏，而劣币充斥市场。

从中国历代货币制度看，金银很少有作为本位币的情形，基本上是作为称量货币，没有形成相应的金银铸币制度。秦始皇统一六国后进行了币制改革，实施了黄金与铜钱并行的金钱本位制：以黄金为上币，单位为镒，等于 20 两；以圆形方孔的铜钱为下币，名字为半两钱。汉代延续了金钱本位，黄金单位改为斤，1 斤黄金等于 1 万个铜钱。中国古代真正将黄金与白银并行计价结算使用是在魏晋时期以后。唐代也曾使用金银做支付和贮藏手段。宋代以铜钱为主，辅之以银锭、黄金、铁钱、纸币等。元代以纸币为主，与银元宝一起使用。明代先后经历了铜钱、宝钞（纸币）、铜钞银、白银四个阶段。清代用铜铁铸币和流通银票等钞票，白银使用占比很小。

（3）金本位制是以黄金作为本位币的货币制度。金本位制经历了金币本位制、金块本位制和金汇兑本位制三种形态。金币本位制是标准的金本位制，其基本特征是：金币可以自由铸造；辅币和银行券与金币同时流通，并可按其面值自由兑换为金币；黄金可以自由输出输入国境；货币发行准备全部是黄金。金块本位制又称生金本位制，是不铸造、不流通金币，银行券只有达到一定数量后才能兑换金块的货币制度。金汇兑本位制又称虚金本位制，本国货币虽然仍有含金量，但国内不铸造也不使用金币，而是流通银币或银行券，但它们不能在国内兑换黄金。

（4）不兑现的信用货币制度是一种不能兑现黄金、取消黄金保证，凭借国家信用、通过信用渠道发行和流通货币的制度，也称不兑现本位制或不兑现的纸币流通制度。这种货币制度有三个特点：一是现实经济中的货币都是信用货币，主要由现金和银行存款构成；二是现实经济中的货币都是通过金融机构的业务投入流通中去的；三是国家对信用货币的管理调控成为经济正常发展的必要条件。

（二）人民币制度的建设

人民币制度是中国有关货币发行和管理的法律制度。人民币制度的主要内容包括：货币发行权集中于中央，中央授权中国人民银行为人民币的发行机关，人民币的相关法律制度主要有《中国人民银行法》和《人民币管理条例》等。

1. 人民币制度建立的基础

中国共产党成立后领导农民运动，运用银行与货币机制开展斗争，早期的农民银行发行了自己的货币。1932 年，中华苏维埃共和国国家银行成立，以金银等为基础发行了货币，称为"苏币"。苏币在革命根据地发挥了促进生产流通、为革命筹措资金的功能。红军长征途中，中华苏维埃共和国国家银行作为"扁担上的银行"，在遵义等地以金银、食盐等重要物资为基础发行了"红军币"，离开时如数兑回发行的纸币。到达延安后，该行改名为中华苏维埃共和国国家银行西北分行，抗日战争期间改组为陕甘宁边区银行，发行过"代用券""流通券"，解放战争时期发行过边币。陕甘宁边区银行后与其他边区银行合并为西北农民银行，发行"西农币"。其他边区银行如晋察冀边区银行、冀南银行、北海银行、华中银行等也发行各自的货币。

1947年7月起，各解放区之间的贸易往来和物资交流日益频繁。由于几大解放区的银行发行的货币不统一，造成多种货币混合流通的局面，交易时要按照比价进行折算，影响了生产流通和经济往来的顺利进行，统一各解放区的货币势在必行。1948年10月，晋察冀边区银行同晋冀鲁豫边区的冀南银行合并成立华北银行，同年12月，以华北银行为基础，合并北海银行和西北农民银行，组建了中国人民银行，并发行了货币，定名为"人民币"。

2. 人民币相关法律制度的建设

中国人民银行成立之前，关于人民币发行设计等事宜由当时的华北财经办事处组织起草方案报中共中央批准。第一套人民币开始发行后，中国人民银行总行就货币运行等进行组织管理。1949年9月，中国人民政治协商会议通过《中央人民政府组织法》，把中国人民银行纳入政务院的直属单位系列，接受财政经济委员会指导，与财政部保持密切联系，赋予其国家银行职能，承担发行国家货币、经理国家金库、管理国家金融、稳定金融市场、支持经济恢复和国家重建的任务。改革实施的命令由国务院发布，1957年11月颁布了《国务院关于发行金属分币的命令》。之后，第三套人民币、第四套人民币、第五套人民币的设计、发行等相关方案都是由中国人民银行负责制定，上报国务院批准后执行。

改革开放之后，国务院决定自1984年1月1日起中国人民银行开始专门行使中央银行的职能。为了改善现金管理，促进商品生产和流通，加强对社会经济活动的监督，1988年颁布实施了《现金管理暂行条例》。1995年3月，《中国人民银行法》第一次以法律形式确定了中国人民银行是中国的中央银行，也对人民币发行管理等职能进行了法律界定。基于《中国人民银行法》，国务院制定了《人民币管理条例》，自2000年5月1日起施行，并于2014年和2018年进行了两次修订。人民币管理法治化程度的提升，有效地规范了货币流通秩序和人民币的管理，维护了人民币的信誉。

二、人民币制度的内容

（一）人民币的法律地位与法偿能力

人民币制度由一系列法律规制和组织体系构成。首先，从法律上确定货币的地位。货币的法律地位是指一个国家或地区通过立法形式规定货币的重要性及其表现形式，主要是货币的流通使用规定、是否是唯一的流通支付手段、流通使用的地域范围与交易范围大小等。《中国人民银行法》对人民币的法律地位和法偿能力作出了明确的规定：中华人民共和国的法定货币是人民币。以人民币支付中华人民共和国境内的一切公共的和私人的债务，任何单位和个人不得拒收。这从法律上明确赋予了人民币作为国家法定货币的地位，也明确了人民币在所有的支付过程中具有无限法偿的能力，拒收人民币是违法行为。

（二）人民币的单位与价值

货币单位是指货币计量单位。人民币的单位为元，辅币单位为角、分。货币单位与商品之间要有价值交换的对应关系，为此，规定货币单位的价值或者单位货币的面值就很有必要。不同货币制度下货币单位的价值规定是不同的。在金属货币条件下，货币单位的价值就是每一货币单位所包含的金属重量和成色；在不兑现的信用货币尚未完全脱离金属货币制度时，确定货币单位的价值主要是确定每单位货币的含金量；在黄金非货币化后，纯粹信用货币制度一般不再硬性规定单位货币的价值，货币最初发行的币值往往与其他货币联系，确定该货币与其他货币的比价，之后就随行就市，由市场交易决定。

（三）人民币的流通种类和结构

货币的流通种类主要是指规定主币和辅币。在金属货币制度下，主币是指用金属材料按照国家规定的货币单位铸造的货币；在信用货币制度下，主币的发行权集中于中央银行或政府指定的发行银行。在金属货币流通条件下，为节约流通费用，辅币多由贱金属铸造，是一种不足值的货币，故铸造权由国家垄断并强制流通，但铸造数量一般都有限制，铸造收益归国家所有。由于辅币的实际价值低于名义价值，国家以法律形式规定其按名义价值流通，并规定其与主币的兑换比例。金属货币退出流通后，辅币制度仍然保存下来。在当代不兑现的信用货币制度下，辅币的发行权一般都集中于中央银行或政府机构，辅币也多用金属（铁、镍、铝、铜等）制造。

从法律上规定不同的货币面值，使得货币形成了相应的面值结构，主要是出

人民币面值设计与调整

于交易便捷性的考虑。中国人民银行在货币发行过程中，依据经济发展需要，经过有关规则程序，对人民币面值进行了调整。从1948年版的第一套人民币到2019年版的第五套人民币，人民币的面值经过十余次调整，硬币的铸造技术、材料进行了改进，不断提升人民币印制和铸造技术水平，优化票面结构层次，提升防伪性能。

（四）人民币印制权限与币材

1. 国家垄断货币印制发行权

货币印制发行权通常集中在政府手中，以确保流通中货币的信誉与流通秩序。早期的银行券允许各商业银行分散印刷发行，但后来为了解决银行券分散发行带来的混乱问题，各国逐渐通过法律把银行券的印制发行权收归中央银行。《中国人民银行法》规定，人民币由中国人民银行统一印制、发行。中国人民银行发行新版人民币，应当将发行时间、面额、图案、式样、规格予以公告。任何单位和个人不得印制、发售代币票券，以代替人民币在市场上流通。残缺、污损的人民币，按照中国人民银行的规定兑换，并由中国人民银行负责收回、销毁。

2. 人民币的币材

现代信用货币多为纸质货币，辅之以金属硬币。人民币现钞以纸质钞票为主，印钞用纸的主要原料是棉浆，掺有部分麻浆和化学木浆等材料。硬币有1元、5角和1角，2019年版第五套人民币1角硬币材质为不锈钢，1元和5角硬币材质均为钢芯镀镍。

（五）人民币现金的发行

人民币现金的发行是通过中国人民银行的发行基金、发行库和商业银行的业务库，依托现金存取款业务而进行的。

1. 人民币发行基金、发行库与业务库

人民币发行基金亦称国家发行基金或人民币发行准备基金，是指未进入流通领域的人民币，它的存在形式就是发行库中保存的人民币现钞、硬币等成品。人民币发行基金由中国人民银行总行统一掌握，设立人民币发行库。发行库是指保管发行基金的金库，中国人民银行在其分支机构设立分支库。分支库调拨人民币发行基金，应当按照上级库的调拨命令办理。任何单位和个人不得违反规定，动用发行基金。中国人民银行发行库依法办理发行基金、金银和其他有价证券的保管、调运，负责残缺、污损人民币的兑换和销毁等工作；发行库对保管的发行基金实行严格的管理，发行基金调拨手续的印证采用预留印鉴的办法。业务库是指商业银行为了办理日常现金收付业务而建立的金库,它保留的现金是商业银行业务活动中现金收付的周转金,是营运资金的组成部分,经常处于有收有付的状态。

2. 人民币现金发行的操作程序

当商业银行基层业务库的现金不足以支付时,可到当地中国人民银行分支机构在其存款账户余额内从发行分支库提取现金。当人民币从发行库转移到业务库,再经过一笔一笔的支取业务离开业务库进入市场,就意味着这部分人民币进入流通领域,称为现金投放;反之称为现金回笼。该过程可参见图2-2。

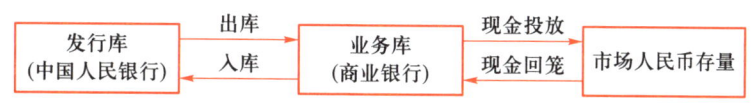

图 2-2 人民币发行程序简图

每个营业日,商业银行的现金有收有支,如果投放金额大于回笼金额,就是现金净投放,反之,则是现金净回笼。人民币的发行是中国人民银行最主要的负债业务,本书第十一章还有相关的讨论。人民币投放后就是"流通中的现金",成为主要的基础货币,具有了派生能力,详细内容见第十二章货币供求与均衡。

三、以人民为中心的货币管理实践

(一)人民币的定位

人民币是我国的法定货币,货币名称有其独特的寓意,代表了中国共产党坚持全心全意为人民服务的根本宗旨。

人民币代表了人民的利益,是人民的财富。人民的利益不受损,货币就得保持稳定。在发行与流通过程中,人民币始终坚持为人民服务的理念,保持稳定,夯实信用,成为全球货币体系中最为稳定的货币之一。

> **知识链接 2-1 "人民币"名称的由来**
>
> 1947年1月3日,中央决定召开"华北财经会议"。中央经过慎重考虑,4月16日决定成立华北财经办事处,任命董必武为主任。1948年11月18日,华北人民政府第三次政务会议作出决议,发行统一的货币,现已刻不容缓,应立即成立中国人民银行,任命南汉宸为中国人民银行总经理,

一面电商各区，一面加速准备。1948年12月1日，华北银行、北海银行和西北农民银行合并成立中国人民银行，并发行了货币，货币定名为"人民币"。因为是人民的货币，是为人民服务的，由此得名。这也是中国货币历史上的一个重要转折点。

（二）"精准滴灌"型货币投放，有效促进实体经济发展

货币的供应要服从实体经济发展的需要，才能充分发挥在市场经济中的作用。货币总量的增加虽然对经济增长具有推动作用，但却不是越多越好，增加货币数量难以解决经济发展中的结构性矛盾，需要更多地用好结构性货币政策工具，实现货币投放的"精准滴灌"。为此，2020年国家提出"保持流动性合理充裕但不搞大水漫灌"的政策，包含了三层意义：一是流动性要充裕，满足经济健康运行的需要；二是流动性要合理，过多或过少都不行，既不能催生通货膨胀或资产泡沫，也不能抬高实体经济融资成本；三是货币政策是中性的，不能试图用"撒钱"去刺激经济。国家主要通过有效发挥结构性货币政策工具的"精准滴灌"作用，提高政策的精准性和直达性，确保新增融资重点流向实体经济特别是小微企业，发挥货币促进实体经济发展的作用，实现促就业、保民生的目标。

（三）保持人民币币值稳定，夯实货币信用基础

保持人民币币值稳定，防止物价剧烈波动，是货币发挥作用首要的内在要求。因为只有货币币值保持稳定，货币才能正常发挥计价标准的职能，才能稳定地充当交换手段和支付手段。如果货币币值剧烈变动，无论是升值还是贬值，都会反映在物价的波动上，不仅会影响货币的交易媒介职能，而且对货币发挥资产职能也有重要影响，因为如果币值不稳，人们就不会选择货币作为贮藏手段，也难以利用货币实现资产的保值增值。

在金属货币制度下，币值稳定主要取决于金属货币的内在价值；在信用货币制度下，币值的稳定主要取决于货币供应量与真实货币需求的均衡。在现代信用货币制度下，货币发行的约束主要靠法律规制。历次金融危机和突发疫情期间，美、欧、加、澳等国家和地区采用的都是增发货币政策。尤其是美国，凭借美元特殊的国际货币地位，短期内大量增加货币投放，尽管对稳定金融市场起到一定的作用，但是过量美元流向世界其他市场，导致全球能源、有色金属、粮食等大宗商品价格上涨，引发了世界性通货膨胀。

强大的货币必须以坚挺的币值做支撑。作为负责任的大国，中国始终坚持把保持人民币币值的稳定，并以此促进经济增长作为货币政策的目标。依据经济发展的实际需要，中国适度调节货币供给，成功应对了 2008 年国际金融危机的冲击，避免了经济大幅度下行的风险。2010 年 12 月，中央政治局会议宣布货币政策由"适度宽松"转为"稳健"，以应对经济过热和通胀压力。在应对突发疫情的冲击中，我国也是适度供应货币，努力保持币值稳定，在经济增长与物价稳定之间实现了良好的平衡，防止人民群众利益受损。2024 年 12 月，中央政治局召开会议决定，2025 年要实施更加积极的财政政策和适度宽松的货币政策，大力提振消费、提高投资效益，全方位扩大国内需求。

第三节　国际货币体系中的人民币

中国积极参与国际货币体系改革，推进东亚货币合作，人民币区域化、国际化进程加快，在国际货币体系中发挥了重要作用，成为国际货币体系稳定的重要力量。

一、国际货币体系的范畴与内容

（一）国际货币体系的界定

国际货币体系是各国政府为适应国际贸易与国际结算的需要，对货币的兑换、国际收支的调节等所作的安排或确定的原则，以及为此而建立的组织形式等的总称。国际货币体系基于国际规则，适用于加入体系的国家。

国家之间的贸易、投资等经济往来必然引起货币收付的结算与机构组织之间债权债务的清算问题，就需要确定用哪种货币计价与支付、不同货币之间如何兑换、哪些资产作为国际支付的储备资产。中国国家外汇管理局经营管理储备资产，储备资产类型多样，有货币黄金、特别提款权（Special Drawing Rights，SDR）和美元、欧元等主要国际货币，还有外币有价证券等资产。如果我国对外贸易等经济活动引发国际收支逆差，就要动用外汇储备或其他储备资产来弥补，或者要通过国际融资，比如向国际货币基金组织等国际金融组织申请专项借款，或者通过政府间政策协调，平衡国际收支。

（二）国际货币体系的基本内容

作为一种协调国家间货币关系和国际收支调节的规则系统，国际货币体系一般包括以下三个方面的内容。

1. 汇率的确定

汇率的确定实际上是汇率制度的安排。中国的人民币汇率制度是"以市场供求为基础、参考一篮子货币进行调节、有管理的浮动汇率制"。人民币汇率是一种管理浮动汇率。

2. 国际储备资产的规定

国际储备资产是一国为维持国际收支平衡而持有的用于对外支付，并维持本国货币汇价稳定的黄金和外汇资产的总和。除了黄金，特别提款权、主要国际货币等都可以作为国际储备资产。人民币在国际货币体系中发挥了日益重要的作用。

3. 国际收支的调节

当出现国际收支不平衡时，各国政府应采取什么政策措施来解决国际收支失衡问题、各国之间的政策措施如何协调等，是国际货币体系协调的内容。

（三）国际货币体系的演进

从 19 世纪 80 年代的国际金本位体系开始，国际货币体系先后走过了国际金本位体系、布雷顿森林体系和牙买加体系。

1. 国际金本位体系

国际金本位体系是以黄金作为国际储备货币或国际本位货币的国际货币体系。不过，国际金本位体系并不是一个依靠国际协定维系的体系，而是基于各国的金本位国家货币制度自发形成的国际货币体系。

国际金本位体系没有国际组织进行协调，完全是自动运行的机制。由于各国货币都是金币，货币之间的兑换比率由各自的含金量对比来确定，这就是铸币平价（mint parity）。由于黄金可以在各国间自由输出输入，日常汇率就围绕铸币平价在"黄金输送点"范围内波动。黄金输送点是由两国之间黄金运输成本决定的，在短时间内成本变化不大，汇率也就相对平稳；国际收支具有自动调节的机制，可以用汇率理论中的国际收支说解释。1880—1914 年是国际金本位体系的黄金时代，1914 年第一次世界大战爆发，各参战国纷纷禁止黄金输出，停止纸币兑换黄金，国际金本位体系受到严重削弱，之后虽改行金块本位体系或金汇兑本位体系，但因其自身的不稳定性都未能持久。在 1929—1933 年的经济大危机冲击下国际金本位体系终于瓦解，随后国际货币体系一片混乱，直至 1944 年在美国主导下建立起布雷顿森林体系。

2. 布雷顿森林体系

布雷顿森林体系是第二次世界大战后建立的以美元为中心的国际货币体系。该体系由美国主导，由国际货币基金组织和世界银行作为协调组织。

1944年7月，联合国货币和金融会议（United Nations Monetary and Financial Conference）在美国布雷顿森林市召开，44个国家的政府代表参加会议，中国政府代表也出席了会议。本次会议最终同意建立一个新的国际货币体系，其主要内容是：第一，实行"双挂钩"、可调整的固定汇率，即美元与黄金直接挂钩，其他国家的货币与美元挂钩。美元与黄金挂钩是指，美国政府保证以35美元等于1盎司的黄金官价兑付其他国家政府或中央银行持有的美元。其他国家的货币与美元挂钩是指，各国以法律形式规定各自货币的含金量，而后通过含金量的比率，确定各国货币之间的汇率基础。各国货币兑美元的汇率一般只能在金平价上下1%的幅度内浮动，各国政府有义务在外汇市场上进行干预，以维持汇率的稳定。第二，成立国际货币基金组织协调国家之间的货币事务，提供国际收支逆差调节贷款；成立国际复兴开发银行向发展中国家提供中长期项目贷款支持其经济发展。第三，确定了各国货币在国际收支经常账户下的自由兑换原则，会员国未经国际货币基金组织同意，不得对国际收支经常项目的支付或清算加以限制。当会员国发生国际收支逆差时，可用本国货币向国际货币基金组织按规定程序购买（即借贷）一定数额的外汇，并在规定时间内以购回本国货币的方式偿还借款。

第二次世界大战后美国推行的"马歇尔计划"以及20世纪50年代发动的战争，导致其国际收支出现巨额逆差，美元与黄金的比价难以维系，60年代发生了十余次美元危机。进入70年代，美元危机更加严重。1971年8月15日，美国宣布停止美元兑换黄金，各国也随后纷纷宣布本币与美元脱钩，不再承担维持美元汇率的义务。

3. 牙买加体系

1972年7月，国际货币基金组织成立了一个专门委员会，具体研究国际货币制度的改革问题。1974年6月，该委员会提出一份"国际货币体系改革纲要"，对黄金、汇率、储备资产、国际收支调节等问题提出了一些原则性的建议。1976年1月，国际货币基金组织理事会"国际货币制度临时委员会"在牙买加首都金斯敦举行会议，讨论《国际货币基金组织协定》的条款，达成了所谓的"牙买加协议"；同年4月，国际货币基金组织理事会通过了《国际货币基金组织协定第二修正案》，国际货币体系进入牙买加体系时代。

牙买加体系的主要内容包括：第一，国际储备货币多元化，减轻了布雷顿森林体系下对美元的过分依赖；第二，汇率安排多样化，各国可根据多样化国情的需要自行安排汇率制度；第三，多渠道调节国际收支失衡，各国可运用货币政策、财政政策、汇率政策、国际融资、加强国际协调、增减持外汇储备等灵活多样的措施进行调节。该体系下固定汇率制与浮动汇率制并存，实现黄金非货币化，多元化国际储备和多渠道国际收支调节。

现行国际货币体系存在比较大问题，需要优化深化改革，完善治理。中国在全球金融治理体系中的作用发挥见第八章第三节。

二、区域货币制度与货币合作

（一）区域货币制度

1. 区域货币制度的内涵

区域货币制度是指由某个区域内的有关国家（地区）通过协调形成一个货币区，由联合组建的一家中央银行负责发行与管理区域内的统一货币的制度。成员方利用区域货币制度在货币区内通过协调货币、财政和汇率政策，可以实现经济增长、充分就业、物价稳定和国际收支平衡等宏观目标。

2. 区域货币制度的实践

在实践中，区域性货币制度多以货币联盟形式出现，一般有成员方共同的中央银行和货币体系。20世纪60年代后，一些地域相邻的欠发达国家首先建立了货币联盟，如1962年建立的西非货币联盟、1965年建立的东加勒比货币联盟、1973年建立的中非货币联盟等。最具代表性的区域货币制度是欧元制度，它历经半个世纪的探索，是基于欧洲经济与货币联盟建立的单一货币体系。

1950年欧洲经济合作组织建立了欧洲支付同盟，启动了欧洲货币合作的进程。1967年欧洲共同体建立之后，正式提出建立欧洲经济与货币联盟并设计了时间表。1995年12月正式决定欧洲统一货币的名称为欧元（EURO）。1998年7月，欧洲中央银行成立。1999年1月，欧元正式发行，2002年1月1日起，欧元的钞票和硬币开始流通。2002年7月1日，欧元正式成为各成员国唯一的法定货币。截至2025年1月，欧元区共有20个成员国。

（二）区域货币合作

区域货币合作是指通过签订货币合作协议，确定参与国共同遵守的货币制度或规则。一些经济发展水平、风俗习惯等相同或相近，具有一定合作治理基础的国家和地区，为了消除彼此由于货币的不同带来的风险，在进行经济合作的过程中开展区域货币合作，加强各国中央银行在货币、汇率、外汇等领域的合作义务，共同促进区域货币金融稳定，实现经济共同繁荣目标。在区域货币框架下构建的共同货币制度，属于较高层次的货币合作模式。

（三）中国与东亚货币合作

东亚货币合作是东亚国家和地区基于货币一体化目标，在汇率安排、储备基金、危机救助等方面，通过建设协调组织机制、签订相应的协定等开展的合作。1997 年亚洲金融危机以来，东亚货币合作取得了一定的进展，中国积极参与并推动区域内合作协调，发挥了关键性作用。

1997 年，为应对亚洲金融危机，东亚各国在货币合作方面提出了建立"亚洲货币基金"的构想。2000 年 5 月，《清迈倡议》（CMI）签署，东亚货币合作开始落地。2003 年 6 月，《清迈宣言》推动亚洲国家以本币或一篮子亚洲货币联合发债，建立区域信用担保机制，中、日、韩和东盟 10 国同时提出了"亚洲债券市场发展倡议"。2010 年，中国积极推动建立区域性外汇储备库，成员国同意将《清迈倡议》升级为《清迈倡议多边化协议》（CMIM），东亚货币合作的重心逐渐由保持经济金融稳定转向促进经济增长和一体化发展。中国在 CMIM 出资额达 32%，与日本并列第一位，在区域货币合作中的话语权和影响力显著上升。

与此同时，人民币在东盟的区域化深入推进，为东亚货币合作提供了新的锚货币。2013 年以来，中国支持符合条件的境内金融机构和企业在境外发行人民币债券与外币债券，也支持加入共建"一带一路"的国家与信用等级较高的境外企业来境内发行人民币债券，货币合作的深度与广度不断提升。中国经济对东亚区域经济的辐射能力不断增强，人民币有望在东亚区域货币合作中发挥更加重要的作用。基于国际贸易和投资的实际需要，推动人民币区域化，再从区域化到国际化，是未来人民币国际化发展的可行路径。

三、人民币国际化

（一）货币国际化

货币国际化是指一种货币突破国别界限，在国际经济活动与国际交往中行使交易媒介职能、资产职能等货币基本职能，成为世界性货币的过程。一般而言，国际货币应具备币值稳定性、流动性和可兑换性的基本特征。国际货币除了作为国际经济交易的计价与支付手段，还被各国政府作为国际储备资产，用于调节外汇市场和平衡国际收支，也作为汇率盯住的选择对象。作为价值储藏手段，国际货币被投资者或家庭部门作为金融资产持有。

货币国际化是一个动态进程，首先会在经济活动紧密联系的周边国家和地区流通，之后逐步扩大到某一较大区域内，作为区域内贸易、投资等经济活动的计价结算货币和储备资产货币。当然，区域化需要有经济合作机制的支撑。当该货币在全球被广泛接受并使用、成为世界性的货币时，就完成了国际化进程。

（二）人民币国际化实践

1. 人民币国际化的内涵

人民币国际化是指人民币能够跨越国界，在境外流通，成为国际上普遍认可的计价、结算及储备货币的过程。人民币国际化是提升我国金融国际影响力的必由之路，金融强国应具备的第一关键核心金融要素是强大的货币，强大的人民币一定是国际化的货币。人民币国际化的内涵包括四个方面：第一，人民币现金在境外与其他国家货币兑换不受所在地限制；第二，国际市场上以人民币计价的金融产品出现，并被市场投资者广泛接受，以人民币计价的金融市场交易规模不断上升；第三，在国际贸易中以人民币结算的交易额达到一定比重，人民币是国际贸易计价的主要货币之一；第四，人民币成为全球储备货币之一。

2. 人民币国际化的进展

人民币国际化的实现条件

党的二十大强调，有序推进人民币国际化。2008年以来，人民币国际化成效明显，人民币在国际货币体系中的地位不断提升。在一系列政策与双边或多边协议的助推下，人民币的国际支付货币功能、国际投融资货币功能持续增强，国际储备货币功能进一步显现，国际计价货币功能有所发展。2024年，人民币跨境收付金额为64.1万亿元，同比增长22.56%。跨境人民币业务政策框架更为完善，在跨境贸易投资中使用人民币更加便利。人民币已成为全球第四大支付货币、第三大贸易融资货币。在国际化进程中，高水平发展人民币离岸市场是推进人民币国际化的重要途径。

（三）人民币国际化的成果

1. 跨境人民币贸易投资便利化

2009年以来，跨境人民币使用从贸易向投资扩展，由企业向个人延伸，从货物贸易覆盖至全部经常项目，从直接投资扩展到跨境放款、跨国企业人民币资金池、全口径跨境融资。2024 年，经常项目跨境人民币结算金额为 16.27 万亿元，直接投资跨境人民币结算金额为 8.25 万亿元。十余年来，跨境人民币业务更加便利化，运用场景越来越多元化，市场需求不断扩大，人民币国际化水到渠成，为实体经济贡献积极力量。

2. 境内金融资产吸引力增强

中国稳健的经济增长，多种金融资产对国际投资者的吸引力越来越强。在兼顾推进金融开放与风险可控的原则下，随着资本项目可兑换程度不断提高，形成了人民币合格境外机构投资者、人民币合格境内机构投资者、沪港通、深港通、债券通、沪伦通、直接入市投资、基金互认、黄金国际版等多条投资交易通道，从而满足不同投资者的需求和偏好。随着全球货币政策进一步宽松，中国股市、债市被纳入全球核心指数，境内金融资产吸引力不断提高，证券投资与其他投资逐渐成为人民币跨境使用的主体部分。投资者范围不断扩容，跨境资金流动规模进一步增大，投资者对市场价格愈加敏感。

3. 离岸人民币市场规模扩大

2009 年至 2015 年汇改之前，套利套汇交易旺盛，离岸人民币市场急速扩张。2015 年汇改之后，随着人民币汇率由单向升值转为双向波动，中国对资本项目管控趋严，加之境外经济下行风险增大，离岸人民币市场进入调整阶段。2021 年，离岸人民币市场恢复增长。

4. 全球人民币清算网络形成

随着人民币使用需求增长，中国积极推进基础设施建设，从清算行安排到人民币跨境支付系统（CIPS）上线，并积极与环球银行金融电信协会（SWIFT）等国际主体展开合作。为了推动跨境支付服务市场化运作的需要，中国人民银行决定设立"跨境银行间支付清算（上海）有限责任公司"（简称跨境清算公司），该公司于 2015 年 7 月在上海市正式注册成立，全面负责 CIPS 的运营维护、参与者服务、业务拓展等工作。2018 年 3 月，跨境清算公司引入境外投资者，36 家中外机构签署共同增资协议。2019 年 12 月，跨境清算公司在上海召开第一次股东会和董事会会议，自此迈入新的发展阶段。截至 2024 年年底，CIPS 实际业务覆盖全球 185 个国家和地区。

5. 人民币国际储备功能显现

2008 年国际金融危机后，中国经济率先复苏，金融体系实力增强，人民币汇率稳定坚挺。为了应对主要货币流动性紧张、汇率剧烈震荡的局面，一些国家对中国提出了双边本币互换的需求。中国先后与数十个国家和地区的货币当局签署了双边本币互换协议，为维护全球金融稳定作出了积极贡献。随着人民币跨境与国际使用增长，2016年10月，人民币正式加入特别提款权货币篮子，份额达10.92%，仅次于美元、欧元。2022年5月，国际货币基金组织公布了五年一次的特别提款权定值审查结果，维持特别提款权篮子货币构成不变，即仍由美元、欧元、人民币、日元和英镑构成，并将人民币权重由10.92%上调至12.28%，人民币权重仍保持第三位。在国际储备资产中，人民币地位不断上升，2024年年底，人民币在全球外汇储备中的占比为2.18%，位居全球第六位。

重要术语

货币　交易媒介　资产职能　狭义货币　广义货币　货币制度　劣币驱逐良币　人民币制度　国际货币体系　人民币国际化

思考题

1. 货币形式演进的推动力是什么？
2. 货币的基本职能有哪些？如何理解货币的本质？
3. 我国的货币层次划分遵循怎样的标准？2025年1月中国人民银行实行新的M1统计口径，试分析个人活期存款计入M1后对缩小与M2增速差距起到多大作用。
4. 人民币制度的基本内容有哪些？
5. 何为强大的货币？如何理解稳慎扎实推进人民币国际化？人民币国际化进程面临哪些困难？应如何应对？

即测即评

第三章 外汇与汇率

外汇是以外国货币表示的可用作国际清偿的支付手段和资产，外汇储备是一国国际清偿力的重要组成部分，建设强大的国际金融中心需要外汇市场的稳健发展。汇率是外汇的价格，也是联系实体经济和金融、内外经济、国内外金融市场的重要纽带。完善的人民币汇率形成机制是拥有强大货币和推进人民币国际化的制度保障，是协调好本外币政策、处理好内外部均衡的关键支点和重要经济变量，具有重要影响和调节作用。本章在介绍外汇的构成与特征、汇率的标价方法与分类、外汇市场的发展和交易机制等基础上，梳理改革开放以来中国的外汇管理、外汇储备的形成和运用的经验；系统阐述汇率决定理论，分析汇率变化对诸多经济变量的重要影响、汇率风险及其管理；阐明人民币汇率的制度基础和现行的人民币汇率制度与机制。

第一节 外汇与外汇市场

货币承担着多项重要职能，各个经济体内部和相互之间的所有经济交易和财富贮藏都需要使用货币。但在通常情况下，在本国内只能使用本国货币，不能直接使用外国货币充当交易媒介或计值单位。在开放经济条件下，当本国与其他经济体发生国际贸易和国际投资等跨境经济交易，需要结算由此引起的对外债权债务时，企业等经济主体就需要将本币兑换成外汇，或将外汇兑换成本币，由此产生了外汇、汇率、外汇市场和相关的管理等问题。

一、外汇的定义、构成与特征

(一)外汇的定义与构成

外汇有狭义和广义之分。狭义外汇是指由非金融企业、金融机构和家庭等民间部门以及中央银行等官方部门持有的,以外币标价的,可以用于国际债权债务清偿结算的支付手段,包括在国际性银行的外币存款和对外币存款的索取权具体化了的汇票等票据。此定义强调了外汇的国际结算功能。广义外汇是指一切以外币表示的资产,包括外币现钞、外币支付手段、外币有价证券等。此定义强调了外汇的对外债权属性。2008年修订的《外汇管理条例》对外汇的主要构成作了界定。

(二)外汇的特征

外汇应同时具备以下特征:第一,外汇是以外币表示的可以用于对外支付的金融资产,不包括以外币计值的实物资产或无形资产。第二,外汇具有可自由兑换性和普遍可接受性。因此,并非所有经济体发行的货币或金融资产都能成为其他经济体的外汇。外汇也并不等同于外币,即使是美元现钞或存款在各国外汇中所占比例也是很小的。第三,外汇具有可偿性。外汇持有人拥有的对外汇发行国的债权应当是能得到偿付的。

二、汇率标价方法及分类

(一)汇率的定义及标价方法

汇率是外汇的价格,又称汇价,是两种货币之间兑换的比率,即一国货币单位用另一国货币单位所表示的价格。币值是货币具有的购买能力,以本国物价来反映时称为本币的对内价值,以外币价格(也就是汇率)来表示时称为本币的对外价值。理论上说,货币的对内价值与对外价值应该是一致的,这是本币与外币之间能相互兑换的基础,也是决定兑换比率的依据。①

汇率有多种标价方法。折算货币之间的汇率,首先要确定是以哪个国家的货币作为标准,标准不同会产生不同的汇率标价方法。

---

① 关于某种货币升值、货币汇率升值的表述,在谈及物价问题的语境下,货币升值是对内升值,与货币汇率升值也就是对外升值并不是一回事。虽然在购买力平价成立的严格假设前提下,两者应当一致,但在很多时候由于假设前提不能得到满足,两者并不一致。例如,当国内物价下跌时,货币对内升值,但不一定是汇率升值,而且汇率升值也不一定是对内升值。

1. 直接标价法

直接标价法是以 1 或 100 单位的外币作为标准，以本币作为标价货币，用一定数额的本币表示外币的价格，也称应付标价法。直接标价法是以本币直接给外币标示价格，连续起来就能看到外币价格水平及变化，标价方式自然直接。当使用直接标价法时，若汇率数值变大，意味着单位外币能换取更多的本币，表示外币升值而本币贬值。大多数经济体的货币对主要国际货币的名义汇率采用直接标价法。在中国外汇交易中心，人民币对美元等少数几种货币的汇率报价采用直接标价法。

2. 间接标价法

间接标价法是以 1 或 100 单位的本币作为标准，以外币作为标价货币，用一定数额的外币表示本币的价格，也称应收标价法。当使用间接标价法时，汇率数值变大表示外币贬值而本币升值。在中国外汇交易中心，人民币对美元等货币之外的其他多种货币的汇率报价已转变为采用间接标价法。

3. 美元标价法

美元标价法是以 1 或 100 美元作为标准，以其他货币来给美元标价，是国际金融市场上通行的汇率标价方法。非美元货币之间的汇率可通过各自对美元的汇率套算出来。美元标价法能够适应全球化外汇交易的开展，简化报价并便于比较各种货币的汇价。若汇率数值变大，表示美元升值而其他货币贬值。

（二）汇率的分类

汇率可按不同的标准或角度进行分类。

1. 买入汇率、卖出汇率与中间汇率

按照外汇银行给出的买卖外汇报价，汇率可分为买入汇率和卖出汇率。按照"低买高卖"原则，外汇银行的挂牌买入汇率应当便宜于卖出汇率，两者间的价差就是从事外汇买卖的利润。由于汇率有两种标价方法，使用直接标价法时买入汇率的数值小于卖出汇率，使用间接标价法时买入汇率的数值大于卖出汇率。中间汇率也称汇率中间价，是买入汇率和卖出汇率的平均数，多由媒体发布，用于分析汇率波动或趋势。此外，人民币汇率形成机制的重要内容之一就是汇率中间价的报价，后文将继续介绍。

2. 即期汇率与远期汇率

结汇是指企业将外汇卖给外汇银行，售汇是指企业向银行购买外汇。按照结售汇的交割期限，汇率可分为即期汇率和远期汇率。即期汇率也称现汇汇率，是即期外汇交易的汇率。即期外汇交易是一种最基本、最简单的外汇交易，买卖双方通常在约定成交后的两个营业日之内完成资金收付交割，如果交割当天恰逢法定节假日则顺延。远期汇率也称期汇汇率，是远期外汇交易的汇率。远期外汇交易是企业与外汇银行约定在未来某一日期或某一时间段（期限大于两个工作日）以约定价格、金额、币种办理结汇或售汇。远期结售汇是最基础的，也是我国外汇市场最早的外汇衍生产品。企业可通过远期外汇交易来锁定未来交易的汇率，规避和管理汇率风险。如果作为外汇市场上交易对象的远期外汇价格上涨，也就是直接标价法的远期汇率的数值大于即期汇率，习惯上称为汇率升水；如果直接标价法的远期汇率的数值小于即期汇率，则称为汇率贴水；如果二者相等，则称为汇率平价。

3. 名义汇率与实际汇率

按是否考虑不同经济体之间价格差异的因素，汇率可分为名义汇率和实际汇率。名义汇率是在外汇市场上观察到的报价和交易汇率。实际汇率则是用本国与外国的物价指数对名义汇率进行调整后得到的汇率。实际汇率具有重要意义和作用，但不可被直接观察到，需要对其估算。根据购买力平价理论，在理想的假设前提满足时购买力平价理论成立，以价格指数衡量的各国商品的国际竞争力不仅不变而且将趋于相等。但现实世界中这些前提条件往往不能得到充分满足，各国商品的国际竞争力并非不变且强弱差别很大，名义汇率对购买力平价的偏离反映或衡量了一国商品竞争力的变化状况，可以以这种偏离程度来定义和估计实际汇率。因此，间接标价法的本币实际汇率可表示为：

$$RER = \frac{e}{PPP} = \frac{e}{P^*/P} = e \cdot \frac{P}{P^*} \qquad (3-1)$$

其中，RER 为实际汇率，e 为本币名义汇率，PPP 为购买力平价，这三个变量的标价方式均一致。在讨论实际汇率问题时，一般采用间接标价法更为便利。P、P^* 分别为本国、外国的物价水平。

由式（3-1）计算出的 RER[①] 数值应当是围绕 1 也就是在均衡水平附近动态地波动，如果持续地偏离，则有向均衡回归的压力。当 $RER=1$ 时，意味着名义汇率与 PPP 之间不存在偏离，两国商品国际竞争力相等；当 $RER<1$ 时，本国商品国际竞争力更强；当 $RER>1$ 时，本国商品国际竞争力较弱。当 RER 的数值变大也就是本币升值时，本国商品在国际市场上的实际价格上升、竞争力下降；反之则实际价格下降、竞争力上升。

---

① RER 为标量，更常见的情形是基于特定基期的指数化处理。

实际汇率考虑了名义汇率，也考虑了本国与外国的价格差异因素，是一国从事国际经贸活动时最主要的价格指标，可以更综合全面地反映其国际竞争力，具有重要经济意义和影响。

📖 **原理 3-1** 本币名义汇率变动，以及本国物价相对于外国物价的变动，将共同影响实际汇率。

4. 名义有效汇率与实际有效汇率

有效汇率是一种加权平均汇率，大多选取对各贸易伙伴的贸易份额作为权重。它是考察一种货币对其他多种货币的综合对价关系的重要经济指标，通常用于度量一国商品的综合国际竞争力，能够综合地反映一国货币的对外价值和相对购买力，更能发挥调节进出口、经常项目及国际收支的作用。在应用中，通常将其区分为名义有效汇率（NEER）和实际有效汇率（REER）。因为样本货币范围和权重等相关参数存在差异，估算结果也存在差异。

当前中国主要贸易伙伴呈现明显的多元化特征，而且贸易计价货币也在逐步多元化，有效汇率对企业财务和经营决策更具参考意义，看待和分析人民币汇率问题，也需要更多地转向有效汇率的视角。1981年以来人民币汇率的趋势与波动如图3-1所示。

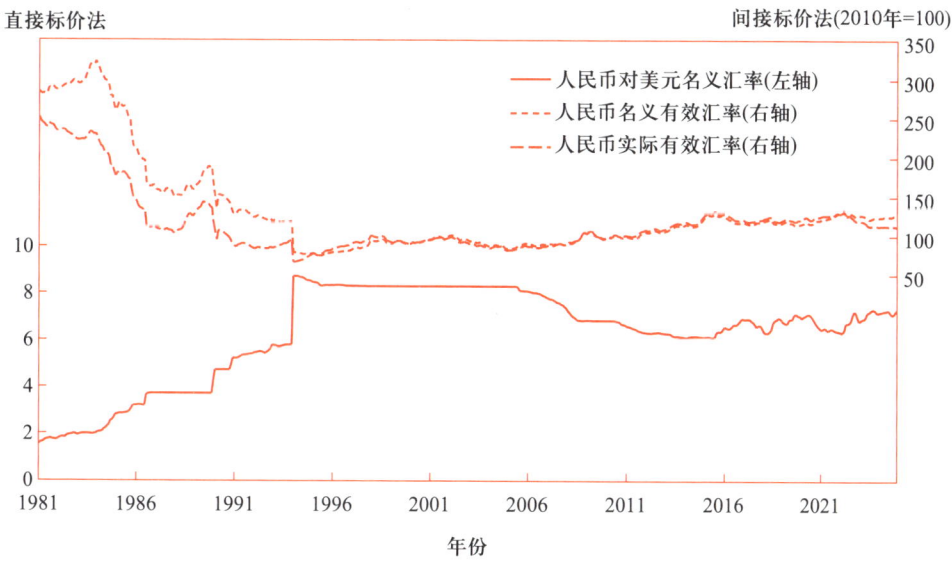

图 3-1 1981年1月—2024年12月人民币对美元名义汇率和人民币有效汇率

资料来源：中国人民银行、国际货币基金组织网站。

三、外汇市场的类型、功能与中国外汇市场的发展

（一）外汇市场的类型与功能

外汇市场是外汇交易的场所或网络。在外汇市场上，参与者主要有外汇银行等金融机构、外汇经纪人、非金融企业和个人、中央银行等。

根据交易发生的地点和组织形式，外汇市场可划分为场外市场（或称柜台市场）和场内市场（或称交易所市场）。

根据参与者的性质，中国外汇市场划分为银行柜台外汇市场和银行间外汇市场两个层次，两者之间存在着密切联系并相互影响。其中，前者是零售市场；后者是批发市场，交易金额大、汇率买卖价差小。外汇银行在与客户进行外汇买卖时会产生买卖差额，形成外汇头寸的盈缺。由于汇率实时变化，外汇银行若保留外汇头寸敞口将面临汇率风险，所以外汇银行要抛出多余头寸，补进短缺头寸，于是形成了批发性质的银行间外汇市场。银行间外汇市场又可进一步细分为基于商业目的的银行同业间外汇市场、为达到中央银行干预目的的中央银行与商业银行间外汇市场。中国外汇市场的主体是以中国外汇交易中心为主平台的银行间外汇市场，占据交易的主要份额。

一个有广度和深度、稳健高效、公平规范的外汇市场，有利于形成合理的均衡汇率水平，发挥媒介交易、价格发现、传递汇率信号、引导资金有序流动、优化资源配置、管理风险等重要功能。

（二）中国外汇市场快速发展

在改革开放前，中国实行统收统支的外汇管理体制。随着改革开放的推进，中国外汇需求和供给迅速增长，这就要求对外汇管理体制进行改革，但因为取消外汇管制涉及的外部环境和需要的客观条件比较复杂，改革开放初期外汇管理体制仍然处于以计划管理为主、市场调节为辅的状态。2005年人民币汇率制度改革之后，推进外汇监管创新，外汇市场得到了迅速发展。近年来，中国发展外汇市场主要致力于以下几方面。

1. 扩大市场开放，构建多元化的市场主体层次

2005年7月人民币汇率制度改革后，银行间外汇市场打破了原先单一的银行参与者结构。一方面对内开放，允许符合条件的非银行金融机构和非金融企业入市交易；另一方面根据跨境人民币业务的发展需要，逐步推动市场对外开放，一批承担境外人民币清算职能的境外银行相继进入银行间外汇市场，还有更多的

境外银行在跨境贸易人民币结算业务项下与境内银行开展场外外汇交易,市场对外开放程度逐步提高。

2. 服务实体经济,不断丰富外汇市场产品体系和服务供给

外汇市场的改革发展将服务实体经济发展放在首位,充分考虑各类经济主体的风险识别和管理能力,由简单到复杂、由基础到衍生,渐进式地引入各类新工具。银行间外汇市场分别于 2005 年 8 月和 2006 年 4 月推出人民币外汇远期交易及人民币外汇掉期交易,2011 年 4 月推出人民币对外汇期权交易。中国外汇市场已经具有了国际市场基础产品体系,基本满足了各类市场主体管理汇率风险的需求,市场深度和广度有了长足进展(见表 3-1),为深化金融改革,支持市场主体适应汇率双向波动和更好地管理汇率风险提供了有力保障。

表 3-1 中国外汇市场及交易品种规模概况

单位:亿美元

市场及交易品种规模	2011 年	2024 年
合计	86 431	411 428
其中:银行对客户市场	31 027	59 460
银行间外汇市场	55 405	351 968
其中:即期	62 544	139 342
远期	6 017	6 561
外汇和货币掉期	17 853	250 558
期权	19	14 966

注:数据均为单边交易额。
资料来源:国家外汇管理局发布的相关年份《中国国际收支报告》。

四、外汇市场的交易方式

目前,中国银行间外汇市场采用竞价交易、撮合交易和询价交易等交易方式。询价交易方式于 2006 年年初引入,并成为银行间外汇市场的主要交易方式。询价交易是指做市机构通过交易平台提供具名公开意向性报价或带量可成交报价,交易对手方通过请求报价、点击成交或订单匹配、协商交易等方式达成交易的方式。外汇交易的国际性及外汇交易主体的广泛性、差异性决定了询价交易方式具有成本低、信用风险分散等优点。另外,为进一步体现市场供求关系在汇率

形成机制中的基础性作用，提高金融机构的自主定价能力，中国人民银行参照国际上通行的基准利率、汇率的确定方式，改进了人民币对美元汇率中间价的形成方式。

第二节　外汇管理与外汇储备

外汇作为国际清偿的支付手段和资产，在国际货物和服务贸易、国际融资、跨境资金流动以及国际支付清算中发挥着不可替代的货币功能，具有重要作用。央行出于保证国际支付、维护汇率稳定等目的，需要对外汇收支和买卖交易进行管理，也需要自身持有和管理外汇储备。在开放经济下外汇储备发挥着诸多重要功能和作用，当然也需要持有合适的规模，并通过得当的管理实现有效运用和保值增值。

一、外汇管理的内涵与目标

（一）外汇管理的内涵

外汇管理是指政府授权央行或其他机构，对外汇的收支、买卖、借贷、转移以及国际结算、汇率和外汇市场等实行的管制行为。中国人民银行和国家外汇管理局等部门负责管理经常项目外汇收支的真实性、合法性；管理资本项目，逐步推进资本项目开放；对国际收支、对外债权债务进行统计和监测；发展和管理外汇市场，制定和实施人民币汇率政策，推进汇率改革；管理外汇储备等。总体上，外汇管理涵盖了各类主体，侧重于功能监管。

（二）外汇管理的目标

外汇短缺曾经长期困扰和制约着中国的经济发展，与之相适应，外汇管理在理念和制度安排上奉行"宽进严出"原则。为适应改革开放的要求，中国外汇管理体制不断完善，当外汇不再短缺以后，外汇管理进入了一个新的历史时期，主要目标转变为以下几方面。

1. 促进国际收支平衡

这是中国宏观调控的重要目标之一。国际收支持续显著失衡会对经济产生不利影响。可以通过对经常项目的交易真实性审核和对资本项目的管制，防控跨境资金的异常流入流出，促进国际收支平衡。

2. 维护金融安全

跨境资金异常流动是引发货币危机的重要原因。高效的外汇管理可以管控跨境资金异常流动，以高水平风险防控来保障更高水平的金融开放。外汇管理如同"筛子"，可筛出那些没有真实交易背景以及尚未放开的交易项目的跨境资金异常流动；也可筑起隔离跨境资金流动和汇兑转换风险的"防火墙"；还如同"蓄水池"，可根据国内外经济金融情况，有针对性地收紧或放宽对境内机构和居民保留或自由支配外汇的比例或额度，间接调控外汇资源在国家和民间的持有比例。

3. 服务实体经济发展

金融要为实体经济服务，满足经济社会发展和人民群众需要。这是外汇管理的出发点和归宿，其归根结底应当有助于促进贸易和投资自由化、便利化，推动企业提高要素配置效率。

二、外汇储备的定义与来源

（一）外汇储备的定义

外汇储备是央行持有和控制的、实际存在并随时可利用的对外资产。从持有主体看，央行持有的外汇属于外汇储备，民间部门持有的外汇并不属于外汇储备，但两者都代表着本国的对外资产或债权，意味着一国的国际清偿能力。中国是在国务院、中国人民银行、国家外汇管理局三级授权管理体系下，由中国人民银行持有和管理外汇储备，国家外汇管理局在中国人民银行的领导下负责具体经营管理。

从流动性要求看，外汇储备是央行"有效控制"的、"可利用"的、随时可使用的资产，是央行资产负债表内的资产，具有相当高的流动性。

从构成要素看，央行持有的外汇储备与非外汇储备资产一起构成央行的国际储备资产。外汇储备是国际储备资产的主要构成部分。央行的非外汇储备资产包括货币黄金、特别提款权、在国际货币基金组织的储备头寸及其他对外债权等。在讨论央行运用国际储备资产发挥调控等功能时，主要关注的是外汇储备。

（二）外汇储备的来源与规模变动原因

外汇储备的来源与规模变动原因可从供给端进行分析。在形式上，外汇储备来源于央行在银行间外汇市场上的购汇交易。在实质上，要理解外汇储备的来源和规模变动的原因，就需要进一步地从国际收支的资金来源和资金运用的视角来进行分析（相关内容将在第八章继续讨论）。国际收支的资金来源主要包括经常账户顺差，以及非储备性质的金融账户下的来华直接投资、来华证券投资、来华其他投资等。国际收支的资金来源是资金运用的基础，资金运用主要包括央行持有外汇储备，以及商业银行和非金融企业等民间部门通过对外直接投资、对外证券投资、对外其他投资等持有的对外资产。

20世纪90年代中期之后，尤其是在2001年加入世界贸易组织（WTO）之后，我国经常账户和非储备性质的金融账户一度出现持续的显著顺差，并带来外汇储备快速增长。随着经济发展进入新常态和对外开放新格局的形成，我国经常账户差额与国内生产总值（GDP）之比逐步回落至低于2%的合理均衡区间。随着对外资金来源与运用在总体上更为自主平衡，央行持有的外汇储备规模于2014年之后转为下降，此后保持基本稳定。曾一度在较长时期保持的国际收支高顺差对应外汇储备高增长的模式已彻底改观，这也充分体现了推进人民币汇率市场化改革较好地发挥调节宏观经济和国际收支的自动稳定器功能。与此同时，管理当局稳步推进跨境资金由持续净流入转变为双向流动，推进对外资产持有主体多元化。在资金来源总量一定的情况下，民间部门持有的对外资产与央行持有的外汇储备存在着"跷跷板"的关系，民间部门持有的对外资产的比重相应提升并已成为对外资产运用的主体（见图3-2）。

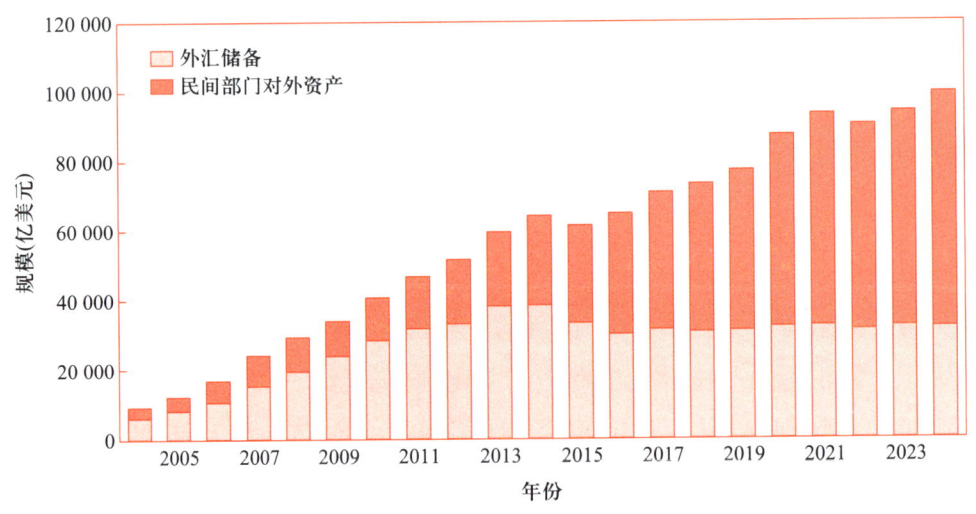

图3-2 2004—2024年中国外汇储备与民间部门对外资产规模

资料来源：国家外汇管理局网站。

三、外汇储备的功能与规模管理

国家应当考虑持有合适规模的外汇，满足对外汇的各种需求，发挥好其在促进经济发展中的重要功能。

（一）外汇储备的基本功能

1. 保证国际支付

适当规模的外汇储备可随时用于满足进口和偿付外债，弥补国际收支逆差，保证正常的对外经济活动中支付清算的需要，维护国际信用。

2. 维护汇率稳定

拥有较多的外汇储备意味着央行有较强的干预市场的能力。尤其是当本币面临贬值压力时，较多的外汇储备有助于改善干预的频度、幅度、时机和成效。改革开放以来人民币汇率制度先后选择了双重汇率制和有管理的浮动汇率制，与浮动汇率制相比，就要求持有相对更多的外汇储备。

3. 为国民经济稳健运行提供重要保障

外汇储备是国家的重要战略资源，在维持对外支付能力、防范金融风险、抵御外来冲击等方面发挥重要作用：能支持进口重要货物、设备等，促进产业结构升级；有助于稳定主权评级，在国际市场上低成本融资；能满足突发事件发生时对外支付的需要，为应对外来不利冲击提供缓冲，发挥着"蓄水池"和"稳定器"的作用，能够保障经济安全。

4. 提升本币国际地位，促进国际金融合作

充足的外汇储备有助于提升本币在国际货币体系中的地位，维持投资者的信心，更好地参与全球金融治理和国际金融合作。

（二）我国对外汇储备功能的进一步拓展

在中国外汇储备快速增长并自2006年以来外汇储备规模持续居全球首位的大背景下，基于对功能认识的提升，其持有目的也逐渐变得更为积极主动，管理部门积极运用外汇储备，在诸多方面拓展和丰富了其功能：

第一，从国家大局出发，积极探索和拓展运用方式。成立中央汇金投资有限责任公司（简称中央汇金公司）向国有商业银行注资，支持配合国家设立中国投资有限责任公司（简称中投公司），推动国有金融机构健康发展和进行现代化企业改革。

第二，不断创新市场化运用方式，支持实体经济发展。2010年，管理部门同意推出外汇储备委托贷款业务，委托国内金融机构向实体经济部门发放外汇贷款，目的是借助金融机构市场化的运作平台和专业能力，通过市场手段满足实体经济的用汇需求。此后，管理部门牵头设立丝路基金、中拉产能合作投资基金、

中非产能合作基金，注资中投国际公司、国新国际投资公司等，形成涵盖债权、股权、基金、多边联合融资等多种产品的业务格局，为金融机构服务实体经济提供强大资金支持，满足实体经济多层次的用汇需求。

第三，积极参与全球金融治理和国际金融合作。例如，中国签署了《清迈倡议多边化协议》，推动成立亚洲区域外汇储备库；创建或参与了多个对外投融资平台，以"一带一路"倡议为重点，促进外汇储备多元化运用；同贸易伙伴国签订双边货币互换协议，参与国际货币基金组织等国际金融组织对面临危机的国家的救助和支持，参与国际货币体系改革和重建；与多边机构开展联合融资合作。这些举措也有力支持了人民币国际化进程。

第四，服务国家战略。通过外汇储备的商业化运用，重点为"一带一路"倡议下的基础设施、资源开发、产业合作和金融合作等项目提供融资支持。

管理部门通过拓展投资范围与领域，进一步促进了多元化经营管理，实现了外汇储备的保值增值，在全球外汇储备管理机构中处于较好水平。

（三）外汇储备管理的目标

外汇储备管理的目标主要由其功能决定。2005年国际货币基金组织对20个国家和地区进行的案例调查表明，外汇储备应达到以下目标：第一，持有满足其功能所要求的外汇储备规模；第二，审慎管理流动性风险、市场风险和信用风险，在满足安全性和流动性的前提下，在中长期内获得合理的收益；第三，通过在市场上的交易活动获取有价值的市场信息和经验，以有助于央行更好地理解金融市场、金融工具以及金融操作，更好地履行政策制定、监管和促进本国金融市场发展的职能。中国的外汇储备管理的目标也基本如此。

（四）外汇储备的规模管理

要实现和满足其功能，持有的外汇储备规模应当适度。那么，多大规模才是适度的呢？这应当是在综合考虑经济各方面因素的基础上确定的，也随各国国情和发展阶段不同而有所差别。20世纪五六十年代，广泛使用的外汇储备充足率标准是覆盖3~6个月的进口额。此后，外汇储备的功能拓展到防范债务偿付能力不足，外汇储备充足率标准转变为覆盖100%的短期债务。2011年以来，国际货币基金组织结合各国危机防范的资金需求，提出了外汇储备充足性的综合标准。一般来说，发达经济体综合实力较强，本币可自由兑换，大多选择浮动汇率制，相应持有的外汇储备较少。

中国作为一个发展中大国，经济结构调整和金融改革任重道远，对外经贸受外部影响可能会有较大起伏，人民币还没有实现完全可兑换，实行的是有管理的浮动汇率制，金融体系仍然存在一定的脆弱性，因此需要持有较大规模的外汇储备，以使外汇储备发挥更加全面的功能，更好地服务对外开放。

四、外汇储备的运用

（一）外汇储备运用中遵循的原则

总结来看，中国外汇储备的运用遵循以下几方面的原则。

1. 确保外汇储备运用"安全、流动、保值增值"

鉴于其来源和功能，外汇储备运用首先要保证资产安全，并保持充分流动性，将风险防范放在经营管理工作的首位，在保障资产总体安全、流动的前提下争取提高投资回报，特别要保持长期稳定的盈利能力，实现保值增值目标，坚守"保值增值"和"不发生重大操作风险事件"双重底线。

2. 积极配合国家宏观经济综合平衡和重大发展战略

在运用外汇储备时，要考虑其对宏观经济整体的支持作用，积极配合宏观经济综合平衡和重大发展战略，促进国民经济协调均衡发展。

3. 依法合规、有偿使用、提高效益、有效监管

对外汇储备的运用必须遵循依法合规、有偿使用的原则，向央行足额支付同等对价资产或承担等值人民币负债之后，才能获得其使用权，并且必须有相应的风险安排和退出机制。在具体运用过程中要坚持提高效益、有效监管的原则，做到"产权清晰、权责明确"。

（二）多元化配置货币和资产

实现资产总体安全的有效方式是多元化配置货币和资产。在确定货币结构时，以长期、战略的眼光，综合考虑国际收支结构和对外支付需要、国际金融体系的发展趋势、主要经济体的经济及金融市场的长期增长和潜力等因素；在确定资产结构时，综合考虑各种资产的长期风险收益特性、资产之间的相关性、金融市场容量、投资集中度以及流动性等因素，并动态调整。外汇储备是大规模投资，难以灵活调整，应选择市场广度和深度好、波动性较小、流动性强的资产。从对外支付角度看，只要外汇储备的货币结构与对外支付结构相匹配，一般不会因汇率波动产生实际损益。中国外汇储备投资始终保持审慎的态度和模式，坚持多元化配置主要货币和高质量资产。

第三节 汇率的决定与影响

汇率对外汇市场、经济主体和实体经济运行都有着重要影响,汇率变化可能给经济主体的净资产或收益带来不利影响,产生汇率风险。因此,经济主体非常关注汇率是如何决定和形成的。基于时代背景的变化,人们从不同的角度,提出了各种汇率决定理论来解释汇率的形成和波动。

一、汇率决定理论

影响汇率形成和波动的因素较多,各种理论各有优势和局限,在应用时可相互补充。

(一)国际借贷理论

在金本位制度盛行时期,阐释外汇供求与汇率形成的流行理论是国际借贷理论。该理论认为,汇率波动由外汇供给与需求的对比变化所引起,而外汇供求状况又取决于由国际经贸往来和跨境资金流动所引发的债权债务关系。当一国的流动债权多于流动债务时,外汇供给大于需求,在供求定律作用下,外汇将贬值而本币将升值;反之则是外汇将升值而本币将贬值。该理论虽然较早提出了汇率供求决定论,但并未说清楚影响因素有哪些,这些因素又是如何影响外汇供求的。此后一些学者应用凯恩斯模型来说明影响国际收支的主要因素,进而分析这些因素是如何通过国际收支作用到汇率,形成了汇率决定的国际收支说,弥补了国际借贷理论的缺陷。

> **原理3-2** 外汇供求状况与汇率水平及其变动之间也会遵从供求定律。当出现持续显著的外汇供求变动时,将引起汇率变化;而汇率发挥的价格自发调节作用,又会影响外汇供求。

(二)购买力平价理论

购买力平价理论假设:所有商品和服务具有可贸易性;一价定律成立。因此,同一种商品在不同市场以汇率折算后的价格应当是相同的。人们需要本币和外币是因为其各自在发行国具有购买力,因此在某一时点上,直接标价法的本币名义汇率取决于本币和外币所代表的购买力之比率,该比率称为购买力平价,而货币购买力是以商品价格反映的,是价格的倒数,即:

$$e = \frac{1/P^*}{1/P} = \frac{P}{P^*} = PPP \tag{3-2}$$

其中，e 为本币名义汇率，PPP 为购买力平价，均采用直接标价法；P、P^* 分别为本国、外国的物价水平。

式（3-2）估算出的就是在某一时点上的绝对购买力平价。在估算该值时，虽然难以确定和比较本国和外国的物价水平，但可推导出在某一时期内的相对购买力平价是如何决定的：

$$e_1/e_0 = \frac{P_1/P_0}{P_1^*/P_0^*} \tag{3-3}$$

其中，各变量的下标 1、0 分别代表在当期、基期。

式（3-3）估算的就是相对购买力平价，即在某一个时期内，本币名义汇率的变化取决于这一期间的本国与外国的通货膨胀率差异。显然，估算相对购买力平价更为简洁实用，也解决了两国物价指数的可比性等问题。例如，若本国通货膨胀率相对较高，则本币有贬值压力和趋势。

购买力平价理论的基本思想和结论抓住了货币的购买力取决于价格水平这一影响汇率的核心因素，从长期视角揭示了汇率趋势变化的根本原因。名义汇率与购买力平价这两者之间应当是动态一致的，也就是汇率的趋势变化会追随两国价格水平的相对变化趋势。但购买力平价理论的基本前提条件较为严格，在现实世界中往往不能得到充分满足，因此名义汇率与估算的购买力平价之间往往存在着显著偏离的现象。

> **知识链接 3-1 一价定律**
>
> 一价定律是指在自由交易条件下，由于套利行为的存在和供求定律的影响，当贸易开放且交易费用为零时，对于本国或外国生产的某种以同一种货币计价的可贸易商品，在不同市场的价格应当是相同的。

（三）货币分析法

货币分析法以购买力平价理论为基础，认为名义汇率是两国货币的相对价格，本国相对于外国的货币供求关系变化将引起物价水平相对变化，进而影响本币汇率。本国实际货币需求函数为：$M_d/P = L(Y, i) = kY^\alpha i^{-\beta}$，货币需求（$M_d$）受国民总收入（$Y$）正向影响，受利率（$i$）负向影响，也就是收入弹性系数 $\alpha > 0$，

利率弹性系数 $\beta>0$。根据货币市场均衡条件 $M_d=M_s$，以及购买力平价理论的结论即式（3-2），有：

$$e=\frac{M_s/L(Y,i)}{M_s^*/L(Y^*,i^*)} \quad (3-4)$$

$$\Delta e=(m-m^*)-\alpha(y-y^*)+\beta(i-i^*) \quad (3-5)$$

其中，Δe 是直接标价法下本币名义汇率的变化率；m、m^*，y、y^*，i、i^* 分别代表本国与外国的货币供应量增长率、国民总收入增长率、利率。本国和外国的这三类变量的差异影响汇率。当其他条件不变时，在货币供给端，若本币供应量增长率相对较高，将引发本币贬值；在货币需求端，若本国国民总收入增长率相对较低，对本币需求减少，将引发本币贬值；若本国名义利率较高，意味着持有本币机会成本较高，对本币需求将降低并将引发本币贬值；反之将引发本币升值。该理论阐明了汇率受两国货币供求因素的影响，把汇率与货币政策联系起来，局限在于过分依赖货币数量论。

（四）换汇成本说

换汇成本说是中国学者结合国情，于 20 世纪 70 年代末在购买力平价理论的基础上发展出来的一种汇率决定理论。购买力平价理论认为所有商品的价格均满足一价定律；而换汇成本说创新地认为只有可贸易商品的价格满足一价定律，也就是只考虑可贸易商品的相对价格，提出了出口换汇成本和进口换汇成本分别是如何决定的，由此制定和形成的人民币名义汇率水平应保证进出口企业的正常利润率。由于成本受汇率变化的影响相对要小，相比价格平价来说，以成本平价来讨论汇率决定更接近现实。它有两种表达方式。

1. 出口换汇成本

企业每 1 美元出口外汇收入所要平均负担或支出的以人民币计值的成本（ExC）为：

$$ExC=\frac{ExC_{RMB}}{ER_{USD}} \quad (3-6)$$

其中，ExC_{RMB} 为一定时期内以人民币计值的出口商品总成本；ER_{USD} 为此时期内以美元计值的出口商品总收入。

测算出的企业出口换汇成本，在数值上应当低于直接标价法下人民币名义汇率水平。

2. 进口换汇成本

企业每 1 美元进口商品所能获得的以人民币计值的收入（ImC）为：

$$ImC = \frac{TSR_{RMB}}{IM_{USD}} \qquad (3-7)$$

其中，TSR_{RMB} 为一定时期内以人民币计值的进口商品在国内市场的销售总收入；IM_{USD} 为此时期内以美元计值的进口商品总值。

测算出的企业进口商品的销售收入，在数值上应当高于直接标价法下人民币名义汇率水平。综合来看，人民币汇率水平应当处在由出口换汇成本、进口换汇成本分别作为下限和上限的区间内，方能保证正常的对外经贸关系。

在相当长的一段时期内，鼓励出口是中国对外经济贸易政策的重要目标，因此将出口换汇成本作为确定名义汇率水平的重要依据，但其局限在于较少考虑汇率的市场化形成机制和影响因素。换汇成本说结合了中国经济现实和发展战略并有所创新，发挥了重要的政策参考作用。国家外汇管理局从 2003 年起开始实施出口换汇成本监测，选取总计上千家样本企业，具有一定代表性，并实现了全程电子化监测，为全面掌握出口企业的汇率承受能力和制定汇率政策提供客观参考依据。

（五）利率平价理论

汇率、利率均是货币或金融资产的价格，两者间应存在着密切的内在联系。根据交易主体是否可以套补套利，远期汇率定价机制可分为基于利率平价的定价机制和基于预期的定价机制。如果可以套补套利，远期汇率会趋于利率平价；如果不能，远期汇率的形成则只能基于预期。利率平价理论假设跨境资金可自由流动，存在发达完善的外汇市场，不存在交易成本。该理论的逻辑基础是套补套利均衡，套补套利是投资者利用本外币货币市场和即期、远期外汇市场的组合构造无风险套利的交易行为。若两国货币市场存在短期利差，跨境资金从较低利率的国家转移到较高利率的国家以赚取更高的收益率，但为规避汇率风险，投资者在期初要通过远期外汇交易售出未来外币现金流，上述交易行为即套补套利。这种经济行为会推动利率和汇率调整，直至分别投资在两国的包括利率收益率和汇率收益率在内的投资收益率相等时停止，远期外汇市场达到均衡的远期汇率水平。

例如：投资者现有 1 单位本币资金，投资期限为 1 年，年利率即投资收益率是 i；外国利率是 i^* 并且较高，若选择在期初交易当日投资外国货币，要以直接标价法的即期汇率 S 购汇，在期末到期当日可获得 $(1+i^*)/S$ 金额的外汇本息之和，但为规避在投资期结束时可能出现的汇率风险，期初应当将套利与远期外汇等衍生品交易相结合，与外汇银行签订远期结汇业务合约，约定在期末以远期汇率 F 结汇，换回 $(1+i^*) \times F/S$ 金额的本币，投资收益率是 $(1+i^*) \times F/S - 1$。而在期初，投资者大量即期购汇、远期结汇的结果是供需变化，导致在即期外汇市场上本币贬值、外币升值，在远期外汇市场上本币升值、外币贬值，套补套利不断进行，直至在两国的投资收益率相等时停止，即：

$$i = (1+i^*) \times \frac{F}{S} - 1 \qquad (3-8)$$

可简化得到：

$$\rho = \frac{F-S}{S} \approx i - i^* \qquad (3-9)$$

其中，ρ 为年化远期升/贴水率。

式（3-9）表明，远期汇率或远期升/贴水率主要受两种货币之间利率差影响，远期升/贴水率约等于国内外利率差。例如，假设某时点中国、美国年利率分别为 2%、5%，那么 12 个月期限的美元远期外汇的年化贴水率约为 3%。外汇银行根据期初交易当日的国内外利率差等因素，给出远期汇率报价。

由于预期受非市场因素影响较大，基于利率平价的远期汇率定价机制通常要比基于预期的定价机制更为稳定。2006 年之后，我国人民币远期市场定价机制实现了从基于预期向基于利率平价转变。这有利于形成稳定的远期汇率，有助于远期市场价格回归理性，活跃市场，从而更好地服务于经济主体管理汇率风险的需求，有利于推进人民币汇率形成机制改革；也有利于建立即期汇率、远期汇率和本外币利率四个变量之间的联动机制，市场间的联动关系将更加密切，推动人民币利率市场化进程。

（六）汇率决定的资产组合模型

较早期观点例如国际收支说认为，国际收支引起的外汇供求流量决定汇率水平及变动，这虽符合对普通商品市场上供求决定价格的直观认识，但难以解释自

汇率决定的资产组合模型的框架和结论

20 世纪 70 年代以来，随着国际金融市场一体化迅速发展和发达国家纷纷推行金融自由化政策，为何在外汇市场交易量小幅变化时汇率剧烈频繁波动，汇率日益表现出与其他金融资产价格相类似的特征。因此人们将汇率作为金融资产价格，从资产价格和跨境资金流动的角度，提出资产组合模型等现代汇率决定理论。

汇率决定的资产组合模型认为，经济主体根据对各种资产的收益和风险的权衡，将财富配置于国内外资产，并及时根据基本面和预期因素等进行调整，往往引发跨境资金流入流出并对汇率产生很大影响。该理论贡献在于运用一般均衡分析，综合考虑多种变量、多个市场对汇率的影响，较好地反映了当今金融资产快速增长、跨境资金流动加快的客观现实；不足是较少考虑实际经济因素对汇率的影响。

二、影响汇率的因素

总结各种汇率决定理论可看到，影响汇率的因素较多，可大致分为长期因素与短期因素。

（一）长期因素

长期因素在较长时间内起着影响作用，决定汇率的基本走势。长期因素主要有：第一，国际收支状况是一国对外经济地位和实力的综合反映，若国际收支在总体上持续出现显著顺差，会推动本币升值，正如中国在加入世界贸易组织之后的10余年间的情形；反之则有贬值趋势。第二，通货膨胀情形影响货币的购买力或价值，可通过多种途径影响其汇率。本国通货膨胀率相对外国通货膨胀率上升，将提高本国货物和服务的出口以外币计值的成本并降低本国竞争力，将导致本币资产的预期（实际）收益率下降并引发本外币资产替代，但其影响要在较长时期内才能体现出来。第三，当本国对资金需求较大、回报率较高时，会吸引跨境资金流入，这通常将对本国币值起到有力的支持作用。第四，当本国经济增长率较高时，将增加进口需求，但也往往伴随着生产率提升、出口增加，对净收支的影响要看这两方面作用的对比。

（二）短期因素

短期因素主要通过影响短期跨境资金流动，从而对汇率起到影响，使汇率围绕其基本走势而波动。一是国内外利差高低直接影响金融资产的相对收益率和配置结构。例如，若本国利率相对提升，会吸引跨境资金流入并推动本币升值。二是随着汇率越来越具有资产价格属性，预期因素的影响越来越重要，这也使得跨境资金流动更为自由和频繁。预期因素有易变、影响大和自我实现的性质，会导致汇率波动比较频繁和剧烈。随着经济全球化和金融全球化的程度不断加深，美国货币政策的周期性变化（以联邦基金利率的变化为代表）对其他发达经

人民币汇率的资产价格属性出现

济体和新兴经济体跨境资金流动和汇率产生了愈发重要的影响。三是央行出于维持汇率稳定等目的，可能对外汇市场进行干预，也会在短期对汇率产生影响。例如央行通过在外汇市场上卖出外汇或者加息等手段，以应对本币面临的贬值预期或压力。此外，一些突发事件等因素也可能会对汇率产生临时性的影响。

长期因素与短期因素的影响往往交织在一起，互相抵消或促进，不易单独识别，综合的结果便是汇率的波动。随着人民币汇率形成机制趋向市场化，有涨有跌的双向波动成为新常态。

三、汇率的影响及其发挥条件

汇率作为重要的涉外价格变量，对经济主体的结汇、售汇交易行为，对本国及贸易伙伴的进出口、物价、跨境资金流动、资产价格和利率等经济变量，进而对整体的宏观经济状况都会产生重要影响或调节作用；当然，这些变量反过来又将影响汇率，从而使经济运行处于动态调整中。

（一）对进出口和物价的影响

一般说来，本币贬值会使得本国的出口货物和服务在国际市场上以外币计值更为便宜，进口商品以本币计值更贵，从而提高本国商品国际竞争力，削弱进口商品竞争力，可促进出口、抑制进口。但在出口商品供给弹性小的情况下，本币贬值可能引起出口商品在本国价格上涨，甚至有可能波及本国物价总水平，影响程度取决于其在 GDP 中的比重和结构，贬值刺激出口增加的作用将会部分甚至全部被随后而来的物价变动所抵消。本币贬值也可能引起进口商品在本国的价格上涨，影响程度取决于其在 GDP 中的比重和结构。本币升值的影响大体上与之相反。

> **原理 3-3**　本币贬值有利于促进出口、抑制进口，但可能引起本国物价上涨；反之可能引起本国物价下跌。

（二）对跨境资金流动、资产价格和利率的影响

汇率与利率都是重要的金融价格变量和经济杠杆，也都可充当重要的货币政策工具。汇率与利率可以反映一国宏观经济运行的基本状况，对宏观经济运行与微观经济活动有着重要的调节作用。汇率作为价格变量，与其他金融资产的价格（收益率）之间有着内在的联系，国际化的投资者也会根据各种资产间的收益率

差异调整其投资组合，进而影响跨境资金流动、资产价格和利率等变量。正是因为汇率与跨境资金流动、利率有着密切关系，所以汇率形成机制改革与利率市场化改革、资本账户开放是相互促进的。预期的汇率变化影响本外币资产的预期收益率，例如当出现本币贬值预期时，投资者持有以本币计值的各种金融资产的意愿降低，要将其转兑成以外币计值的资产，导致跨境资金流出，这又进一步增加了对外汇的需求，使本币面临进一步贬值的压力，也将促使本币贬值。通过跨境资金流动渠道，汇率可能影响证券市场、房地产市场的资产价格。在自由流动的背景下，短期跨境资金流动受汇率的影响较为显著，但外来直接投资或对外直接投资这类长期跨境资金流动受汇率的影响较小，主要取决于投资者如何看待投资地区的经济前景和长期回报率等因素。

汇率对利率的影响渠道主要有：一是通过改变公众预期影响短期跨境资本流动，进而改变国内资金供求而影响利率；二是通过影响国内物价水平而引发实际利率的变化；三是通过改变贸易条件进而影响外汇储备，并随之影响货币投放和利率。

原理3-4 持续的本币升值预期或趋势将会引发跨境资金流入并增加对本国资产的需求，本国利率将维持在较低水平，进而共同推高本国的资产价格。

（三）汇率发挥其影响的条件

汇率能否发挥其影响或调节作用以及影响程度大小，除了受进出口商品的需求弹性、出口商品的供给弹性制约，还会因经济体制、市场条件、市场运行机制、对外开放程度等因素而异。通常情况下，市场机制发育得越充分，国内外市场的联系越密切，汇率越会显著有效地发挥出其影响和作用。

另外，在讨论汇率能否充分地发挥出其影响时，人们往往结合应当实行怎样的汇率制度进行分析。一般说来，在固定汇率制下汇率作用的发挥会受到限制，也正是因为如此，在改革开放的大背景下，中国持续推进外汇管理体制改革和人民币汇率形成机制改革，以更好地发挥汇率作用，更好地调节和引导进出口、跨境资金流动、价格等重要经济变量，也为提升对外开放层次与推动人民币国际化奠定基础。

四、汇率风险及管理

（一）汇率风险的概念与类型

汇率风险是指企业等经济主体在国际经济、贸易、金融活动中，会产生以外币计值的收付款项，持有对外债权或负有对外债务，因此汇率变动可能给以本币记账的企业带来意外损失，可能导致资产或收益减少，或者负债或支出、成本增加。具体分为三类：

（1）交易风险，是指企业以外币计值的合约现金流的本币价值，可能会因汇率变化而产生不利变动。

（2）会计风险，又称换算风险，是指企业在每个会计年度结算时，需编制合并财务报表，如果拥有境外子公司，就可能因汇率波动而承受意外损失。

（3）经济风险，又称经营风险，是指企业的产品竞争力、盈利能力、偿债能力、跨境并购战略决策等可能会因汇率波动而面临中长期不利影响。例如，当人民币升值时，出口型企业的产品竞争力可能会减弱。

从债权债务关系来看，企业持有对外债权面临着汇率风险。在未能通过卖出远期外汇等方式锁定汇率的情况下，若企业持有的外汇资产的计值货币的汇率或未来收入外汇的汇率贬值，就会导致资产损失。企业负有对外债务也面临着汇率风险。在未能通过买入远期外汇等方式锁定汇率的情况下，若企业借入债务的计值货币汇率在未来偿还时升值，就会导致支付的本币成本增加。

汇率风险对不同企业的影响存在明显差别，与企业的生产经营模式、在涉外业务中的竞争力、是否采取有效的汇率风险管理措施等因素相关。

（二）树立汇率风险中性理念

汇率风险中性是指企业把汇率波动纳入日常的财务决策，尽可能降低汇率波动对主营业务及财务费用的负面影响，以实现达成预算、提升经营的可预测性以及管理投资风险等目标。树立汇率风险中性理念日益重要，企业应以保值而非增值为目标，合理审慎地进行套期保值，避免背离主业、脱实向虚。经济主体应不断提升管理汇率风险的能力，主动适应汇率双向波动的常态，识别出面临的汇率风险因素，充分评估风险敞口情况，根据风险敞口并结合生产经营情况制定套期保值策略，选择合适的交易方式；建立完善科学的考核机制，遵循"期""现"结合原则制定科学评价标准，评价将风险敞口的损益与衍生品的损益加总后的结果，而不能只看套期保值是亏还是赚。

（三）汇率风险的管理

企业可以通过以下方式避免或减轻汇率风险。

（1）在签订对外贸易合同时必须考虑汇率变动因素。例如，国内出口商在结算货币呈现贬值趋势时，可适当提高出口价格，或在合同中加入外汇保值条款，或与外国进口商约定按一定比例分担汇率损失。

（2）根据结算货币汇率趋势，提前或推迟结算外汇款项。如果结算货币有贬值预期，国内进口商可推迟进口，或要求延期付款；国内出口商可尽早签订出口合同，收取货款，以规避汇率风险。

（3）保持外币资产与负债的币种和期限匹配，外汇头寸或外汇收付数额一般应维持平衡，减少敞口头寸。国内出口商应尽可能地将成本外币化，例如增加进口，将部分生产经营活动转移到境外等。利用外资的企业应争取资金的借、用、还使用同一种货币。当资产与负债币种或期限不匹配时，应利用外汇市场工具规避汇率风险。

（4）合理选择合同的计值货币。在对外支付外汇或借入债务时，应尽量争取使用汇率不稳或有贬值预期趋势的软货币以减轻负担；在收入外汇或拥有债权时，应尽量争取使用汇率较稳定或有升值趋势的硬货币。

（5）合理运用外汇市场工具规避汇率风险。中国外汇市场已有远期、掉期、期权等业务，为企业进行套期保值、规避汇率风险提供了更多便利和工具，可事先将贸易和金融交易的外汇成本或收益固定下来。

利用远期外汇交易与货币掉期交易管理汇率风险

第四节　人民币汇率制度

汇率制度是国际货币制度的核心内容，事关经济稳定和金融安全，一些国家曾经爆发货币或金融危机，与不当的汇率制度安排有着密切关联。汇率制度也是汇率决定和形成的制度基础，如果均衡汇率的形成机制缺失或不当，将带来汇率扭曲并导致资源错配，掣肘国际收支调节以及宏观调控政策的选择空间，也将加剧宏观经济的波动。

中国从计划经济开始推进市场化的改革开放，受经济社会和市场条件的约束，需要渐进式推进人民币汇率改革，坚持稳中求进工作总基调，逐步建立健全市场化的人民币汇率形成机制，以更好地发挥汇率的调节作用。

一、汇率制度类型与比较

汇率制度是指某一经济体的央行对汇率水平的确定方式、汇率的变动方式等所作的一系列安排或规定。各经济体的汇率制度选择是丰富多样、不断演进的。

（一）汇率制度的类型

汇率制度可大致分为三种：一是固定汇率制，是指本国货币与某一种主要储备货币保持固定汇率；二是浮动汇率制，是指本国货币汇率受市场因素影响而自由波动，央行原则上不加限制，也不承担维持汇率稳定的义务；三是中间汇率制，是指介于固定汇率制与浮动汇率制两者之间的汇率制度，其实行不同程度的管理浮动。

国际货币基金组织将各经济体按照事实汇率制度，划分为4大类型和若干个分类，如表3-2所示。

表3-2 国际货币基金组织对各经济体汇率制度的分类

类型	分类
硬盯住汇率制（hard pegs）	无独立法定货币的汇率安排（exchange arrangements with no separate legal tender）
	货币局制度（currency board arrangements）
软盯住汇率制（soft pegs）	传统的盯住安排（conventional pegged arrangement）
	区间盯住汇率制（pegged exchange rate within horizontal bands）
	稳定化安排（stabilized arrangement）
	爬行盯住（crawling peg）
	类似爬行的安排（crawl-like arrangement）
浮动汇率制（floating regimes）	浮动制（floating）
	自由浮动制（free floating）
其他（residual）	其他管理安排（other managed arrangement）

资料来源：国际货币基金组织：Annual Report on Exchange Arrangements and Exchange Restrictions 2023。

（二）汇率制度的比较

1. 固定汇率制的优缺点

与浮动汇率制相比，固定汇率制的优点有：一是汇率稳定可促进国际贸易投资以及国际合作，避免浮动汇率制下投机活动可能导致的汇率不稳定。二是央行为维持固定汇率不能过度增发货币，否则将会给本币带来贬值压力，在这种货币纪律约束下，本国将赢得政策稳定的信誉。

固定汇率制度的不足有：一是其本质上属于某种形式的价格管制，汇率水平可能被高估或低估从而扭曲要素价格，汇率的调节作用难以体现出来。二是央行为维持汇率稳定，可能要付出较高的干预成本。例如，本币汇率低估时易出现货物和服务贸易显著顺差，本币有升值预期，使得跨境资金流入并面临进一步升值压力，央行为维持汇率稳定就要买入外汇，可能面临货币超发引发通胀、持有外汇储备规模过大等问题。三是会导致市场参与者缺少风险意识和风险管理能力。

2. 浮动汇率制的优缺点

与固定汇率制相比，浮动汇率制的优点有：一是可以充分发挥汇率对国际收支失衡的自动调节作用。例如在发生国际收支逆差时，本币将贬值，刺激外汇供给增加、抑制外汇需求，同时有利于促进出口、抑制进口，这样就可改善国际收支并使其趋于均衡。二是汇率高估时本币会及时贬值，从而可化解国际游资的冲击，且央行不必承担干预汇率的义务，不必保留过多的外汇储备。三是央行可拥有更多的政策灵活性和独立性。汇率可自发调整以应对和调节国际收支失衡，缓解由跨境资金流出流入所带来的不利影响，从而实现对外均衡；汇率具有灵活调整机制，可以吸收和缓冲国外利率变化等外部冲击，降低国外利率对本国利率的影响，允许 国能够拥有货币政策独立性，内外均衡就不致发生冲突；在面对内部经济问题时央行政策的目标约束有所减少。

浮动汇率制的缺点有：一是汇率频繁、剧烈波动所带来的不确定性会影响国际贸易和投资。二是可能会助长国际金融市场上的投机活动。三是可能引发各经济体货币之间的竞相贬值。四是可能减弱货币纪律的约束，鼓励央行采取扩张性政策，而不必顾虑政策对国际收支的不利影响。

3. 中间汇率制的优缺点

中间汇率制兼具两者的优点，基本上能克服固定汇率制度的缺陷，同时又使得央行可相机对"市场缺陷"进行及时纠正以避免浮动汇率制的缺点，但对央行的操作能力提出了很高要求;由于没有明确的名义锚,也易遭受货币攻击。

各国在汇率制度的选择上不尽一致。事实上没有一种汇率制度既可普遍适用于所有经济体,又可以在任何时期都适用于某一经济体。各经济体应根据经济发展阶段和状况、国际经济金融环境等因素,选择适合自己的汇率制度。

二、改革开放之后人民币汇率制度的演进

(一)双重汇率制时期

新中国成立至改革开放伊始的这一时期,人民币汇率制度经历了单一盯住美元到盯住一篮子货币的演变。改革开放之后,人民币汇率改革也随之展开。改革开放之初汇率制度经历了两个双重汇率制时期:一是1981—1984年用于非贸易结算的官方汇率和用于对外贸易的内部结算汇率并存期;二是1985—1993年官方汇率与外汇调剂市场汇率并存期。

外汇留成制度

当时为鼓励出口、限制进口和改革对外贸易体制,实行了有外汇收入的企业可以按一定比例留用外汇的"外汇留成制度"。随着对外开放的扩大,不同企业的外汇留成闲置和短缺并存问题比较突出,企事业单位间进行外汇额度买卖和借贷的外汇调剂市场迅速发展起来,形成了外汇调剂市场汇率,与官方汇率并存。双重汇率制是转轨过程中的产物。实行双重汇率制的目的是在外汇供需失衡大背景下逐步引入市场机制,推动价格形成机制较为和缓地转换,以降低改革成本和代价。但是双重汇率制也存在着种种弊端,如非法"套利"等。随着改革开放的不断深入、市场经济的建立和价格机制的不断完善,1993年外汇调剂市场交易额已占全部外汇交易的80%左右,双轨制汇率差距逐渐缩小,外汇调剂市场汇率在相当程度上已成为反映宏观经济和国际收支状况的重要价格信号。所以,取消双重汇率制既势在必行,还可为进一步进行汇率市场化改革创造条件。

(二)有管理的浮动汇率制时期

1994年1月1日,外汇体制进行了双重汇率并轨的重大改革,以1993年12月31日各地外汇调剂市场的加权平均汇率1美元兑8.72元人民币为全国统一的汇率,开始实行以市场供求为基础的、单一的、有管理的浮动汇率制。

1997年中国经济面临亚洲金融危机冲击和内部需求不足的双重挑战,为保持稳定的经济发展环境,中国政府宣布人民币不贬值,同时实行积极的财政政策和适度宽松的货币政策以扩大内需。由于金融账户尚未全面开放加上经济基本面

支持，国际收支仍保持较高顺差，人民币对美元汇率保持稳定。

随着一系列调控措施的实施，到 2002 年时外部冲击带来的人民币贬值预期已基本化解，国民经济进入新一轮景气期，国际收支持续双顺差。在这种较为优良的改革环境和条件下，为建立和完善社会主义市场经济体制，充分发挥市场在资源配置中的基础性作用，经过精心准备和周密部署，中国人民银行于 2005 年 7 月 21 日推出新一轮人民币汇率形成机制改革，开始实行以市场供求为基础、参考一篮子货币进行调节、有管理的浮动汇率制。2015 年 8 月 11 日，中国人民银行对汇率中间报价机制进行改革，实行参考上日美元收盘价进行报价的机制。之后逐步建立外汇市场自律机制。

三、现行人民币汇率形成机制

（一）现行人民币汇率形成机制的基本框架

在现行人民币汇率形成机制的基本框架内，在不同主体参与的银行柜台外汇市场和银行间外汇市场上，在央行规定的汇率中间价波动幅度内，主要由市场供求关系等因素决定人民币汇率。这一框架如图 3-3 所示。

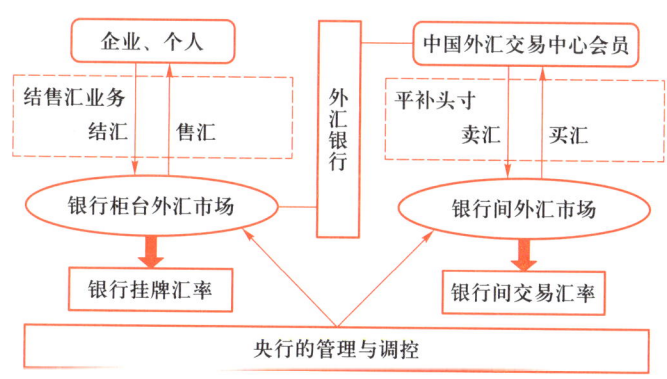

图 3-3　人民币汇率形成机制

（二）现行人民币汇率形成机制的内容

现行人民币汇率形成机制包括三方面的内容：一是以市场供求为基础的汇率浮动，发挥汇率的价格信号作用；二是汇率不再盯住单一美元，而是按照中国对外经济发展的实际情况，选择若干种主要货币，赋予相应的权重，组成一个货币篮子，从一篮子货币的角度看汇率；三是中国人民银行根据国内外经济金融形势，以市场供求为基础，参考由一篮子货币估算得出的人民币多边汇率指数的变化，发挥"有管理"的优势，对汇率进行管理和调节，维护其在合理均衡水平上的基本稳定。简而言之，参考一篮子货币不等于盯住一篮子货币，还需要将市场供求关系等因素作为另一重要依据，据此形成有管理的浮动汇率。

（三）深化现行人民币汇率形成机制改革的原则和总体目标

"处理好我国汇率问题，要正确把握灵活性和稳定性的关系，形成以市场供求为基础、双向浮动、有弹性的汇率形成机制，让汇率政策承担起提高货币政策自主性、发挥国际收支自动调节机制的作用。"[1] 现行人民币汇率形成机制改革坚持主动性、可控性、渐进性的原则。主动性，就是主要根据中国自身改革和发展的需要，充分考虑对宏观经济稳定、经济增长和就业的影响，决定人民币汇率制度改革的方式、内容和时机。可控性，就是要在宏观管理上能够控制得住汇率变化，避免出现金融市场动荡和经济大的波动。渐进性，就是根据市场变化，充分考虑各方面的承受能力，有步骤地推进改革。

深化现行人民币汇率形成机制改革的总体目标是，建立健全以市场供求为基础的、有管理的浮动汇率制，保持人民币汇率在合理、均衡水平上的基本稳定。这有利于发挥汇率的调节作用，为经济发展提供稳定环境，也有利于与利率市场化改革、资本账户开放和人民币国际化等金融改革相互促进、协调推进。

> 中国将加强同世界各主要经济体的宏观政策协调，努力创造正面外溢效应，共同促进世界经济强劲、可持续、平衡、包容增长。中国不搞以邻为壑的汇率贬值，将不断完善人民币汇率形成机制，使市场在资源配置中起决定性作用，保持人民币汇率在合理均衡水平上的基本稳定，促进世界经济稳定。
>
> ——《习近平外交演讲集》第二卷，中央文献出版社2022年版，第186页。

（四）汇率中间价形成方式的不断完善

2005年7月22日至当年年末，中国外汇交易中心根据中国人民银行授权，闭市后公布当日银行间外汇市场上美元等交易货币对人民币汇率的收盘价，作为

---

[1] 中共中央党史和文献研究院编：《习近平关于金融工作论述摘编》，中央文献出版社2024年版，第139页。

下一个工作日的中间价。为完善汇率形成机制，中国人民银行引入询价交易方式后，中间价的形成方式改进为做市商报价的加权平均值。

鉴于中间价一度较大幅度、较长时间偏离市场汇率，影响了其市场基准地位和权威性，2015 年 8 月 11 日，中国人民银行决定完善人民币对美元汇率中间价报价机制，强调做市商报价要参考前日银行间外汇市场收盘汇率；同年 12 月 11 日，中国外汇交易中心首次发布 CFETS 人民币汇率指数，强调报价要加大参考一篮子货币的力度，以更好地保持人民币对一篮子货币汇率的基本稳定。由此，形成了"收盘价＋一篮子货币汇率变化"的人民币对美元汇率中间价形成机制，做市商的中间价报价由这两个组成部分直接相加而成。一方面，在规则明确以及前日收盘汇率、货币篮子权重和一篮子货币汇率变化都是公开透明的情况

中间价形成方式中"逆周期因子"的引入和淡出

下，市场参与者能够比较准确地预测当日中间价；另一方面，由于美元走势具有不确定性，参考一篮子货币使得人民币对美元汇率也会呈现双向浮动的特点，这有助于打破市场单边预期，避免单向投机。新机制提高了中间价形成的规则性、透明度和市场化水平，在稳定市场预期方面发挥了积极作用。

在现行汇率形成机制中，中国人民银行也对汇率浮动区间进行管理，分为银行间外汇市场和外汇银行挂牌汇率的汇率浮动区间管理，并渐进式地扩大了浮动区间，这也是人民币汇率有管理浮动的主要体现。

总结来看，汇率作为要素市场的重要价格，是有效配置国内国际资源的决定性因素之一，扩大汇率浮动幅度有利于增强汇率浮动弹性，不断优化资金配置效率。我国有序开展人民币汇率市场化改革，持续完善人民币汇率形成机制。2018 年之后中国人民银行退出常态化干预，更加注重市场的决定性作用，继续增强汇率弹性，加强预期管理，发挥汇率提高货币政策自主性、调节宏观经济和国际收支自动"稳定器"功能。汇率有贬有升、双向波动已成常态。未来将坚持以市场供求为基础、参考一篮子货币进行调节、有管理的浮动汇率制度，立足长远、发轫当前，坚决对市场顺周期行为进行纠偏，坚决对扰乱市场秩序行为进行处置，坚决防范汇率超调风险，防止形成单边一致性预期并自我强化，保持人民币汇率在合理均衡水平上的基本稳定。

重要术语

外汇　远期汇率　实际汇率　有效汇率　外汇储备　购买力平价　货币分析法　换汇成本说　利率平价理论　汇率风险　汇率风险中性　汇率制度

思考题

1. 各经济体为什么大多要限制外汇或外币在境内流通使用？

2. 外汇市场的主要功能是什么？投资者关注外汇市场的运行，可以从中获取哪些有用的信息？

3. 哪些因素使得近年来我国外汇储备规模居世界前列？其功能拓展有何特色？

4. 人民币实际汇率自2005年以来总体上保持升值趋势，试分析主要是何种途径或因素推动了升值，以及对不同经济部门的影响。

5. 若一国货币汇率持续贬值，将如何影响进出口、物价、资产价格？

6. 开展涉外业务的企业可能会遭遇到哪些类型的汇率风险？应如何规避和管理？

7. 假设：在期初时，人民币对美元的名义汇率（NER_0）为8.27；在期末时，名义汇率（NER_1）为7.00，中国物价（P_1）相对于期初上涨了20%，美国的物价（P_1^*）相对于期初上涨了10%。试大致估算在此期间人民币对美元的名义汇率和实际汇率（RER）的升值幅度。

8. 自20世纪90年代至2024年，美国大致经历了五轮加息周期。试收集整理相关数据，并基于经济事实和理论，分析美国利率走势对汇率的影响。

即测即评

第四章　信用形式与信用体系

多样化专业性的金融产品和服务体系，是中国特色现代金融体系的重要组成部分。信用是现实生活中最普遍的经济活动，多样化专业性的金融产品和服务体系均与信用相关。服务实体经济是金融的天职。在社会经济各部门、各经济主体之间的信用关系中，虽然不同信用形式和金融产品错综复杂，但都与实体经济紧密相连。2010 年，中国人民银行创新性地提出了"社会融资规模"这一指标，来监测实体经济从金融体系获得的资金总额，用以衡量信用活动的规模。本章通过剖析信用发展的客观规律，介绍中国多样化专业性的信用形式和金融产品，分析中国信用总量及其结构特征，比较直接融资与间接融资在中国经济发展中的不同角色，阐释社会主义市场经济中信用体系的地位和作用。

第一节　信用及其在经济中的作用

信用活动是现实生活中最普遍的经济活动，是各经济主体之间调节余缺的手段。信用与货币是最基本的金融要素。货币与信用深入融合，形成金融范畴。

一、信用范畴及其基本形态

（一）信用的含义

"信用"一词源于道德范畴，是指人们在交往中能够履行约定而取得的信任。古往今来，中华民族都将诚信看作自身的行为规范和道德修养。在古代，孔子曾有"民无信不立"之说，商鞅也曾有"城门立木"的举措。在当代，诚信是社会主义核心价值观的内容之一，具有极其重要的道德规范作用。

经济范畴中的信用是授信方和受信方之间以履约保证为基础的投融资交易活

动。信用的产生发展基于以还本付息为条件的借贷活动。在借贷活动中，贷出者将一定价值的物品或货币转移给借入者，在约定的期限之后，借入者向贷出者归还这些物品或货币，并额外支付一部分利息作为报酬。在工业化过程中，信用扩展到以获取权益为目的的投资领域，但仍然遵循信用的诚信原则，投资者以获得所有权和收益权为条件投入相应的资本。

> **原理 4-1** 信用建立在诚信基础之上。偿还与收回本金、支付与收取利息是借贷关系确立的必要条件。保持所有权和获得收益权是权益投资的必要条件。

马克思认为，信用的初始含义是"信任"的同义语，是市场经济发展过程中的内生性需求，是一种有偿性的债权债务关系。在借贷过程中，物品或货币脱离了它的所有者，贷出者和借入者之间就形成了债权债务关系，其中贷出者是债权人，借入者是债务人。在古汉语中，我们更多地使用"债"或"贷"来表达信用的概念。例如，"贫士之受责（债）于大夫者几何人"（《管子》）就是对我国春秋时期信用活动的描述。借入者能够在约定时限内归还财物，是借贷活动得以顺利实施和开展的前提，而道德范畴中的信用正是这一前提的重要保证。因此，现代经济学中用"信用"一词来指代借贷活动。

> **原理 4-2** 社会主义市场经济是信用经济，法治意识、契约精神、守约观念是现代经济活动的重要意识规范，也是信用经济、法治经济的重要要求。

（二）信用的基本形态

有史以来信用活动主要包括实物借贷和货币借贷两种基本形态。早期的信用活动多以实物借贷为主。随着经济发展水平和经济货币化水平的提高，货币借贷逐渐成为居于主导地位的信用形式。实物借贷的本金和利息都是实物。在中国古代，尤其是在货币不发达的先秦时期，实物借贷是民间主要的信用形式。直至民国时期，大部分农村还存在着"春借一斗，秋还三斗"的实物高利贷。在商品货币关系尚未普及、自然经济占主导的时期，生产力相对落后，社会分工不充分，产品种类非常有限。无论是向政府纳税还是与他人进行交换，大多采用实物形式,实物也自然成为当时人们借贷的主要内容。实物借贷在借贷对象、借贷品、时间、地域等方面具有明显的局限性。

货币借贷的本金和利息都是货币。先秦时期就出现了货币借贷现象,如孟尝君"出息钱于薛"。秦汉时期,货币的使用范围不断扩大,货币借贷也逐渐增多和普及。根据出土汉简的记载,我国汉朝时期,货币借贷在官方参与的信用活动中就已经相当普遍。在现代经济中,货币借贷是最主要的信用形态。货币借贷能够更加灵活地适应借贷双方在对象、时间、空间上的要求,并且不存在实物借贷中鉴定相关实物品质时可能出现的纠纷。

二、信用的产生发展及其作用

信用是一个古老的经济范畴。中国古代广为流传的孟尝君放债的故事发生在公元前 300 年。古巴比伦王国在公元前 18 世纪制定的《汉谟拉比法典》中对债权债务双方的行为做了详细的规定,表明当时已经出现了频繁的信用活动。从逻辑上分析,信用产生的前提条件有三:一是有了剩余物品或财富可作为借贷对象;二是余缺并存及其双方共有的调剂意愿,推动了借贷双方与信用的供求关系的形成;三是不同所有者之间存在独立的责权利关系。

(一)信用发展历史上的高利贷

在漫长的历史发展中,始于原始社会末期的高利贷,是奴隶社会和封建社会最基本的信用形式。高利贷是指索取特别高的利息的贷款。高利贷存在的经济基础是小生产方式,借贷双方存在严重的供不应求状态,借贷主要用于生活消费、战争或应急性所需,信用风险很高。高额利息的特征使得高利贷无法应用于正常的生产经营活动之中。在工业化过程中,随着社会化大生产方式的确立以及现代银行和信用货币体系的建立,借贷资本的供给能力迅速提高,高利贷者的垄断地位不复存在,在信用活动中高利贷失去了主导地位。

历史上的
高利贷

中国封建社会的基本经济制度是地主制经济,与之相适应的是以佃农、自耕农为主体的小生产方式,这些主体在经济上极为脆弱且不稳定,很难独自应对各种困难,需要靠借入资金来渡过难关。而地主和商人由于聚集了可观的财富,为追逐高利他们愿意发放高利贷。自古以来,反对高利贷的思想观点众多,如西汉初年的晁错在《论贵粟疏》中严厉谴责了高利贷,"当具有者半价而卖,亡者取倍称之息,于是有卖田宅、鬻子孙以偿债者矣"(《汉书·食货志》);政府也采取过一些措施限制高利贷，如唐玄宗在开元十六年（公元 728 年）也因"公私举放，取利颇深，有损贫下"（《册府元龟·帝王部·革弊》）而下诏限制高利贷。但在中国几千年小生产方式和农业主导的社会发展历史中，由于借贷资金供不应求、贷者垄断和信用风险过高等原因，高利贷活动广泛存在于城乡社会经济生活中，直至新中国成立之后对高利贷采取了严厉的打击措施才使其几乎销声匿迹。改革开放之后，在正规金融覆盖不到的地方，又出现了具有高利贷特征的民间借贷和各类非法融资活动。随着中国金融法治建设进程的加速，各种应对高利借贷的法律规范正在形成。

（二）信用的作用

社会化大生产中的信用主要起到以下三方面的作用：

第一，在信用制度下，货币流通速度提高，商品流通过程更加流畅，资本循环速度加快，从而促进经济发展。信用方式解决了社会化大生产中的资金余缺调剂问题，为资本投入生产流通提供了便利。信用体系创造了许多信用工具，承担了货币的职能，增加了流通手段，加速了商品流通和资本循环。

第二，银行信用在市场经济各类信用活动中发挥着核心作用，促使个别资本向社会资本飞跃，使单个资本家能够超过自身实有资本的限制扩大生产经营，通过资本的转移和大资本吞并小资本，加速了资本集中的趋势。"一切阶级的货币积蓄和暂时不用的货币，都会存入银行。"[①] "信用制度的发展已经把大量分散的可供支配的社会资本在各个资本家面前集中起来"[②]。竞争力强的企业就可以从银行获得信贷支持，用集中的大额货币资本来购买机器、设备和建设厂房，从而实现快速、大规模的再生产过程。

第三，在信用制度下，股份公司的出现也加速了社会资本的形成。马克思指出："那种本身建立在社会生产方式的基础上并以生产资料和劳动力的社会集中为前提的资本，在这里直接取得了社会资本（即那些直接联合起来的个人的资本）的形式，而与私人资本相对立，并且它的企业也表现为社会企业，而与私人企业相对立。"[③] 股份公司使得所有权和经营权相分离，一方面使得社会资本极大地被利用起来，另一方面形成了专门从事经营管理的企业家队伍，形成了有效的

---

① 《马克思恩格斯文集》第七卷，人民出版社 2009 年版，第 453 页。
② 《马克思恩格斯文集》第七卷，人民出版社 2009 年版，第 218 页。
③ 《马克思恩格斯文集》第七卷，人民出版社 2009 年版，第 494—495 页。

公司治理结构，提高了经济效率，推动了经济发展。

三、市场经济中的信用关系

社会主义市场经济是信用经济，市场经济的各个方面均与信用活动息息相关。自主经营的市场主体依赖信用调节余缺，市场机制中的供需变化离不开信用支撑，政府宏观调控有赖于信用的扩张与收缩来实现。

（一）信用关系中的居民

居民作为微观经济主体，是经济社会发展重要的动力源泉。居民作为消费者，从效用最大化的目标出发，在收入预算约束条件下，自主决定消费和储蓄的比例。居民的收入扣除各种形式的税费之后，余额部分就构成了居民的可支配收入。其中一部分用于消费，剩余部分在国民经济核算中被定义为储蓄，可以用于不同形式的投资，包括实物、现金、存款、股票等。

消费和收入都具有不确定性。从某一时点来看，居民可能因婚丧嫁娶等关联的大额支出而产生收入不及消费的情况，这时就需要借助融资来补齐缺口，该居民就变成了债务人。但是，从居民的生命周期来看，有收入期间的全部收入应当与包括无收入期间的全部支出相对应，从而在有收入期间，居民的收入一般会大于消费，留有一定的盈余。因此，居民部门总体上是一个盈余部门。

（二）信用关系中的企业

企业是提供产品和服务最重要的微观经济主体，兼具经济目标和社会目标。其中，追求效益最大化是最主要的经济目标。为了保障自身的生存与可持续发展，企业必然要追求和实现效益最大化，主要途径是改进技术、提高经营管理水平、增强创新能力、扩大经营规模等，这些都需要借助于信用来完成。

企业既是资金的主要需求者，也是资金的主要供给者。企业通过发行股票可以满足筹集资本的需求。当投资机会到来而现金流不足时，企业就需要融入资金，例如可以通过贷款、发行债券来扩大经营规模。当企业资金充沛却缺乏新的投资机会时，暂时拥有结余的资金可以通过存款或购买有价证券提供给其他部门使用。从整体上看，企业是资金短缺的部门。

（三）信用关系中的政府

社会主义市场经济中的政府，既要为市场机制的有效发挥提供制度环境和保障条件，也要保证社会主义生产目的的实现。无论是进行宏观经济调控、提供公共服务，还是改善收入分配格局，政府都需要借助税收、转移支付和政府投资来实现，这些构成了财政收入和支出。

政府在信用关系中的地位是由政府的财政收支状况决定的。如果收大于支会形成财政结余；如果收不抵支，则会形成财政赤字。一般认为，主动的财政赤字是一种扩张性的财政政策，能够刺激经济需求。例如，为应对 2008 年国际金融危机的冲击，2009 年的一揽子计划就是通过扩大财政赤字实现的。[①] 政府弥补财政赤字最常用的手段就是举债，即政府向其他部门借款，从而与本国居民、企业、金融机构以及国外部门建立信用关系。

（四）信用关系中的金融机构

金融机构是提供金融服务的企业。经营金融业务的金融机构大多充当信用中介，一方面从社会其他部门吸收资金，形成金融机构的负债；另一方面通过贷款、投资等活动将所筹集的资金运用出去，形成金融机构的债权。此外，在证券发行和交易过程中，金融机构也为投融资活动提供专业化服务。

（五）信用关系中的国外部门

如果将除本国之外的所有经济体视为一个整体，则会形成与国内部门相对应的国外部门。国内部门与国外部门之间的商品和服务交易、资金流动以及由此形成的债权债务关系，其流量体现为一国的国际收支状况，通常用国际收支平衡表来显示；其存量变化体现为该国国际投资头寸的变化，通常用国际投资头寸表加以反映。国际收支盈余则表现为顺差，意味着向国外部门提供了相应规模的信用并增加对外债权；逆差则意味着从国外部门借入了相应规模的资金并增加对外债务。国际投资头寸表反映了因上述流量引起的对外资产和负债的存量以及对外资产负债净值的变化。

> **原理 4-3** 居民、企业、政府、金融机构与国外部门等不同利益主体的资金余缺并存与调剂意愿是市场经济中信用关系存在的条件；完善的产权制度是信用规范发展的基础。

---

① 2008 年 11 月 5 日，国务院常务会议决定，为抵御国际经济环境对我国的不利影响，必须采取灵活审慎的宏观经济政策，以应对复杂多变的形势。要实行积极的财政政策和适度宽松的货币政策，出台更加有力的扩大国内需求措施，加快民生工程、基础设施、生态环境建设和灾后重建，提高城乡居民特别是低收入群体的收入水平，促进经济平稳较快增长。

四、市场经济中的投融资活动

（一）实物投资与金融投资

在经济学中，投资可分为两种：一种是实物投资，是指购买经营性资产或各类收藏性物品以期获利；另一种是金融投资，是指投资股票、债券、基金、外汇等金融产品，以期在风险承受范围内获益。前者往往与生产活动相关，而后者与金融市场相关。无论何种投资，都以收益为目的，并伴随着风险。

（二）间接融资与直接融资

融资形式有间接融资和直接融资两种。其区别在于，在信用活动的开展过程中，金融机构与资金供给方和需求方是否均发生了债权债务关系。间接融资是指资金供给方和需求方以金融机构为债权债务中介而进行的融资活动。在间接融资活动中，金融机构首先需要与资金供给方建立债权债务关系，资金供给方通过在银行存款或购买银行理财等方式，将其暂时闲置的资金提供给这些金融中介机构，再由这些金融中介机构以贷款或其他方式将资金提供给需求方使用，从而实现资金融通的过程。直接融资是指资金供给方直接把资金提供给需求方使用，多以供给方直接购买需求方发行的股票或债券的形式实现。证券市场的投融资活动通常被视为直接融资的典型代表。在证券市场的投融资活动中，尽管金融机构也会参与其中，但其职责主要是为资金供求双方牵线搭桥，通过为证券发行和流通提供相关服务来赚取佣金和其他服务收入。

党的十八大以来，我国不断提高直接融资比重，优化融资结构，增强金融服务实体经济能力。其中，提高直接融资比重是服务创新驱动发展战略的迫切要求。通过直接融资，资金供求双方可根据各自不同的融资要求或条件灵活组合，让投资者形成收益自享、风险自担的正确认识，有利于对高风险、创新性投资项目提供资金支持，实现资金和资源的优化配置。

与直接融资相比，间接融资也有其自身的优点。由于间接融资的风险主要由金融机构承担，因而作为投资者的社会公众具有更高的资金安全性。在间接融资活动中，以银行为代表的金融机构提供的资金在数量和期限方面具有很大的灵活性，融资者的资金需求可以更加方便及时地得到满足。

（三）债权融资和股权融资

按照形成的权益关系，融资可分为债权融资和股权融资。债权融资是最终形成债权债务关系的融资方式。在债权债务关系中，债权人仅享有收益权，但对这笔资金形成的企业资产没有所有权、支配权和经营权。各个主体向银行贷款、企业或政府发行债券、企业赊购原材料等都属于债权融资活动。债权融资的特点是在一定的期限需要还本付息。股权融资是基于股权进行融资的信用形式，是指企业的股东愿意让出部分股权，通过企业增资引进新股东的融资方式。股权是指股东基于股东资格而享有的、从公司获得经济利益并参与公司经营管理的权利。马克思指出，"信用制度是资本主义的私人企业逐渐转化为资本主义的股份公司的主要基础"[①]。信用的所有权和经营权分离特征和有限责任原则，是股份制产生和发展的基础。

股权融资是现代企业制度的重要基础。股份制是企业制度的高级形态，有利于克服单一业主制企业和合伙制企业资金来源单一、规模小、融资难度大等问题，具有资金积聚规模大、经营风险分散化、成长和发展速度快等优点。股份制企业的所有者不再承担经营职能，聘请职业经理人来经营管理，企业所有权与经营权相分离。中国现代企业股权按投资主体的性质分为国家股、法人股、社会公众股和外资股等类型，以股东会为企业权力机构，下设董事会、监事会对企业经营决策与权力监督负责，经理层及其他下属部门负责具体决议的执行与企业日常经营活动。

> **原理 4-4** 股权融资是现代企业制度的重要基础，股份制是企业制度的高级形态。

深化公司制股份制改革是国有企业改革的重要任务，发展股份制也是发展混合所有制经济的现实基础。要积极发展混合所有制经济，强调国有资本、集体资本、非公有资本等交叉持股、相互融合的混合所有制经济，是基本经济制度的重要实现形式。

第二节　信用形式与金融产品

信用形式是信用关系的类型，通常按参与主体来划分。改革开放以来，中国的信用形式从单一朝着多元化发展。多元化的信用形式提高了融资的可得性、便

[①] 《马克思恩格斯文集》第七卷，人民出版社 2009 年版，第 499 页。

利度，降低了融资成本，提升了金融服务实体经济的能力。信用形式的具体载体是金融产品。金融产品是指金融体系提供的各种产品或服务，既包括金融工具和金融资产，也包括一些非投资类的金融服务。金融工具是指经济主体之间签订的确定责权利且具有法律效力的与金融活动相关的各种契约。金融资产是指单位或个人所拥有的以价值形态存在的资产，它是金融市场中的交易工具。

国际货币基金组织对金融工具的分类

一、企业部门的信用形式及金融工具

（一）企业部门的信用及其特征

受传统文化影响，中国古代的商业经营者并不崇尚负债经营。时至今日，一些个体企业仍然保持着传统的低负债思想。但是，随着经济的飞速发展，企业借助负债扩大生产经营的情况变得十分普遍。无论是设备和生产厂房投资还是科技研发投资，都需要企业借入相对长期的资金来支持。为了满足日常经营的流动性需求，企业有时也需要借入相对短期的流动资金。因而在各经济主体中，企业是最大的债务人。与此同时，企业在生产经营过程中也会产生资金盈余，从而为其他部门提供信用，所以企业又是最重要的债权人。

（二）企业部门接受信用的形式与金融工具

企业作为债务人参与的信用活动均与企业融资行为有关。按照融资来源，企业的融资可以分为内源融资和外源融资。内源融资是指企业将经营活动结果产生的资金继续投资在生产活动中，主要由留存收益和折旧构成。内源融资在企业资本的形成中具有原始性、自主性、低成本和抗风险的特点，是企业生存与发展不可或缺的重要组成部分。外源融资是指企业通过一定方式向其他经济主体筹集资金，例如向银行借贷款、发行股票、发行债券等。

债权融资是企业接受信用最主要的形式，体现在企业资产负债表的负债项目下，形成企业的债务；股权融资也是企业部门接受信用的重要形式，体现在企业资产负债表的所有者权益项目下，形成企业的资本。具体形式主要有以下几类：

（1）商业信用。商业信用是指企业之间买卖商品时，卖方以商品形式向买方提供的信用。这是早期企业之间最基本的债权融资方式，是无须金融中介参与即可完成的直接融资形式。商业信用在会计报表上的表现形式是工商企业之间的往来款项，包括应收账款、应付账款、预收账款和预付账款等。赊销是商业信用中最典型的形式，是工商企业经常采用的一种延期付款的销售方式，它在促进商品销售和生产方面都扮演了极其重要的角色。商业票据是在商业信用中被广泛使用的表明买卖双方债权债务关系的凭证，是商业信用中卖方为保证自己对买方拥有债务索取权而保有的书面凭证，包括商业承兑汇票、银行承兑汇票等。商业票据可以经债权人背书后转让流通，从而使其具有流通手段和支付手段的职能，被马克思称为"商业货币"，"真正的信用货币不是以货币流通（不管是金属货币还是国家纸币）为基础，而是以票据流通为基础"[①]。所谓背书，就是在商业票据转让流通的过程中，商业票据的债权人在票据背面签字以承担连带责任的行为。

（2）银行贷款。这是我国企业最常用的债权融资形式，是银行作为信用中介参与的一种间接融资方式。在银行信用部分将对此进行详细介绍。

（3）发行债券。企业债券是指企业作为债务人为筹集资金，按照法定程序发行并向债权人承诺于指定日期还本付息的有价证券。债券投资人是企业的债权人，发债企业是债务人，双方直接建立债权债务关系。由于发行主体、管理部门、发行申报流程、发行申报条件等方面存在差异，目前中国债券市场上企业发行债券的种类主要有公司债券、企业债券和银行间市场发行的非金融企业债务融资工具，如短期融资券、中期票据、非公开定向债务融资工具、中小非金融企业集合票据等，为企业发行债券融资提供了多种可供选择的品种。

（4）股权融资。企业发行股票融资、增资扩股是典型的股权融资。初创企业常常利用私募股权、风险投资等方式进行融资。依据股东享有权益和风险的不同，股票主要分为普通股和优先股两类。普通股是股份公司发行的标准股份，其持有人根据出资比例可享有参与公司重大决策的表决权、分享公司利润的剩余索取权、股份增资或转让权、新股优先认购或受让权，以及公司依法终止后剩余资产的分配权等。优先股是指在一般规定的普通股之外，另行规定的其他股份种类，其股份持有人优先于普通股股东分配公司利润和剩余财产，但其参与公司决策管理等权利受到限制。目前企业股权融资方式很多，主要有发行股票、私募股权融资、股权质押融资、增资扩股融资、股权交易增值融资等。近年来，天使投资、风险投资、私募股权投资等快速发展，对科技成果孵化、高科技企业创业创新起到了重要的促进作用。

[①]《马克思恩格斯文集》第七卷，人民出版社 2009 年版，第 451 页。

（5）信托与融资租赁。企业还可以借助信托、融资租赁等多种债权融资形式进行融资。信托是指委托人基于对受托人的信任，将其财产权委托给受托人，由受托人按委托人的意愿以自己的名义，为受益人的利益或特定目的进行管理和处分的行为。企业可以通过信托关系以委托贷款的方式融入资金。融资租赁是指出租人根据承租人（用户）的请求，与第三方（供货商）订立供货合同，根据此合同，出租人出资向供货商购买承租人选定的设备，同时出租人与承租人订立一项租赁合同，将设备出租给承租人，并向承租人收取一定的租金。企业可以通过租物的形式实现融资的目的。

（6）其他形式。出于风险管理或者投资的目的，企业在经营过程中还可能进行期权、期货等金融衍生品交易。这些金融衍生品也会与企业形成信用关系，构成企业信用的一种形式。关于金融衍生品在第七章还会有详细的论述。

（三）企业部门提供信用的形式

企业在生产经营过程中由于收入和支出时间的不一致以及预防性动机，也会产生一些资金的盈余。除了少数的现金留存，企业会将这些盈余投资于其他部门，就形成了作为授信方的企业信用形式。企业存款是企业提供信用的重要形式。随着金融的不断创新发展，一些企业也会购买一些短期流动性高的金融资产来进行资产配置，一方面能够分散风险，另一方面也能够获得高于存款利息的收益。然而，企业参与金融投资要注意目的和限度。企业应当围绕主业规范开展金融业务，并与主业形成有效支撑。要坚决遏制资本在金融领域无序扩张，加强对非金融企业投资金融机构的监管，筑牢产业资本与金融资本的防火墙。

在商业信用活动中，信用的提供方也是企业。例如，当赊销或者订购时，企业会形成应收账款或预付账款，这些也构成了企业作为授信方的信用形式。消费者购买商品时企业提供的赊销和分期付款也是消费信用的一种。

二、银行信用及金融工具

（一）银行信用及其特征

银行信用是银行或其他金融机构作为债权债务中介参与货币借贷活动产生的。银行信用属于间接融资的范畴，银行在其中扮演着信用中介的角色，一方面吸收其他盈余部门的资金作为负债，另一方面向赤字部门提供信用形成资产。正如马克思所说："银行一方面代表货币资本的集中，贷出者的集中，另一方面代表借入者的集中。"① 吸收客户存款是银行最主要的资金来源，发放贷款是银行最主要的资金运用形式。早期由于实行百分之百的准备金制度，银行一般不创造信用，只是作为信用关系的中间环节。银行分别与资金提供方和资金需求方建立相互独立的债权债务关系，从法律上存在着独立的权利和义务。随着部分准备金制度的实行，现代银行不仅能够创造信用，还能够通过存款、贷款和转账支付创造存款货币。在现代市场经济中，银行是最重要的金融机构，银行信用是占主导地位的信用形式。

银行信用具有多种优势。在资金提供规模方面，银行依赖自有资金和存款净流入所形成的巨额资金积累，能够满足大额信贷资金的需要，部分准备金制度使得银行能够以其资金积累的数倍去满足客户的信贷需求。在信贷资金提供的范围上，所有拥有闲余资金的主体都能够将其存入银行，所有需要资金的企业，只要符合信贷条件都可以获得银行的贷款。就银行信用的期限而言，银行吸收的存款可以是短期的也可以是长期的，其贷款也是如此。一般而言，银行具有吸收短期存款、发放长期贷款的"续短为长"的功能。由于存款与贷款之间没有对应关系，任何一笔银行贷款出现了违约，都不会也不能影响存款客户的债权和利息。为了应对可能的损失，银行需要有一定比例的自有资本来覆盖可能的损失。监管机构也会对银行的杠杆率和资本金提出监管要求。

（二）银行信用的形式与金融工具

银行信用的资金供给方包括企业、居民和政府部门等。股份制银行通过发行股票筹集资本金，也可以发行大额存单、金融债、永续债等金融工具进行债务融资，但银行增加负债的主要方式是吸收存款。银行存款是企业、居民、政府部门等客户储存在银行的款项，是货币资金的组成部分。

银行信用的资金需求方主要是企业和居民。银行信用的资金运用方式主要是银行贷款、银行承兑汇票、证券投资等。

1. 银行贷款

银行贷款是指银行根据国家政策以一定的利率将资金贷放给资金需要者，并约定期限归还的一种经济行为。根据借款对象不同，银行贷款可以分为企业贷款和个人贷款。根据借款对象的信用和偿债能力不同，银行贷款也分为信用贷款、担保贷款和票据贴现等。根据借款用途不同，个人银行贷款可以分为个人经营贷

---

① 《马克思恩格斯文集》第七卷，人民出版社 2009 年版，第 453 页。

款和个人消费贷款等。

2. 银行承兑汇票

承兑是指商业汇票到期前，汇票付款人或指定银行确认票据载明事项，承诺在汇票到期日支付汇票金额给汇票持有人并在汇票上签名盖章的票据行为。如果是银行在汇票上签名盖章，承诺在汇票到期日承担最后付款责任，则此汇票为银行承兑汇票。银行承兑汇票将企业信用转化为银行信用，从而降低了商品销售方所承担的信用风险，有利于商品交易的达成。

3. 证券投资

银行可以通过投资企业债券、政府债券等有价证券运用资金。从最终提供资金的存款人来看，这仍然是一种间接融资形式。

关于银行信用的更多具体形式，第六章中有详细讨论。

三、政府信用及金融工具

（一）政府信用及其特征

政府信用又称国家信用，是指政府作为债权人或者债务人的信用活动。政府信用是一种古老的信用形式。在历史上，政府除作为债务人从民间借款外，也会作为债权人发放贷款。如《周礼》中记载的泉府，就曾办理一种期限随用途而定的赊贷业务。政府放贷收取的利息，可以用作政府的开支。以后的历代统治者也都曾设置过类似的政府贷款。

政府信用主要表现为政府作为债务人而形成的负债。在政府履行经济职能时，通常会主动利用政府信用筹集资金，以增强政府干预经济的力量。例如，我国财政部于1998年8月向四大国有独资商业银行发行了2 700亿元长期特别国债，所筹集的资金全部用于补充国有独资商业银行资本金。

（二）政府信用的形式与金融工具

政府信用的形式主要有内债和外债两种。内债是对国内的负债，外债则是对其他国家的负债。政府信用的金融工具主要包括中央政府债券、地方政府债券和政府支持债券三种。

1. 中央政府债券

中央政府债券亦称国债，是指一国中央政府为弥补财政赤字或筹措建设资金而发行的债券。根据期限的不同，国债可分为短期国债和中长期国债。短期国债是指期限在1年或者1年以下的国债，主要是为了调剂年度内财政收支时间差导致的国库资金周转的临时性余缺。中长期国债是指期限超过 1 年的国债,其中期限在 10 年以及 10 年以下的国债通常被称为中期国债,而期限在 10 年以上的国债则被称为长期国债。中央政府发行中长期国债的目的是缓解长期财政赤字的压力,或者用于公共建设。国债是最规范、信用等级最高的债券,在金融市场上被作为无风险的标准债券发挥基准作用。

2. 地方政府债券

地方政府债务的形成与治理

地方政府债券是指由地方政府发行的债券,分为一般债券和专项债券。地方政府一般债券是指省、自治区、直辖市政府(含经省级政府批准自办债券发行的计划单列市政府)为没有收益的公益性项目发行的、约定在一定期限内主要以一般公共预算收入还本付息的政府债券。地方政府专项债券是指省级政府为有一定收益的公益性项目发行的、约定在一定期限内以公益性项目对应的政府性基金收入或专项收入作为还本付息资金来源的政府债券,包括新增专项债券和再融资专项债券等。一般债券期限从 1 年到 30 年不等。专项债券的期限通常与特定项目或者业务的期限密切相关。

3. 政府支持债券

政府支持债券是指政府提供信用支持,由其他主体发行的债券。例如,中国国家铁路集团有限公司发行的用于铁路建设的"铁道债",就属于政府支持债券。政府支持债券的信用等级仅次于中央政府债券,因为一旦其发行人失去了偿还能力,则由中央政府代其偿还债券的本息。政府支持债券的投资人不承担利息所得税,因此,该债券对于投资者有一定的吸引力。在这类债券中,政府支持机构债券特指政府提供信用支持,由金融机构发行的债券。

四、居民部门的信用形式及工具

(一)居民部门的信用及其特征

信用活动最早就发生在居民之间。居民是重要的市场主体,也是信用活动的重要参与主体。面临家庭收入与支出的不确定性,居民可能出现资金短缺或者盈余的情况。资金短缺的居民通过接受消费信用,实现融资或融物;资金盈余的居民通过存款和金融投资提供信用,实现财富的增长。

(二)居民部门接受信用的形式及工具

消费信用是指居民为满足自身的消费需求而向消费品出售方申请赊购或分期付

款，或向商业银行等金融机构申请消费贷款的信用方式。随着生产力快速发展和人民生活水平的提高，市场消费品的供给结构在不断发生变化，大量价格昂贵的耐用消费品逐步进入居民生活必需品的行列。那些当前财富积累水平或收入水平不高的居民和家庭，往往很难在短期内靠自身的收入满足购买耐用消费品的需要。为提高居民部门对高价格耐用消费品的购买能力，消费信贷应运而生，并已经发展成为提高居民部门当期消费能力的重要手段。消费信用主要包括两种形式：一是分期付款，是指消费者购买消费品或享受相关服务时，只需支付一部分货款，然后按合同条款分期支付其余货款的本金和利息。二是消费贷款，是指银行及其他金融机构采用信用放款或抵押放款的方式对消费者发放的贷款。使用信用卡进行消费就属于一种消费贷款，即由银行或其他信用卡发行机构向其客户发行信用卡，消费者可凭信用卡在信用额度内购买商品或用作其他支付。近年来，国家高度重视消费信用的发展，不断提升金融对促进消费的支持作用，鼓励消费金融创新，规范发展消费信贷，把握好保持居民合理杠杆水平与消费信贷合理增长的关系。

除了消费信用，经营贷款也是居民部门重要的信用形式。我国居民经营贷款对象包括自然人、个体工商户，以及个人独资企业、合伙企业、有限责任公司的主要合伙人、主要股东等。银行发放的居民经营贷款与企业贷款类似，但规模相对较小。

（三）居民提供信用的形式及工具

居民部门提供信用的形式主要包括储蓄存款、金融投资等。居民的储蓄存款为银行提供了重要的信贷资金来源。随着金融工具和金融资产的多元化，以及国家对居民财产性收入的明确认可，居民的金融投资也变得形式多样，除储蓄存款外还包括大额存单、理财产品、股票、债券、证券投资基金、信托产品、保险单等。其中，证券投资基金是指通过发售基金份额募集资金形成独立的基金财产，由基金管理人管理、基金托管人托管，以资产组合方式进行证券投资，基金份额持有人按其所持份额享受收益和承担风险的投资工具。理财产品是指金融机构接受投资者委托，按照与投资者事先约定的投资策略、风险承担和收益分配方式，对投资者财产进行投资和管理的金融服务。

五、国际信用及金融工具

（一）国际信用及其特征

国际信用是指一切跨国的借贷关系和借贷活动。国际信用体现的是跨境的债权和债务关系,直接表现为资本在各国之间的流动,是国际经济联系的一个重要方面。对债权方来说,国际信用意味着资本的流出;而对债务方而言,国际信用则意味着资本的流入,流入的资本被称为"外资",由此形成的对外债务则被称为"外债"。一般来说,发达国家在国际信用中往往扮演着债权国的角色,而发展中国家往往是引进外资的债务国。但随着一些发展中国家经济的快速发展,它们在利用外资的同时,也拥有了大量的对外债权,一些发展中国家甚至出现了对外净债权。例如,随着出口竞争力增强,中国出口创汇能力大幅提高,尤其在2001年加入世界贸易组织以后,中国外汇储备和对外债权的总规模已远高于对外债务的总规模,对外净债权的规模也逐步增大。

（二）国际信用的形式

国际信用大体上可以划分为两大类：国际借贷和国际直接投资。

1. 国际借贷

国际借贷是指一国与该国之外的经济主体之间进行的借贷活动,其基本特征是在国内经济主体与国外经济主体之间形成债权债务关系。国际借贷主要包括以下几种：

（1）出口信贷。出口信贷是出口国政府为支持和扩大本国产品的出口,提高产品的国际竞争力,通过提供利息补贴和信贷担保的方式,鼓励本国银行向本国出口商或购买本国商品的外国进口商提供的中长期信贷。

（2）国际商业银行贷款。国际商业银行贷款是指一些大型商业银行向外国政府及其所属部门、私营工商企业或者银行提供的中长期贷款。国际商业银行贷款的主要方式有独家银行贷款和银团贷款两种。银团贷款也称辛迪加贷款,是指由一家银行牵头,多家银行组成贷款银团,共同向特定客户发放的贷款。

（3）外国政府贷款。外国政府贷款是他国政府利用国库资金向本国政府提供的贷款。外国政府贷款的利率水平通常要低于国际商业银行贷款利率,有时为无息贷款,甚至还会包含无偿赠予的部分。外国政府贷款在提供上述优惠条件的同时,一般会要求接受贷款的国家必须将贷款的一部分或者全部用于购买发放国的设备和物资。

（4）国际金融机构贷款。国际金融机构贷款是国际货币基金组织、世界银行集团以及一些地区性国际金融机构等提供的贷款。这些机构提供的贷款大多条件优惠,主要目的是改善成员国的国际收支状况并促进其经济长期健康发展。

（5）国际资本市场融资。国际资本市场融资主要是指在国际资本市场上通过发行债券、股票及其他有价证券的方式向外国投资者筹集资金。

（6）国际融资租赁。国际融资租赁是指出租人和承租人为不同国家经济主体的融资租赁活动。

2. 国际直接投资

国际直接投资是指一国居民、企业等直接对另一个国家的企业进行生产性投资，并由此获得对投资企业的管理与控制权。其中，外国对本国投资被称为外商直接投资，本国对外国投资被称为对外直接投资。国际直接投资主要采取以下几种方式：在国外开办独资企业，包括设立分支机构、子公司等；收购或合并国外企业，包括建立附属机构；与东道国企业合资开办企业；对国外企业进行一定比例的股权投资；利用直接投资的利润在当地进行再投资。

第三节　信用总量与结构特征

在经济发展中，信用活动有着重要的作用，适度的信用活动能够促进经济增长，过度的信用活动可能会导致经济过热。对信用活动进行统计并分析其结构特征，有助于理解经济的运行状况，为宏观经济政策的制定提供充分依据。

一、信用统计

为了能够及时地调控信用活动，金融监管机构需要对一定时期内的信用总量进行统计。

（一）信用的统计口径

信用统计和分析既可以从投资角度出发，也可以从融资角度出发，但通常对信用活动所形成的融资规模进行统计。信用活动的统计工作，主要由中国人民银行负责。按照信用活动主体划分，信用统计口径可以分为金融部门内部的信用规模和金融部门服务于非金融部门的信用规模。中国人民银行统计的社会融资规模包括存量和增量两种指标。存量指标是指一定时期末实体经济（包括企业、个人和政府）从金融体系获得的资金余额；增量指标是指一定时期内实体经济从金融体系获得的资金总额。这个指标体现了金融服务实体经济的中国特色。按

"社会融资规模"的背景与演变

照信用产品的形式，信用统计口径可以分为存贷款总量、股权融资量、债券融资量、保险融资量等内容。

按照统计指标的特点，信用统计指标可以分为相对指标和绝对指标。绝对指标就是对信用规模存量或增量的统计；相对指标就是信用规模相对于经济规模的情况，如杠杆率。宏观杠杆率是一国总债务与国内生产总值之比。针对近年来经济迅速发展带来的各部门杠杆率偏高的问题，我国从 2015 年起把去杠杆作为防范金融风险的重要措施。

（二）社会融资规模的范围和计算公式

从机构看，社会融资规模的范围包括银行、证券、保险等金融机构；从市场看，社会融资规模的范围包括信贷市场、债券市场、股票市场、保险市场以及中间业务市场等。社会融资规模主要由四个部分构成：一是金融机构通过资金运用对实体经济提供的全部资金支持，主要包括人民币贷款、外币贷款、信托贷款、委托贷款、金融机构持有的企业债券及非金融企业股票、保险公司的赔偿和投资性房地产等。二是实体经济利用规范的金融工具，在正规金融市场，通过金融机构信用或服务所获得的直接融资，主要包括未贴现的银行承兑汇票、非金融企业境内股票筹资及企业债券的净发行等。三是政府债券，既包括中央政府债券也包括地方政府债券。四是其他融资，主要包括小额贷款公司贷款、贷款公司贷款等。社会融资规模的计算公式为：

$$社会融资规模 = 人民币贷款 + 外币贷款（折合人民币）+ 信托贷款 + \\ 委托贷款 + 未贴现的银行承兑汇票 + 企业债券 + \\ 政府债券 + 非金融企业境内股票融资 + 其他 \quad (4-1)$$

二、中国融资结构及其特征

（一）间接融资为主体的融资结构

中国信用总量规模较大，且增长速度较快。2017—2024 年，我国社会融资规模增长超过了 62%，达到了 408.34 万亿元。社会融资规模的快速增长，反映了金融体系对实体经济的支持力度不断提高。

我国信用结构总体呈现出间接融资为主导的特点，尤其是以银行信用作为主要信用形式。2024 年年末，社会融资规模中间接融资的占比约为 70%，而直接融资约为 30%；人民币贷款约占社会融资规模的 62%。尽管随着金融市场的发展，各种信用形式都得到了不同程度的发展，但银行信用在我国一直居于主导地位。

相较于间接融资，直接融资更加有助于科技创新。确立社会主义市场经济体制的改革目标以来，国家高度重视发展直接融资，发展多元股权融资，加快多层次债券市场发展，健全投资和融资相协调的资本市场功能，这是鼓励创新和推动经济高质量发展的内在要求。从数据上看，我国直接融资尤其是债券融资的占比近年来不断提高。

（二）企业为主体的融资规模及其结构

随着社会主义市场经济体制的建立与完善，我国企业部门的信用形式逐渐多元化，银行贷款、商业信用与股票融资等形式都得到了支持和发展。从资金运用看，企业融资是社会融资规模的主体。

贷款是最主要的企业融资方式。从表4-1可以看出，非金融企业人民币贷款大约占社会融资规模的四成。虽然我国近年来不断完善债券市场和股票市场，力求提高直接融资比重，但是，股票市场和债券市场向实体经济提供的融资量仍然低于银行贷款，占企业外源融资的比例还是偏低。未来要进一步增强金融市场的融资功能，提高股票融资和债券融资等直接融资方式的比重，不断优化融资结构，促进实体经济高质量发展。无论是贡献就业还是促进投资，民营企业都在经济中发挥了重要的作用。党中央高度重视完善民营企业融资支持政策制度，通过加快建立民营企业信用状况综合评价体系，健全民营中小企业增信制度，逐步破解融资难、融资贵问题。

表4-1 我国2019—2024年的企业信用简表

委托贷款和信托贷款也是企业重要的融资来源。为了规避监管、降低资本金占用和存款准备金，商业银行一度将部分资金从表内转向表外，形成了影子银行资产。影子银行是指游离于传统银行体系之外的信用中介组织和信用中介业务。2018年《关于规范金融机构资产管理业务的指导意见》出台后，统一了同类资产管理产品的监管标准，清理整顿了借影子银行规避监管的融资方式，委托贷款和信托贷款的规模虽然下降，但融资活动的规范性增强了。

由于社会融资规模主要衡量金融体系流向实体经济的资金量，企业间的商业信用未能纳入统计。事实上，商业信用也是企业融资的重要方式之一。改革开放以后，商业信用得到快速恢复和发展。1995年《票据法》的颁布，为商业信用发展提供了法律依据。虽然目前商业信用依然存在规模偏小、范围狭窄、规范性弱等问题，但商业信用的发展，对加速我国企业资金周转、减少资金占用、加固企业间的供应链发挥了积极作用。然而，需要注意的是，恶意长期拖欠供应链资金，占用上下游企业的商业信用，不利于供应链安全和健康发展，甚至可能引发系统性风险。加快构建拖欠企业账款清偿法律法规体系，有助于合理规范企业商业信用的使用标准和范围。

近年来，我国贷款结构不断优化，对小微企业和绿色行业的支持不断提升，体现了信用在贯彻落实新发展理念、优化经济结构中的作用。在普惠金融理念的指导下，小微企业贷款占比不断上升。在人与自然和谐共生理念的指导下，我国绿色信贷和绿色债券的占比不断提高。

（三）居民融资规模及其结构

中国居民融资长期保持在较低水平，这与儒家文化倡导的以收定支、慎重借贷的古代信用文化一脉相承，一定程度上塑造了居民理性融资和注重诚信的行为模式。计划经济时期，居民没有正规的融资渠道，改革开放后，特别是住房制度改革以来，居民融资逐渐增加，近年来大约占社会融资规模的五分之一。银行贷款是居民融资最主要的形式。截至2024年年末，住户贷款余额为82.84万亿元，占社会融资规模的20.29%。

住户贷款中主要包括个人住房贷款、消费贷款、个体经营贷款等。其中，个人住房贷款是居民部门最重要的信用形式。自1998年《国务院关于进一步深化城镇住房制度改革加快住房建设的通知》发布以来，房地产商品化和市场化不断深入，居民的购房需求不断上升，推动了个人住房贷款额的快速上涨。与此同时，伴随着房价的快速上涨，需要加强对房地产市场的监管和调控，防范房地产价格暴跌以及可能引致的住房贷款违约风险。

居民部门的债务一般是消费性的，消费活动本身无法创造用于偿债的收入，消费信用主要靠薪资或其他收入来偿还，这将透支未来的消费能力。因此，消费信用并非多多益善，根据未来收益规划消费信用规模，是居民防范消费信用风险的主要原则。

居民部门借入资金从事经营性活动，实质类似于企业债务，这是我国居民杠杆率与其他主要经济体的关键差异。根据央行的统计，我国大约有20%的居民债务与经营性活动相关。我国居民部门的经营性债务，主要是个体工商户的经营性贷款，也有一些个体工商户使用消费信贷、信用卡的资金经营周转。2024年年底，我国居民杠杆率为61.4%，已接近欧元区和日本，但剔除经营性居民债务后，在国际上仍处于合理水平。

（四）政府融资规模及其结构

新中国成立之后，我国充分运用了政府信用的形式。我国的国债发行可分为三个阶段：第一阶段是1950年，发行了"人民胜利折实公债"，主要用于恢复国民经济。第二阶段是1954—1958年，发行了"国家经济建设公债"（1959年起停止发行）。第三阶段是1981年至今，每年发行国债。政府信用已经成为财政政策的重要工具，对于调节我国的经济总量与结构发挥了重要作用。

从数据上看，我国政府信用逐年提高，现已在社会融资规模中占据较大比重。2024年年末，政府债券余额为81.09万亿元，占社会融资规模总额的18.46%。政府信用的快速上升，一方面反映了国家财政政策的积极调控，另一方面也提示各级政府应警惕政府债务的风险问题。

（五）国际融资规模及其结构

我国在改革开放之前，在"既无内债、又无外债"方针的指导下，实行严格的资本管制，禁止任何形式的国际资本流动。改革开放以后，我国逐渐将利用外资作为发展经济、促进技术进步的重要手段之一，对国际信用也从先前的全盘否定，转变为适度发展和合理利用。这主要表现在对不同形态的国际信用进行区别对待和分类管理上：在严格控制外债规模和结构的同时，对国际直接投资采取鼓励的态度；对资本市场的对外开放一直秉承审慎的态度，通过积极有序地推进资本市场的对外开放，有效地防范了国际资本流动可能对我国经济产生的冲击。2024年年末，我国全口径（含本外币）外债余额为2.42万亿美元。其中，银行外债为主体，余额1.02万亿美元，约占42%；政府外债占比不高，余额仅为0.41万亿元，约占17%。

第四节 信用秩序与信用体系

市场经济是市场在资源配置中起决定性作用的经济，是众多企业和居民自主参与并交易的经济。在交易过程中，信用活动如影随形，成为市场经济的重要组成部分。信用活动作为经济交易媒介，在促进资金合理有序流动、推动经济增长和社会发展等方面，扮演着极为重要的角色。信用活动需要以信用秩序为基础，维护信用秩序需要构建信用体系。

一、信用秩序

社会主义市场经济的平稳运行离不开健康的市场秩序。信用秩序是市场秩序的一种，是信用活动表现出来的一种有序性，简单地说就是人们在信用活动中守信。这是信用活动得以正常开展的前提。

（一）守信与失信

在信用活动中，当约定的期限到来时，如果借款人偿付了本金和利息，就是守信的行为；如果没有按时足额归还，就是违背了契约，构成了失信行为。

经济学中的失信包括债务人刻意违约和被迫违约两种情况。刻意违约是指债务人有实力归还债务但不愿意履约归还的行为。在经济人假设下，收益与成本是进行决策的重要考量。如果违约带来的收益要远远高于其失信的成本，债务人就可能选择违约。被迫违约是指债务人虽有偿还债务的意愿，但没有偿还债务的能力。例如，在经济下行时期，企业盈利情况恶化会导致借款人不能及时足额还款，或企业现金流因偶发事件断裂而导致债务人无力还款。

（二）信用秩序与信用风险

无论是刻意违约还是被迫违约，失信行为都将扰乱信用秩序，并可能导致金融风险。失信行为本身是一种信用风险，但也可能引发其他金融风险。

信用风险的内涵，从金融市场看，是指由于债务人（或交易对手）履约能力变化而导致其发行的债务工具的市场价值下降，从而引起债权人损失的风险；从借贷活动看，是指借款人因各种原因未能及时、足额偿还债务而出现违约的可能性。信用风险是商业银行发放贷款时面临的最直接风险。当信用风险发生时，借款人的失信行为就造成了出借人的损失。当银行贷款出现大面积违约，不良贷款的损失只能用利润去弥补时，就会引起商业银行的财务风险上升。如果存款客户对商业银行的信心下降，还可能造成流动性风险和挤兑风险。

信用风险还可能经由放大机制和风险传染导致整个金融体系的稳定性下降，造成系统性风险。当出现违约事件时，债权人会因为未能得到预期收益而出现财务上的损失。通常在债权人也同时拥有债务的情况下，其债权无法回收可能会影响其债务的偿还，并因此导致违约事件的发生。当失信行为超过一定规模时，会导致信用秩序的混乱，大幅提高市场乃至整个社会的运行成本，正常的信用关系无法建立，正常的商业行为也因此受到阻滞。

需要指出的是，维护信用秩序行为不等于消灭违约行为。在有效的机制设计下，借款人仍可能出现违约的情况。这时应当正确看待失信事件，依照法律的规定对失信的行为进行处理，防范更大范围的风险。例如，在我国债券市场的发展过程中，一直存在隐性信用背书，长期以来公众形成了"债券本息定会兑付"的刚性兑付预期，导致收益率曲线难以形成，债券产品风险定价机制不健全，金融资源持续错配，市场行为趋于扭曲，系统性风险不断累积。长期来看，打破刚性兑付是促进市场健康、良性发展的重要举措。

（三）维护信用秩序的意义

良好的信用秩序是支撑信用关系良性发展的前提条件，可以降低市场运行的成本，也是经济良性运转的基础性保障。在信用秩序良好的社会环境中，人们都将诚信视为美德，将赖账视为耻辱，商业交易中的卖方就能够放心地向买方提供信用，资金盈余方也敢于向资金短缺者出让资金，从而有利于商业交易的进行，也有利于市场范围和空间的拓展。因此，从市场经济发展的角度来看，对信用违约要依法处置，维护良好的信用秩序至关重要。

> **原理4-5** 社会主义市场经济的平稳运行离不开健康的信用秩序，良好的信用秩序是支撑信用关系良性发展的前提条件。

二、维护信用秩序的机制

自古以来，道德制约是维护信用秩序的基本机制。在现代市场经济中，健全的法律制度也是维护信用秩序的重要机制。法律是现代社会维护信用秩序的底线，道德规范是比法律更高的要求。要坚持依法治国和以德治国相结合，把法治建设和道德建设紧密结合起来，把他律和自律紧密结合起来，做到法治和德治相辅相成、相互促进。

（一）道德制约

信用是经济范畴，守信机制的核心是经济利益的权衡。当失信的收益远远高于需要承担的成本时，经济行为主体的失信行为就有正向激励。反之，如果失信成本极为高昂，经济行为主体就会在主观上降低失信的动机。

在自然经济为主的农耕社会，交通不甚发达，人口迁移和流动的概率相对较低，市场的范围较小，信息的传递是相对充分的，债权人和债务人之间信息不对称的程度较低。某人"不守信用、欠债不还"的事情或者某人信用良好的事情，都会很快被周围的人们所熟知。俗语说，"好借好还，再借不难"。一个守信的人将持续得到信用活动的帮助，而失信的人将难以在社会中立足，高昂的失信成本使得人们会非常珍视信用。

在现代经济中，微观经济行为主体的良好信誉是从事经营活动的必要条件之一。习近平强调，"诚信是和谐社会的基石和重要特征"[①]，"公有制企业也好，非公有制企业也好，各类企业都要把守法诚信作为安身立命之本，依法经营、依法治企、依法维权"[②]。遵守道德的企业家和居民能够更大程度上享受到信用活动带来的便利。例如，商业银行会为信用良好的客户提供更高的信用卡额度，而对有违约记录的客户减少或者停止贷款发放等。

> 中华优秀传统文化强调重信守诺。金融行业以信用为基础，更要坚持契约精神，恪守市场规则和职业操守。要发扬"铁算盘、铁账本、铁规章"传统，始终不做假账。坚持欠债还钱，珍惜信誉，不当老赖。要加强行业自律，对严重失信者终身禁业。
> ——中共中央党史和文献研究院编：《习近平关于金融工作论述摘编》，中央文献出版社2024年版，第171—172页。

（二）法律约束

随着改革开放的推进，人们的生存和活动空间急剧拓展，人口流动逐渐成为普遍现象。市场空间的极大拓展，必然意味着信息不能像古代社会那样口耳相传。道德制约维持信用秩序的作用不断下降，使我们需要法律制度约束。

利用法律制度维护信用秩序，首先要保护信用活动参与人的合法权益，保护其物权及财产收益权。例如，我国《民法典》"合同"编第十二章"借款合同"中明确对借款人和贷款人的权利和义务进行了规定。其中包括：借款人应当按照约定的期限支付利息；借款人应当按照约定的期限返还借款。其次，法律制度应该对失信人制定明确的惩戒措施，以提高失信的成本。例如，《民法典》"合同"编中还规定，借款人未按照约定的期限返还借款的，应当按照约定或者国家有关规定支付逾期利息。对于长期违约、有钱不还的"老赖"，仅

[①] 习近平：《干在实处　走在前列——推进浙江新发展的思考与实践》，中共中央党校出版社2006年版，第98页。

[②] 《习近平著作选读》第一卷，人民出版社2023年版，第468页。

仅支付逾期利息还不足以达到惩戒效果，还可利用行政处罚和法律手段进行制裁。

加快推进失信被执行人信用监督、警示和惩戒机制建设，有利于促使被执行人自觉履行生效法律文书确定的义务，提升司法公信力，推进社会诚信体系建设。需要建立健全跨部门协同监管和联合惩戒机制，明确限制项目内容，加强信息公开与共享，提高执行查控能力，完善失信被执行人名单制度，完善党政机关支持人民法院执行工作制度，构建"一处失信、处处受限"的信用惩戒大格局，让失信者寸步难行。

（三）信息传递机制

在交易过程中，能否对违约和失信行为进行有效的惩罚，不仅取决于法律制度是否完善，更要取决于当事人的违约信息能否被很好地传递出去，从而对其未来的发展造成巨大的负面影响。要减少违约和欺诈现象，不仅要建立一套对违约和欺诈行为予以严惩的机制，而且需要一个能够将违约和欺诈事件进行公示的、高效的信息传递机制。近些年，随着互联网与信息技术的快速发展，我国在打造诚信数据平台，实现诚信数据共享、互通方面取得了大量的成果。

建立和完善守信联合激励和失信联合惩戒制度，加快推进社会诚信建设，要充分运用信用激励和约束手段，建立跨地区、跨部门、跨领域联合激励与惩戒机制，推动信用信息公开和共享，着力解决当前危害公共利益和公共安全、人民群众反映强烈、对经济社会发展造成重大负面影响的重点领域失信问题，加大对诚实守信主体的激励和对严重失信主体的惩戒力度，形成褒扬诚信、惩戒失信的制度机制和社会风尚。

三、中国的信用体系

完善的社会信用体系是供需有效衔接的重要保障，是资源优化配置的坚实基础，是良好营商环境的重要组成部分，对促进国民经济循环高效畅通、构建新发展格局具有重要意义。2025年3月，中共中央办公厅、国务院办公厅印发了《关于健全社会信用体系的意见》，就我国社会信用体系建设作出部署。

（一）信用制度

信用制度是指规范和约束社会信用活动和信用关系的行为规则。信用制度是构建信用体系的重要制度保障，有狭义和广义之分。狭义的信用制度是指国家管理信用活动的规章制度和行为规范。广义的信用制度则是由相互联系、相互制约的信用形式、信用工具及其流通方式、信用机构和信用管理体制形成的有机统一体。从层次上看，信用制度既有对信用活动本身的规范和约束，如对各种经济主体能够从事的借贷活动的规定；也有为保证信用安全和秩序而进行的制度安排，如对违约失信的惩罚等。从形式上看，信用制度安排既有正式的法律法规，又有非正式的约定俗成的道德规范。

信用制度是保证信用活动正常进行的基本条件。在不同的社会经济发展阶段，信用制度的形式和内容也有很大的差别。在古代社会，信用通常以宗教信仰与伦理道德为基础，通过口头承诺或契约来约束交易行为。现代经济是信用经济，信用关系错综复杂，信用在经济中发挥着举足轻重的作用。信用缺失、信用危机会直接危及社会经济发展乃至政治的稳定，信用制度是否完善影响巨大。同时，现代经济也是法治经济，在自然经济中起重要作用的约定俗成的道德规范已经无法适应现代经济错综复杂的信用关系的需要，具有强制力的法律法规成为现代信用制度的主要构成形式。从各国社会经济发展来看，以法律为主体的、完善的信用制度是信用活动健康发展的重要基石。

（二）信用机构体系

信用机构在现代信用活动中发挥了重要的作用，主要包括以下几种类型。

1. 信用中介机构

信用中介机构是指专门为资金融通提供服务的金融机构。金融机构不仅能为资金融通提供相关服务，而且能够收集市场参与者的信用信息，在监管违约行为、预防失信行为中扮演着重要角色。近些年，随着互联网的发展和金融科技的应用，一些基于互联网和大数据技术的互联网金融平台，逐渐在信用活动中发挥着越来越重要的作用，并成为我国信用中介机构的重要组成部分。而包括银行等在内的传统信用中介机构，也逐渐利用互联网和金融科技发展的成果，对自身进行了基于互联网和大数据技术的改造，不断提升其作为信用中介机构提供金融服务的效率并降低服务成本。

2. 信用服务机构

信用服务机构是指提供信息咨询和征信服务的机构，主要包括信息咨询公司、投资咨询公司、征信公司、信用评估机构等。除了专业的信用服务机构，律师事务所、会计师事务所等机构也可以在一定程度上起到信用服务机构的作用。良好的社会信用运行体系，有赖于信用服务机构和信用服务市场的培育和完善。我国市场经济不断朝着纵深方向发展，势必会形成多样化的信用服务需求。信用服务机构要围绕信用市场的需求，提供多元化的信用产品和信用服务，不断拓展服务范围和服务方式，逐渐构建精细化和专业化的信用服务体系。

3. 信用管理机构

信用管理机构主要是指对各种信用中介机构和信用服务机构实施管理的机构，可以分为政府设立的监管机构和行业互律型管理机构。政府设立的监管机构主要包括中央银行和其他专业监管机构。我国政府的信用中介管理机构主要包括中国人民银行、国家金融监督管理总局、证监会。作为行政活动和政策制定的主体，它们在信用监督管理方面扮演着至关重要的作用。行业互律型管理机构主要有中国银行业协会、中国证券业协会、中国保险行业协会等，它们在制定和监督企业落实和遵循行业标准，以"口碑"来强化对行业内企业的监督等方面，充当着不可或缺的角色。

党的二十大指出，健全共建共治共享的社会治理制度，提升社会治理效能。在社会信用管理监督领域，应鼓励政府、行业协会、专业信用服务机构和社会公众共同参与，形成监管合力。同时，要辅以诚信奖惩机制，落实守信激励和失信惩戒制度，形成监督机制和奖惩机制联动的有效制度体系。

（三）社会征信系统

征信是一种信用评价活动，通过对企事业单位和自然人的历史信用记录，以及构成其资质、品质的各要素、状态、行为等综合信息进行测算、分析、研究，来判断其是否具有履行信用责任的能力。根据征信所涉及的对象不同，征信系统主要可分为企业征信系统和个人征信系统。从内容上看，社会征信系统包括信用档案、信用调查、信用评估、信用查询和失信公示等。

进入 21 世纪以来，我国不断加强社会信用体系和征信系统建设。2003 年 11 月，中国人民银行正式成立征信管理局，负责管理信贷征信业务。其中企业征信系统是在中国人民银行总行的领导下，从商业银行等金融机构采集企业的各类信息，包括企业的基本信息、在金融机构的借款担保等信贷信息、主要财务指标等。随着企业征信系统的建设和完善，其在帮助金融机构防范信用风险、提高商业银行信贷资产质量、促进信贷市场发展、扩大信贷范围、促进消费增长、加强金融监管和宏观调控、改善金融环境等方面的功能日益显现。

2016 年，《国务院办公厅关于加强个人诚信体系建设的指导意见》《关于全面加强电子商务领域诚信建设的指导意见》等文件的发布推动了我国个人征信系统的建设。2018 年，有中国"信联"之称的百行征信有限公司的个人征信业务申请获得了中国人民银行的许可证。百行征信有限公司的成立，旨在将央行征信中心未能覆盖到的、银行贷款以外的个人金融信用信息归纳统一在一个官方平台之内，从而实现个人借贷记录的共享，这对我国征信业发展具有极为重要的意义，也意味着中国人民银行对民间征信机构的发展思路进行了调整。

重要术语

信用　间接融资　直接融资　债权融资　股权融资　金融产品　金融工具　内源融资　外源融资　商业信用　政府信用　消费信用　理财产品　国际信用　国际直接投资　社会融资规模　宏观杠杆率　影子银行　信用秩序　信用风险　信用制度　征信

思考题

1. 为什么说社会主义市场经济是信用经济？
2. 如何理解股权融资是现代企业制度的重要基础？
3. 企业应该如何处理好筹集资金和过度负债的关系？
4. 政府信用主要采用哪些金融工具？为什么国债是无风险的标准债券？
5. 中国的信用规模与结构变化有哪些特征？分析其背后的原因。
6. 市场经济为什么要以良好的信用秩序来支撑信用关系的良性发展？

即测即评

第五章　利率与金融资产价格

党的二十届三中全会提出，构建高水平社会主义市场经济体制，充分发挥市场在资源配置中的决定性作用，更好发挥政府作用。在市场经济中，利息来源于利润，是收入分配的重要机制和手段，是资本按生产要素分配得到的报酬。利率是联通宏观与微观经济的金融机制，既是连接未来现金流和资产价格的纽带，也是货币均衡和宏观调控政策的重要工具，在金融资产定价中发挥着重要作用。本章在马克思的利率决定理论基础上，重点阐释社会主义市场经济中的利率类型和相关经济规律，论述中国利率市场化的必要性及其影响，分析利率在市场经济运行中的作用及其在金融资产定价中的地位。

第一节　利息与利率

利息是货币时间价值的体现。利息转化为收益的一般形态以后，各种有收益的事物都可以通过收益与利率的对比进行资本化。

一、货币时间价值的体现与度量

（一）货币的时间价值与利息

1. 货币时间价值的概念

货币时间价值是指同等金额的货币现在的价值要大于其未来的价值。比如人们用 100 元购买企业债券，在一年之后取得 105 元的本息和，其中大于本金的 5 元就是货币在一年内让渡使用权得到的补偿，在金融学中称之为利息。利息是指借贷关系中货币的借入者支付给贷出者的报酬。所以，利息体现的是货币时间价值。

2. 货币时间价值的实现

货币时间价值只有通过借贷才能实现。货币时间价值源于使用者支付的报酬，也是出借者暂时让渡货币的使用价值所要求得到的补偿。究其原因，一是因为货币既可满足当前消费，也可用于投资获利，占用他人货币理应给予报酬；二是由于借出期间会有风险，需要对货币出借者可能面临的风险损失进行补偿。

3. 货币时间价值的计算

货币时间价值的计算通常会涉及三个关键术语：一是现值，即现在的价值。二是终值，即到期的价值。终值和现值之间的差额体现了货币时间价值。三是折现[①]，即根据终值计算现值的过程。

（二）利率

1. 利率的定义

利率是借贷期满所形成的利息额与所贷出本金额的比率，是对货币时间价值的度量。例如，A 银行向 B 企业发放了一笔金额为 100 万元、期限为 1 年、年利率为 10% 的贷款，贷款本金就是现值 $P=100$，利率 $r=10\%$，贷款的本息和就是这笔贷款的终值 S，则现值与终值的关系就是：

$$S = P(1+r) = 100 \times (1+10\%) = 110（万元）$$

其中，$P \cdot r = 10$（万元）就是利息。多期贷款有两种不同的利息计算方式。一种是单利法，指在计算利息额时，只按本金计算利息，而不将利息额加入本金进行重复计算的方法；另一种是复利法，指将按本金计算出来的利息额再计入本金，重新计算利息的方法。假设 A 银行向 B 企业的贷款期限 $n=5$ 年，若按照单利法计息，则到期后 B 企业应该向 A 银行偿还的本息和为：

$$S = P(1+nr) = 100 \times (1+5 \times 10\%) = 150（万元）$$

若按照复利法计息，则到期后 B 企业应该向 A 银行偿还的本息和为：

$$S = P(1+r)^n = 100 \times (1+10\%)^5 = 161.05（万元）$$

复利法计算得到的本息和较单利法要高一些，这是因为复利法计算相当于若干个一期的单利法计算的叠加，其中利息部分也作为未来的本金派生出了利息，俗称"利滚利"。将复利法的公式稍作变化，用终值乘以 $1/(1+r)^n$，可以计算得到任何一笔未来的收益在今天的价值，即折现。$1/(1+r)^n$ 就是现值复利因子，

[①] 折现也称贴现，英文均是 discount。在本书中，我们将票据未到期变现的过程称为贴现，将其他情况称为折现。

亦称折现因子，其中 r 也被称作折现率。在其他条件相同的情况下，现值的大小与折现率负相关。

2. 利率和收益率的关系

在涉及利率问题的分析中，通常还会遇到收益率这一被广泛使用的概念。收益率是指投资获得的回报与本金之间的比率，常与利率并行使用。从本质上讲，利息是收益的一般形态，收益率实质上就是利率。在理论探讨和学术研究中，通常不对二者加以区分。但在实际中，由于利率是利息与本金的比率，因而真正能够准确衡量一定时期内投资人获得收益多少的指标是收益率。收益率不仅受利息支付额和投资额的影响，而且受计息方式、计息期间、利息支付周期以及投资标的市场价格变动等因素的影响，这些都使得投资人的收益率与利率之间通常会存在差异。

3. 利率的分类

现实社会中的利率种类繁多，按不同的标准，利率可分为不同的种类。主要的利率分类方式如表5-1所示。某一类型的利率并非特指某一具体的利率，仍然是一类利率的统称。经济学在分析利率时更多分析抽象的利率范畴，或者我们可以将其理解为市场平均利率，这时的利率不是统计上的数量概念，而是一个理论概念。

表5-1 主要的利率分类方式

分类标准	主要种类	含义
按照计息时间	年利率	以年为单位来计算的利率，用%表示
	月利率	以月为单位来计算的利率，用‰表示
	日利率	以日为单位来计算的利率，用‰₀表示
按照利率地位	基准利率	在多种利率并存的情况下起决定性作用的利率
	一般利率	金融机构在金融市场上形成的各种利率
按照决定方式	市场利率	由市场力量决定的利率（主要是商业银行利率和金融市场利率）
	官定利率	由政府机构决定的利率（主要是中央银行利率）
按照借贷期限内是否浮动	固定利率	在整个借贷期限内，利息按照借贷双方事先约定的利率计算，而不随时调整
	浮动利率	在借贷期限内根据市场利率的变化定期进行调整的利率
按照是否考虑币值变化	名义利率	包括物价变动（包括通货膨胀和通货紧缩）因素的利率
	实际利率	物价水平不变从而货币的实际购买力不变时的利率

续表

分类标准	主要种类	含义
按照信用活动的期限	短期利率	一年期以内的信用活动称为短期信用，其适用的利率即为短期利率
	长期利率	一年期以上的信用活动通常称为长期信用，其适用的利率即为长期利率
按照给定的不同期限	即期利率	对不同期限的金融工具以复利形式标示的利率
	远期利率	隐含在给定即期利率中的从未来某一时点到另一时点的利率

4. 中国当前的利率体系

按照利率的决定场所，我们可以将中国利率体系划分为中央银行利率体系、商业银行利率体系和金融市场利率体系三个部分，它们存在着联动关系。不同利率水平和结构反映了金融体系的运行状态，也引导着各个经济部门的投融资活动。表5-2呈现了中国当前的利率体系中主要的利率种类及其定义。

表5-2 中国当前的利率体系中主要的利率种类及其定义

主要种类	细分种类	定义
中央银行利率体系	再贴现利率	金融机构向中国人民银行进行票据贴现时的利率
	再贷款利率	中国人民银行对金融机构发放中央银行贷款的利率
	央票发行利率	中国人民银行向商业银行发行债券（中央银行票据）的利率，属于公开市场操作利率
	正、逆回购利率	中国人民银行向商业银行开展正、逆回购操作时的利率，属于公开市场操作利率
	法定准备金利率	中国人民银行对金融机构法定存款准备金支付的利率
	超额准备金利率	中国人民银行对金融机构超额存款准备金支付的利率
	其他政策利率	包括中期借贷便利（MLF）利率、常备借贷便利（SLF）利率、定向中期借贷便利（TMLF）利率、抵押补充贷款（PSL）利率等
商业银行利率体系	贷款市场报价利率（LPR）	由具有代表性的报价行，以公开市场操作利率加点形成的方式报价，由中国人民银行授权全国银行间同业拆借中心计算并公布的基础性的贷款参考利率，各金融机构应主要参考LPR进行贷款定价
	存款利率	商业银行吸收存款的利率
	贷款利率	商业银行发放贷款的利率

续表

主要种类	细分种类	定义
金融市场利率体系	同业拆借利率	金融机构之间拆借短期资金的利率，如上海银行间同业拆放利率（SHIBOR）
	回购利率	银行间债券市场中正、逆回购交易的利率
	政府债券收益率	政府发行的债券的收益率，如国债收益率、地方政府债券收益率等
	企业债券收益率	非金融企业发行的债券的收益率，包括公司债、企业债、短期融资券、中期票据等的收益率
	金融债券收益率	金融机构发行的债券的收益率

二、利息的本质

（一）利息是利润的一部分

从企业部门生产的角度理解，利息是利润的一部分。企业部门获得的生产经营性借款，本质上是贷出者向借入者提供的资本，它并不能自我实现增值，而是需要参与企业的生产经营过程，从价值创造的成果中分享一部分利润。马克思指出："贷出者和借入者双方都是把同一货币额作为资本支出的。但它只有在后者手中才执行资本的职能。同一货币额作为资本对两个人来说取得了双重的存在，这并不会使利润增加一倍。它所以能对双方都作为资本执行职能，只是由于利润的分割。其中归贷出者的部分叫做利息。"[①] 因此，利息来源于利润，其本质是利润的一部分。

利息源于利润，则必然受制于利润。一般而言，借款利率也应该低于企业的利润率（资产收益率）。若利率高于利润率，企业就无法承受利息负担，不能利用社会资本进行负债经营与发展。早在两汉时期，我国就曾有类似的观点："欲贷以治产业者，均授之，除其费，计所得受息，毋过岁什一。"（《汉书·食货志》）这句话的意思就是，对于支持产业的贷款，收取利息不得超过其利润，并且年利率不能超过10%。中国古代大多反对高利贷，如"凡私放钱债，及典当财物，每月取利，并不得过三分"，"年月虽多，不过一本一利"（《大明律》），就给出了利率的上限。

[①] 《马克思恩格斯文集》第七卷，人民出版社 2009 年版，第 395—396 页。

(二)利息是资本按生产要素分配得到的报酬

从生产要素和收入分配的角度看,利息是资本按生产要素分配得到的报酬。企业利润的获得和社会财富的增长依赖于生产经营活动,离不开资本的参与。将资本作为生产要素,从利润中为其分配合理的报酬,有利于更好地集聚资本并利用资本,提高资源配置效率,促进经济增长。

在中国特色社会主义新时代,建设体现效率、促进公平的收入分配体系,关键在于坚持按劳分配为主体、多种分配方式并存的分配制度,实现收入分配的合理化,处理好公平与效率的关系。充分调动劳动者和各要素所有者的积极性和创造性。党的十九届四中全会指出,健全劳动、资本、土地、知识、技术、管理、数据等生产要素由市场评价贡献、按贡献决定报酬的机制。党的二十大强调,分配制度是促进共同富裕的基础性制度。完善按要素分配政策制度,探索多种渠道增加中低收入群众要素收入,多渠道增加城乡居民财产性收入。

> **原理 5-1**　在社会主义市场经济中,利息是资本按生产要素分配得到的报酬。

(三)利息是对机会成本和风险的补偿

风险溢价是指在借贷关系中,资金借入者对贷出者承担风险的补偿,是利息的一部分。在借贷关系中,暂时让渡价值的贷出者承担了一定风险,他就会要求对其承担的风险进行补偿。刨除这部分风险补偿,剩下的是无风险收益,可以理解为贷出者的机会成本,即贷出者借出资金就意味着他丧失了投资于任何一种无风险资产可能带来的收益。因此,利息包含了对贷出者在一定时期内机会成本的补偿和风险溢价。对应到利率上,可以将任何一种风险资产的利率分为两部分:一部分是无风险利率;另一部分是风险溢价。

> **原理 5-2**　风险资产的利率等于无风险利率(机会成本的补偿)加风险溢价。

由于国家主权是高度安全的信用主体,一般将国债利率视作无风险利率。对于投资人而言,无论是投资股票、债券等金融资产还是借出货币,都意味着他至少在放弃投资国债获取无风险收益的同时,承担了这种投资机会的风险。这一原理，已经成为现代金融资产定价的依据和基础。

三、收益资本化规律及其应用

（一）利息转化为收益的一般形态

利息范畴历史久远，自从有了借贷活动就有了利息。久而久之，利息的存在成了常态。在现实生活中，利息逐渐被人们看作是收益的一般形态：无论贷出资金与否，利息都被看作资金所有者理所当然的收入；与此相对应，无论借入资金与否，生产经营者即便是使用自有资金，都把利润分成利息与企业收入两部分，扣除利息后剩余的利润才是经营所得。于是，利息也是衡量是否值得投资的尺度：如果利润总额与投资额之比低于利率，则根本不应该投资；如果扣除利息，所余利润与投资额之比甚低，则说明经营效益不高。以借贷为前提、源于产业利润的利息，逐渐被人们从借贷和生产活动中抽象出来，将利息直接与资本的所有权联系起来，认为利息是资本所有权的必然产物，人们就可以仅凭资本所有权而获得收益，这样，利息就转化为收益的一般形态。

（二）收益资本化规律

当利息转化为收益的一般形态后，在经济活动中就形成了收益资本化，即各种有收益的事物都可以通过收益与利率的对比进行资产定价。马克思最早阐释了生息资本与收益资本化的原理，他认为，凡是能够带来收益的权利能够进入市场流通并进行自由交易时，这种权利就被资本化了。

收益资本化是从本金、收益、利率之间的关系中套算出来的。一般来说，收益（B）是本金（P）与利率（r）的乘积，即

$$B = P \cdot r \tag{5-1}$$

反之，如果已知收益 B，年利率 r，也可以推算出本金 P，即

$$P = \frac{B}{r} \tag{5-2}$$

任何有收益的事物，无论是投资项目还是资产，都可以大致利用式（5-2），通过收益与利率的对比关系估算出它的价值。

（三）收益资本化规律的作用

在我国市场经济发展过程中，收益资本化规律正日益显示出其重要作用。比如，在土地使用权的买卖和长期租用、相对工资体系的调整、住房价格的确定、有价证券的定价与买卖、技术转让与专利买卖等活动中，收益资本化规律都在相

关价格形成中起着重要作用。随着我国市场经济的进一步发展，收益资本化规律的作用也不断扩大和深化。

第二节　利率决定及其影响因素

利率是处于现代金融体系核心地位的要素，是金融市场中的价格，是使市场在金融资源配置中起决定性作用的重要媒介。了解利率的决定过程及其影响因素，有助于更好地利用宏观调控手段引导合理的利率水平和利率期限结构，维护金融稳定并促进经济发展。

一、利率决定理论

（一）马克思的利率决定理论

马克思在《资本论》第三卷中详细论述了资本主义经济中利率的决定过程。职能资本家通过生产过程获取剩余价值，而利息是借贷资本家从职能资本家那里分割出来的剩余价值，剩余价值的表现形式是利润。这一分割过程决定了利息与利润的数量关系，即利息不会超过利润总额。利率的下限是零，上限是平均利润率，利率在上下限之间受供求影响而上下波动。一旦资本利润率低于利率，职能资本家无利可图，便不会借入资本。

平均利润率决定了平均利率的上限，从而平均利润率的规律也影响了平均利率的变化特点：第一，随着技术的发展和资本有机构成的提高，平均利润率有下降的趋势，因此平均利率也有下降趋势。第二，平均利润率虽然有下降趋势，但十分缓慢，因此在某个阶段内，平均利润率和平均利率都是相对稳定的。第三，利率取决于两类资本家对利润分割的结果，分割的过程并无任何规律，而是取决于法律、习惯、竞争等因素。马克思的利率决定理论对于说明社会化大生产方式下的利率决定问题具有指导意义。

（二）投资、储蓄与利率决定

马克思的利率决定理论从利率本质出发，更多揭示平均利率这一理论概念的决定过程。在现实经济中，利率作为一种资金价格，存在于信贷市场、货币市场、资本市场等多种市场，主要受供求关系的影响。至于受何种供求关系的影响，经济学中有不同的解读。早期影响力较大的储蓄投资论是从资本的供求来分析利率的决定,认为储蓄决定了资本供给,投资决定了资本需求,利率由储蓄与投资的交互作用决定。

储蓄是实际利率的增函数,即实际利率越高,人们的储蓄意愿越大。通俗地说,如果存到银行带来的资本增值赶不上物价增长的速度,人们就会减少储蓄。人们愿意放弃多少当前消费而变成未来消费,很大程度上取决于放弃一单位当前消费可以得到多少单位的未来消费。投资是实际利率的减函数,即实际利率越高,企业的投资意愿越小。从企业投资决策的角度看,利润最大化下的最优投资决策满足边际收益等于边际成本的原理,此时资本的边际收益率应该与借贷利率相等。实际利率降低,企业的投资边际收益率大于边际成本,企业就会增加投资;反之就会减少投资。

如图5-1所示,储蓄与实际利率正相关构成了资本的供给函数$S(r)$,投资与实际利率负相关构成了资本的需求函数$I(r)$,储蓄与投资的均衡决定了实际利率(r^*)。因而,这一理论也被称为实际利率理论。

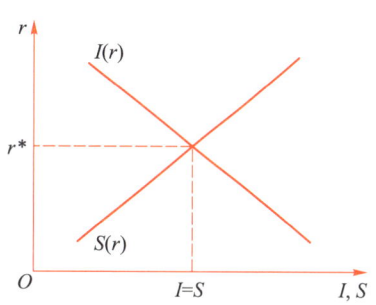

图5-1 储蓄、投资与实际利率

(三)流动性偏好与利率决定

人们持有的资产可以有两种形式:一是没有收益的货币;二是具有收益的其他资产(以债券为例)。为满足人们日常交易支付的需要,人们持有货币的动机被称为"流动性偏好"。由于流动性偏好普遍存在,人们愿意牺牲债券的收益而持有货币。但是,流动性偏好不是绝对的,当债券收益率上升时,人们也愿意牺牲部分流动性而去持有债券获取收益。可见,利率反映了人们放弃流动性而需要进行货币补偿的程度,成为持有货币的机会成本。人们的货币需求与利率负相关。

在流动性偏好理论中,利率是在货币市场上由货币供求决定的。货币需求是利率的减函数,而货币供给在信用货币制度下假设由中央银行给定。图5-2中的货币需求函数$L(r)$与货币供给函数M的交点就是货币供求均衡点,由此决定了均衡利率水平r^*。如果当前债券价格较高而利率较低(低于图5-2中的r^*),人们预期利率应上

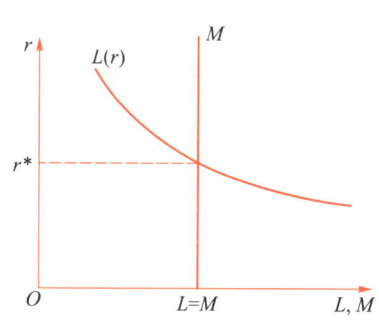

图5-2 流动性偏好和利率决定

升而债券价格会下跌，就会抛售债券增持货币，导致货币需求增加。当货币供给不变时，利率会上升到 r^*，反之则相反。因此，利率总是会收敛到货币供求均衡点。

基于货币供求的利率决定理论为货币政策操作提供了理论基础。在货币需求不变时，央行通过买入债券投放货币，能够提高债券的价格，降低债券收益率（利率），进而刺激人们减少债券持有，增加货币和消费。但当利率下降至非常低的位置以至于不可能再下降时，人们就会产生利率将会上升、债券价格将会下跌的预期，流动性偏好会使人们持有现金的意愿大幅上升，从而导致债券被抛售，人们对流动性的偏好会趋于无穷，货币需求的利率弹性也会变得无限大。此时无论增加多少货币供给，都会被人们储存起来，央行货币政策的意图便会落空，这就是"流动性陷阱"假说。

> **知识链接 5-1　流动性陷阱**
>
> "流动性陷阱"是一种理论假说，是指当一定时期的利率水平降低到不能再低时，货币需求弹性就会变得无限大，即无论增加多少货币，都会被人们储存起来。这时，再宽松的货币政策也无法改变市场利率，使得货币政策失效。国民手中的钱袋就像是一个能够吸收任何数量货币的"黑洞"，把中央银行提供的货币都吞噬掉，由此形成了一个货币需求无限大的"流动性陷阱"。

（四）利率决定的一般均衡分析

前述的储蓄投资分析和货币供求分析都是局部均衡分析，前者只从非货币的实际因素（即商品供求）研究利率的决定，而后者只从货币因素（即货币供求）研究利率的决定。但现实经济运行总是伴随着非货币因素和货币因素的共同作用，而且商品供求与货币供求之间并不是简单的相加，而是相互影响相互决定的。货币供求均衡决定利率水平，利率水平会影响投资储蓄及其均衡，从而影响收入水平；收入水平又会影响人们的流动性偏好，从而影响货币供求均衡，如此循环往复。因此，一个完整的利率决定分析方法应该是采取一般均衡的视角，即同时考虑商品供求与货币供求均衡下所实现的均衡利率。

新剑桥学派的可贷资金利率理论

IS-LM 模型呈现了一般均衡下利率决定的关系。I 和 S 代表投资和储蓄。在简化的假设下，投资是利率的减函数，储蓄是收入的增函数。在给定的利率水平下，当投资等于储蓄时，就会决定均衡的收入水平。如果利率下降，投资就会增加，也就是总需求上升，从而收入水平增加，带来储蓄上升。这一过程直到在一个较高的收入水平下，投资等于储蓄为止。因此，较低的利率对应较高的收入，即当投资等于储蓄时，收入与利率是负相关的。图 5-3 中斜率为负的 IS 曲线就代表了这一关系。

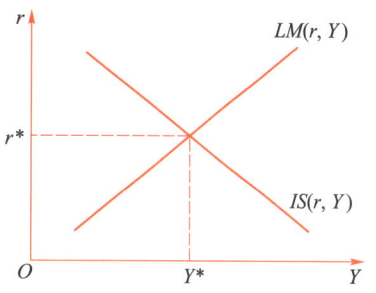

图 5-3　一般均衡分析中的利率决定

L 和 M 分别代表货币需求和货币供给。在流动性偏好下，人们的货币需求与利率负相关，同时货币需求还与收入水平正相关，因为收入越高，需要满足人们日常支付结算的金额越多。当给定收入水平时，均衡利率就由图 5-2 中的货币供求曲线交点决定。如果人们的收入水平上升了，那么货币需求增加，图 5-2 中 L 曲线往上移动，均衡利率就会上升。因此，在货币供求均衡下，收入与利率是正相关的。图 5-3 中斜率为正的 LM 曲线就代表了这一关系。

IS 曲线是商品供求均衡时利率与收入的组合，IS 曲线上的每一个点都代表不同利率水平下的商品供求均衡。LM 曲线是货币供求均衡时利率与收入的组合，LM 曲线上的每一个点都代表不同收入水平下的货币供求均衡。而唯有 IS 与 LM 曲线相交的点，商品供求与货币供求同时实现了均衡，这个均衡点决定的利率就是一般均衡视角下的均衡利率。因此，在 IS-LM 模型中，利率和国民收入是由储蓄、投资、货币供给、货币需求四个因素共同决定的。

> 📖 **原理 5-3**　在一般均衡分析中，利率和国民收入主要由储蓄、投资、货币供给、货币需求等因素共同决定。

二、利率的风险结构与期限结构

（一）利率风险结构

在利率的本质部分我们提到，利率等于无风险利率加上风险溢价，其中风险溢价就是对风险的补偿。在金融活动中，资金提供方会承担许多不同类型的风险，如违约风险、流动性风险、通货膨胀风险等，利率风险结构是指不同风险所对应的风险溢价构成。

1. 违约风险

违约风险又称信用风险，是指不能按期偿还本金和支付利息的风险。由于受到经济周期因素或者偶然市场因素的影响，债务人可能会出现难以按时履约的情况，这就导致债权人承担了违约风险。不同债务主体的违约风险差异较大。例如，国债的债务主体是中央政府，属于国家信用，以公信力和税收作为保障，违约风险较低。公司债券的偿还能力与宏观经济环境及公司经营状况息息相关，具有较大的不确定性，因而具有较高的违约风险。

违约风险溢价是指有违约风险的债务与无违约风险的债务之间的利率之差。一般来说，违约风险溢价是风险溢价最主要的组成部分。违约风险越高，利率中的违约风险溢价也越高，其目的是补偿可能的违约风险损失。例如，某类企业违约的概率 $\rho=2\%$，银行向这类企业发放 100 万元的贷款，贷款利率为 r，假设无风险利率 $r_f=5\%$，贷款违约之后的违约损失率 $\eta=50\%$。若要保证银行发放企业贷款的期望收益与无风险收益相等，须满足如下方程：

$$r_f = (1-\rho)(1+r) + \rho(1-\eta) - 1 \approx r - \rho\eta \tag{5-3}$$

在式（5-3）中，左侧 r_f 是无风险利率，右侧是该类企业贷款的期望风险收益率。其中，右侧第一项是未违约贷款本息和，第二项是违约贷款本息和的可收回部分。通过该方程可以求得银行向该类企业贷款的利率至少应该定为：

$$r \approx r_f + \rho\eta = 5\% + 2\% \times 50\% = 6\%$$

其中，$\rho\eta$ 就是违约风险溢价，等于违约概率与违约损失率的乘积。

2. 流动性风险

资产的流动性是指资产的变现能力。不同类型资产的变现能力是不同的。例如，公司债券的流动性优于银行贷款，因为债券是不记名的标准化资产，我们可以轻易地在债券市场卖出债券来变现；但是银行贷款只能通过贷款销售或者资产证券化等其他方式实现变现，相对要困难一些。

流动性风险是指经济主体因有流动性需求、但无法通过借入资金或出售资产来获取流动性而带来的风险，也就是因资产变现能力弱而遭受损失的可能。一般来说，金融资产的利率会与流动性风险同方向变化，即流动性风险越大，利率也会越高。流动性风险溢价，就是低流动性金融资产利率与高流动性金融资产利率的差异，它也是风险溢价的一个重要组成部分。

3. 通货膨胀风险

表 5-1 中已经介绍了名义利率和实际利率的定义，它们与通货膨胀风险有关。通货膨胀风险是指因物价上涨导致的货币贬值、购买力下降，资金的贷出者不仅面临着本金贬值的损失，利息也会因为货币购买力的下降面临贬值损失。当预期通货膨胀率上升时，名义利率也将上升，这就是费雪效应。令名义利率为 r，实际利率为 i，预期通货膨胀率为 $E\pi$，则有如下方程：

$$r=(1+i)(1+E\pi)-1 \approx i+E\pi \tag{5-4}$$

正因为人们会将预期通货膨胀率纳入考虑，真正影响储蓄投资决策的并不是名义利率，而是实际利率。名义利率一般必须大于 0，但实际利率可以是负数。可见，影响实际利率的不仅有名义利率，还有预期通货膨胀率。当名义利率下降到零而不能下降时，央行通过预期管理等政策可以提高公众的预期通货膨胀率，从而能够引导实际利率进一步下降，刺激实体经济。

> **知识链接 5-2　预期通货膨胀率**
>
> 预期通货膨胀率是指人们预测出来用于确定货币工资率及其他货币价格的通货膨胀率，是对未来实际通货膨胀的估计。衡量预期通货膨胀率的方法有两种：一种是根据到期日相同的一般债券与物价指数联动债券两者的市场利率差距来衡量投资人对通货膨胀的预期；另一种是直接对社会大众或是经济专家进行访查，询问他们对未来通货膨胀率的预期。

（二）利率期限结构

不同品种的金融工具有着不同的期限，自然也有不同的利率。例如有 1 年期的存款利率，也有 3 年期的存款利率，这便是存款利率的期限结构。再如国债利率，也因期限长短不同而有高有低，从而形成了国债利率的期限结构。利率期限结构反映了同一品类资产短期利率与长期利率的关系，本质上反映了人们对当前经济和未来经济的不同预期。由于国债利率是无风险利率的度量，国债的利率期限结构最受关注。在利息成为收益的一般形态之后，利率与期限的关系也就反映为收益率与期限的关系。利率的期限结构曲线是在某一时点不同期限的同类金融工具的到期收益率曲线。

利率期限结构的主要理论

关于利率期限结构的形成，经济学家有很多争论。相对具有共识的是，影响利率期限结构最主要的因素是流动性偏好和对远期利率的预期。由于流动性偏好的存在，在收益率相同的情况下，投资者总是更加偏好持有流动性更强的债券。而长期债券的流动性相较于短期债券更差，从而长期债券的收益率中流动性风险溢价更高。因此，一般而言，国债收益率曲线是向上倾斜的。

表 5-1 中已经介绍了即期利率和远期利率。根据 n 期的即期利率（r_n）和 $n-1$ 期的远期利率（$f_{n-1,n}$）的定义，二者之间的关系如下：

$$f_{n-1,n} = \frac{(1+r_n)^n}{(1+r_{n-1})^{n-1}} - 1 \tag{5-5}$$

从而可以推导出长期的即期利率与短期的即期利率之间的关系：

$$(1+r_n)^n = (1+r_1)(1+f_{1,2})(1+f_{2,3})\cdots(1+f_{n-1,n}) \tag{5-6}$$

式（5-6）表明，长期利率是短期利率与远期利率期望值的乘积。首先，短期利率与长期利率之间有一定的正相关性，因而一般随时间变化同向波动。其次，国债收益率曲线的形状与投资者对未来短期利率的预期有关。未来的短期利率与宏观经济形势有着重要的联系，当人们对未来经济预期较为悲观的时候，就可能出现国债收益率长短期倒挂的情况，即国债收益率曲线向下倾斜。

三、影响利率变化的其他因素

除了上述储蓄、投资、货币供给、货币需求、风险、期限等因素，影响利率变化的因素还有很多，包括宏观经济周期、国际环境等。

宏观经济周期大体可以分为繁荣、危机、萧条和复苏四个阶段。在这四个阶段，商品市场和货币市场的供求关系也会发生改变，从而对利率的高低走势产生影响。在经济繁荣时期，经济形势整体良好，企业家对经济的乐观预期促使其积极地增加投资、扩张规模，新创业企业也会增多，从而信贷需求十分旺盛，在不考虑货币政策调控的情况下，利率会呈现上升的趋势。当经济进入危机时期，企业由于商品销售困难出现库存增加、资金紧张的局面，严重时会导致无法按期偿还债务。银行出于安全性考虑也会减少放贷，货币市场和信贷市场均会呈现缺乏流动性的状态，导致利率进一步攀升。当经济陷入萧条时，企业和居民对经济的预期转弱，消费和投资的意愿降低，总需求回落至谷底，虽然这时银行的放贷意愿也不强，但利率一般会呈现低位均衡的状态。当经济开始复苏时，随着企业和居民信心的逐渐恢复，消费和投资需求都逐步回升，对借贷资金的需求也相应增加，利率水平从低位逐步走高。

第三节　市场经济发展中利率的作用

在市场经济发展中，利率起着重要的作用。利率在经济发展中的作用是政府与市场关系在金融领域的重要体现。从市场机制看，利率是引导供求关系的价格，是优化资源配置的内生信号；从宏观调控看，利率是调节国民经济总供求的间接手段，是引导资源配置的重要工具。利率是连接宏观经济与微观经济的纽带，是影响社会主义市场经济平稳发展的关键变量。

一、利率在配置金融资源中的价格引导作用

社会主义市场经济将市场作为配置资源的主要手段。市场调节供求关系主要依靠的是价格信号和市场机制。利率作为金融市场的价格，在金融资源的供求平衡和企业间配置方面均发挥着重要的价格引导作用。

（一）利率与借贷资金供求

利率反映资金供求均衡状态，利率的变化也能引导资金供求变化。当资金需求不变时，供给增加会导致市场利率下降；当资金供给不变时，需求增加导致市场利率上升。同时，利率是借款者的成本，市场利率上升将抑制借款者的借贷需求；利率是贷出者的收益，市场利率上升将提高存款者资金供给的意愿。资金供给增加，资金需求减少将又会导致利率回落，达到新的均衡水平。这是市场机制的自动均衡过程。

对于居民部门而言，合意的利率能够增强居民部门的储蓄意愿，较低的利率会削弱其储蓄热情。由于居民部门的储蓄是社会金融资源供给的主要来源，鼓励储蓄将导致金融资源供给增加。居民可用多样化的方式保有其储蓄：既可以持有实物资产，也可以持有现金及存款、债券、股票、基金等金融资产。利率会影响居民部门的储蓄结构，较高的利率有利于居民以金融资产的方式进行储蓄，扩大金融体系的资金来源。从金融资产的结构看，通货膨胀率和各种金融资产收益率的差异会影响人们的资产持有结构。

对于企业部门而言，利用融资进行生产性投资是其主要的金融决策。利率能够有效引导企业的信贷需求和生产目标。企业在进行投资时，常常需要借用外部资本；利率作为企业借款的成本，自然也就成了影响企业借款规模的重要因素。前文提到，当资本的边际收益率与借款利率相等时，企业就实现了最优投资规模。当借款利率低于资本边际收益率时，企业扩张投资有利可图，就会增加贷款

并提高投资，扩大生产规模。根据资本边际收益率递减规律，资本规模上升将降低资本的边际收益率，当资本的边际收益率下降到与借款利率相等时，企业就实现了最优投资规模；反之亦然。因此，借款利率下降将引导企业扩张投资，信贷需求上升；利率上升将抑制企业投资，信贷需求下降。

（二）利率与资源配置效率

经济行为主体借助金融体系融资，将各种生产要素组织起来进行生产活动。作为资金的价格，利率不仅能够引导企业的生产目标和信贷需求，还能起到筛选企业的重要作用，引导资源流向高效率部门，提高资源配置效率。

企业首先是自负盈亏的行为主体，需要为自己的投资决策承担责任。企业的生产技术、管理方式、市场推广能力等各个方面决定了企业的生产经营效率，从而影响企业的利润率和资本边际收益率。在现实中，既有生产经营效率较高、收益率较高的企业，也存在着生产经营效率较低、收益率较低的企业。面对相同的借款利率，在最大化利润的驱使下，资本边际收益率较高的企业就会扩张生产规模、扩大投资，借贷需求增加；而资本边际收益率较低的企业可能收缩投资，借贷需求下降。而且，动态地看，高效率企业的借贷扩张会导致利率上升，进一步提高了低效率企业的融资成本，资本就会源源不断地从低效率企业流向高效率企业。一些难以为继的低效率企业就会破产，高效率企业就会不断壮大，进而提升社会的平均生产效率。这就是市场机制对企业的优胜劣汰作用。

二、利率在宏观调控中的作用

社会主义市场经济是有调控的市场经济，面对市场失灵或者市场调整阻滞的情况，政府在市场经济中起到间接调控的作用。利率作为影响微观主体决策的重要因素，也成为宏观政策调控的重要手段。长期以来，我国政府坚持"在区间调控基础上，实施定向调控和相机调控"[①]，定向调控对应着结构性调整，相机调控对应着总量和需求管理。

（一）利率与社会总供求的调节

要达到经济持续增长的目标，社会总供求需要保持一种动态的平衡。需求过多会引起通货膨胀，经济过热；需求不足会引起通货紧缩，经济衰退。利率的调

---

① 中共中央党史和文献研究院编：《十八大以来重要文献选编》（下），中央文献出版社2018年版，第255页。

整则会对社会总供求起着重要的调节作用，维持总供求平衡。一般而言，利率政策调整迅速，在短期需求管理和总量管理上有着重要作用。

当经济中有效需求不足时，经济面临下行压力，中央银行会采取扩张的货币政策引导市场利率下行，一方面可以增强居民部门的消费动机，另一方面会刺激企业投资需求的增加，从而导致总需求的增长，维持经济稳定。反之，当经济因需求过旺导致供不应求、面临过热的压力时，中央银行会采取紧缩的货币政策引导市场利率上行，抑制居民部门的消费需求和企业部门的投资需求，起到缓解供求矛盾和压力的效果。

在中国改革开放的过程中，曾多次面临经济下行的巨大压力。面对经济形势的迅速变化，中国政府及时果断作出政策反应，维护经济稳定。例如，2007年至2008年上半年，面对相对过热的经济形势，中国人民银行曾15次上调存款准备金率以平抑经济，利率水平逐渐提高。但是，2008年下半年受到国际金融危机的负面冲击之后，中国人民银行又转而实施宽松的货币政策以刺激经济，利率开始走低。

（二）利率调控与经济结构调整

利率调控政策主要通过影响经济总需求来维持经济稳定，因此货币政策常常被用来管理经济总量。事实上，利率也能够对经济供给产生间接影响，尤其是差别利率会对投资结构以及经济结构的调整产生作用。从国民经济核算的角度看，投资属于总需求，而投资所积累的资本是影响总供给的生产要素。短期的投资变化主要从需求方向作用于经济总量，长期积累的资本会从供给方向作用于经济总量。通过对不同产业、不同企业设置差别化的利率，引导资本流向国民经济重点领域和重点行业，尤其是从过去的高污染、高能耗、过剩产能行业，流向低碳环保、高科技行业，实现经济结构调整。

党的十八大以来，我国强调要充分发挥市场在资源配置中起决定性作用的同时，还强调要更好发挥政府的作用。表现在宏观调控上，就是在重视需求侧管理的同时着重加强供给侧管理，推进供给侧结构性改革。习近平指出："供给侧结构性改革，重点是解放和发展社会生产力，用改革的办法推进结构调整，减少无效和低端供给，扩大有效和中高端供给，增强供给结构对需求变化的适应性和灵活性，提高全要素生产率。"[①] 在此指导思想下，中国人民银行推出了多种新型利率政策工具来助力经济结构转型，通过差别化的利率政策去调节国民经济的产业

---

① 《习近平著作选读》第一卷，人民出版社2023年版，第442页。

结构。例如对那些符合产业规划方向的企业，可以通过优惠利率促进其发展；而对那些需要限制的产业，则可对相关企业实施惩罚性的利率。

> 稳健的货币政策要灵活适度，主要目的是为结构性改革营造适宜的货币金融环境，降低融资成本，既要防止顺周期紧缩，也绝不要随便放水。要统筹运用各类货币政策工具，保持流动性合理充裕和社会融资总量适度增长。要完善利率形成机制和货币政策传导机制，促进金融市场体系健康发展，扩大直接融资比重，有效增强对实体经济的资金供给。
> ——中共中央党史和文献研究院编：《习近平关于金融工作论述摘编》，中央文献出版社2024年版，第153页。

三、利率是联通宏观与微观经济的金融机制

利率是社会主义市场经济的核心要素，是联通宏观与微观经济的金融机制。利率既发挥着对微观主体决策的引导作用，又发挥着对宏观调控的中介作用。利率是重要的宏观经济指标，能够快速反映微观经济主体的供求变化；利率既是影响微观经济主体决策的重要价格，又是宏观调控政策传导的关键中介渠道，能够使政府调控意图快速反映到微观主体的决策中。完善利率形成机制和货币政策传导机制，促进金融市场体系健康发展，有助于增强利率在引导资源配置和优化经济结构中的作用，使其更有效地服务于经济高质量发展目标。

（一）利率是自下而上的信号

市场经济是一种以商品生产和商品交换为基础的资源配置方式。微观主体根据价格信号进行生产、消费的自由决策，市场机制使得供求关系反映在价格信号中。经济中信贷需求旺盛而供给不足，利率就会上升；信贷需求不足或供给过剩，利率就会下降。国家针对利率所反映出的微观经济形势就能够给出及时的政策反馈。利率是货币市场、资本市场等多个金融市场的重要价格，具有反应迅速的优点，且多个价格之间具有一定的联动性。由于市场利率变化频率高、波动大，相比于GDP增长率等宏观指标，能够快速反映微观经济运行的情况。例如，在2013年6月的"钱荒"事件中，货币市场利率的迅速飙升就及时反映了经济中出现的流动性短缺问题。

多措并举化解"融资贵"

（二）利率是自上而下的调控渠道

社会主义市场经济中的政府主要发挥间接调控作用，利用政策工具影响市场价格，间接影响微观主体决策。利率作为金融市场的价格，起到调控政策传导的中介作用。货币市场是央行实施货币政策公开市场操作的场所，价格型货币政策调控主要通过影响货币市场利率进而影响其他市场利率。利率是微观经济主体的融资成本，市场利率的变化自然就会影响微观主体的消费投资决策。

（三）利率是连接宏微观的纽带

利率在整个金融体系中居于连接宏微观的纽带和运作核心地位：利率的变化体现了货币的时间价值，利率与汇率之间相互影响、互为作用；利率是信用活动中最重要的价格机制，是金融市场上所有金融工具定价的主要决定因素，是所有金融机构运作和行为变化最重要的决定性变量；利率对各种货币需求都有重要的决定作用和影响力，对存款货币的创造具有决定性影响；利率是中央银行货币政策操作的主要工具，也是货币政策的中介指标，是宏观经济运作中调节货币和信用总量均衡的关键；防范利率风险是金融监管的重点，也是金融稳健发展的基本要求。

> **原理5-4** 利率是社会主义市场经济的核心要素，在配置金融资源中发挥价格引导作用。利率作为联通宏观与微观经济的金融机制，既是影响微观主体决策的重要因素，也是宏观政策调控的重要手段。

四、利率发挥作用的前提

（一）独立决策的市场主体

利率要想发挥应有的作用，首先需要各个微观行为主体是能够独立决策、独立承担责任的市场行为主体，当他们面临两种以上的选择时，总会理性地选择对自己更有利的方案，实现自身利益的最大化。例如，消费者追求效用最大化，厂商追求利润最大化，要素所有者追求收入最大化，等等，即微观行为主体是理性经济人。市场参与者的投资决策只有与其高度关心的自身利益息息相关，且需要为决策所导致的后果承担责任时，利率高低才能够通过对市场参与者的投资收益和利润的影响来对其行为产生激励和约束，其投资决策才会对利率水平具有高度的敏感性。

（二）市场化的利率决定机制

市场化的利率决定机制是利率发挥作用的前提条件。市场化的利率决定机制，是指利率能够由市场供求因素决定，真实反映经济中的资金供求状况。在计划经济时期，我国对利率进行严格管制，在当时的经济环境下起到了抑制投机、鼓励工商业发展的重要作用，但利率也失去了发挥市场价格机制的作用。改革开放以来，为了提高资源配置效率，市场在资源配置中的作用逐渐增加，市场化的利率决定机制也变得尤为重要。只有当利率由市场决定时，利率高低才能够真实地反映资金的稀缺程度及其机会成本。具有理性经济人特征的市场参与者，就可以根据自身情况和市场利率高低作出理性的决策，进而通过利率信号，有效地筛选优质项目，将资金配置给那些最需要资金、具有良好经济效益的投资项目。

（三）合理的利率弹性

利率弹性，就是其他经济变量对利率变化的敏感程度，通常用单位百分比的利率变化所导致的其他经济变量变化的百分比来表示。该比率越大，即某经济变量对利率越富有弹性，该经济变量就会对利率的变化越敏感，通过利率变动引导其朝着预期目标变化的意图也就更容易实现；反之，如果某经济变量对利率缺乏弹性，对利率变动不敏感，利率变动对该经济变量的影响就极其微弱，通过利率变动就很难达到预期的目标。

五、利率市场化改革

世界各国的利率市场化改革过程

利率的决定有两种模式：一是政府主导；二是市场主导。市场化的利率形成机制是利率灵敏反映资金供求状况和有效引导资源配置的重要前提。利率市场化是指在市场经济中，利率水平及其结构由政府主导改为由经济主体自主决定的过程。核心是将利率的决策权交给市场参与者，由他们根据资金供求状况及其对金融市场走势的判断，自主调节利率水平，最终形成以中央银行基准利率为基础，以货币市场利率为中介，由市场供求力量决定的金融机构和金融市场的利率体系。

（一）中国利率市场化改革的重点

在社会主义市场经济体制确立后，我国开始推行利率市场化改革，逐步放开了各项存贷款利率，并形成了合理的利率体系，为有效发挥利率在宏观和微观经济运行中的作用创造了条件。中国利率市场化改革的重点主要有三个。

1. 建立市场利率体系

利率市场化改革是从货币市场改革开始的。银行间同业拆借市场利率是整个金融市场利率的基础。随着利率市场化的推进，金融市场成为形成基准利率体系的主要场所，市场基准利率体系发挥多项职能，既为商业银行提供定价基准，引导建立商业银行内部定价和资金转移体系，也为中央银行提供利率间接调控的操作目标和监测指标。

2. 存贷款利率市场化

存贷款利率市场化是利率市场化改革最重要的目标，也是最后完成的部分。存贷款利率的市场化不仅仅包括对市场利率浮动限制的放开，还包括银行业定价机制和自律机制的建立与完善。在中国人民银行的推动下，到2021年，金融机构新发放的贷款已基本参考LPR定价，存量贷款也已完成定价基准的转换，贷款利率的市场化程度明显提升。

利率自律机制十年：市场化改革的重要保障

3. 构建中央银行利率体系

利率市场化改革还包括中央银行利率体系的建设，从直接调控方式转变为间接调控方式，这是货币政策调控与传导机制建设的关键内容。中国人民银行建立了再贷款浮息制度，建立了再贷款、再贴现利率以市场利率为基础的确定方式，并陆续创设了常备借贷便利（SLF）、中期借贷便利（MLF）等货币政策工具，对应的利率构成了完善的中央银行利率体系，利率传导机制不断健全。

（二）利率市场化的方式与特点

中国利率市场化改革之所以能够取得如此伟大的成绩，与党和国家领导人一贯坚持的改革方式有关。一方面采用渐进式改革方式，另一方面注重统筹兼顾，让利率市场化改革与其他金融体制改革同步协调。

1. 渐进式改革

稳中求进、先立后破一直是我国改革开放坚持的方式。渐进式改革具有更强的容错率，也有更强的适应性。中国有序推进利率市场化改革，逐步完善市场化利率的形成与传导机制，即"先外币、后本币；先贷款、后存款；先长期、后短期；先大额、后小额；先农村、后城市"。遵循这个次序，从影响较小的外币存贷款、不太敏感的长期大额贷款开始改革，能够最大程度上减少利率市场化改革带来的震动，让微观市场主体逐渐适应利率市场化改革带来的变化。

2. 与其他金融体制改革同步协调

以系统的视角，统筹协调各项改革，也是我国长期坚持的一项改革思路。利率市场化改革是金融体制改革的一部分，必须同组织体系和经营管理改革等内容相协调，才能起到相互促进、相互协调的效果，发挥改革的合力。改革协调主要体现在：一是利率市场化与金融机构改革相协调。二是利率市场化与资本市场改革相协调。三是利率市场化与货币政策调控转型相协调。

第四节 利率与金融资产定价

利率是金融资产定价的基准因素，利率变化影响着有价证券的估值，对有价证券的市场价格产生决定性影响。本节在第四章讨论的金融工具的基础上，着重对金融资产的收益、风险与组合，以及金融资产估值和定价原理进行介绍。

一、金融资产风险、收益率与利率

利率是连接未来现金流与当前资产价格的纽带，在资产定价中起到极为重要的作用。第一，利率是人们评价投资机会的锚，如果某投资项目的收益率低于利率，就不会有人愿意投资它。第二，利率变动与资产价格呈负相关关系。利率越低，银行存款或债券等相对无风险的投资收益就越低，人们更加愿意投资于金融资产；在供给不变的情况下，需求上升就会导致金融资产价格上涨。因此，利率总是与投资和资产价格相关，是货币政策调控宏观经济以及维护金融稳定的重要中间变量。

> **原理5-5** 利率在资产定价中有着重要的作用，是连接未来现金流与当前资产价格的纽带。资产价格一般与利率变动呈负相关关系。

（一）金融资产风险与收益的关系

无论是债券、股票，还是基金，给持有者带来的直接收益主要包括利息、股息与红利等现金流收益与资产买卖价差收益，后者也称资本利得。一般来说，在无风险利率一定的条件下，金融资产现金流收益的高低是决定金融资产市场价格的主要因素，影响着买卖价差收益的大小。

风险是未来收益与损失的不确定性。金融资产对于持有人来说，未来收益可能受到市场各种因素变化的影响，可能面临收益减少甚至亏损的风险。投资者在金融市场上对其持有的金融资产进行有效组合，可以降低或规避掉一些风险。

非系统风险是指通过增加资产持有的种类能够相互抵消掉的风险，也称个别风险。"不要把鸡蛋放在同一个篮子里"就是对规避非系统风险的最朴素的表述。例如，在一个股票投资组合中，不同股票的市场价格正常情况下总是有涨有跌，投资者股票市值总体上不会有大的起落。个别公司的信用风险、操作风险是可以通过资产组合规避掉的。但有时候投资者遇到国家宏观政策调整，政策变化对市场产生了单向性总体影响，如政府提高证券交易印花税税率时，所有的股票价格都下降，这样的风险无法通过资产组合规避，称为系统风险。

金融资产的风险和收益具有正相关的匹配关系。从金融资产大类划分看，名义收益相对比较低的债券要比股票基金的风险小一些，收益较高的股票基金又比股票的风险小一些，这就是人们常说的"高风险、高收益"。但是，同一类资产会因发行主体的不同而出现风险高低的差异。如政府发行的债券要比企业发行的债券风险小；债券型基金比股票型基金的风险小；每股收益相同的股票，风险也不一定相同。因此，风险与收益之间的匹配关系不是简单的等比例关系。站在投资者的角度分析，这里所指的风险，是指投资者未来实际投资收益率与期望投资收益率的偏离程度。

（二）金融资产收益与风险的度量

1. 收益率的度量

金融资产的收益包括利息、股息与红利等现金流收益与资本利得两部分，对应地，其收益率也包括两个部分：一是每年的现金流收益与证券购买价格的比率，通常称为当期收益率；二是资本利得与证券购买价格的比率，称为资本利得率。不考虑股票、债券、基金的差异，简化的金融资产投资收益率计算公式为：

$$r = \frac{C + (P_1 - P_0)}{P_0} \quad (5-7)$$

其中，r为投资收益率；C为投资资产的现金流收入，如利息、股息等；P_0为资产期初价格；P_1为资产期末价格。期初与期末之间的时间长度为一年。

在考虑复利的情况下，多期的金融资产收益率有两种，到期收益率和持有期收益率。到期收益率是衡量债券投资收益的最常用的指标，是在投资者购买债券并持有到期的前提下，未来各期利息收入、到期本金收入的现值之和等于债券购买价格的折现率。到期收益率的计算公式为：

$$\sum_{i=1}^{T} \frac{C}{(1+y_{TM})^i} + \frac{FV}{(1+y_{TM})^T} - P = 0 \qquad (5-8)$$

其中，C 为该债券每年定期支付的利息；P 表示债券的购买价格；FV 为到期应该支付的面值；y_{TM} 表示债券的到期收益率；T 表示债券的到期年限。

持有期收益率，是指现在买进某一证券并持有一段时间后，以某个价格卖出该资产，在整个持有期所提供的平均收益率。持有期收益率（y_{HP}）计算公式为：

$$\sum_{i=1}^{t} \frac{C}{(1+y_{HP})^i} + \frac{P_t}{(1+y_{HP})^t} - P = 0 \qquad (5-9)$$

其中，P_t 为证券的出售价格；t 为持有证券的年限；y_{HP} 表示该证券的持有期收益率（其他符号的含义同到期收益率计算公式）。

投资决策中的现金流贴现分析

到期收益率和持有期收益率不仅可以用于金融资产收益率的计算，也可以用于投资决策。如果把金融资产看做是一项投资活动，那么，式（5-8）和（5-9）的左侧就是金融资产投资活动所有现金流的现值之和。这是投资决策中的现金流贴现分析的重要指标。

2. 非组合投资资产的收益与风险

投资者的期望收益率是未来投资收益率各种可能值的加权平均，权数为每种可能结果出现的概率。计算公式为：

$$\bar{r} = \sum_{i=1}^{n} p_i \cdot r_i \qquad (5-10)$$

其中，$\bar{r}$ 为投资期望收益率；r_i 为未来第 i 种情形下的投资收益率；p_i 为第 i 种投资收益率出现的概率。投资收益率与期望投资收益率之间的偏离程度用标准差统计量来表示：

$$\sigma = \sqrt{\sum_{i=1}^{n} (r_i - \bar{r})^2 \cdot p_i} \qquad (5-11)$$

在一定的观察期内，大部分金融资产投资收益率基本服从正态分布。如果未来收益率的概率分布与过去实现的收益率分布情形相似，那么就可以认为，未来投资收益率也近似服从正态分布。

3. 资产组合投资的风险与收益

投资者为分散风险，会采取组合投资策略。组合收益率是组合内所有资产期望收益率的加权平均值，权数是各资产在组合总资产中所占比重，公式为：

$$r_\mathrm{p} = \sum_{i=1}^{n} \omega_i \bar{r}_i \tag{5-12}$$

其中，r_p 为投资组合的期望收益率；ω_i 为第 i 种资产所占的比重；$\bar{r}_i$ 为第 i 种资产的期望收益率。组合风险是投资组合期望收益率的标准差，由组合内各资产收益率的标准差及各资产之间的相关系数计算得到：

$$\sigma_\mathrm{p} = \sqrt{\sum_{i=1}^{n} \omega_i^2 \sigma_i^2 + 2 \sum_{1 \leqslant i < j \leqslant n} \omega_i \omega_j \sigma_i \sigma_j \rho_{ij}} \tag{5-13}$$

其中，σ_p 为投资组合的风险；ρ_{ij} 为第 j 种资产收益率与第 i 种资产收益率的相关系数。

（三）金融资产的配置

金融资产投资组合是从时间和风险两个维度配置资产。从时间角度看，投资期限是决定收益的重要因素。一般来说，存续时间短的金融资产，其收益水平也比较低，不同期限的投资品种如何配置才能使收益达到预期水平，是资产组合投资首先考虑的问题。从风险角度看，高收益通常与高风险联系在一起，投资收益率较高的资产，风险也相对较大。投资组合在确定不同期限的投资品种以后，需要在同类品种当中进行风险评估，依据风险偏好进行资产选择。一个理性的投资者常常是风险厌恶者，那么，如何在时间和风险两个维度上配置资产，实现资产的有效组合是投资管理的核心。

现代资产组合理论也称证券投资组合理论，其发展演变先后经历了马科维茨模型、单指数模型、资本资产定价模型、套利定价模型等，是针对化解投资风险的可能性而创立的资产定价理论体系。资产组合理论认为，有些风险与其他证券无关，分散投资对象可以减少非系统风险，无法减少系统风险。

通过持有资产的多元化来分散投资风险是最朴素的资产组合思想。现代资产组合理论通过建立数学模型精确地计算各种资产的持有量来分散投资风险。但是，通过分散投资、构建投资组合并不能完全消除风险。这是因为存在系统风险，这类风险与其他资产的风险具有相关性，在风险以相似的方式影响市场上所有资产时，所有资产价格的涨跌都会产生类似的反应。而且，在现实中，投资组合不可能包括所有类别的所有资产。

📖 **原理5-6** 现代投资组合理论认为，非系统风险可以通过投资组合来分散，系统风险无法通过投资组合来分散。

构建金融资产组合要考虑的第一个要素是配置资产期限长短的问题，是固定期限的债券，还是没有到期日的股票？选择什么期限的资产就是资产组合在时间维度上的配置。单纯的时间选择不可能决定投资组合中资产的最终取舍，因为证券的期限并不能完全说明风险的大小，相同期限相同性质的证券，风险也是有差异的。构建资产组合要考虑的第二个要素就是如何在风险维度上进行资产的配置。从实际操作过程看，资产在时间维度的配置很难与其在风险维度的配置截然分开。

资产组合理论提出了有效边界（又称有效前沿）的概念，它是指在相同风险上收益最大的点连成的曲线，在这条线上的组合都是有效的——同等的风险上具有最高收益率。图5-4中曲线 ADB 就是有效边界，其他的资产组合都是无效组合。如在 C 点的风险与 B 点相同，但收益率小于 B 点，C 点的收益率与 D 点相同，但风险大于 D 点，均是无效组合。在有效边界上的资产组合是有效资产组合，因为每个投资者的风险偏好不一样，所以最佳组合对于不同的投资者是不同的。依据风险偏好程度，投资者可以在有效边界上进行资产组合。

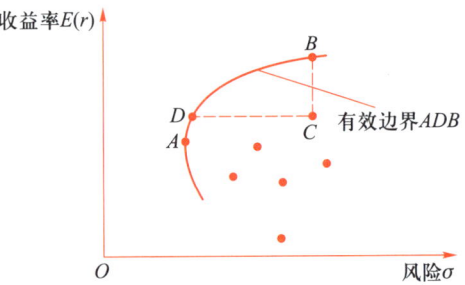

图5-4 资产组合曲线与有效边界

二、利率与有价证券价值评估

有价证券价值评估是对其内在价值作出科学合理的评判，进而找出市场价格与理论价值之间的偏离程度，为投资决策提供依据。马克思认为，虚拟资本是在生息资本的基础上产生的，股票、债券等有价证券属于虚拟资本，其价值形成过程是收益资本化规律的体现。尽管有价证券的价值与其对应现实资本的价值有着不同的运动规律，但是，有价证券的内在价值仍然源于现实资本的增殖。因此，有价证券的名义收益和预期收益是影响其价值的最主要因素。

（一）有价证券价值评估原理

证券的内在价值，是证券未来收益的现值，取决于预期收益与市场收益率水平，也称证券的理论价值。计算证券的内在价值，一般采用现金流折现法。现金流折现法是评价投资项目的基本方法，将投资形成的未来收益折算为现值。该方法的理论思想体现了收益资本化规律。投资的目的是获得收益，但投资收益是未来的现金流，因此，未来现金流的高低决定了投资对象内在价值的高低。只要能找到一个合适的折现率，就可以计算出某项投资的现值。现金流折现法需要估算投资对象的未来现金流，找到能够反映投资风险的折现率，然后对未来现金流进行折现，就能够对有价证券进行价值评估。

（二）有价证券价值评估方法

有价证券价值评估方法分为绝对价值评估和相对价值评估两种。

1. 有价证券的绝对价值评估

绝对价值评估是指将公司未来可能创造的现金流或公司未来可能分配的股息，按一定折现率进行折现，来评估公司的内在价值。债券和股票因各自的特征不同，估值方法也有所不同。

（1）债券的价值评估。债券价值评估相对容易，因为大多数债券在存续期内的现金流是票面规定的利息。债券付息方式可能有分次定期支付，或者是到期一次还本付息。不论何种支付方式，只要能确定每期的现金流，用合适的折现率折算为现值即可。折现率往往依据债券的信用等级确定。

零息债券是指在到期前不支付任何利息，只在到期日支付一次性现金流的债券。用 A 表示到期本利和，r 表示折现率，n 表示债券到期前剩余期限，零息债券的理论价值 P_B 为：

$$P_B = \frac{A}{(1+r)^n} \tag{5-14}$$

对于分期付息、到期一次还本的附息债券，其价值为：

$$P_B = \sum_{i=1}^{n} \frac{C}{(1+r)^t} + \frac{M}{(1+r)^n} \tag{5-15}$$

其中，C 为每期支付的利息；M 为债券的面值；其他符号的含义同上。

对于分期付息、无到期日的永续债券（也称无期债券），其价值为：

$$P_B = \frac{C}{r} \tag{5-16}$$

（2）股票的价值评估。股票价值评估比债券价值评估过程要复杂一些，因为股票的收益一般是不稳定的，而且没有到期日，采用现金流折现法计算需要做更多的工作，如判断每股收益、确定合理的折现率等。优先股的收益是固定的，它的价值评估方法与永续债券的价值评估方法相同，见式（5-16）。普通股价值评估方法是将股票的未来预期收益全部折算为现值，用 P_S 表示，未来各期分红用 D_t 表示，折现率为 r，计算公式为：

$$P_S = \sum_{i=1}^{\infty} \frac{D_t}{(1+r)^t} \tag{5-17}$$

如果分红是呈等比上升的趋势，预期增长率为 g 且假定 r 大于 g，D_0 为当期的每股收益，那么，股票的理论价值应该是：

$$P_S = \sum_{i=1}^{\infty} \frac{D_0(1+g)^t}{(1+r)^t} \tag{5-18}$$

即

$$P_S = \frac{D_0(1+g)}{r-g} \tag{5-19}$$

2. 有价证券的相对价值评估

相对价值评估是通过比较公司的基本面数据和市场数据来确定股票的相对价值。有价证券的相对价值评估通常使用以下两个指标。

（1）市盈率。市盈率是指股票价格与每股盈利的比率，是反映股票市场价格高低的相对指标。市盈率反映了在每股盈利不变的情况下，当派息率为100%时，所得股息没有进行再投资的条件下，经过多少年原始投资本金可以通过股息全部收回。一般情况下，一只股票市盈率越低，市价相对于股票的盈利能力越低，表明投资回收期越短，投资风险就越小，股票的投资价值就越大；反之则结论相反。市盈率反映出市场投资者相对的、对公司未来业绩变动的预期。因为，高增长型及周期起伏型企业未来的业绩均有望大幅提高，市盈率便相对高一些。而一些已步入成熟期的公司，未来盈利难以出现明显的增长，市盈率不高，也较稳定，若这类公司的市盈率较高的话，则意味着风险较高。

（2）市净率。市净率是指股票市价与每股净资产之间的比值。一般来说，市净率较低的股票，投资价值较高；反之，则投资价值较低。但在判断投资价值时还要考虑当时的市场环境以及公司经营情况、盈利能力等因素。

三、金融资产定价

（一）市场估值与定价原理

内在价值实际上就是有价证券的理论价值，但实际的市场价格不一定与内在价值一致，因为理论价值估计并不能将所有影响价格的因素考虑进去。

市场估值的结果是市场价格，市场价格的决定因素除了包括决定证券理论价格的因素，如证券的预期收益、期限、折现率，还受证券的上市规模、行业周期、宏观经济周期、宏观经济政策等因素的影响，这在股票市场价格上体现得最明显。正是由于证券的市场估值体系所反映的影响证券价格的因素比理论估值考虑的因素多，所以有价证券的市场价格经常会偏离其理论价格或内在价值。此外，市场交易还可能出现非理性的结果，例如，"羊群效应"、过度悲观或过度乐观就会导致证券的市场价格被低估或高估。

由于证券的市场价格与内在价值之间存在偏离，不同证券品种之间的市场比价不合理，才使得市场价格有了套利的空间。市场价格、市场机制的有效性存在差异，同一只证券同时在不同市场上市经常会出现不同价格，引起投机套利，投机套利交易最终会使价格回归均衡。现代资本市场理论正是建立在套利分析的基础之上，无套利均衡成为市场定价的基本标尺。

现代资本市场理论源于对资本市场的分析。马科维茨的资产组合理论被认为是现代资本市场理论诞生的标志。现代资本市场理论的产生使关于金融问题的分析实现了从定性到定量的转变，其涵盖大量科学分析方法与金融理论，如净现值理论、资产组合理论、资本资产定价模型、套利定价模型、期权定价理论以及作为它们理论基础的有效市场假说。

（二）有效市场假说

有效市场假说（efficient market hypothesis，EMH），是指在一个证券市场中，价格如果完全反映了所有可以获得的信息，那么就称这样的市场为有效市场的理论。有效市场有三种形态：一是弱式有效市场，即价格已充分反映出所有历史证券交易信息，在弱式有效市场下，证券投资的技术分析失去作用；二是半强式有效市场，即价格已充分反映包括历史证券交易信息以及与证券估值有关的宏观、行业和公司多个层面的公开信息，在半强式有效市场中，证券投资的基本面分析失去作用；三是强式有效市场，即价格已充分地反映了所有与公司估值相关的公开和内幕信息，在强式有效市场中，没有任何方法能帮助投资者获得超额利润。

（三）资本资产定价模型

资本资产定价模型（capital asset pricing model，CAPM）认为个人投资者面临系统风险和非系统风险，投资组合可以降低乃至消除非系统风险，但无法避免系统风险。资本资产定价模型的前提假设包括：第一，投资者是理性的，而且严格按照马科维茨模型的规则进行多样化的投资，并将从有效边界的某处选择投资组合；第二，资本市场是完全有效的市场，没有任何摩擦阻碍投资。

投资者的效用是财富的函数，财富又是投资收益率的函数，因此可以认为效用为收益率的函数。投资者事先知道投资收益率的概率分布为正态分布，影响投资决策的主要因素为期望收益率和风险两项。在同一风险水平下，投资者选择收益率较高的证券；同一收益率水平下，投资者选择风险较低的证券。

根据资本资产定价模型，投资组合的预期回报率的计算公式如下：

$$\bar{r}_a = r_f + \beta_a(\bar{r}_m - r_f) \quad (5-20)$$

其中，r_f 是无风险资产回报率；β_a 是组合证券的 β 系数；$\bar{r}_m$ 是市场期望回报率；$\bar{r}_m - r_f$ 是股票市场溢价。式（5-20）的右边第一项是无风险资产回报率。如果股票投资者需要承受额外的风险，那么他将需要在无风险资产回报率的基础上多获得相应的溢价。股票市场溢价就等于市场期望回报率减去无风险资产回报率。证券风险溢价就是股票市场溢价和 β 系数的乘积。

按照资本资产定价模型，β 系数是用来衡量一种证券或一个投资组合相对总体市场波动性的一种反映系统风险的指标。β 系数通过统计分析同一时期市场每天的收益情况以及单只股票每天的收益情况来计算。如果一只股票的价格和市场的价格波动性是一致的，那么这只股票的 β 系数就是 1。如果一只股票的 β 系数是 1.2，就意味着当市场价格上升 10% 时，该股票价格则上升 12%。当 β 系数处于较高位置时，投资者便会因为股票的系统风险高，而相应提升股票的预期回报率。资本资产定价模型给出了一个非常简单的结论：只有一种原因会使投资者得到更高的回报，就是投资系统风险高的股票。尽管资本资产定价模型不是一个完美的模型，如假设前提有局限性，不过其分析问题的角度是无可争议的，它提供了一个可以衡量风险大小的模型，来帮助投资者决定所得到的额外回报是否与风险相匹配。

> 📖 **原理 5-7** 资本资产定价模型揭示了系统风险较高的资产组合，其风险溢价也比较高。

金融资产定价建立在市场均衡理论、有效市场理论、估值理论、投资组合理论和资产定价理论等基础之上。随着分析技术的发展和对资本市场认识的深入，金融资产定价模型和理论也不断增多，如套利定价模型、莫迪利亚尼和米勒的MM定理、马科维茨的均值–方差模型、夏普的资本资产定价模型和布莱克–斯科尔斯期权定价模型等。

套利定价模型

重要术语

货币时间价值　折现　利率　收益率　风险溢价　收益资本化　违约风险　流动性风险　通货膨胀风险　利率期限结构　利率市场化　非系统风险　系统风险　到期收益率　持有期收益率　有效边界　绝对价值评估　市盈率　市净率　有效市场假说　资本资产定价模型

思考题

1. 利息与货币时间价值有什么关系？
2. 如何从多个角度理解利息的本质？
3. 如何理解马克思的利率决定理论？
4. 如何理解利率是联通宏观和微观经济的金融机制？
5. 利率发挥作用的前提有哪些？
6. 利率与金融资产价格有何关系？
7. 绝对价值评估与相对价值评估有何异同？

即测即评

第六章　金融机构体系与经营管理

金融机构是金融业的主体，在为实体经济部门提供金融服务的同时创造产值利税。强大的金融机构是建设金融强国的核心要素之一。新中国成立后特别是改革开放以来，我国在薄弱的金融业基础上通过渐进式改革，已经构建起与社会主义市场经济发展相适应的、门类齐全的现代金融机构体系。本章主要阐释中国特色金融业、金融机构的功能与作用，介绍银行业、证券业和保险业三类金融机构发展演进与行业特征，业务运作和经营管理，提炼金融机构运作的主要原理。

第一节　社会主义市场经济发展中的金融业与金融机构

金融业是一国服务产业的重要组成部分。金融机构是金融业的运作载体之一，类型多样，功能各异且互补，在市场经济发展中，承担着提供金融服务、有效配置资源、合理管控风险等核心功能和作用。金融强国建设需要拥有强大的金融机构，运营效率高，抗风险能力强，门类齐全，具有全球布局能力和国际竞争力。目前中国已形成以银行业为主体，证券业、保险业等各行业协调发展的大规模、多元化、市场化、现代化、竞争性的金融机构体系，具有鲜明的结构特征。

一、金融产业与金融机构

（一）金融产业的概念与特征

1. 金融产业的概念

产业是同类属性的企业或经济活动的总和。随着社会分工和生产力的不断发展，一国的国民经济形成了三大产业：第一产业是农业；第二产业是工业；第三产业是服务业。金融产业（简称金融业）属于第三产业，是指经营金融产品和服务的特殊行业。金融业涵盖银行业、证券业、保险业等。各子行业的金融机构需要遵循产业运作与发展规律及其基本的内在要求。

与一般产业相同，金融业也是在社会分工、协作发展基础上逐步形成并发展起来的，是为了满足经济社会发展中支付结算、投融资、风险防范与管理和获取充分信息等金融需求的必然产物。金融业通过提供支付、融资、投资、保障、信息等特定的金融产品与服务和经济社会的发展共生共荣。因此，金融业具有为经济社会发展服务的基本属性，其内在联系已在第一章里充分阐释。

随着社会主义市场经济的发展，金融业已经成为我国服务业中重要的支柱性产业之一，产业规模与影响日益增长，占 GDP 的比重不断增加。

2. 金融产业的特征

金融产业作为现代服务业的组成部分，与一般产业相比，具有以下特征：

第一，业务经营与功能独特。主要表现为：经营对象是货币资金这种特殊的商品，经营内容主要是货币收付、借贷及各种与货币资金运动有关的金融活动；金融机构与客户之间主要是货币资金的借贷、投融资、投承保、信托或租赁关系，其经济活动需遵循信用原则；业务经营中的不确定性多，面临信用风险、流动性风险、市场风险、操作风险等诸多金融风险。金融机构的核心功能与作用包括提供金融服务、有效配置资源、合理管控风险等。

第二，与实体经济各部门关系紧密。一方面，实体经济各部门对于投融资的需求是金融业发展的基础，实体经济发展的规模和程度对金融业发展具有决定性作用；另一方面，金融业通过各种业务经营为实体经济各部门提供相应的资金支持和金融服务，成为实体经济运行中的资金运动枢纽和资源配置主渠道，管控经济运行中的金融风险，降低各种金融活动的成本，便利各部门的财务活动，对实体经济的发展起着关键性作用。

第三，具有高风险性，监管严格。金融机构业务经营的特殊性导致了金融业的高风险性。金融业作为社会资金的集散中心和循环主渠道，涉及各经济主体的财务活动，其任何经营管理的失误都可能引发风险扩散。金融机构又是高杠杆企业，以少量自有资本支配大量社会资本，机构之间的资产负债关联在一起，具有天生的脆弱性，局部风险一旦失控，就可能引发系统性的风险。因此，加强对金融业的监管非常必要。从世界范围看，金融业都是政府严格控制准入和受到法律约束最多的行业。未经金融监管部门批准，任何单位和个人不允许开设金融机构；开展金融业务、推出金融产品等都需要受法律法规的约束或经监管部门的批准。

> **原理 6-1** 金融业是现代服务业中重要的支柱性产业，受产业运作与发展规律的支配。金融业以独特的业务经营及功能为实体经济各部门服务，强大的金融机构是建设金融强国的核心要素之一。

（二）金融机构的定义与类型

1. 金融机构的定义

金融机构是指从事金融活动与服务的组织机构。金融机构是金融业的运作载体之一，有特定经济目的和使命，具备企业的基本要素。如拥有一定的自有资本，向社会提供特定的产品（金融工具）和服务；作为独立的企业法人，有独立的财产和组织结构，能以自己的名义进行民事活动，并承担责任、享有民事权利、履行民事义务；必须依法经营、独立核算、自负盈亏、照章纳税等。金融业的功能是通过多元化、差异化的金融机构经营活动来实现的。

2. 金融机构的类型

我国《金融机构编码规范》行业标准应用的基本内容

金融机构从不同视角有多种分类方法。从货币调控的视角，可以分为存款类金融机构和非存款类金融机构；从业务性质的视角，可分为商业性金融机构和政策性金融机构；从行业功能的视角，主要分为银行业、证券业、保险业、信托业、租赁业等细化的、功能各异的行业类集群。按中国现行的金融统计与监管分类，信托业和租赁业划归银行业金融机构，因此本书按行业功能将金融机构分为银行业、证券业、保险业三大类进行阐述。不同类型金融机构的服务对象、业务类型及其市场定位不同，功能互补、互相支撑，从而形成完整的、符合经济发展需要的金融机构体系。

（三）金融业的经营模式

20 世纪 30 年代以来，针对混业经营可能导致的风险与金融危机，各国加强了金融监管，以立法形式对金融机构经营的业务范围作出规定，由此形成现代金融业两种不同的经营模式。

1. 分业经营

分业经营是指金融子行业的金融机构有特定的业务范围，不能交叉经营。银行业、证券业、保险业、信托业和租赁业等子行业有较为明确的行业界限，金融机构获准进入哪个行业就只能从事本行业的业务，不能跨行业经营。

2. 混业经营

混业经营是指金融子行业中的金融机构业务范围可以相互交叉、进行综合经营。银行业、证券业、保险业、信托业和租赁业等子行业没有十分明确的业务经营边界限定，金融机构可以经营多种不同子行业的金融业务与服务。从近现代金融发展历程看，金融业的经营模式经历了混业、分业到再混业的过程。

中国金融业在1980—1993年形成了事实上的混业经营格局，在搞活金融机构的同时也出现了诸多问题。经过治理，在1994年后采用了分业经营的模式。为提升金融机构的竞争力，从1999年开始逐渐放宽分业经营的监管限制，金融机构又出现了混业经营的趋势。

（四）金融机构的组织形式

按不同的分类标准，金融机构有不同的组织形式。目前中国的金融机构按资本属性划分，主要有独资、合资、股份制、合作制等组织形式；按经营管理权划分，主要有单一制、总分制、金融控股公司和金融集团等。由于目前各行业金融机构绝大部分都采用了股份制，以下主要介绍按经营管理权划分的类型。

1. 单一制金融机构

单一制金融机构是指只有一个独立的金融机构，没有任何分支机构的组织形式。资产规模小、业务单一的金融机构一般会采用这种组织形式，比如农村信用社或资金互助社、小额贷款公司、汽车金融公司、消费金融公司等。实行单一制的金融机构经营管理权集中统一，业务运作较为灵活，内部协调顺畅。但其经营的规模和范围受到地域的限制，难以在大范围内配置资产组合，风险抵御能力相对较弱。

2. 总分制金融机构

总分制金融机构是指在某一大城市设立总部，在各地普遍设立分支机构并形成庞大网络的组织形式。其显著特点是分支机构众多、分布广、总规模大，经营管理权限主要集中在总部，分支机构在授权范围内经营管理并匹配相应的责任和利益。其优点是经营范围广、业务触角多、分工细、专业化程度较高、资金调度灵活，能够有效分散风险；信息充分、服务种类多，具有较强的市场竞争力。但也可能因管理层次多而出现经营成本高、管理不灵活、效率不高等问题。

3. 金融控股公司

金融控股公司是指依法设立，控股或实际控制两个或两个以上不同类型金融机构，自身仅开展股权投资管理、不直接从事商业性经营活动的有限责任公司或股份有限公司。其主要特点是以股权控制为核心，充分运用控股公司的资金进行集约化经营，实现资源共享。这种组织形式有利于金融机构扩大资金、资本总量，发挥资本的财务杠杆作用，也利于金融机构扩大经营范围和规模，提高竞争力，在一定程度上提高金融机构抵御风险的能力。但也容易出现集中与垄断、机构内部的决策与管理不够灵活等问题，存在一些特定风险。

> **知识链接 6-1 "金融集团联合论坛"对金融控股公司的界定**
>
> 由巴塞尔银行监管委员会、国际证监会组织、国际保险监管者协会共同成立的"金融集团联合论坛"于1999年2月颁布了对金融控股集团的监管原则，明确：金融控股公司是指在同一控制权下，完全或主要在银行业、证券业、保险业中至少两个不同的金融行业大规模提供服务的金融集团。

4. 金融集团

金融集团是指在受监管的银行业、证券业或保险业中，实质性地从事至少两类金融业务，并对附属机构有控制力和重大影响的企业集团公司，包括金融控股公司。与单一的金融机构相比，金融集团具有特殊优势，如规模经济、范围经济、创新协同、风险分散等，但是也面临一些特殊问题，如风险传染、不当内部交易、资本重复计算和风险过度集中等。因此，在促进金融集团发展的同时，需要建立针对金融集团的金融监管框架。

二、市场经济发展中金融机构的功能与作用

（一）金融机构的基本功能

（1）便利支付结算。这是为适应经济发展需求而较早产生的功能，对商品交易的顺利实现、货币支付与清算和社会交易成本的节约具有重要意义。

（2）促进资金融通。借助各自特定的资金融通方式，金融机构在全社会范围内集中闲置的货币资金，并将其运用到社会再生产过程，推动经济发展。

（3）提供金融服务。金融机构为各部门提供各类专业性辅助、支持性的金融服务，如为企业和居民提供理财、代理、咨询、资产管理服务等。

（4）降低交易成本。通过规模经营和专业化运作，适度竞争，金融机构可以合理控制利率、费用、时间等成本，取得规模经济和范围经济效应，并最终以适应社会经济发展需要的交易成本进行投融资。

（5）改善信息不对称。金融机构利用自身优势及时搜集、获取真实与完整的信息，通过专业分析判断，选择合适的借款人和投资项目，对所投资项目进行专业化监控，不仅可以节约信息处理成本，而且可以提供专业化的信息服务。

（6）创造信用与存款货币。金融机构特别是商业银行在其业务活动中可以创造各种信用工具，其业务活动对整个社会的信用和货币具有决定性作用。

（7）管理与控制风险。通过各种业务、技术和管理，金融机构可以分散、转移、控制或减轻金融、经济和社会活动中的各种风险。

（二）金融机构在市场经济发展中的作用

金融机构的功能是通过其业务经营来实现的，在功能实现的过程中对经济社会产生的客观效果就是其作用。金融机构在市场经济发展中的主要作用有以下四个方面。

1. 提高全社会的资金融通效率，促进交易成本降低

金融机构有效促进了储蓄向投资的转化。如银行业存款类金融机构一方面作为债务人发行存款类金融工具和债券等集中社会闲置的货币资金，另一方面作为债权人向企业、居民等经济主体发放贷款；保险类金融机构通过提供保险服务来吸收保费，在支付必要的出险赔款和留足必要的理赔准备金后，将大部分保险资金直接投资于金融资产；证券投资基金机构则将募集到的投资者资金，投入金融市场上有投资价值的证券或特定产业中。另外，不同业务功能定位的金融机构通过提供各种便利的金融服务、规模经营和适度竞争，促进全社会金融交易成本的降低，提高全社会的资金融通效率。

2. 提高金融资源配置效率，促进经济结构与产业结构调整

金融机构通过不同的金融产品定价和金融交易方式，可以提高金融资源配置的效率；通过投融资规模与行为方式的调整、业务模式创新等，可以促进国家经济结构、产业结构的调整，促进金融资源的配置方式与结构的优化，在推进中国式现代化、加快建设现代化产业体系、提升产业链供应链韧性和安全水平、深度参与全球产业分工和合作、加快形成以国内大循环为主体、国内国际双循环相互促进的新发展格局等方面发挥积极作用。

3. 支持实体经济发展，促进国家发展战略实施

实体经济是一国经济发展的基石，需要各类金融机构提供资金支持。比如，银行业存款类金融机构可依据需求，灵活调整信贷业务；证券公司能通过调整资金投向，引导社会资金流入实体经济。因此，要建立健全激励与约束机制，充分

发挥不同金融机构的引导作用。

促进国家发展战略实施，是我国金融机构尤其是国有金融机构的重要职责。从新中国成立初期专设金融机构支持国营与农村合作经济，到改革开放初期国有银行承担大量政策性业务，再到全面建设小康社会阶段的扶贫开发工作，新时代促进科技创新、先进制造、绿色发展和中小微企业发展，大力支持实施创新驱动发展战略、区域协调发展战略，确保国家粮食和能源安全等方面，金融机构都积极作为，有力推动国家战略落地。

4. 管控、降低整体金融风险，维护金融体系安全

相对于企业和居民，金融机构在信息搜寻、甄别风险和管控风险方面具有明显的优势，可以通过各种业务、技术和管理手段合理管控风险，实现风险管理目的。例如，商业银行通过全面风险管理可以有效地降低各类金融风险，证券投资基金通过组合投资可以减少投资风险，金融资产管理公司通过大类资产配置可以降低市场风险，保险公司可以对经济、社会生活中的各种风险进行补偿、防范或管理，等等。此外，金融机构监管体系也可以通过各种手段和方式，搭建金融安全的整体框架，从系统、宏观角度化解各类金融风险，弱化风险因素，有效降低风险程度，守住不发生系统性金融风险的底线，实现系统性金融风险管理的目的。

原理6-2 定位明确、类型多样、功能各异、分工协作的金融机构，通过提供不同的金融产品与服务，发挥提供金融服务、有效配置资源、支持实体经济发展、实现国家战略、合理管控风险等核心功能和作用。

三、中国金融机构体系的构成与特征

（一）中国金融机构体系的构成

经过40多年的改革开放，中国已由计划经济时期的"大一统"金融体系，逐步发展成为以银行业为主体、各行业协调发展的大规模、多元化、市场化、竞争性的金融机构体系。

1. 银行业金融机构的种类与规模

中国的银行业金融机构主要分为存款类和非存款类机构。按现行统计口径与监管划分，信托公司、金融租赁公司也属于银行业金融机构。根据国家金融监督管理总局以及中国人民银行的统计，截至2024年年底，银行业金融机构共有

4 295 家；银行业金融机构本外币总资产 444.57 万亿元，总负债 408.11 万亿元。

2. 证券业金融机构的种类与规模

证券业金融机构主要包括证券公司、期货公司和证券投资基金管理公司。根据中国证券业协会数据，截至 2024 年年底，我国共有证券公司 150 家、期货公司 151 家、基金管理公司 148 家；证券行业总资产 15.11 万亿元，所有者权益为 3.64 万亿元。

3. 保险业金融机构的种类与规模

截至 2024 年年底，中国保险行业协会统计的会员单位有 349 家。其中，保险集团（控股）公司 13 家，财产保险公司 86 家，人身保险公司 93 家，再保险公司 14 家，资产管理公司 18 家，保险中介机构 71 家，地方保险协会（含中介协会）43 家，保险相关机构 11 家。截至 2024 年年底，保险行业总资产 35.91 万亿元，原保险保费收入 5.69 万亿元。

（二）中国现行金融机构体系的特征

1. 以银行业金融机构为主体的金融产业结构

金融产业结构是指各子行业所占的比重分布。在中国金融发展历程里，银行业长期主导，证券业与保险业发展滞后。新中国成立后，我国在计划经济体制下实行了"大一统"的金融体系。改革开放后，虽恢复或新设众多非银行业金融机构，但未改变银行业主导的产业结构。银行业在金融业占主体，市场集中度高，行业竞争优势明显。银行业主导的金融产业结构，能发挥银行在资金、人才等方面优势，快速吸纳储蓄投入实体经济，灵活满足企业、居民融资及支付结算等金融需求。但也存在问题，如银行放贷压力大、风险集中、金融市场资源配置能力弱等。所以，要优化金融产业结构，推动各类金融机构发展。当下，我国倡导发展直接融资、完善金融市场，需证券业发力；完善社保体系、做强商业保险第二支柱，则离不开保险业的大力发展。

2. 以大型金融机构为主体的规模结构

金融机构的规模结构是指大、中、小型金融机构各自的占比分布。改革开放 40 多年来，我国金融机构的规模结构从大型金融机构占绝对比重发展到以大型金融机构为主、中小型金融机构迅速发展，形成了竞争性市场规模结构的格局。以市场份额占比最高的银行业市场为例，改革开放初期主要为工、农、中、建四大专业银行集中垄断的市场格局，其资产占比最高时超过 90%。之后通过增加多种类金融机构、降低市场准入壁垒、增加非存款类金融业务等多种措施，大型商业银行的资产占比逐年下降。2003年，大型商业银行在银行总资产中的占比为54.9%，2024年的占比为42.8%。尽管大型金融机构仍然占主导地位，但多元化竞争的市场格局已经形成，有利于构建多层次、广覆盖、有差异的金融机构体系。

3. 以国有控股为主的产权结构

金融机构以国有控股为主，在全部金融机构中占比较高。中国金融业以国有金融机构为主的产权结构特征，具有两方面的优势：一方面贯彻"毫不动摇巩固和发展公有制经济"的原则，坚持公有制的主体地位，发挥国有金融机构在金融业中的主导作用，彰显社会主义制度优越性，保障全体人民的共同利益。另一方面，由于有政府的支持与增信，国有金融机构的抗风险能力强，利于守住不发生系统性金融风险的底线，担当维护国家金融安全的主力军。持续优化国有金融资本管理体制，是金融强国建设的有力保证。

四、中国金融机构的公司治理

（一）形成了具有中国特色的现代金融企业公司法人治理结构

保险公司的公司法人治理结构

公司治理也称公司法人治理结构，是为了确保现代企业在法律框架下有效运作而设立的一系列组织机构和制度，是企业规范运行、增强竞争力、保护投资者利益的必要条件。

改革开放以后，金融机构基本都实行了股份制，按照《公司法》要求建立了典型的现代公司治理结构，即由股东会、董事会、监事会和高级管理层（简称"三会一层"）及其利益相关者组成，依据法律赋予的权利、责任和利益相互分工、相互制衡的组织架构。党的十八大以来，金融机构特别是国有金融机构逐步把加强党的领导与完善公司治理有机统一起来，发挥党组织的领导核心和政治核心作用，把方向、管大局、保落实，把党的领导融入金融机构经营管理的全过程和各方面，逐渐形成了重大事项党委会先议、董事会决策、股东会表决、经理层执行、监事会①监督等具有中国特色的现代金融企业公司治理结构。此外，努力践行"以人民为中心"的理念，积极发展基层民主，在实际工作中，进一步加强"三会一层"与工会、妇联等能够反映基层员工实际情况的相关组织的沟通，倾听员工心声，了解员工意愿，解决员工困难，充分发挥全体员工的积极性和创造性，切实完善并提升金融机构的治理效能和高质量发

---

① 根据《公司法》及相关法规，2025年起国有资本控股的金融机构不再设置监事会。

展能力，也体现了中国金融企业公司治理中的人民性理念。

> 国有企业是中国特色社会主义的重要物质基础和政治基础，是我们党执政兴国的重要支柱和依靠力量。新中国成立以来特别是改革开放以来，国有企业发展取得巨大成就。我国国有企业为我国经济社会发展、科技进步、国防建设、民生改善作出了历史性贡献，功勋卓著，功不可没。
>
> 坚持党对国有企业的领导是重大政治原则，必须一以贯之；建立现代企业制度是国有企业改革的方向，也必须一以贯之。中国特色现代国有企业制度，"特"就特在把党的领导融入公司治理各环节，把企业党组织内嵌到公司治理结构之中，明确和落实党组织在公司法人治理结构中的法定地位，做到组织落实、干部到位、职责明确、监督严格。
>
> ——《习近平谈治国理政》第二卷，外文出版社2017年版，第175—176页。

（二）将承担相应的社会责任作为金融机构公司治理的重要目标

社会责任是指金融机构对社会应负的责任。第一，社会化大生产中，金融机构的商业化经营目标与社会的整体利益易产生矛盾。金融机构要承担引发的经济后果，即承担相应的社会责任。第二，金融机构与社会发展是一种共生共荣的关系，金融机构在享受社会赋予的资源与机会时，理应以符合伦理、道德的行动回报社会。第三，金融机构作为重要的社会成员，需要在社会交换中尊重和兼顾其他社会主体的利益。第四，金融机构的利益相关者由股东、投资人或债权人、金融消费者、员工、供应商等构成。切实履行对利益相关者的社会责任，是实现良好的公司治理的重要目标。金融机构应当贯彻创新、协调、绿色、开放、共享的新发展理念，积极履行社会责任。

ESG 治理在金融机构中的应用

2008年起，中国工商银行等金融机构开始每年定期发布社会责任报告。2016年以后，金融机构根据ESG（环境保护、社会责任、公司治理）的基本要求，对外发布社会责任报告，向社会公众披露其履行社会责任的情况。

（三）关注金融伦理体系建设

金融伦理是指金融交易中应遵循的道德准则和行为规范，是金融活动的各方参与者特别是金融从业者需要遵循的基本要求。金融伦理主要有两个准则：一是信用准则，核心是诚实守信，恪守承诺，在金融活动中贯穿契约精神；二是公平准则，核心是参与金融活动的主体都应该公正平等地行使自身权利、履行自身义务。金融活动是利益相关者的活动，不论是金融机构、金融从业人员还是其他参与者都是具有一定社会责任和道德取向的契约人，在参与各类金融活动中会出现诸如"利己"或"利他"等道德选择问题，需要从金融伦理层面加以认知、指引与约束。确立健康向上、符合社会主义核心价值观的金融伦理是我国金融体系稳定运行、持续发展的重要保障。

国无德不兴，人无德不立。金融伦理体系是一套包含价值取向、道德意蕴、伦理标准等在内的道德标准与行为规范体系。金融伦理体系建设需要有一套维系金融正常秩序、配置金融资源、界定利益相关者责任和义务的制度安排，需要所有参与者坚持公共利益至上，倡导互利守信、合作共赢的伦理精神，共同维护公开、公平、公正的金融市场秩序与环境的道德要求。中国人民银行在 2022 年 10 月发布的《金融领域科技伦理指引》中要求在金融领域开展科技活动时需要遵循守正创新、数据安全、包容普惠、公开透明、公平竞争、风险防控、绿色低碳 7 个方面的价值理念和行为规范，以指导金融机构开展科技伦理治理工作，预防和化解金融科技活动伦理风险。

（四）重视金融人才队伍建设

锻造忠诚干净担当的高素质专业化金融干部人才队伍，是建设金融强国的关键核心金融要素之一。金融人才队伍是我国促进金融高质量发展的重要力量。金融领域专业性强、复杂程度高，各类金融机构的独特功能和业务运作对于从业人员有很高的要求。金融从业人员不仅需要具备扎实的专业知识、精湛的专业技能和良好的职业素养，拥有全球视野和较强的竞争力；更要政治过硬、理想信念坚定，遵循诚实、守信、公正、尊重他人等金融伦理，勤勉尽责、合规操作、廉洁从业，保持良好的金融职业操守。我国金融机构的人才队伍建设，既需要从人力资源管理的一般角度着手，更需要重点围绕金融伦理体系建设，把握金融人才队伍建设的核心落脚点，对从业人员赋予包括爱国、敬业、诚信、友善等在内的行为规范，以服务经济社会发展和人民需要为导引，做好人才的选拔、任用、培养、考核等，做好员工的日常行为规范管理，培养并造就具有纯洁性、专业性和战斗力的金融人才队伍。

（五）积极培育中国特色金融文化

金融文化的核心内容是关于金融的信念、价值观以及行为规范。金融机构具有服务社会发展的功能性和提高盈利性的双重属性，需要树立正确的义利观，大力弘扬中华优秀传统文化。结合金融机构业务运营与管理要求，在加强金融伦理体系和人才队伍建设的基础上，积极培育诚实守信，不逾越底线；以义取利，不唯利是图；稳健审慎，不急功近利；守正创新，不脱实向虚；依法合规，不胡作非为的中国特色金融文化，以此保证金融强国战略的顺利实施。

> **原理6-3** 党委领导、董事会决策、股东会表决、管理层执行落实的运作机制，承担相应的社会责任，注重金融伦理体系和金融人才队伍建设，积极培育具有中国特色的金融文化，是中国现代金融企业治理结构的鲜明特征。

第二节 银行业金融机构的运作与管理

银行业是指专门从事银行业务的金融行业，银行业金融机构是中国金融业的主体。银行业金融机构分为存款类和非存款类，由于两类金融机构在功能、业务和经营管理等方面存在较大差异，本节将在刻画银行业整体发展演变和结构特征的基础上，分别对其业务运行与经营管理进行讨论。

一、银行业金融机构的发展与结构特征

（一）银行业金融机构的发展演变

1. 新中国成立之前银行业金融机构的发展

中国银行业金融机构的发展历史久远。早在西周就有专司政府贷款的机构"泉府"；西汉有私营高利贷的"子钱家"；王莽新朝时期在各地设有负责政府赊贷的"钱府"；唐代不仅有"公廨""质库"等官府和私人的放贷机构，还有经营存款、保管业务的"柜坊"和"寄附铺"，银行业主要的存、贷、汇业务均已开展；宋代有经营存款的"柜坊"和经营兑换业务的金银铺，有"便钱务"这类官办的汇兑机构；元代有官民分别经营的高利贷组织"广惠库"和"解典库"，有从事兑换业务的银铺；明代有经营货币兑换和消费性高利贷业务的"钱铺（庄）"以及"印局"这类小额高利贷机构，也有经营汇兑业务的"官肆"等

组织；清代产生了账局、银号、票号、钱庄、典当行等传统银行业机构。但数千年封建社会制度下的小生产方式，使我国的商品经济发展缓慢，内生金融需求少，银行业金融机构长期处于分散、落后的状态，业务种类少，经营管理落后，银行业仍停留在高利贷性质的旧式银行阶段。

中国第一家外商新式银行是1845年英商丽如银行在香港设的分行，是为了满足外国资本的入侵和适应中外贸易发展的需求而设。随着民族工业的崛起，中国第一家现代民族资本银行——中国通商银行于1897年在上海开业。

20世纪初，官商合办的新式银行陆续设立，如清政府1905年成立的户部银行[①]、1908年成立的交通银行等。此后，一批股份制或私人独资的民族资本商业银行也纷纷建立，到1919年全国有中资银行近150家，现代意义上的银行业逐步形成。新民主主义革命时期，国民党政府和四大家族凭权力构建以"四行二局一库"为核心的官僚资本金融机构体系，主导银行业。新式民族资本银行数量多但规模小、发展慢，而钱庄、票号等旧式机构日渐衰落。同时，中国共产党领导的各个革命根据地也建立了自己的金融机构，最早的是1927年在湖南浏阳设立的浏东平民银行。1930—1932年各革命根据地设立了数十家银行，其中影响最大的是1932年在江西瑞金成立的中华苏维埃共和国国家银行。1937年后，中国共产党在各抗日根据地成立了地区性银行，如陕甘宁边区银行、华北银行等。这些银行为人民战争的胜利和新中国的成立作出了重要贡献。

2. 社会主义革命和建设时期的银行业金融机构体系

如第一章所述，新中国银行业金融机构体系的建立选择了一条独具特色的路径。中国人民银行成立之后，通过内外整合、新建农村金融机构、没收接管官僚资本银行、整顿和改造民族资本银行与私营钱庄等举措，至1952年，新中国银行业金融机构体系已具雏形，即以中国人民银行为核心和主体，以众多农村信用合作社为辅，保留少数几家专业银行和私营钱庄。

1953年，我国参照苏联模式推行高度集中的计划经济体制，信贷资金实行"统存统贷、统收统支"管理。1955年，公私合营银行、专业银行及私营行庄等机构全部并入中国人民银行，农村信用社也归其领导，由此形成高度集中统一、以行政管理为主、单一的国家银行体系。"大一统"的金融体系契合高度集中的计划经济体制，在当时资金匮乏的情况下，有利于集中调配资金，支持经济，但

---

① 户部银行于1908年改称大清银行，辛亥革命后停业，北洋政府后将其改组为中国银行。

金融业务完全服从于计划，导致金融机构的行政化和低效率。

3. 改革开放以来银行业金融机构的发展演变

第一章中阐述了1978年以来突破"大一统"的框架对金融体系进行体制改革的主要历程。在此过程中，银行业的改革既是起点，也是重点。标志性的节点：一是1984年形成的一家中央银行、四家国家专业银行和农村信用社共存的银行业格局。二是1987年交通银行恢复重组打破了四大国家专业银行垄断的格局，随后陆续设立了多家股份制商业银行。三是政策性银行和商业银行相分离。政策性业务由新成立的三家政策性银行承揽，将四大国家专业银行改制为国有独资商业银行，后经股份制改造上市，成为真正的现代商业银行。

4. 新时代中国特色银行业金融机构的发展

党的十八大之后，积极探索新时代金融发展规律，不断加深对中国特色社会主义金融本质的认识，大力推进各类金融机构的改革与创新，主要包括以下几方面内容：

（1）推进银行业金融机构的现代公司治理建设。自2002年中国银行（香港）有限公司在香港联交所上市，开启了中国银行业股份制改革，到2019年年末，我国六大国有商业银行已经全部完成股份制改造，成为具有现代公司法人治理结构的大型商业银行，其他各类银行也积极推进股份制改造并择优上市。股份制改造显著提

国有商业银行的股份制改造

高了我国银行业金融机构的核心竞争力。2024年7月《银行家》杂志发布的全球银行1 000强排名榜，按一级资本维度有143家中资银行上榜，前10家中有6家中资银行，其中，工行、建行、农行、中行连续7年蝉联前4名。2023年11月，工行、农行、中行、建行、交行入选全球系统重要性银行。

> **知识链接6-2　系统重要性金融机构**
>
> 系统重要性金融机构是指因规模较大、结构和业务复杂度较高、与其他金融机构关联性较强，在金融体系中提供难以替代的关键服务，一旦发生重大风险事件而无法持续经营，将对金融体系和实体经济产生重大不利影响、可能引发系统性风险的金融机构。
>
> 系统重要性金融机构包括系统重要性银行业机构、系统重要性证券业机构、系统重要性保险业机构，以及国务院金融稳定发展委员会认定的其他具有系统重要性、从事金融业务的机构。

（2）加快机构类型多样化建设。在城市商业银行、村镇银行快速发展的同时，设立了农村商业银行、农村合作银行、小贷公司等重点服务于"三农"的机构。为落实党中央"多种所有制经济共同发展"的精神，2015年首批5家民营银行开业，至2021年年末已有19家民营银行。同时，资产管理公司、信托公司、租赁公司、汽车金融公司、消费金融公司、第三方支付机构等非存款类金融机构不断涌现，银行业市场日益呈现多元化、市场化、竞争性格局。

（3）将银行业运作纳入法治化和规范化轨道。以1995年颁布的《商业银行法》为标志，逐步建立健全银行业的法律法规体系。党的十八大以来，不断修改完善银行业的法律法规体系，强化依法监管，在市场准入、审慎监管、行为监管等各个环节严格执法，实现金融监管横向到边、纵向到底。

（4）新技术支持下的业务与管理创新大量出现。随着金融科技的快速发展，云计算、大数据、智能技术和生物识别技术等多种新技术及新形式，已成为银行业机构业务创新的基础支撑。数字货币与数字钱包、开放银行、交易银行、远程银行虚拟数字人、金融机构人工智能技术与大模型运用等"新概念、新业态、新模式"大量出现、快速迭代，改变了传统的金融机构业态及其运营管理模式。基于多元化金融场景生态建设，各类金融业务、产品、组织架构及其管理机制等方面的科技创新，已经成为银行业金融机构加快自身数字化转型与科技赋能的重要方式和手段。

（二）银行业金融机构的结构特征

银行业是我国目前金融体系中机构数量最多、影响最大的一类行业。其结构特征主要包括以下几个方面。

1. 以商业银行为主体的银行业市场结构

在新中国银行业的发展历史中，商业银行始终占据绝对的主体地位，这个格局至今未变。在金融业中，商业银行的机构和从业人员数量庞大、资产负债总额占比最高，截至2024年年底，在我国4 295家银行业金融机构中，有3 938家不同类型的商业银行；商业银行资产负债总额占比均在85%左右。

2. 政策性金融机构与商业性金融机构相分离

把金融业务区分为政策性与商业性两种并由不同银行来经营，是中国银行业改革发展过程中的重要环节。1993年发布的《国务院关于金融体制改革的决定》明确指出：建立政策性银行的目的是，实现政策性金融和商业性金融分离，以解决国有专业银行身兼二任的问题；割断政策性贷款与基础货币的直接联系，确保中国人民银行调控基础货币的主动权。1994年先后成立了国家开发银行、中国农业发展银行、中国进出口银行三家政策性银行，由此建立起政策性金融机构与商业性金融机构相分离的金融机构体系框架。政策性金融业务与商业性金融业务的分离，为国家专业银行尽快转变为国有商业银行提供了坚实有力的保障，促使不同类型的金融机构明确市场定位与经营管理目标，清晰责权，有助于那些期限长、数额大、短期收益率较低但利于整体经济发展的行业得到政策上的金融支持，符合国家经济高质量发展的特性和要求。

3. 以存贷款为主的资产负债业务结构、以支付结算为主的中间业务结构

基于商业银行在市场结构中的主体地位，银行业金融机构的业务特征表现为：资产负债业务以存贷款业务为主，中间业务以支付结算业务为主。多种类型的存贷款业务是银行业金融机构联系国民经济各主体资金运作的主要桥梁。从历年中国人民银行公布的我国金融机构信贷收支报表看，金融机构资金来源方中的各项存款占比常在90%左右，最高达97%以上，资金运用方中的各项贷款占比基本为70%以上。这种货币性金融资产占比较高的业务结构对金融机构体系的稳定具有重要意义。而支付结算业务是银行业金融机构，特别是存款类金融机构的起始业务，关乎商品交易的顺利实现、货币支付与清算和社会交易成本的节约。1997年中国人民银行发布的《支付结算办法》第6条规定："银行是支付结算和资金清算的中介机构。未经中国人民银行批准的非银行金融机构和其他单位不得作为中介机构经营支付结算业务。但法律、行政法规另有规定的除外。"与此同时，支付结算工具与方式、结算网络与管理体系等均由中国人民银行管辖，有利于银行支付结算业务的安全性、统一性与规范性。

4. 产权组织形式结构以股份制为主

目前我国银行业金融机构的产权组织形式主要是股份制，出资人包括国有股、企业法人股、外资股以及社会公众的个人股等，其最大特点是产权明晰、制约力强，有利于自主经营、自担风险、自负盈亏、自我约束。目前6家大型商业银行的国有股权主要由财政部和中央汇金公司出资，国有控股特征明显。12家全国性股份制商业银行及众多城市商业银行、农村商业银行等也为股份制。民营银行和村镇银行则主要是由民间资本出资组建的股份制银行。村镇银行开办时由一家金融机构发起，其股份占比不低于20%。外资银行主要由外国股本组成，中外合资银行则是外资与中资合资组建的股份制银行。同时，仍然保留了部分合作制的银行业金融机构，主要是农村合作银行。

5. 以资本管理为核心的风险管控框架

作为负债经营的行业，银行业金融机构的自有资本比例低，产生风险损失的概率高。一旦银行业爆发危机，会对金融体系和经济社会发展造成广泛而深重的损害，因此，管控风险是银行业经营管理的重中之重。从《商业银行资本充足率管理办法》到《商业银行资本管理办法（试行）》，再到《商业银行资本管理办法》的实施，我国商业银行逐步适应并达到了《巴塞尔协议Ⅲ》等相关资本管理的国际监管要求，构建了包括信用风险、市场风险、操作风险以及流动性风险等诸多风险类型在内的全面风险管理框架体系，具体内容在第九章中阐释。

二、存款类金融机构的业务运作与经营管理

存款类金融机构是指以存款为主要负债，以贷款为主要资产，以办理转账结算为主要中间业务，直接参与存款货币创造过程的金融机构。主要功能包括：一是充当支付中介，提供货币收付相关技术服务，保证货币交易媒介职能的发挥。二是充当信用中介，以负债业务归集闲散资金，以资产业务投入资金需求部门，实现社会资源配置。三是信用创造，通过创造信用流通工具并据以扩大贷款和投资。四是风险管理，在业务经营过程中通过各种方法和技术转移与管理风险，实现金融、经济的安全运行。五是利用其在国民经济活动中的特殊地位和在业务经营过程中获得的大量信息，运用先进技术手段和工具，为客户提供多样化的金融服务，满足经济发展的各种金融服务需求。

目前，中国银行业存款类金融机构主要包括商业银行、政策性银行、农村合作性金融机构、企业集团财务公司等类型。

> 📖 **原理6-4** 存款类金融机构通过业务经营，履行支付中介、信用中介、信用创造、风险管理和提供金融服务等基本功能。

（一）存款类金融机构的业务运作与经营管理特点

各种存款类金融机构通过提供不同的金融服务，形成功能互补的有机体系；通过服务不同的对象、产业和区域，形成对全社会信贷需求的间接融资体系；通过相互竞争，在优胜劣汰中推进金融机构的创新与发展。由于不同类型金融机构的业务运作与经营管理各有特点，下面分类讨论。

1. 商业银行

商业银行是指以存款为主要负债、以贷款为主要资产、以支付结算为主要中间业务，并直接参与存款货币创造的金融机构。商业银行是最典型、最主要和最具代表性的存款类金融机构，本节后续将以其为重点详细讨论。

2. 政策性银行

政策性银行是指由政府投资建立，按照国家宏观政策要求、在限定业务领域从事信贷融资业务的政策性金融机构。经营目标是支持政府发展经济，促进社会全面进步，配合宏观经济调控。其基本特点有：一是政府支持，有国家信用背书，以社会效益最大化为经营目标；二是不以吸收存款为主要资金来源，资金运用具有特定业务领域和对象，以发放长期贷款为主，贷款利率相对较低。

中国三家政策性银行承担的主要任务各不相同：

（1）国家开发银行的主要任务是：以增强国力、改善民生为使命，紧紧围绕服务国家经济重大中长期发展战略，以国家信用为依托，以市场运作为基本模式，以保本微利为经营原则，坚持凝聚共识、合力共建、合作共赢的开发性金融方法，筹集、引导社会资金，加大对重点领域和薄弱环节的支持力度，积极服务经济社会高质量发展。国家开发银行主要通过中长期信贷与投资等金融业务，为国民经济重大中长期发展战略服务，如交通、能源、水利等基础设施建设，信息、科技、物流等基础设施的产业升级，城市和农业农村的基础设施完善等。业务类型主要包括规划业务、信贷业务、中间业务、资金业务、营运业务以及综合金融业务等。

（2）中国农业发展银行的主要任务是：以国家信用为基础，以市场为依托，筹集支农资金，支持"三农"事业发展，发挥国家战略支撑作用；紧紧围绕服务国家战略，建设定位明确、功能突出、业务清晰、资本充足、治理规范、内控严密、运营安全、服务良好、具备可持续发展能力的农业政策性银行。除成立之初的国拨资本、中国人民银行再贷款外，还可以通过发行政策性金融债券、吸收办理业务范围内开户企业的存款等筹集资金。资产业务主要包括信贷业务、投资业务及其他业务。

（3）中国进出口银行的主要任务是：支持对外经贸发展和跨境投资，"一带一路"建设，国际产能和装备制造合作，科技、文化以及中小企业"走出去"和开放型经济建设等领域。资金来源主要有资本、在境内外发行政策性金融债券及其他有价证券、同业拆借和存款、回购业务、吸收授信客户项存款等。资产业务主要包括信贷业务、贸易金融业务、金融市场业务、投资与咨询业务等。

3. 农村合作制金融机构

目前中国的农村合作制金融机构主要有农村信用合作社、农村合作银行、农村资金互助社等。其中，历史最长、最有代表性的是农村信用合作社。

我国农村金融机构的构成与发展

农村信用合作社是由国家金融监管部门批准设立，以互助为主要宗旨，由社员入股组成、实行民主管理、主要为社员提供金融服务的合作制农村金融机构，简称农村信用社。其主要特点：一是自愿性，社员入社自愿，退社自由；二是民主性，所有成员地位平等，不以出资额排序，决策一人一票，收益共享，风险共担；三是合作性，资本由社员入股集资构成，积累部分社员共有，业务经营优先满足社员的经济和金融需求，服务低成本，为社员谋取最大利益。

农村信用社的资金主要来源于社员交纳的股金、经营中的公积金和吸收的社会存款；资金用途主要是贷款，以解决社员的生产、消费等资金需要。在管理组织形式上，我国的农村信用社一般以省级农村信用联社为最高管理机构，省级和县级农村信用联社设有党委、理事会，在党的领导下开展业务经营。

4. 企业集团财务公司

企业集团财务公司是指以加强企业集团资金集中管理和提高企业集团资金使用效率为目的，依托并服务于企业集团，为集团内成员单位提供金融服务的非银行金融机构。财务公司主要服务于集团内部资金的运作，为内部成员公司提供部分银行业务，各成员公司对外部公司、成员公司之间可以通过财务公司进行各种资金的划转和流动；操作方式、方法等同于外部银行。自1987年5月我国第一家企业集团财务公司成立以来，全国多个关系国计民生的大型企业集团基本上都拥有自己的财务公司，为服务实体经济发挥着重要作用。

企业集团财务公司的出资人主要为企业集团成员单位，也包括成员单位以外的具有丰富行业管理经验的投资者，主要业务包括结算、投资和融资等。结算业务主要是为企业集团上下游关联企业服务。投资业务的主要品种是银行存款、国债、央行票据以及固定收益类型的理财产品等，也参与银行等金融机构的股权投资，但重点是为集团内部服务。融资业务主要包括拆借、票据融资等。另外，财务公司也利用其集团背景牵头组织本集团项目的银团贷款、承销集团企业债券，为集团内部提供咨询、委托贷款、代开保函业务等服务。

企业集团财务公司在公司治理、功能定位、内部控制、合规性管理、内部审计及信息系统、监管部门的监管要求等方面与商业银行基本一致。

由于存款类金融机构在业务和经营管理方面有很多共性，下面以最具代表性的商业银行为对象进行详细讨论。

（二）商业银行的业务运作与经营管理

目前我国商业银行体系由国有大型商业银行、股份制商业银行、城市商业银行、农村商业银行、民营银行、村镇银行、外资银行等构成，不同类型相互补充，为实体经济提供支付结算、存贷款、财富管理等多种服务。

1. 商业银行的业务类型

商业银行的业务根据是否进入资产负债表，主要分为表内业务和表外业务。表内业务指列入银行资产负债表内的业务，主要包括负债业务和资产业务。

（1）负债业务。负债业务是指银行筹措资金并形成资金来源的业务，是银行开展资产业务和其他业务的基础和资金保证，主要包括以下几类：

第一，存款，是商业银行最原始、最主要的负债。按照期限主要分为三种：活期存款是指可随时存取并可直接开立支票账户的存款；定期存款是指存期固定且较长、利息较高的存款；储蓄存款是指针对居民个人的计息存款，主要包括活期储蓄存款和定期储蓄存款。由于存款数量和种类主要取决于客户，银行相对被动，故称为被动型负债。

第二，借款，是指商业银行吸收的各种非存款资金，包括同业拆借、回购协议、向中央银行借款、大额存单、同业存单、向国际金融市场借款、发行金融债券等。由于是银行通过发行各种金融工具主动吸收资金，也称主动型负债。

第三，其他负债，是指商业银行在为客户提供服务的过程中临时占用的客户资金，如为客户提供支付结算服务时临时占用的资金等。

第四，银行资本，也称资本金或自有资木，其数量能够反映银行自身经营实力以及御险能力。资本有两项基本功能：一是作为银行开展各项业务的基础；二是在银行发生意外或损失时作为一种缓冲、弥补和保障。关于银行资本划分与监管的要求，集中体现在国际银行资本监管标准——《巴塞尔协议Ⅲ》的要求中。

中国是《巴塞尔协议Ⅲ》的主要参与国，也是最坚定实施的国家。此外，国家金融监督管理总局于 2023 年 10 月发布《商业银行资本管理办法》，明确商业银行的资本构成及其相关监管指标。本书在第九章中还有进一步的讨论。

（2）资产业务。资产业务是指商业银行的资金运用业务，是银行最基本、最主要的盈利来源，也是其信誉高低的重要标志，主要包括以下几类：

第一，现金资产，也被称为一级准备，是指银行持有的库存现金以及与现金等同、可随时用于支付的银行资产。其流动性强，收益较低。现金资产主要包括四部分：一是库存现金，是为应付客户取现和日常业务开支及收付需要而存放在银行金库中的现钞和硬币。二是在中央银行存款，是商业银行存放在中央银行的资金，也称存款准备金，包括法定准备金存款和超额准备金存款。三是存放同业存款，是商业银行存放在代理行或相关银行的存款，以便同业间开展业务。四是在途资金，是银行通过对方银行向外地付款单位、个人收取的票据款项，其在未收妥之前，是一笔他行占用的资金。存放同业存款与在途资金，一般都是银行与同业发生的业务往来，因此也被统称为同业往来或同业业务。

第二，贷款业务，是银行资产业务中最主要的盈利性业务。贷款业务类型众多，按照期限长短，可分为长期贷款、中期贷款和短期贷款；按照贷款对象，可分为工商贷款、农业贷款、科技贷款、个人贷款等；按照贷款具体用途，可分为流动资金贷款和固定资金贷款；按照贷款质量，可分为正常类、关注类、次级类、可疑类、损失类贷款等。贷款业务的特点是流动性相对较低，收益相应较高，需要特别关注贷款的合理定价。需要依照相关法律、法规和信贷政策要求，合理确定并遵循贷款业务流程，采取多种措施防范信用风险。

第三，证券投资，是银行从事的与有价证券发行、交易、兑付等有关各项业务的总称。进行证券投资的主要目的包括：一是增加收益来源，利用闲置资金进行证券投资，充分挖掘资金利用潜力；二是实现资产多样化，分散风险，保持流动性。银行投资的证券主要包括货币市场工具、中长期政府债券和政府担保债券、高评级的公司债券等。其中，其所持有的短期证券如回购协议、央行票据等流动性较高的证券也被称为二级准备。银行选择投资有价证券的基本标准是风险较低、信用度高、流动性较强。考虑到存款等负债来源的公共性和安全性，《商业银行法》第43条规定，商业银行在中华人民共和国境内不得从事信托投资和证券经营业务，不得向非自用不动产投资或者向非银行金融机构和企业投资，但国家另有规定的除外。

（3）表外业务。表外业务是指按照会计准则不列入银行资产负债表内，不影响银行资产负债总额，但能影响银行当期损益并改变银行资产报酬率的业务，主要包括以下两类：

第一，传统的中间业务，是商业银行最古老的服务性业务，早期主要集中于货币的鉴定、兑换、保管、汇兑等，现已发展为多种类收取服务性费用的业务。

主要特点包括：一是业务活动不需要动用银行资金，银行与客户不发生借贷关系；二是银行利用自身技术、信誉和业务优势等为客户提供金融服务，并从中获利；三是业务风险小，收益稳定。

第二，创新的表外业务，是指不直接列入银行资产负债表内，但同表内资产、负债关系密切，并在一定条件下会转变为表内资产、负债业务的经营活动，也被称为或有资产业务、或有负债业务。主要可分为投资银行类、担保类、承诺类、交易类（金融衍生品）四种类型。与传统中间业务相比，创新表外业务的变化包括：由不占用或不直接占用客户资金向占用客户资金转变；由不运用或不直接运用自己的资金向银行垫付资金转变；由接受客户委托向银行出售信用转变；金融衍生品交易实现了传统中间业务类型的突破。

2. 商业银行的业务特点

（1）信用性。商业银行基于存、贷业务产生发展，获得存款者信任、挑选资信好的贷款者，维护正常的借贷关系，是其业务的基础。此外，商业银行业务一般都有期限要求，这也使其经营管理特别讲求信用与期限的匹配。

（2）风险性。源于两方面原因：一是高杠杆的经营方式。商业银行自有资本比例很低，资金来源主要是负债，负债又多是短期、被动的，波动性大，因此商业银行资产运营有较大风险，商业银行需在风险和收益间权衡并管控风险。二是商业银行业务运营对市场利率变化很敏感，易累积市场风险，或叠加信用风险、流动性风险等。因此，风险管理成为商业银行经营管理的重中之重。

（3）服务性。提供金融服务是银行的基本功能和业务宗旨，服务性最能体现银行业作为第三产业的基本特征。

3. 商业银行业务运作的内在要求

基于上述业务运作特点，商业银行业务运作应符合以下要求：

（1）具有公信力。公信力是指获得公众信任的能力。商业银行是负债经营的企业，公众选择银行办理转账结算、存款等业务时，主要凭借其公信力。

（2）具有流动性。商业银行需要保持足够的可用资金，以便随时应对客户提存以及支付的需要。银行变现资产或增加资本、负债以获得流动性。同时，银行合理安排资产负债期限结构，尽量避免借短贷长，降低流动性风险。

（3）具有信息处理能力。借款人比商业银行更清楚自己的现状与前景，这就使得两者之间存在信息不对称，容易出现逆向选择、道德风险等问题。为此，商业银行需尽可能收集、辨识、筛选信息，以减少风险，提高资产质量。

4. 商业银行的经营原则

基于银行业金融机构的特性及其业务特点，商业银行的经营目标是在追求安全性、流动性的基础上，争取利润的最大化。因此，商业银行需要坚持《商业银行法》中规定的安全性、流动性、效益性"三性"经营原则。安全性是指商业银行在经营中要尽量防范和降低各种风险，保证资金的安全。流动性是指商业银行能够随时满足客户提取存款、转账支付及贷款需求的能力。效益性是指要讲求经济效益，既包括商业银行自身的盈利成果，也包括商业银行支持经济发展的整体效益与贡献。"三性"经营原则之间存在矛盾，一般应在保持安全性、流动性的前提下，实现效益最大化。同时实施"四自"经营机制，即自主经营、自担风险、自负盈亏、自我约束。

> **原理6-5** 信用性、风险性、服务性是商业银行的业务特点。商业银行需要坚持安全性、流动性、效益性"三性"经营原则。

5. 商业银行经营管理的核心内容

资产负债管理是指商业银行按一定的经营策略，进行资产负债两端资金的合理配置，以追求银行安全性、流动性与效益性经营原则的最佳组合。在商业银行的历史发展中，银行资产负债管理理论经历了从注重资产管理到注重负债管理，再到强调资产负债综合管理以及资产负债外管理等的演进过程。

2005年12月，银监会发布《商业银行风险监管核心指标（试行）》，确立了商业银行的风险监管理念，建立了对商业银行实施风险监管的基准，银行资产负债管理逐步转变为以风险管理为核心、依据市场状况以及自身要求等来确定资产负债结构的市场机制模式。2016年9月，银监会发布《银行业金融机构全面风险管理指引》，构建起我国银行业金融机构全面风险管理的基本框架。商业银行内部各个业务部门、各种风险进行通盘管理，将信用风险、市场风险、流动性风险、操作风险和其他各种风险，以及包含这些风险的各种金融资产和负债、承担这些风险的各个业务单位纳入统一的体系中，依据统一标准进行测量并加总，对风险进行整体控制和管理。

三、非存款类金融机构的业务运作与管理

非存款类金融机构主要包括信托公司、金融租赁公司、金融资产管理公司、

消费金融公司等类型。非存款类金融机构具有一些共同特点：第一，不以吸收存款为主要资金来源，不直接参与存款货币的创造，只提供各种专业化的金融服务；第二，资金来源与运用方式各异，导致不同类型的非存款类金融机构的资产负债项目差异很大；第三，专业化程度高，具体业务存在较大区别；第四，业务承担的风险不同，相互之间的风险传染性相对较弱。由于非存款类金融机构的业务运作和经营管理差异较大，下面分别讨论。

（一）信托公司

1. 信托机构的发展

20世纪初信托业传入我国。新中国成立以后其长期处于停滞状态。党的十一届三中全会后，信托业得到恢复发展。1979年10月，中国银行率先成立了信托咨询部。同年10月，中国国际信托投资公司成立，成为我国信托业恢复后的第一家信托公司。1980年，各专业银行纷纷试办信托业务，《金融信托投资机构管理暂行规定》（1986年）、《信托法》（2001年）、《信托投资公司管理办法》（2001年）、《信托公司管理办法》（2007年）等法律法规的出台实施，使信托业发展逐渐步入正轨。党的十八大以来严控金融风险，2018年4月，中国人民银行等四部门联合发布《关于规范金融机构资产管理业务的指导意见》（简称"资管新规"），强化对金融机构资产管理业务的规范性要求，明确资管产品的统一监管标准，回归本源、展业经营成为信托机构的发展方向。

2. 信托公司的业务运作

信托公司是指以受托人身份接受客户委托，代客户管理、经营、处置财产，为委托人或受益人利益着想并提供各种投资服务的金融机构。

信托公司收益来源为手续费，其服务对象范围广泛，具备法律行为能力的法人或个人都可成为委托人。主要业务范围包括：资金信托、动产信托、不动产信托、有价证券信托、其他财产或财产权信托，作为投资基金或者基金管理公司的发起人从事投资基金业务，经营企业资产的重组、并购及项目融资、公司理财、财务顾问等业务，受托经营国务院有关部门批准的证券承销业务，办理居间、咨询、资信调查、代保管和保管箱业务及法律法规规定或监管部门批准的其他业务。此外，还可以依据法律法规的有关规定开展公益信托活动。其业务运作特点是受人之托，为人管业和代人理财，具有财产管理和运用、融通资金、提供信息与咨询以及社会投资等功能。

在投资业务运作方面，信托公司与资本市场关系密切。一方面通过为委托人提供投资方面的专业经验和技术，将社会闲置资金引入正确的投资方向；另一方面通过与资本市场相关的特定信托业务实现对受托资金的管理，促进储蓄向投资的转化及经济健康发展。信托机构的投资业务大多分为两类：一是以上市公司的股票和债券为经营对象，通过证券投资交易获取收益；二是以投资者身份直接参与对企业的股权投资。

3. 信托公司的经营管理

按照信托法律规定，信托公司管理运用或者处分信托财产，必须恪尽职守，履行诚实、信用、谨慎、有效管理的义务，维护受益人的最大利益。对委托人、受益人以及所处理信托事务的情况和资料负有依法保密的义务（法律法规另有规定或者信托文件另有约定的除外）。信托公司应当将信托财产与其固有财产分别管理、分别记账，并将不同委托人的信托财产分别管理、分别记账；应当依法建账，对信托业务与非信托业务分别核算，并对每项信托业务单独核算。

（二）金融租赁公司

租赁是指财产所有者（出租人）按契约规定将财产租让给承租人使用，承租人根据契约按期支付租金给出租人的经济行为，属于对物品使用权的借贷活动。金融租赁公司是指经监管部门批准，以经营融资租赁业务为主的非银行金融机构。

1. 金融租赁机构的发展

中国的融资租赁业起始于20世纪80年代初期，1981年成立的中国东方租赁有限公司和中国租赁有限公司是最早成立的专门负责进口设备的租赁机构。1984年起，以金融机构为主要投资人设立的内资融资租赁公司陆续出现，但因业务经营缺乏规范曾多次被清理整顿。2000年中国人民银行发布，2007年、2014年、2024年三次修订的《金融租赁公司管理办法》明确了金融租赁公司是以经营融资租赁业务为主的非银行金融机构。

2. 金融租赁公司的业务运作

按承担风险的不同，金融租赁公司主要经营的业务类型也不同。

（1）公司自担风险的业务，可分为直接融资租赁和回租租赁。直接融资租赁是指金融租赁公司以收取租金为条件，按照用户企业确认的具体要求，向其指定的出卖人购买租赁物并出租给该用户企业使用的业务。回租租赁是指承租人将拥有的资产出卖给出租人，并与出租人签订租赁合同，再从出租人那里将同一资产租回的租赁形式。

（2）公司与其他机构共同分担风险的业务，可分为联合租赁和杠杆租赁。

联合租赁是指多家租赁公司对同一个项目提供融资租赁，其中一家租赁公司作为牵头人，各家租赁公司同其订立体现资金信托关系的联合租赁协议。杠杆租赁是指融资租赁项目中的大部分资金，由其他金融机构以银团贷款形式提供。这些金融机构对承办该融资租赁项目的租赁公司无追索权，只按所提供资金在该项目租赁融资额中的比例直接享有租赁收益。

（3）公司不承担风险的融资租赁业务，主要是委托租赁。它是指融资租赁项目中的租赁物或用于购买租赁物的资金是一个或多个法人机构提供的信托财产，租赁公司以受托人身份同委托人订立信托合同，项目的风险和收益全部归委托人，金融租赁公司则依据信托合同约定收取由委托人支付的报酬。

3. 金融租赁公司的经营管理

（1）资本与风险管理。金融租赁公司应当按照国家金融监督管理总局的相关规定构建资本管理体系，合理评估资本充足状况，建立审慎、规范的资本补充、约束机制。金融租赁公司应当根据组织架构、业务规模和复杂程度建立全面的风险管理体系，对信用风险、市场风险、流动性风险、操作风险、国别风险、声誉风险、战略风险、信息科技风险等各类风险进行持续有效的识别、计量、监测和控制，同时应当及时识别和管理与融资租赁业务相关的特定风险。

（2）租赁物管理。金融租赁公司应当选择适合的租赁物，确保租赁物权属清晰、特定化、可处置、具有经济价值并能够产生使用收益，不得以低值易耗品作为租赁物，不得以小微型载客汽车之外的消费品作为租赁物，不得接受已设置抵押、权属存在争议或已被司法机关查封、扣押的财产或所有权存在瑕疵的财产作为租赁物。金融租赁公司应当合法取得租赁物的所有权。租赁物属于未经登记不得对抗善意第三人的财产类别，金融租赁公司应当依法办理相关登记。

（3）客户管理。金融租赁公司向承租人提供的是相当于设备全额资金信贷的等价物，实际是以租物的方式进行融资，应建立健全相关价值评估和定价体系。融资租赁的期限一般接近租赁物的经济寿命，当租期至期末时，租赁物仅剩一些残值，此时承租人可以以象征性价格购进并取得所有权。由于大多是针对单一客户的租赁过程，客户管理极为重要。此外，金融租赁公司还需要根据租赁物的价值、其他成本和合理利润等确定租金水平。

（三）金融资产管理公司

资产管理是指管理人根据资产管理合同约定的方式、条件、要求及限制，对客户资产进行经营运作并收取费用的业务。金融资产管理公司是从事此类业务的专业机构。从我国的实践过程来看，主要包括两类：一是专门处置不良资产的金融资产管理公司；二是从事商业性业务的资产管理公司，以及商业银行、证券公司、保险公司等设立的资产管理公司或业务部门。

1. 金融资产管理公司的发展

（1）专门处置不良资产的金融资产管理公司。为处理国有商业银行的不良资产，1999年分别成立信达、华融、东方、长城四家金融资产管理公司，是国有独资非银行金融机构。主要职能是收购国有银行不良贷款，管理和处置因收购国有银行不良贷款而形成的资产，以最大限度保全资产、减少损失为主要经营目标。2007年以后，四家金融资产管理公司开始商业化运作，先后完成股份制改造，中国信达、中国华融分别在香港联合交易所主板上市，形成全牌照的金融控股集团。2024年1月，中国华融更名为"中国中信金融资产管理股份有限公司"。2025年2月，作为四家金融资产管理公司控股股东的财政部宣布将全部股权转让给中央汇金公司。

（2）商业性资产管理公司。这类公司多由银行、证券公司、保险公司设立，如工银资管（全球）有限公司、中信资产管理有限公司、中国人保资产管理有限公司等。2020年2月，全球资产管理巨头橡树资本的全资子公司橡树（北京）投资管理有限公司注册成为首家外资控股的金融资产管理公司。此外，地方性资产管理公司也在快速发展，并在处置不良资产、盘活存量资产、防范和化解金融风险、支持实体经济发展等方面发挥了积极作用。

2. 不同类型金融资产管理公司的业务运作特点

专门处置不良资产的资产管理公司的主要业务是审慎收购处置不良资产，通过对不良资产尽职调查、估值定价、存续期管理、重组增值运作、资产处置等，采取各种方式有效管理和变现资产，包括清收、拍卖、经营等。金融资产管理公司借助其知识、技术、法律等专业优势化解风险，发挥金融救助和逆周期调节的功能作用。

商业性资产管理公司的主要业务包括：受托管理系统内资产，接受第三方委托管理受托资产，参与企业债务重组、不良资产流转，担任投资顾问（包括QFII投资顾问）、财务顾问，等等。

（四）消费金融公司

根据2024年3月公布的《消费金融公司管理办法》，消费金融公司是指经国家金融监督管理总局批准，在中华人民共和国境内设立的，不吸收公众存款，以小额、分散为原则，为中国境内居民个人提供以消费为目的的贷款的非银行金融机构。设立专业的消费金融公司，可以为银行无法惠及的个人客户提供消费性质的贷款和金融服务，满足不同群体消费者不同层次的消费需求。

1. 消费金融公司的发展

受长期的短缺经济和低收入制约，中国 2009 年才试点设立从事消费信贷服务的金融机构。刚起步时，大部分消费金融公司主要通过与大型线下零售商合作、在商场等地以现场获客的方式切入消费信贷市场。2015 年后，线上消费爆发式增长，个人消费方式向移动端转移；部分消费金融公司依托强大的股东背景，通过线上获客渠道发力；部分线上审批、数据分析能力缺失的消费金融公司也通过与互联网巨头的合作快速扩大规模。2020 年以后，新成立的消费金融公司借助其股东生态场景体系、数据优势和技术能力进入消费信贷市场，在促消费、惠民生、稳增长方面发挥着积极作用。与此同时，风险管控也面临重大挑战。

2. 消费金融公司的业务运作

消费金融公司的资金主要来源于股东增资、同业拆借、发行金融债、资产证券化融资、银行贷款等。主营发放以小额、分散为特点的个人消费贷款（不包括住房及汽车贷款），借款人贷款余额不得超过 20 万元。这类消费贷款多是信用贷款，无须担保、抵押，可以随借随还，单笔授信额度小，服务方式灵活，期限一般为 1~3 年；主要服务于银行等传统机构覆盖不到的人群；其在支付方式、产品定价与计息方式、额度范围与还款期限以及额度循环方式等方面与银行存在一定的差异。

3. 消费金融公司的经营管理

消费金融公司的贷款定价较为灵活主动，可根据资金成本、风险成本等因素，在法律法规允许的范围内自主决定。由于主要发放的是无担保、无抵押的信用贷款，需要特别注重信贷风险管理，建立全面有效的风险管理体系。

第三节　证券业金融机构的运作与管理

证券业是专门从事证券投资活动服务的金融行业。证券业金融机构，是指通过各类证券、票据等债权或股权凭证，为资金供求双方直接达成资金配置提供中介服务（含证券设计和发行、交易服务、财务咨询等）的金融机构，包括证券公司、证券投资基金管理公司、期货公司等多种类型。作为直接融资的中介机构，其为投融资双方提供服务，有利于全社会资金的有效配置与合理运转。

一、证券业金融机构的发展与行业特征

（一）证券业金融机构的发展

证券业金融机构在我国的发展历史相对较短。1843年，买卖外国企业股票的现象在上海出现。1869年，专业商号"长利公司"开始办理外国企业的股票买卖、转让业务。1872年，轮船招商局发行了股票。首家民族证券公司是1882年华商设立的上海平准股票公司。1891年，从事证券买卖的外国商人筹建上海股份公所，1905年改为上海众业公所并在香港正式注册。为支持民族股份经济发展和刺激公债交易，1916年在汉口成立了首家民族证券交易所。1918年后北洋政府批准设立了北京证券交易所、上海证券物品交易所和上海华商证券交易所等，但终因当时中国工业化进程迟缓，证券业一直没有良好的发展基础。

新中国成立以后曾一度取消了直接融资，证券业金融机构也随之消失。改革开放以后，为满足证券发行与交易的需要，20世纪80年代的证券业务主要由商业银行或其附属机构完成。随着一级市场、二级市场的建立与发展，证券业务从商业银行业务中分离出来，一批专门从事证券业务的证券公司成立并成为证券业机构的主体。1990年开业的上海证券交易所与1991年开业的深圳证券交易所，标志着我国证券市场进入了大规模发展阶段。1998年的《证券法》、2003年的《证券投资基金法》、2008年的《证券公司监督管理条例》、2022年的《期货和衍生品法》、2024年的《金融机构合规管理办法》等系列法律法规先后出台，特别是证券发行与上市保荐制度、注册制等的实施，明确、强化了不同类型证券业金融机构的市场定位与服务职能。证券业金融机构内部合规管理、风控要求日益严格，业务结构及创新类型与市场需求日益贴合，数字化转型明显提升了经营管理的效率。党的十八大以来，尽管加快推进国际化进程，但与国际头部券商相比，中国证券业机构在规模、业务运作和经营管理方面仍然存在一定的差距，国际竞争力有待提高。

（二）证券业金融机构的行业特征

1. 以有价证券为业务活动的载体，规范性要求高

证券业机构的业务活动，主要是以各种票据、股票、债券以及各类金融衍生品等有价证券为载体，以金融市场为平台，围绕有价证券的发行、流通和投资而进行。由于有价证券的特殊性，各国对证券业金融机构的业务运作和资质有着严

格的规范要求，以保障证券市场良好发展。

2. 业务与服务类型广泛，机构类型多，涉及面广

证券业金融机构的业务与服务类型广泛，主要包括：证券经纪、投资咨询；证券发行及交易的咨询、策划、财务顾问、法律顾问及其他配套服务；证券资信评估服务；证券集中保管；证券清算交割服务；证券登记过户服务；证券融资；经证券管理部门认定的其他业务等。因此，证券业金融机构类型众多，涉及面广泛，不同类型的机构各司其职、分工协作，共同促进金融市场的运作与发展。

3. 在促进有价证券投融资活动中发挥核心作用

第一，促进证券投融资活动顺利进行。通过参与证券发行、承销及其他与证券经营相关的业务，开展各种投融资业务服务，进行与投融资活动相关的资本运营、公司理财等，促使投融资活动顺利进行。第二，降低投资者交易成本和信息搜寻成本，广泛收集、分析、加工信息，为投资者提供所需信息，降低投资者投资成本。第三，为投资者规避、分散和转移风险提供可能。依据对各种信息的专业化处理，通过提供灵活多样的金融工具、投资组合以及信息披露，为投资者获得有效的风险管理提供可能。

二、证券业金融机构的业务运作

（一）证券业金融机构的基本业务类型

根据中国人民银行的分类，证券业金融机构类型多样，业务各具特色，具体如表6-1所示。

表6-1 主要的证券业金融机构及其业务类型

机构类型	基本概念	基本业务类型
证券公司	依照《公司法》规定设立的并经证监会审查批准而成立的专门经营证券业务、具有独立法人地位的金融机构	证券经纪，证券投资咨询，与证券交易、投资活动有关的财务顾问，证券承销与保荐，证券自营，证券资产管理，其他证券业务等
期货公司	依照《公司法》《期货和衍生品法》规定设立的经营期货业务的金融机构	期货经纪业务、期货交易咨询业务、期货做市交易、资产管理业务、风险管理业务等
证券投资基金管理公司	经证监会批准，在中华人民共和国境内，从事证券投资基金管理业务和证监会许可的其他业务的企业法人	证券投资基金业务、受托资产管理业务、投资咨询服务、社保基金管理及企业年金管理业务、QDII业务等

续表

机构类型	基本概念	基本业务类型
证券投资咨询公司	经证监会批准设立，为证券、期货投资人或者客户提供证券、期货投资分析、预测或者建议等直接或者间接有偿咨询服务的金融机构	证券投资业务咨询、市场分析与政策研究咨询、策划上市公司方案咨询等
证券登记结算公司	专门办理证券存管与交易、资金结算交收以及证券过户业务的服务机构	证券账户、结算账户的设立；证券的托管和过户；证券持有人名册登记；证券交易所上市证券交易的清算和交收；受发行人的委托派发证券权益；办理与上述业务有关的查询；证监会批准的其他业务
证券资信评级机构	专门评价有价证券（含股票、债券的优劣等级和有价证券发行者的还本付息能力）的机构	针对有价证券、证券发行人、上市公司等进行评级

（二）证券业金融机构的业务运作特点

1. 以各种有价证券为业务活动载体，业务经营的风险较大

证券业金融机构的业务活动以金融市场为中心，围绕各种金融工具主要是有价证券的发行和流通展开业务活动，需要遵循有价证券的运作和管理要求。此外，证券业务特别是各类自营业务出现风险的概率较高，证券业金融机构必须严格管控风险，重视合规管理，维护证券市场的稳定。

2. 业务专业性强、要求高

证券业金融机构主要为证券市场提供服务，其业务或是促进证券发行与承销、促成证券交易的经纪、自营买卖，提供资本运营服务，或是进行基金管理、资产证券化、风险投资等，这些都对专业性提出高要求。

3. 需要遵循公开、公平和公正的业务原则

证券业金融机构提供的服务有信息密度高的特点，定期对外公布与传递信息是投资类金融机构的重要工作。因此，遵循公开、公平和公正的原则，依据法律法规发布准确信息，帮助投资者进行投资决策，是其业务活动的基本原则。

> **原理6-6** 证券业金融机构通过证券发行与交易等业务，为资金供求双方提供中介服务，业务专业性强、风险大，公开、公平、公正是其开展业务的基本原则。

三、证券业金融机构的经营管理

不同类型证券业金融机构的经营对象、产品与服务各具特点，因此在经营管理上存在一定的差异。下面介绍三类主要机构的经营管理。

（一）证券公司的经营管理

作为联结资金需求和资金供给者的中介，证券公司以最低成本实现资金所有权和经营权的分离，为经济增长注入资本或转移资本，促进资源优化配置。

证券公司主要有两种：一是经纪类证券公司，是指只能从事单一的经纪业务的证券机构。其提供证券交易的基本条件和服务，主要业务包括接受客户的委托代理买卖证券，代理证券的还本付息、分红派息，证券代保管、鉴证，代理登记开户等。二是综合类证券公司，其既可从事经纪业务，又可开展证券自营、证券承销以及财富管理、资产管理、融资融券、股票质押、投资顾问等与证券相关的各种业务。目前我国的证券公司大多是综合类的，如中信证券、中金公司、中信建投、华泰证券等。

作为直接融资市场上重要的组织者和中介，证券公司主要提供与资本市场有关的智力服务。例如，为客户量身定做可供选择的各种投融资方案；积极参与企业并购、项目融资、风险投资、公司理财、资产管理、基金管理、资产证券化等市场活动。证券公司的主要收入来源是各种服务的手续费或佣金。

证券公司需要加强内部管理，建立严格的内部控制制度以及有关隔离制度，将投资银行业务、经纪业务、自营业务、受托投资管理业务、证券研究和证券投资咨询业务等在人员、信息、账户上严格分开管理，防止利益冲突；建立以净资本和流动性为核心的风险控制指标体系，根据自身资产负债状况和业务发展情况，建立动态的风险控制指标监控和资本补足机制等。

（二）证券投资基金管理公司的经营管理

证券投资基金管理公司是基金产品的募集者和管理者，最主要的职责是按照基金合同的约定，负责基金资产的投资运作，在有效控制风险的基础上为基金投资者争取最大的投资收益。证券投资基金按照发行方式分为公募和私募。公募基金是指以公开方式向社会公众投资者募集资金并以证券为主要投资对象的证券投资基金；私募基金是指以非公开方式向特定投资者募集资金并以特定目标为投资对象的证券投资基金。

证券投资基金管理公司在基金运作中具有核心作用，其多承担基金产品的设计、基金份额的销售与注册登记、基金资产的管理等重要职能。其业务运作与管理的基本特点包括：集合理财、专业管理；组合投资、分散风险；利益共享、风险共担；严格监管、信息透明；独立托管、保障安全。

（三）期货公司的经营管理

期货公司是指依法设立的、接受客户委托、按照客户的指令、以自己的名义为客户进行期货交易并收取交易手续费的中介组织。1992年，我国第一家期货经纪公司——广东万通期货经纪公司成立。随着市场经济与资本市场的发展，期货公司数量逐渐增多。根据2022年4月发布的《期货和衍生品法》，对期货公司的管理规范主要包括以下几方面：

（1）期货业务实行核准制度。经国务院期货监督管理机构核准，期货公司可从事期货经纪、期货交易咨询、期货做市交易、其他期货业务等。如果从事资产管理业务，应当符合《证券投资基金法》等法律和行政法规的规定。

（2）期货交易制度。第一，账户实名制。进行期货交易的交易者应持有证明身份的合法证件，以本人名义申请开立账户。第二，保证金制度。期货结算机构向结算参与人收取保证金，结算参与人向交易者收取保证金。保证金用于结算和履约保障。第三，持仓限额制度。目的是防范合约持仓过度集中的风险。

（3）期货公司接受交易者委托为其进行期货交易，应当签订书面委托合同，以自己的名义为交易者进行期货交易，交易结果由交易者承担。从事经纪业务，不得接受交易者的全权委托。期货公司从事资产管理业务，接受客户委托，运用客户资产进行投资的，应公平对待所管理的资产，不得违背受托义务。

（4）期货公司应当依法经营，勤勉尽责，诚实守信。应当建立健全内部控制制度，采取有效隔离措施，防范经营机构与客户之间、不同客户之间的利益冲突；应当将期货经纪业务、期货做市交易业务、资产管理业务和其他相关业务分开办理，不得混合操作；应当依法建立并执行反洗钱制度。

第四节 保险业金融机构的运作与管理

保险是指投保人根据合同约定，向保险人支付保险费，保险人对于合同约定的可能发生的事故因其发生所造成的财产损失承担赔偿保险金责任，或者当被保险人死亡、伤残、疾病或者达到合同约定的年龄、期限等条件时承担给付保险金责任的商业保险行为。保险业是专门从事保险业务经营的金融行业，是现代金融业和社会保障体系的重要支柱。保险业金融机构是指为企业和个人提供相关保险产品和服务的金融机构，通过其业务运作与经营管理，在市场经济中发挥着分散风险、资源配置、提供保障等重要作用。

一、保险业金融机构的发展与行业特征

保险是人类社会处理风险的一种科学手段。保险学意义上的风险是指损失的不确定性。风险的发生具有客观性。尽管个别风险是不确定的，但长期大量风险的发生往往呈现出规律性，可以利用科学的方法计算出险的概率及损失程度。由于风险的发生必然造成一定的经济损失或产生特殊的经济需要，通过经济补偿可以消除或减轻风险造成的损失，成为一种有效分摊意外风险损失和提供经济保障的财务安排。保险业的发展演进已有数千年历史，目前已经成为金融业的三大支柱性行业之一，具有鲜明的行业特征。

（一）中国保险业金融机构的发展简史

中国在远古时代就出现了类似补偿和分摊意外损失的经济手段。夏朝以后出现的荒政处置和庞大的仓储制度，是中国社会保险的雏形。如仓储制度中的义仓、社仓源于汉代，成熟于北齐，兴盛于隋唐，此后被各朝代沿用，成为中国救灾赈灾制度体系的重要组成部分，其相互扶助与救济精神体现了保险的精髓。商业保险萌芽于货物运输，从明清两代镖局制度的兴盛中可见陆路运输保险的发达。但因商品经济发展的落后，保险业始终未能形成气候。1805年，英商在广州开设了第一家外资保险机构——谏当保安行，之后外资保险机构一直垄断保险业。洋务运动之后成立中国第一家民族保险机构——义和公司保险行，1865—1911年，华资创办的保险公司有45家。新民主主义革命时期，官僚资本进入保险业，但未撼动外资保险垄断地位，却挤压了民族资本保险机构，保险业的发展举步维艰。

新中国成立以后，中国人民保险公司于1949年10月设立，由中国人民银行领导，作为全国性的国有保险机构开展各项保险业务；对原有保险业进行改造，采取了没收官僚资本保险机构、取消外资保险垄断特权、利用和改造民族资本保险机构并最终将其纳入中国人民保险公司等举措。在"大一统"金融体系下，1959—1979年停办了国内保险业务，保险业发展处于停顿状态。

党的十一届三中全会以后，1980年起全面恢复国内保险业务。1986年，以

新疆生产建设兵团农牧业生产保险公司成立为标志，保险机构进入多元化发展格局，财产保险、人身保险、农业保险、养老保险、健康保险、汽车保险、保险资产管理公司和保险服务机构相继设立；1992年，以美国友邦保险公司在上海开设分公司为标志，保险业开启了对外开放之路，逐步形成国有控股（集团）公司、股份制公司、专业性公司和外资公司共同发展的格局。1995年的《保险法》、2001年的《外资保险公司管理条例》、2012年的《农业保险条例》、2021年的《保险公司偿付能力管理规定》、2024年的《中国出口信用保险公司监督管理办法》、2025年的《保险集团并表监督管理办法》等系列保险法律法规的颁布实施，为保险业机构的发展与管理提供了相关法律依据。进入21世纪后，我国的保险市场主体更加多元、定位更加明确，市场化竞争程度日益加深，保费收入持续增长；保险业金融机构的产品供给与服务创新力度加大，机构运行与管理日益规范和成熟，国际化深度和广度持续提升。保险行业在经济和社会发展中发挥着更为关键的支柱作用，为我国实现高质量发展贡献更多力量。

（二）保险业金融机构的行业特征与特殊功能

1. 保险业金融机构的行业特征

保险业金融机构具有四个显著特征：一是互助性，通过投保人共同出资建立保险基金，在某个投保人出险受损时给予补偿，体现了"一人为众，众为一人"的互助性；二是经济性，保险是一种经济保障活动，保障的对象是物质资料和劳动力两大经济要素，保障的手段是货币形式的补偿，最终都是为了发展经济；三是契约性，保险业金融机构经营以合同的形式建立保险关系，保险双方当事人都必须依《保险法》规定履行保险合同的权利和义务；四是科学性，保险业金融机构的经营以概率论、大数法则和精算学等科学的数理理论为基础，以精密的数理计算为依据来厘定保险费率、提存保险准备金、给付理赔。

2. 保险业金融机构的特殊功能

在历史发展的过程中，保险业金融机构的功能不断演化，从最初单纯的经济补偿逐步拓展到资金融通和社会管理等功能。

（1）经济补偿功能是指通过财产保险的补偿和人身保险的给付发挥保险保障的作用。财产保险可以在价值上弥补已经存在的社会财富因灾害事故所致的实际损失；人身保险可以在保险事故发生、被保险人到达约定的年龄（期限）时按照约定给付保险金，有助于维持家庭正常生活。这是保险业最基本的功能，也是区别于其他行业最根本的特征。

（2）资金融通功能是指将暂时闲置的保险资金投入社会再生产过程中，发挥资金融通的作用。由于保费收入与赔付支出之间存在时间滞后，保险公司在运作中形成了巨额保险资金，运用保险资金进行投资以实现保值与增值可以增强赔付能力。截至 2024 年年底，我国保险资金运用余额 33.26 万亿元。保险资金作为资本市场最大的机构投资者之一，具有长期投资的优势，在支持资本市场稳健运行、优化资源配置和投资者结构方面发挥了重要作用。

（3）社会管理功能是指对社会运行各环节进行调控及相应的风险管理，确保各系统各部门的功能正常发挥。一是通过商业保险的"减震器"作用，在社会保障体系中发挥重要作用；二是通过专业化管理降低风险发生的概率，实现对社会风险的控制和缓释；三是通过定损、理赔等业务避免当事人可能出现的各种纠纷，和谐社会关系；四是通过保险业践行的最大诚信原则，完善社会信用体系。党的二十届三中全会提出，我国将加快发展多层次多支柱养老保险体系，扩大年金制度覆盖范围，推行个人养老金制度。发挥各类商业保险补充保障作用。推进基本医疗保险省级统筹，深化医保支付方式改革，完善大病保险和医疗救助制度，加强医保基金监管。健全社会救助体系。

规范发展第三支柱养老保险

📖 **原理 6-7** 保险业金融机构基于大数法则和精算科学，通过专业化运营汇聚并管理风险，利用保费收取与赔付之间的时间差进行审慎投资，实现经济补偿、资金融通和社会管理等功能。

二、保险业金融机构的业务种类

按《保险法》的规定，保险业内部实行财产保险和人身保险业务分离。

（一）财产保险的种类

财产保险是指以财产及其有关利益为保险标的，以补偿投保人或被保险人的经济损失为基本目的的保险。财产保险主要有四种：(1) 财产损失保险，可细分为企业财产保险、家庭财产保险、运输工具保险、货物运输保险、工程保险、农业保险等。(2) 责任保险，以被保险人对第三者依法应负的民事赔偿责任为标的。责任保险仅承保被保险人的过失侵权民事责任，主要险种有产品责任保险、雇主责任保险、职业责任保险、环境污染责任保险、建筑工程第三者责任保险等。(3)信用保险，以信用风险为标的，主要包括出口信用保险、贷款信用保险、预付信用保险、抵押信用保险等。(4)保证保险，以承诺或违约为标的，主要分为诚实保证保险和确实保证保险。前者是对保险人不诚实行为造成的经济损失承担赔偿责任；后者是对被保证人不履行其义务时给被保险人造成的经济损失承担赔偿责任，此种保险由被保证人投保。

(二)人身保险的种类

人身保险业务的主要种类

人身保险是以人的寿命和身体为标的的保险。疾病、伤残、死亡等都是难以准确预计的随机事件，但都会给人们带来生命风险或增加经济负担，人身保险为应对这些风险提供了有效的保障。人身保险种类繁多，按不同的标准有不同的分类。最常见的主要有人寿保险、意外伤害保险和健康保险三种。

三、保险业金融机构的经营管理

保险业的经营对象、产品与服务不同于银行业与证券业，在经营管理上也有很大差异。下面以保险业的经营机构主体——保险公司为对象进行阐释。

(一)保险公司业务经营的特殊性

保险公司以特定风险为经营对象，对出险造成的经济损失进行补偿。其业务经营有三个特点：一是保险产品的特殊性。因为保险公司经营的是看不见、摸不着的风险，提供的产品是在各种条款约定下承诺补偿的保险合同。二是资产负债的特殊性。保险公司负债主要来源于投保人缴纳的保费，作为对被保险人未来赔偿或给付的准备金；保费的运用则构成其主要资产。保险公司的资金运用必须稳健，遵循安全性原则。保险公司应当缴纳保险保障基金，集中管理并按照监管要求使用。三是经营成本与利润计算的特殊性。因为保险产品的现价是依据过去的大数据精算出来的，要覆盖未来可能产生的各项成本，故保险公司的经营成本具有不确定性，其利润计算也不同于一般金融机构，其中的准备金及未决赔款是影响利润的重要项目。保险公司应当根据保障被保险人利益、保证偿付能力的原则，提取各项责任准备金。保险公司应当具有与其业务规模和风险程度相适应的最低偿付能力。

(二)保险公司经营管理的原则

除了安全性、流动性、效益性原则，保险公司经营管理还有以下三个特殊原则。

1. 风险大量原则

风险大量原则是指保险人在可保风险的范围内，应根据自己的承保能力争取承保尽可能多的风险和标的。因为只有承保尽可能多的风险和标的，才能建立起雄厚的保险基金，以大数法则为基础使风险发生的实际情形更接近预先计算的风险损失概率，以确保保险经营的稳定性。

2. 风险分散原则

风险分散原则是指使风险分散的范围尽可能扩大，由多个保险人或被保险人共同分担某一风险责任。通过扩大地理范围、经营多种业务、长短期结合跨时经营来分散风险；核保时通过控制保险金额、规定免赔额（率）、实行比例承保来分散风险；承保后以再保险和共同保险为主要手段来分散风险。

3. 风险选择原则

风险选择原则是指保险人应充分认识、准确评价承保标的的风险种类与风险程度，以及投保金额的恰当与否，从而决定是否接受投保。保险公司应尽量选择同质风险的标的承保，淘汰超出可保风险条件或范围的保险标的。

（三）保险公司经营管理的重点

保险公司经营管理的重点一般聚焦于以下四个方面。

1. 产品的开发与定价

产品是保险公司业务运作的核心，开发适销对路的产品并通过大数据精算合理定价，是保险公司展业并获得客户认可的关键。保险产品的开发应该在符合法律法规的前提下，根据市场需求，在精算评估可保风险的基础上公平合理地确定保费。保险产品的定价包括保险给付、相关费用和边际利润的精算现值。

2. 核保

核保是指保险人对投保申请进行审核，对可保风险进行评判与分类，进而决定是否接受投保的过程。主要对投保单、投保人资格、标的风险性质、业务责任范围、投保金额、保险费率、合同合法性等方面进行审核，防范道德风险和逆向选择风险。

3. 理赔

理赔是指保险人在保险标的发生风险事故后，对被保险人提出的索赔请求进行处理的行为。虽然不同险种的理赔具体内容有差异，但理赔管理的重点是相同的，即在接到出险通知和受理赔案后，迅速勘查损失，核定损失程度，调查确认出险原因，合理计算赔偿数额，按合同切实履行赔偿或给付义务。同时对追偿案件、损余物资和赔案以及客户对服务质量的反馈进行管理。

4. 资金运用

资金运用是指保险公司运用闲置保险资金进行各种形式的投资，以使资金增值的活动。保险资金主要来源于资本金、责任准备金和承保盈余。保险资金运用的重点是：遵循安全性、流动性、效益性原则，通过委托保险资产管理公司或专业投资机构，在《保险法》规定的资金运用形式中配置大类资产。

（四）保险公司的偿付能力管理

偿付能力是指保险公司对保单持有人履行赔付义务的能力。2021年1月银保监会发布的《保险公司偿付能力管理规定》规定，保险公司应当建立健全偿付能力管理体系，有效识别管理各类风险，不断提升偿付能力风险管理水平，及时监测偿付能力状况，编报偿付能力报告，披露偿付能力相关信息，做好资本规划，确保偿付能力达标。

1. 偿付能力管理的必要性

由于保险经营对象是保单，一经签发就具有法律效力，一旦出险或保单期满，保险公司就有赔偿或给付义务，若偿付能力弱就无法履约或面临破产。因此，偿付能力是保险公司生存的基础，是保险业稳健经营的关键，也是维护被保险人利益的基本保证。保障和增强保险公司的偿付能力是保险监管的核心。

2. 从"偿一代"到"偿二代"的变化

以2003年保监会发布的《保险公司偿付能力额度及监管指标管理规定》为标志，我国建立了定量的偿付能力监管标准，简称"偿一代"。其特点是规模导向，主要依赖定量监测指标，侧重于资产负债评估。随着保险业的快速发展，针对"偿一代"的局限性，保监会于2012年启动、2016年正式实施保险业第二代偿付能力监管体系，简称"偿二代"。其主要特点：一是以资本为核心、以风险为导向，建立风险分层监管模型；二是实行统一监管；三是将偿付能力作为监管基础；四是与国际保险监管规则兼容；五是将宏观审慎监管纳入保险监管体系。第九章将做详细讨论。

3. 偿付能力管理的重点

按照"偿二代"的要求，保险公司对偿付能力管理的重点包括以下几方面：

（1）保持偿付能力充足指标达标。一是核心资本与最低资本之比的核心偿付能力充足率；二是核心资本加附属资本之和与最低资本之比的综合偿付能力充足率；三是根据定量定性评价相结合确定的风险综合评级保持在B类以上。

（2）资本管理。首先保持最低资本达标，以应对保险风险、市场风险、信用风险等各种风险对偿付能力的不利影响；其次保持由核心资本和附属资本构成的实际资本达标，确保公司在持续经营或破产的情况下有吸收损失的经济实力。

（3）建立健全全面风险管理框架，采取定性和定量相结合的方法，识别、计量、评估、监测、报告、控制或缓释所承担的各类风险。

重要术语

金融产业　金融机构　分业经营　混业经营　金融控股公司　金融集团　公司治理　社会责任　金融伦理　金融文化　存款类金融机构　商业银行　政策性银行　证券业金融机构　保险业金融机构　偿付能力

思考题

1. 金融产业最为核心的特征是什么？
2. 金融机构的基本功能及其在市场经济发展中的作用是什么？请举例说明。
3. 请说明我国金融机构体系的构成，并分析其基本特征。
4. 请结合实例说明我国金融机构的公司治理特征。
5. 总结我国银行业金融机构的发展变化历程，并分析其行业特征。
6. 商业银行和政策性银行有何不同？为什么？
7. 我国证券业金融机构的基本类型有哪些？其主要业务与运作特点是什么？
8. 我国保险业金融机构的行业特征与特殊功能有哪些？保险公司为什么要特别重视偿付能力管理？

即测即评

第七章　金融市场体系与功能结构

结构合理的金融市场体系是中国特色现代金融体系的支柱之一。改革开放以来中国金融市场从无到有、从小到大，已形成了一个具有交易场所多层次、交易品种多样化和交易方式多元化的框架体系，在优化资源配置进而推动经济发展中发挥了重要作用。当前，中国正以构建结构合理的金融市场体系为导向，加快建设安全、规范、透明、开放、有活力、有韧性的资本市场，巩固深化常态化退市机制，提高上市公司质量；发挥好创业投资、私募股权投资支持科技创新作用，强化债券市场、货币市场、外汇市场的功能。本章在介绍金融市场基本理论知识的基础上，从发展视角刻画中国金融市场的变化，归纳市场结构特征，阐释市场运作的主要原理。

第一节　金融市场及其功能

金融市场是金融产品发行和交易的场所，是以金融产品为载体而形成的货币资金供求关系及其交易机制的总和。金融市场的出现和发展根植于实体经济运行的内在需求。金融交易的方式在人类历史的不同发展阶段是不一样的，相应地，金融市场的发展也呈现明显的阶段性。

一、金融市场的构成要素

（一）金融市场参与者

金融市场的参与者通常包括政府、金融机构、企业和居民。在开放的金融市场中，还包括国外部门主体。这些市场主体从参与动机的角度大致可分为筹资者、投资者、市场中介服务机构和监管者四类。

1. 筹资者

政府、金融机构和企业是金融市场中主要的筹资者。中国经济长期向好，不仅拥有超大规模的市场体量，且营商环境不断改善，创新活跃，产业升级势头强劲，来自实体经济不同类型主体的市场化融资需求极为强烈。

2. 投资者

金融市场的投资者包括机构和个人。机构投资者多为银行、基金、券商、保险公司以及 QFII 等金融机构，个人投资者为自然人。与欧美市场中机构投资者占据主导地位不同，中国市场中个人投资者数量较多。截至 2024 年年底，仅上海证券交易所 A 股市场投资者累计账户数就达到 3.7 亿，其中机构投资者开户数为 115.3 万。此外，2024 年年底境外机构和个人持有境内股票市值 2.9 万亿元。

3. 市场中介服务机构

市场中介服务机构是直接融资的服务商，包括证券公司、期货公司、基金管理公司等金融机构，以及会计师事务所、信用评级公司等咨询服务机构。第六章已对证券业金融机构体系作了介绍。

4. 监管者

金融市场的监管者依照法律法规制定市场准入、信息披露标准等运作规范，对内幕交易、市场操作、虚假陈述等违法行为进行惩罚打击，以维系市场秩序，确保市场的"公开、公平、公正"。目前，中国金融市场形成了以中国人民银行、国家金融监督管理总局、证监会为核心，其分支和派出机构、交易所、交易商协会与行业协会等共同构成的统一有序的监管体系。

（二）金融工具

金融市场的交易对象本质上是货币资金及与其交易相关的风险。货币资金与风险的交易通常需要借助金融工具作为载体来进行。不同的信用形式对应不同的金融工具，每种金融工具匹配不同的责、权、利，能满足金融交易双方在数量、期限、风险偏好和条件等方面的需要，具有广泛的社会可接受性。

截至 2024 年年底，中国金融市场上常见的金融工具包括：股票，有 A 股（含优先股）和 B 股两类；债券，有国债、地方政府债券、金融债、公司债等类型；基金，有货币市场基金、股票基金、债券基金、混合基金等类型；场内衍生品，涵盖 100 多个期货期权产品。同时，利率互换、外汇远期等衍生品在银行间市场等场外市场中快速发展。基础设施领域不动产投资信托资金（REITs）试点持续推进，中国存托凭证也正式在上海证券交易所科创板落地。

（三）金融工具的价格

金融工具的价格一般受时间价值、风险、流动性等因素影响，其变化不仅可反映资金的供求关系，也影响和制约资金供求双方的交易活动；政府对宏观经济的调节也通过间接调控金融产品的价格来实现。

中国股票和债券发行定价模式的变迁

股票、债券等有价证券价格包括发行价和市场价。发行价是金融产品在一级市场发行时的定价，一般有溢价、折价和平价三种发行类型。溢价发行是指发行价高于有价证券的面值；平价发行是指发行价与有价证券的面值相等；折价发行是指发行价低于有价证券的面值。股票多采用溢价发行，债券则多采用平价或折价发行。市场价是指金融工具在二级市场上交易的价格。和一般的商品相比，证券类金融工具作为"虚拟资本"，其价格形成机制最大的特点是面向未来，或者说其价格不受历史成本的影响，而主要由市场对其未来收益的预期决定。同时，考虑到未来收益具有不确定性，投资者风险偏好及其相关必要收益率也是决定金融工具价格的重要因素。

（四）金融市场交易的组织方式与交易机制

受市场本身的发育程度、技术的发达程度以及交易双方交易意愿的影响，金融交易主要有两种组织方式：

公司制证券交易所与会员制证券交易所的差别

一是场内交易，是指依托证券或期货交易所在固定场合开展有组织、有制度的集中交易方式。证券、期货交易所的组织形式有公司制和会员制两种。上海和深圳两个证券交易所，郑州商品交易所、上海期货交易所和大连商品交易所采用会员制组织方式；北京证券交易所、中国金融期货交易所和广州期货交易所则采用公司制组织方式。

二是场外交易，是指通过分散在各个金融机构柜台和主要电信网络设施买卖的场外交易或柜台交易方式。无论是场内交易还是场外交易，都越来越依赖现代化技术设施来完成，呈现较为明显的无形化态势。

按照价格形成方式可将交易机制划分为两种：一是报价驱动的做市商交易机制；二是委托驱动的集中竞价交易机制。场外市场（如货币市场、外汇市场）主要采用报价驱动的做市商交易机制；场内市场如交易所市场主要采用委托驱动的集中竞价交易机制。

集中竞价分为集合竞价和连续竞价两种方式。集合竞价是指对一段时间内接收的买卖委托一次性集中撮合的竞价方式，常适用于开盘和收盘阶段。以开盘阶段的集合竞价为例，投资者在集合竞价时段可根据前一天的收盘价和对当日股市的预测来输入交易委托，交易所在集合竞价时段最后时刻集中交易系统主机的所有委托下单，按可实现成交量最大的原则计算出开盘价。连续竞价是指遵循"价格优先、时间优先"原则，对申报的每一笔买卖委托，由交易系统在买进最高申报价与卖出最低申报价相同或买入申报价高于卖出申报价时由交易系统自动成交。近年来，交易所也在某些交易品种上尝试实施做市商交易制度。如深交所在上市开放式基金试行的主交易商制度，上交所在固定收益证券综合电子平台中推行的一级交易商制度，以及两家交易所针对股票期权采用的做市商交易机制。2022年5月，证监会发布《证券公司科创板股票做市交易业务试点规定》，意味着科创板做市商制度试点启动。

银行间市场以询价交易为主，证券市场则形成了以集中竞价为主、多种方式并存的交易模式，交易方式也从单一的现货交易，发展到现货交易、信用交易、衍生品交易并存的多元化交易。

（五）金融市场基础设施

金融市场基础设施是指为保证金融市场顺利运行的软硬件设施和制度安排，主要包括市场交易主机与网络系统、交易支付结算体系、金融资产登记存管系统、交易报告库、基础征信与金融信息系统、相关法律法规等。2001年以来，依托中国证券登记结算有限责任公司和中央国债登记结算有限责任公司，中国构建了全国集中统一的证券登记结算体系。目前，股票市场绝大多数产品和业务采用直接持有模式（即证券资产直接登记在投资者本人名下），仅在部分B股、QFII、港股通、融资融券等特定产品和业务中适用间接持有（即投资者持有的证券托管在机构名下）。债券市场建立了直接持有、一级托管账户体系，实现了券款对付结算和全额实时逐步结算处理。自主可控安全高效的金融基础设施体系，是构建中国特色现代金融体系的基础保障。

中国金融市场已经形成了一套以《公司法》《证券法》等法律为核心，以行政法规、部门规章、司法解释、规范性文件为主干，以交易所、登记结算机构、行业协会自律规则为配套的基础设施运行规制体系，保证了中国特色现代金融市场体系沿着法治化轨道前行。

二、金融市场的分类

在现代经济中,金融市场是一个复杂的巨大系统,包含了众多相对独立但彼此又紧密关联的子市场。按照不同的标准,常见的有以下分类。

(一)按交易工具融资期限划分

按交易工具融资期限是否超过1年的标准,金融市场可分为货币市场和资本市场。货币市场又称短期金融市场,是指专门融通1年以内短期资金的场所。资本市场又称中长期金融市场,是指以期限在1年以上的有价证券为交易工具进行中长期资金交易的市场。

(二)按交割期限划分

按交割期限,金融市场可分为现货市场和衍生品市场。现货市场一般采取即期交易方式,买卖双方成交后须在当天或规定的最后交割期限内付款交割。衍生品市场成交时买卖双方不需要立即交割,而是在合约所规定的未来某个时点或时期交割。衍生品是指在原生产品(或相关变量)之上派生出来、价格取决于原生产品价格(或相关变量)变动的金融工具。其形式是载明买卖双方交易品种、价格、数量、交割时间和地点等内容的合约与证券,既有远期、期货、期权、互换等简单衍生品,也包括种类不断增多的期货期权等复杂产品。

(三)按辐射地域范围划分

按辐射地域范围,金融市场可分为国内金融市场和国际金融市场。国内金融市场的参与主体的发行交易活动范围限于本国领土,均受单一司法管辖,可进一步分为全国性金融市场和地区性金融市场。国际金融市场的参与主体是不同国家或地区的自然人和法人,其活动范围超越国界,往往涉及多个司法辖域。欧洲美元市场也称离岸货币市场,是非居民之间以交易发生地之外的他国货币为交易对象的市场,其运行基本不受所在国法规和税制限制。

(四)其他分类标准及市场形式

其他分类标准包括交易标的物、交易组织形式等。按交易标的物,金融市场可分为货币市场、资本市场、衍生品市场、外汇市场、黄金市场、保险市场等。按交易组织形式,金融市场可划分为场内市场和场外市场。

三、金融市场的功能与效率

（一）金融市场的功能

金融市场在市场体系中具有特殊的地位，加上其运作规律和特点明显不同于其他市场，进而使其具有多方面的功能。具体来看，金融市场主要有以下六个方面的功能。

1. 资源配置与转化

金融市场通过收益率的差异和上下波动，市场上优胜劣汰的竞争及其对有价证券价格的影响，能够引导资金流向那些经营管理好、产品畅销、有发展前途的经济单位，从而有利于提高投资效益，实现资金在各地区、各部门、各单位之间的合理流动，完成社会资源的优化配置。金融市场上多种形式的金融交易形成纵横交错的融资活动，可以不受行业、部门、地区或国家的限制，灵活地调度资金，充分运用性质、期限、额度不同的资金，同时还能转化资金的性质和期限。

2. 流动性提供

金融市场为各个经济主体的流动性管理提供了基础机制和平台。如商业银行等金融机构对流动性要求很高，是其正常经营和防控风险的基础，货币市场是流动性管理的主要场所，金融机构可以在此调剂资金头寸余缺，融入资金弥补流动性缺口，融出多余资金获得收益，降低资金成本。资本市场也为投资者提供了流动性管理的市场机制，当基金等机构投资者、企业、个人投资者遇到流动性紧张时，可以抛出持有的股票、债券等有价证券，转化为货币，应对流动性需要，也可以将多余的流动性配置在证券资产上，获得一定的收益。

3. 定价与价格发现

金融市场上的金融产品价格是所有参与市场交易的经济主体对这些产品未来收益的期望的体现。买卖双方都会根据自身立场和所掌握的市场信息，并对过去的价格表现加以研究后，作出买卖决定。货币市场上的价格以利率为主，市场利率由资金供求双方自主交易决定。股票、场内衍生品交易中通过计算机撮合公开竞价出来的价格即为在此时点市场对金融产品当前或未来价格的平均看法，市场交易具有价格发现功能。

4. 风险分散和规避

金融市场上有多种融资形式可供选择，各种金融工具的自由买卖和灵活多样的金融交易活动,增强了金融工具的流动性,使资金供应者能够灵活地调整其闲置资金的保存形式,还可以通过交易顺利地分散或规避风险,实现风险收益相匹配的投资组合。虽然金融市场并不能最终消除金融风险,但为金融风险的分散和规避提供了丰富的手段和平台。

5. 投资与财富管理

金融市场中投资者买卖有价证券从事投资活动的主要目的是资产保值增值。当金融资产的交易价格发生变化时,会引起其持有者的财富数量发生改变,从而使以金融资产形式存在的财富在不同持有者间进行转移和再分配。金融市场通过创设收益和风险在不同程度上匹配的众多金融资产,扩大投资者资产组合选择范围,增加其财产性收入的同时,为社会创造了一种与经济增长相匹配的财富成长模式,建立一种在经济增长基础上可自由参与的财富管理和分享机制。

6. 宏观调控传导

现代金融市场是中央银行实施宏观金融调控的场所,也是财政政策和货币政策协调配合的重要平台。首先,金融市场为货币操作提供了平台。中央银行通过货币市场进行公开市场业务操作,买卖有价证券以调节货币供应量;实施再贴现政策,调整再贴现率以影响利率与信用规模。两者的实施都可以通过影响利率水平来调节资金供求,而市场利率的变化又是货币政策的中介指标和决策的参考依据。其次,财政政策的实施及其与货币政策的协调离不开国债等金融市场。国债的发行不仅为财政政策发挥积极作用提供了前提条件,而且为中央银行提供了公开市场操作的工具,成为财政政策和货币政策协调与配合的重要抓手。最后,金融市场还可以为政府产业政策的实施创造条件。

> **原理 7-1** 金融市场是由诸多投融资者在特定的价格机制、组织方式与交易机制下,依托市场基础设施进行金融产品发行和交易的总和,主要发挥资源配置与转化、流动性提供、定价与价格发现、风险分散和规避、投资与财富管理、宏观调控传导等功能。

(二)金融市场的效率

1. 金融市场效率的含义

金融市场功能发挥的有效程度通常用金融市场效率来衡量。一般而言,金融市场的有效性主要反映在以下三个方面:第一,金融市场活动的有效性,即交易成本较低，市场秩序和交易制度足够完善，能够吸引众多的交易者。第二，基于有效市场假说的金融市场定价的有效性，即市场的信息公开透明且充分，价格弹性较高，能够较快形成新的均衡价格，防止价格与价值的背离。市场上的价格不仅要反应迅速，同时还要能够反映所有已经公开的信息。第三，金融市场资源配置的有效性，即市场的流动性很高，资金能够根据公开信息和价格信号迅速并合理地流动，从而能够快速地实现资源的优化配置。

2. 金融市场的效率及其提升

改革开放以来中国金融市场发展很快，无论是货币市场还是资本市场都已达到了较大规模。但由于金融市场一直在改革中发展，许多制度都不够完善，市场管理仍有漏洞，存在交易成本较高、信息不够充分透明、市场交易主体理性程度低且行为不规范、市场投机氛围较浓、优胜劣汰机制不健全等问题，导致了市场运作效率不高。因此，提升金融市场效率需要多方面的努力。

首先，金融市场的市场属性极强，规范要求极高，必须以规则为基础，减少行政干预，充分发挥市场在资源配置中的决定性作用。这就需要按照市场化法治化要求，建立和完善基于"公开、公平、公正"原则的金融法律和市场规则体系，打造规则统一、监管协同的金融市场，并以此来保障金融市场的健康运行。公开原则又称为信息公开原则，其核心要求是与市场相关的信息必须及时、真实和充分地进行公开披露，实现市场信息的公开化，使市场具有充分的透明度。因为金融市场是资金供给者和需求者的直接交易，这就要求资金供给者根据其掌握的信息独立判断金融工具收益与风险的匹配性。这种资产直接交易的市场逻辑要求金融市场必须是透明的。所以，透明度就成为金融市场赖以存在和发展的前提，也是市场功能得以有效发挥的必要条件。公平原则要求金融市场不存在任何歧视，参与市场的各方主体都应当获得平等的权利和保护。公正原则要求监管机构应当公正对待市场参与各方，公正处理各项事务。

其次，提高市场化程度，在建立增强资本市场内在稳定性长效机制的基础上，优化金融市场化运作模式，深化利率市场化等价格机制的改革，推动区域性股权市场规则对接、标准统一，提高金融市场价格形成的有效性，提高资源配置的合理性。

再次，完善大股东、实际控制人行为规范约束机制和上市公司分红激励机制，健全投资者保护机制，规范市场参与者行为，整治金融乱象，依法规范和引导资本健康发展，对各种违法违规活动进行严肃处理，引导投资者重长期投资，上市公司重成长、重分红，监管机构重规则，中介机构重信誉。

最后，推动金融产品的创新，丰富产品种类以满足不同需求，降低交易成本。监管机构要积极鼓励金融创新，同时要对各种产品的风险进行穿透性监管，借助有效监管以保证金融产品风险和收益的匹配性，真正保护长期投资者和金融消费者权益，提高金融市场的有效性。

> **原理 7-2**　建立在"公开、公平、公正"基础上的透明度是金融市场得以健康发展的制度保证。完善的价格机制、规范的市场参与者行为和活跃的金融创新是提高金融市场有效性的重要条件。

第二节　中国金融市场体系与结构特征

改革开放以来，中国社会主义金融市场体系不断完善，金融市场的筹资者和投资者构成、功能结构及开放结构等不断优化，具备了现代金融市场体系的基本特征。

一、中国金融市场体系的构成

伴随着金融体制市场化改革的推进，中国形成了一个由货币市场、资本市场、衍生品市场、外汇市场、黄金市场等子市场构成的多元金融市场体系。当前中国金融市场体系的构成如下。

（一）货币市场

货币市场主要由回购市场、同业拆借市场、票据市场、定期存单市场、短期国债市场等子市场构成。货币市场依托以银行为主体的交易商网络运行，属于场外市场。

（二）资本市场

资本市场的层次结构相对清晰，以交易所市场为主，场外市场为辅。交易所市场以主板、创业板、科创板、"专精特新"中小企业板（北京证券交易所）等为主，场外市场则以区域性股权市场为主。

（三）衍生品市场

衍生品市场由商品衍生品市场和金融衍生品市场构成。商品期货、期权品种基本覆盖能源、化工、农产品等国际市场上的主流交易品种，交易规模长期位居全球首位。股指期货、国债期货等场内金融衍生品的交易主要依托中国金融期货交易所进行，利率互换、外汇掉期等场外金融衍生品交易则发生在银行间与银行柜台市场。

（四）外汇市场

外汇市场是进行外汇买卖、调剂外汇供求的市场。人民币外汇市场当前包括在岸与离岸市场。第三章中已对外汇市场做了详细讨论。

（五）黄金市场

黄金市场是指专门集中进行黄金买卖的交易中心或场所。黄金是重要的国际储备资产之一，因此黄金市场被看作金融市场的组成部分。我国于2002年成立上海黄金交易所，黄金开始在有形交易市场上挂牌交易。黄金市场上的供给者主要是中央银行、黄金生产企业、预测金价下跌做空头的投机商，另外还有一些拥有黄金需要出售的企业或个人；需求者则包括试图增加本国黄金储备的中央银行、预测金价上涨而做多头的投机商，以及以套期保值、投资或生产为目的的企业或个人。黄金的价格经常发生波动，除了受供求关系影响，还受经济周期、汇率、政治局势与突发事件的影响。

（六）保险市场

保险市场是以保险单为交易对象的场所。保险交易所属于有形市场。2016年6月12日，上海保险交易所正式揭牌。但随着社会的进步和科学技术的发展，尤其是信息产业的高速发展，现代通信设备和计算机网络技术的广泛运用，无固定场所的无形市场已成为现代保险市场的主要形式。保险市场能实现多种保险产品的供给，提高保险交易的效率，形成较合理的交易价格，为投保人、保险人提供了有效的风险分散机制。

二、中国金融市场体系的发展

中国的金融市场历史久远。货币市场起点可上溯到周朝以"泉府"为中心的赊贷业务，汉唐时期集中的货币市场已有较大的规模，明代中叶以后出现在浙江一带的钱业市场也具备了货币市场的功能，但小农经济和封建社会制约了金融市场的发展。近代金融市场在鸦片战争后随着上海的开放而逐渐形成，银行、票号等金融机构间的票据交换日益流行，票据市场比较繁荣。随着股票和公债等证券的发行，北京、上海等地出现了较为活跃的证券市场。1920年之后，上海一度成为亚洲的外汇、货币、证券交易中心，但终因工业化程度低下和政治腐败导致金融市场未能持续健康发展。

（一）社会主义革命和建设时期的金融市场

新民主主义革命时期，中国共产党出于筹集经费、解决财政困境等目的，在根据地和解放区发行了多种类型的公债，采用集股的方式举办合作社等。新中国成立之初，实际上实行的是混合所有制经济。在这样的背景下，党和政府尽管一开始就禁止了黄金、外汇的自由买卖，但出于吸纳游资、稳定物价以及平衡财政收支、恢复发展国民经济等考虑，一度允许股票、债券等证券及其交易场所的存在。随着社会主义改造的完成和社会主义计划经济的迅速建立，信用高度集中于中国人民银行的"大一统"金融体系形成，财政拨款代替了企业的股票、债券等资金筹集方式，商业信用被取缔的同时证券交易也被停止。在"既无内债、又无外债"的理念下，1959年起，中央政府不再发行全国性的公债。1968年国内原有公债全部还清。此外，合作社股票随着农村人民公社的成立和城市集体经济的建立逐渐消失。原公私合营时划定的私股，也于1966年9月停止支付股息。

（二）改革开放以来金融市场体系的建设

改革开放以来，金融市场恢复及其体系构建成为金融体制改革重点。1981年国库券恢复发行后，票据、股票、债券等金融工具日趋多元化。1992年证券监管框架建立，股票公开发行试点扩大的同时，实行股权分置制度。1997年银行间债券市场设立，形成交易所和银行间债券市场分设的格局。1999年起，《证券法》等法律陆续颁布实施，在推动金融市场规范发展的基础上，多层次权益市场体系逐步得以构建的同时，启动股权分置改革，实现股票全流通。2012年至今，货币市场体系日趋完善，注册制等制度创新实现了从试点到全面实施的突破，多层次权益市场体系得以进一步完善的同时，债券市场互联互通实现长足推进，保险、期货和证券等多个新交易所陆续设立，金融期货期权等创新产品有序推出且交易日趋活跃。

（三）金融市场体系的改革发展路径

改革开放以来，金融市场的改革与发展是一条具有中国特色的道路，核心点是金融市场的发展要服务实体经济发展的需要，依据国情逐步推进。首先，从金融体系改革发展的顺序来看，表现为"先金融机构后金融市场"。在"大一统"体系下先改革银行并逐步形成多元化金融机构体系，金融市场的建立相对较晚。其次，从企业融资层面来看，表现为"先股市后债市"。在社会资金稀缺的情况下，为配合企业改制优先发展股票市场，企业债和公司债市场的发展相对滞后。再次，从融资期限看，表现为"先资本市场后货币市场"。尽管货币市场出现很早，但交易规模在较长时期内并不大。最后，股票市场、债券市场和衍生品市场等内部发展路径也颇为独特。以股票市场为例，其板块层次的发展路径与自然演进型的国际惯例相反，是从金字塔顶端逐步向下发展，先形成主板市场，再相继形成二板、三板、四板市场等，体现出政府推动型和渐进式改革的发展特征。

三、中国金融市场体系的结构特征

（一）多元化的金融子市场结构

目前，以货币市场、资本市场、外汇市场及其相应衍生品市场为主体，黄金市场、保险市场等为补充的金融市场结构渐趋合理和稳定。

1. 货币市场交易日趋短期化，流动性管理功能不断凸显

货币市场的主要特点就是交易期限"短"。2007 年以来，隔夜与 7 天之内的同业拆借和回购均占到了各自交易金额的 95% 以上，此后这种交易结构相对稳定。2024 年银行间市场同业拆借累计成交额 103.1 万亿元，其中隔夜拆借占拆借总量的 84.2%；债券回购累计成交额 1 680.7 万亿元，其中隔夜回购占回购总量的 85.3%。这意味着其流动性管理功能日益强化，相应的同业拆借利率和回购利率的市场化程度也不断改进，类似 7 天同业拆借利率和回购利率这样的指标在宏观货币调控和基准利率显示方面的作用凸显。

2. 债券和股票市场并重的资本市场成为实体经济融资的重要资金来源

经过 40 余年的发展，中国股票市场和债券市场规模均位居全球第二。从功能来看，融资功能颇为突出。截至 2024 年年底，资本市场累计实现股权融资约 25.7 万亿元，同期实体经济部门直接融资存量规模 125.1 万亿元，占社会融资规模存量的 30.6%。

3. 市场化风险管理功能增强，市场的投资交易和避险交易结构趋于合理

随着保险市场和衍生品（尤其是金融衍生品）市场的发展，中国风险管理的

市场化机制日益完善，使得金融市场特有的价格发现、套期保值功能得以实现，有效满足了企业的风险管理需求。

（二）多层次的资本市场体系结构

1. 多层次资本市场体系可满足来自各经济主体的多元化投融资需求

资本市场是企业直接融资的场所，也是投资者进行投资的场所。融资需求的差异化和投资需求的多元化对资本市场提出了结构性分层要求。作为融资者，处于生命周期不同阶段的企业在产品、规模、市场、公司治理、收益、风险等方面会表现出不同的特征，其融资需求、融资环境、融资方式存在明显差异。同时，鉴于个人投资者在年龄、性别、性格、职业、收入、教育程度等方面的差异以及机构投资者性质、目标等的不同，其对投资的收益、流动性及风险的承受能力存在显著差别，风险偏好也存在差异，需要资本市场提供风险收益相匹配的多样化金融产品，满足投资者的多元化投融资需求。

建立多层次资本市场是党中央、国务院从经济社会发展全局和改革开放大局出发，科学认识和准确把握社会主义市场经济条件下建设和发展资本市场的规律，根据不同时期经济发展和深化改革的根本要求提出的重大改革目标举措。2003年，党的十六届三中全会提出"建立多层次资本市场体系"的目标。此后，在陆续创设了中小板（2021年已与主板合并）、创业板、新三板、科创板以及北京证券交易所，规范区域性股权交易市场，动态构建完善与科技创新相适应的多层次股权市场体系，加强对国家重大科技任务和科技型中小企业的金融支持，完善长期资本投早、投小、投长期、投硬科技的支持政策的同时，加快多层次债券市场发展，积极推进交易所债券市场改革，努力实现银行间债券市场和交易所债券市场协同发展。

目前，股权债权、现货期货、公募私募、场内场外协调发展的多层次资本市场格局已经初步形成，其中，多层次股票市场体系结构如图7-1所示。尽管科创企业市值占比仍较美国市场要低，但主板、科创板、创业板等板块错位发展、有机互联，允许红筹企业、未盈利企业、同股不同权企业上市，制度包容性逐步提升，市场服务的覆盖面和普惠性不断拓宽，较好地满足了来自实体经济的差异化投融资需求的同时，促进了创新资本形成，赋能科技成果转化，在更好促进"科技－产业－金融"的良性循环中推动经济的高质量发展，多层次资本市场已成为科技金融发展的重要支撑平台。

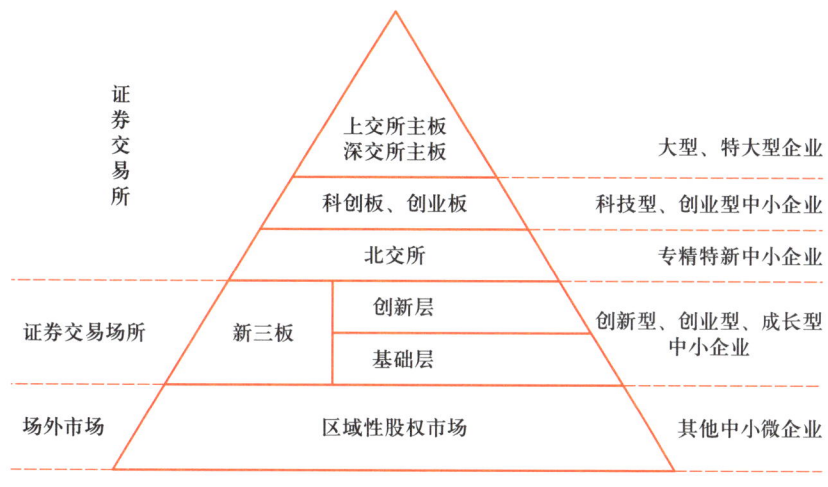

图 7-1 多层次股票市场体系结构层次

2. 多层次资本市场的发展态势

作为资本市场的主体,证券交易所市场和银行间市场的证券发行规模近年来均出现了较为迅猛的增长。目前,证券交易所发行的金融工具包括股票、存托凭证、国债、金融债和公司债,而银行间市场则涵盖了除公司债之外的几乎所有类型债券以及类似中期票据这样的债务融资工具的发行。

随着多层次资本市场建设的推进,2015 年以来股票和债券的发行市场分布出现了一些新的变化,如包括中小板、创业板、科创板等在内的"二板市场"首次公开发行(IPO)公司数持续增长,除个别年份外均超过了主板上市数,长期以来主板上市公司占据绝对主导的"倒金字塔"结构得到明显改善。由于交易所债券市场的发行主体范围扩大至全部公司制法人,2015—2024 年累计债券融资规模达到 64.1 万亿元,与银行间债券市场发行规模间的差距明显缩小,使得证券交易所市场在发行市场中的地位稳中有升。

资本市场的交易市场结构特点是银行间债券市场占据主体地位,以债券回购为主的交易规模超过了证券交易所市场各种证券的交易总和。以 2024 年为例,银行间债券市场的交易总额达到了 2 058.4 万亿元,而证券交易所市场交易的总额为 806.5 万亿元,约占银行间债券市场交易总额的 39.2%。从股票和债券交易对比来看,债券的交易额要远超股票。根据证监会的统计,2015—2024 年股票年均交易额仅为债券交易额的 12.2% 左右。

(三)多主体的市场融资结构

随着改革开放以来我国所有制结构的逐步调整,市场融资主体呈现以公有制经济主体为主、非公有制经济的比重持续上升的发展态势，主体结构趋于合理平衡。从债券融资看，2024年年底，在177万亿元债券托管存量中政府债券存量为81.6万亿元，占比达到46.1%，尽管以中央政府、地方政府、政策性金融机构和国有控股企业为代表的公有制经济主体仍占据了主体地位，但随着企业债、公司债发行制度的市场化变革，包括民营企业在内的众多非公有制经济主体债券发行创新日益活跃，融资比重持续上升。近年来交易所市场积极开展民企发债信用保护工具业务试点，推出"纾困专项债"，支持民营企业融资。

在A股市场的上市公司中，尽管2010年后民营上市公司数量超过了国有控股上市公司，但国有控股上市公司一直是A股上市公司的杰出代表和价值创造的重要载体，国有资本则是社会公共财富的"压舱石"。截至2024年年底，国有控股上市公司达到1 435家，在上市公司总数中占26.7%，国有控股上市公司A股总市值为42.2万亿元，占A股总市值的49.3%，反映了公有制经济主体地位和主导作用。相应地，金融市场也成为不断强化国有经济活力、控制力和影响力的重要平台。

（四）合理化的市场投资者结构

整体来看，多元化的机构投资者已成为中国金融市场的参与主体。由于中小投资者不直接参与货币市场和银行间债券市场的交易，货币市场上的交易者以银行、保险、券商、信托等机构为主，包括外资金融机构。资本市场上也是以基金、券商、银行、资产管理机构、合格境外机构投资者、企业等机构投资者为投资主体。其中，证券投资基金在规模持续扩张的同时，指数基金、ETF等创新产品的关注度及影响不断提升。随着社保基金、保险基金以及政府引导基金等入市规模的增加，中长期资金投资规模和比例明显提升。2024年年底，按法人机构（管理人维度）统计，非金融企业债务融资工具持有人共计2 096家。从持债规模看，前50名投资者持债占比51.6%，主要集中在公募基金公司、国有大型商业银行、股份制商业银行等机构；从交易规模看，前50名投资者交易占比60.2%，主要集中在证券公司、基金公司和股份制商业银行。

从股票市场中投资者持股规模来看，尽管自然人数量众多（2022年年底达到21 162.74万人，占比近99.76%），但其持股市值占比却并不高——以上海证券交易所为例，2023年年底自然人持股账户数达4 549.32万户（占总持股账户数的99.71%），但其持股总市值仅为10.73万亿元，占比23.2%，而一般法人持股占比为56.3%，专业机构占比为20.6%。

> **知识链接 7-1　ETF**
>
> ETF，全称为交易型开放式指数基金（Exchange Traded Fund），是一种在交易所上市交易的、跟踪某一特定指数（如股票指数、债券指数、商品指数等）的基金。ETF 结合了封闭式基金和开放式基金的运作特点，为投资者提供了一种既可以在一级市场申购或赎回基金份额，又可以在二级市场按市场价格买卖基金份额的投资工具。ETF 具有交易灵活、分散投资、管理成本低和透明度高等特点。

（五）多种类的市场产品结构

交易品种的持续创新是中国金融市场运行的重要特征，进而形成了颇具特色的多元化金融市场产品构成体系。从货币市场看，回购市场就交易规模而言一直是最为重要的子市场，其次是同业存单市场，2018 年超过同业拆借跃居货币市场第二大子市场。从债券市场看，债券产品存量结构近 20 多年也发生了较大的结构性调整。企业部门债券存量从 1996 年年底的仅 10 亿元扩张到 2024 年年底的 29.7 万亿元，其在债券总存量中所占的比重也实现了快速的上升，从 1996 年的 0.13% 增加到 2024 年的 19.6%，表明债券市场对实体经济的支持力度越来越大。从股票市场看，自 2014 年优先股试点启动至今，已累计发行优先股筹资 1.1 万亿元。2020 年 9 月，证监会发布公告同意九号有限公司（即"九号智能"）科创板公开发行存托凭证注册，中国存托凭证（CDR）正式登陆 A 股市场，产品构成不断完善。

（六）以外资进入为主的非对称开放结构

双向开放是中国金融开放的基本政策取向之一。随着 QFII 和 QDII 制度的不断完善，沪港通、深港通、沪伦通等互联互通机制的建立和深化，资本市场双向跨境资金流动渠道逐渐拓展。按照"以我为主、循序渐进、安全可控、竞争合作、互利共赢"的基本原则，贯彻开放与监管并重的方针，将外资机构"引进来"和中资机构"走出去"相结合，成为推动资本市场持续健康发展的重要动力。但从市场资金流向和证券服务业国际化状况来看，"引进来"的发展态势还是比"走出去"更为明显，呈现出一种以外资进入为主的非对称开放结构。具体内容参见第八章的讨论。

第三节 货币市场

中国以银行间市场为主体的货币市场发展迅速,交易品种逐渐增加,交易规模持续增长,市场成员不断增加,在较好地满足了以商业银行为代表的各类经济主体流动性管理需求的同时,也在培育市场基准利率、推动利率市场化、提高金融机构自主定价能力以及健全货币政策传导机制等方面发挥了日益重要的作用。

一、货币市场的特点与功能

(一)货币市场的特点

货币市场是一个短期资金交易的市场,主要有以下特点:第一,市场产品交易期限短,最短为数小时,通常最长不超过1年。第二,交易非常活跃,市场产品的流动性强,有些可纳入准货币范畴。第三,市场产品安全性高,除了交易期限短、流动性强的原因,更主要的是因为发行主体的信用等级较高,其偿付承诺的可信度高。第四,交易额大,是一个典型的由机构投资者主导的批发性市场。此外,从组织形式看,货币市场一般是场外无形市场。

(二)货币市场的功能

1. 管理流动性

货币市场最主要的功能是实现金融资产的流动性,以便随时转换成可以流通的货币。货币市场是各经济主体灵活有效管理流动性的重要场所。金融机构借助货币市场提供的多种工具和必要的多元化短期资金融通渠道,进行日常的流动性管理和头寸调剂;企业通过签发商业票据,从货币市场及时、低成本地筹集大规模的短期资金来满足流动性需求,暂时闲置的流动资金也可以通过购买短期国债、商业票据、大额可转让定期存单等,实现合理的收益回报;政府短期收支矛盾的解决方法就是发行短期政府债券,短期国债市场是货币市场的一个非常重要的子市场。

2. 生成市场基准利率

货币市场交易的高安全性、信息反应的灵敏性和供求双方的理性,决定了其利率能够充分反映市场供求关系,具有良好的基准性,可作为其他债务工具及银行存贷款利率确定的重要参考依据。因此,货币市场生成的利率可以作为市场基准利率,在微观金融运行与宏观经济调控中发挥重要作用。这个问题本书第五章中已有讨论。

3. 调控宏观金融运行

中央银行是货币市场交易的重要参与主体和监管主体。在市场经济条件下，中央银行的宏观金融调控主要是在货币市场中进行的，中央银行借助货币市场来开展货币政策操作，通过流动性调控、基础货币投放，影响商业银行等金融机构的可用资金额和货币市场利率水平，引起全社会投资和消费的变动，实现宏观调控目标。

> **原理 7-3** 货币市场是流动性调剂的平台，货币市场利率在一国利率体系中具有基准性，是影响其他金融和经济指标的基础性变量。

二、回购市场

（一）回购市场的概念

回购市场是指对回购协议进行交易的短期融资市场，由银行间回购市场和交易所回购市场构成，是目前中国交易规模最大的货币市场。回购协议是指证券出售时卖方（借款人）与买方（贷款人）签订协议，双方约定在未来某个时点由卖方按约定的价格将其之前出售的证券如数赎回的协议。回购协议形式上为证券交易，实质是一种短期的证券质押贷款。在中国，作为回购质押品的证券主要是国债、地方政府债、政策性金融债等高信用等级债券。

根据回购中借贷双方约定的证券交易顺序的不同，有正回购和逆回购之分。正回购也就是通常回购协议约定的证券交易顺序，即"先卖后买"；与协议约定的证券交易方向相反就是逆回购，也就是"先买后卖"，证券的买方在获得证券的同时，与证券的卖方签订协议，双方约定在将来某一日期由证券的买方按约定的价格再将其购入的证券如数卖出。实际上，正回购和逆回购是一笔交易的两面，即同一笔回购交易，从证券提供者（借款人）的角度看是正回购，从资金提供者（贷款人）的角度看就是逆回购。

银行间回购市场是回购市场的主体，2024年银行间回购交易额达到1 680.6万亿元，占当年回购交易总额的76.7%。在银行间回购市场中，中资大型银行牢牢占据着融出资金的绝对主体地位，而其他金融机构、中资中小型银行、证券公司等则成为融入资金的主要主体。在货币政策操作中，国债回购是中国人民银行进行基础货币投放和回收的主要方式。

（二）回购市场的交易方式

从交易方式看，回购交易可分为质押式回购和买断式回购两种，以质押式回购为主。质押式回购是指回购期内正回购方出质的证券，回购双方均不得动用，质押冻结期间证券利息归出质方所有；而买断式回购交易中，相应证券从正回购方账户过户至逆回购方账户，逆回购方在回购期间拥有相应证券的所有权和使用权。回购期间债券利息归债券持有人所有。在银行间市场，质押式回购可采取询价交易、请求报价和匿名点击三种方式，期限为 1 天到 365 天。交易确认后，由交易双方根据成交通知单，按规定的日期办理全额结算或净额清算。债券托管结算通过中央国债登记结算有限责任公司进行，资金清算通过中国人民银行大额支付系统进行，可在"见券付款""见款付券"和"券款对付"三种结算方式中选择。银行间的买断式回购只能采取询价交易方式。

（三）回购协议的期限与回购利率

回购协议的期限从 1 天到数月不等，期限只有 1 天的称为隔夜回购协议，1 天以上的称为期限回购协议。较为常见的回购协议期限在 7 天之内。

在回购协议的交易中，回购利率是交易双方最关注的因素。约定的回购价格与售出价格之间的差额反映了借出资金者的利息收益，它取决于回购利率的水平。回购利率是市场利率，由交易双方自主确定，以回购定盘利率为基准。当前，银行间市场上存款类金融机构以利率债为质押的 7 天回购利率（简称 DR007），是货币政策利率走廊的一个重要指标。价格型货币政策的核心是要建立一个机制，把 DR007 调控在走廊上限（中国人民银行常备借贷便利利率）和走廊下限（超额准备金利率）之间。这个问题第十三章再做进一步讨论。

三、同业拆借市场

（一）同业拆借市场的概念

同业拆借市场是金融机构同业间进行短期无担保资金融通的市场。全国统一同业拆借市场形成于 1996 年 1 月，包括全国银行间同业拆借中心的电子交易系统、中国人民银行的拆借备案系统及其认可的其他交易系统。

（二）同业拆借市场的功能

同业拆借市场的形成源于中央银行对商业银行法定存款准备金的要求。按规定，商业银行吸收的存款必须缴存一定比率的准备金到其在中央银行开立的准备金账户上，用以保证商业银行的清偿能力。如果商业银行缴存的准备金达不到中央银行规定的比率，将受到中央银行的处罚；反之，如果商业银行缴存的准备金超过了中央银行规定的比率，中央银行仅按照极低的利率支付利息。于是，准备金不足的银行需要拆入资金达到法定存款准备金的要求，准备金盈余的银行也愿意拆出资金而获得较高收益。拆出拆入银行间资金的划转通过它们在中央银行开设的准备金账户进行。可见，同业拆借市场的主要功能在于为商业银行提供准备金管理的场所，提高其资金使用效率。

截至 2024 年年底，同业拆借市场的成员已增加到 2 448 家，涵盖了大多数类型的金融机构，包括 129 家外资银行和 12 家境外人民币清算行。同业拆借从 1999 年开始一直保持着较为快速的增长态势，交易额从 1998 年的不足 1 000 亿元上升到 2024 年的 103.1 万亿元。

（三）同业拆借的期限与利率

同业拆借市场的拆借期限有隔夜、7 天、14 天、21 天、1 个月、2 个月、3 个月、4 个月、6 个月、9 个月、1 年等，其中最普遍的是隔夜拆借。同业拆借主要通过会员间的询价交易完成，由成交双方根据成交通知单，按规定的日期全额办理资金清算，自担风险。清算速度为"T+0"或"T+1"。

同业拆借利率是一个竞争性的市场利率，市场上资金供给与需求力量的对比决定了同业拆借利率的变动。同业拆借利率是货币市场基准利率之一，在整个利率体系中曾经处于非常重要的地位，对货币市场上其他金融工具的利率具有重要的导向和牵动作用，也是中央银行观测市场流动性状况的重要指标。2007 年推出的上海银行间同业拆放利率（SHIBOR）是经济运行中颇受关注的基准利率之一。SHIBOR 是根据 18 家信用等级较高的银行组成报价团自主报出的人民币同业拆出利率计算确定的算术平均利率，属于单利、无担保、批发性利率。目前，对社会公布的 SHIBOR 品种包括隔夜、1 周、2 周、1 个月、3 个月、6 个月、9 个月及 1 年。2013 年 6 月 20 日，SHIBOR 隔夜利率一度飙升 578 个基点到 13.44%，意味着当时经济运行出现了一种因资金错配而导致的结构性资金紧张现象（也称为"钱荒"）。

四、定期存单市场

中国的定期存单市场由大额存单市场和同业存单市场构成。

（一）大额存单市场

中国当前的大额存单市场建立于 2015 年。银行业存款类金融机构可以面向非金融机构投资人发行大额存单，其中个人投资人认购的起点金额不低于20万元，机构投资人不低于1 000万元，存期从1个月到5年。由于单张大额存单仅有下限金额要求，具体存入的金额由存款人自行确定，所以大额存单是非标准化产品。大额存单可提前支取、赎回和办理质押，部分银行还向存款人提供了转让服务。大额存单既增加了商业银行等存款类金融机构的主动负债型产品，又为投资人提供了安全、具有一定流动性且与市场收益率相关的存款产品。2024年，金融机构发行大额存单7.5万期，发行总量为19.9万亿元。

（二）同业存单市场

2013年12月，中国人民银行发布《同业存单管理暂行办法》，允许银行业存款类金融机构在银行间市场发行大额可转让同业存单。同业存单的期限在1年以内，发行采取电子化的方式；同业存单的发行利率、发行价格等以市场化方式确定，一般按固定利率或浮动利率计息，并参考同期限SHIBOR定价。公开发行的同业存单可以通过同业拆借中心的电子交易系统转让流通，也可作为回购交易的标的物；同业存单市场实行做市商制度。

商业银行通过发行同业存单可以主动、灵活地以较低成本吸收数额庞大、期限稳定的资金，而且均为同业，风险相对较低。同业存单一经推出，立刻得到市场认可，存单的发行主体、投资机构持续增加，市场规模快速增长。股份制商业银行和城市商业银行是同业存单的主要发行主体。2024年，银行间市场发行同业存单2.6万期，发行总量31.4万亿元，二级市场交易总量为257.8万亿元，年末余额为19.4万亿元。

五、银行承兑票据与短期融资券市场

银行承兑票据与短期融资券市场是企业市场化融资和流动性管理的平台。

（一）银行承兑票据市场

银行承兑票据是为了方便商业贸易活动而创设的一种信用工具。我国的银行承兑票据属于"真实票据"，即《票据法》第10条规定的"具有真实的交易关系和债权债务关系"的票据。在跨境、跨区域贸易中使用较多，借助一家贸易双方认可且信誉很高的银行提供的票据承兑服务，可将贸易活动中的企业信用转化为银行信用，从而降低了贸易双方承担的信用风险，促进了贸易的达成。作为一种短期融资工具，票据融资的基本特征就是利息预付，也称贴现发行，即票据出售方融入的资金低于面值，票据到期时按面值偿还。远期汇票由银行承兑之后，可通过贴现、转贴现和再贴现等方式流通转让。

（二）短期融资券市场

由于我国不允许各类企业发行没有真实交易背景、纯粹为了融资的商业票据，在很长一个时期内企业流动性资金需求主要依赖银行贷款来满足。2005年中国人民银行制定《短期融资券管理办法》之后，符合规定条件的非金融企业可以发行短期融资券进行直接融资。短期融资券期限短于1年，一般采取附息形式。短期融资券的发行和交易集中在银行间债券市场进行。短期融资券的出现不仅丰富了货币市场工具，而且有利于协调股票市场和公司债券市场的发展，改善了短期利率债市场与信用债市场的发展失衡，促进了货币市场与资本市场的协调发展。2024年，金融机构票据累计贴现64.8万亿元，短期融资券交易额为8.6万亿元。

六、短期国债和中央银行票据市场

（一）短期国债市场

政府发行短期国债的主要目的有两个：一是融通短期资金，调节财政年度收支中"先支后收"带来的暂时不平衡，弥补年度财政赤字；二是调节经济，作为一项重要的财政政策工具，发挥调控宏观经济的功能。实践中，短期国债通常采取折价发行方式。收益率的计算公式为：

$$i = \frac{F-P}{P} \times \frac{360}{n} \times 100\% \qquad (7-1)$$

其中，i 表示国库券投资的年收益率；F 表示国库券面值；P 表示国库券购买价格；n 表示距到期日的天数。

为了真实反映市场供求关系的国债收益率曲线，财政部按照国债余额管理制度的相关规定，从2015年第二季度起每月滚动发行一次6个月期记账式贴现国债，第四季度起按周滚动发行3个月期记账式贴现国债。2024年短期国债的发行额突破4.2万亿元，占当年国债发行总额的33.6%，短期国债收益率曲线的作用也逐渐显现。

（二）中央银行票据市场

中国人民银行于2002年开始发行中央银行票据（简称央行票据），其发行初衷主要是为中央银行实施对冲操作提供创新性工具，借此回收外汇占款所投放的基础货币。央行票据曾是中国人民银行调控基础货币最为常见的一个货币政策工具，其期限也一度突破短期限制，从最初的3个月至1年扩展为3个月到3年。

但 2013 年后，中国人民银行已不在内地发行央行票据。2015 年和 2018 年，中国人民银行分别在伦敦、中国香港试点发行以人民币计价的央行票据，用以探索和丰富离岸市场高信用等级的人民币金融产品，并逐渐在中国香港建立起以相对稳定的频率发行 3 个月、6 个月、1 年等期限品种的人民币央行票据的常态机制。

第四节 资 本 市 场

资本市场是现代金融市场体系的核心，不仅充当着金融运行的枢纽，具有牵一发而动全身的作用，而且是健全社会主义市场体系、优化金融结构、防范金融风险的关键环节，是促进经济高质量发展的"助推器"。发达的资本市场也是建设强大的国际金融中心的内在要求，是金融强国的必备要素之一。

一、资本市场的特点和功能

广义的资本市场包括长期借贷市场和证券市场，狭义的资本市场就是证券市场。本节以证券交易所市场和银行间债券市场为主讨论狭义资本市场，该市场的直接交易对象为有价证券，主要包括股票市场和中长期债券市场。

（一）资本市场的特点

第一，交易工具的存续期长，均在 1 年以上，甚至可以像股票这样具有永久性；第二，筹资目的是新增或补充固定资本、扩大生产能力的投资性资金而非满足短期周转需要；第三，筹资和交易的规模一般比较大，由于资金用于中长期投资，比起通过银行信贷筹措的流动资金规模明显要大；第四，与货币市场产品相比，资本市场产品的收益具有较大不确定性，价格波动幅度大，其风险与收益匹配的多样性更为突出。

> 要规范和引导资本发展。要设立"红绿灯"，健全资本发展的法律制度，形成框架完整、逻辑清晰、制度完备的规则体系。要以保护产权、维护契约、统一市场、平等交换、公平竞争、有效监管为导向，针对存在的突出问题，做好相关法律法规的立改废释。要严把资本市场入口关，完善市场准入制度，提升市场准入清单的科学性和精准性。
>
> ——《习近平谈治国理政》第四卷，外文出版社 2022 年版，第 220 页。

（二）资本市场的功能

1. 投融资平台

健全投资与融资相协调的资本市场功能是进一步全面深化改革面临的重要任务。资本市场具有强大的资金集聚能力，能将小规模的闲散资金汇集起来满足大规模资金需求，不仅是企业筹集中长期投资性资金的平台，而且也是投资者进行金融资产配置组合的平台。资本市场不仅具有融资功能，而且具有财富管理功能，是城乡居民获得财产性收入并实现共同富裕的重要平台。

2. 价格发现

资本市场的交易机制能够收集汇聚各种影响资产价值变化的信息，通过持续不断的交易使每个投资者所拥有的信息体现到价格中，从而使得价格可以反映内在价值，并随着内在价值的变化而波动。

"高估值"的科技型企业

3. 风险定价和风险分散

风险是市场经济的内在属性，为了便于经济活动特别是投资活动的开展，就必须对风险进行定价。资本市场通过公开竞价形成了统一的证券市场价格，进而通过价格的波动来反映风险，并在此基础上确定风险的价格，即收益补偿。在此基础上，市场参与者通过资产交易可使风险充分流动、实现合理承担，提高金融结构的适应性，增强金融体系的弹性。

4. 资源动态优化配置的场所

经济主体在资本市场中可依据效率优先以及风险与收益匹配等原则，通过证券的发行和交易，开展投资的进入和撤出、资本的扩张和收缩、企业的并购和重组等活动，为具有成长性的企业提供增量资金支持，实现存量资源的流动，优化实体经济的资源配置。

5. 激励创新

资本市场不仅为创新者提供了市场化的资金支持和退出机制，也为包括风险投资家等在内的投资者提供了与创新相关估值的激励，使得在产业、行业周期性的发展、更迭过程中，创新型企业和行业得到充分和迅速的发展，率先实现并推动其他产业的升级换代。因此，鼓励和规范发展天使投资、风险投资、私募股权投资，更好发挥政府投资基金的作用，发展耐心资本。这是形成同新质生产力更相适应的生产关系，促进各类先进生产要素向发展新质生产力集聚，大幅提升全要素生产率的重要举措。

> **原理 7-4** 资本市场通过投资融资、发现价格、管理风险、并购重组以及激励创新，促进资源的有效配置和产业结构的优化升级。

二、股票市场

（一）股票发行市场

1. 股票发行制度

股票发行制度是指发行人在申请发行股票时必须遵循的一系列程序化的规范。主要有三种：一是审批制，上市公司股票申请上市须经过政府行政管理部门的审核批准才能发行；二是核准制，由主承销商根据市场需要推荐上市公司，证监会进行合规性初审，发行审核委员会独立审核表决通过后才能发行；三是注册制，由证券监管部门公布股票发行的必要条件，发行人申请发行股票时，必须依法将公开的各种资料完全准确地向证券监管机构申报，监管机构只审查申报文件的全面性、准确性、真实性和及时性，将发行人的资质和股票的价值判断留给市场来决定。

美国证券发行注册制

中国的股票发行制度经历了四个阶段：1993—2001 年实行的是审批制；2001—2019 年实行的是核准制；2019—2023 年年初是核准制与注册制并行；2023 年 2 月之后则进入全面注册制阶段。

中国股票发行制度从核准制向注册制转变改革的本质是把发行的选择权交给市场，核心是让市场发挥更大的作用。注册制在中国的落地采取了先试点后推广、按板块和证券品种分步实施的路径：2019 年 7 月，科创板首批公司试点注册制挂牌上市交易；2020 年 8 月，创业板改革并试点注册制首批企业上市；2023 年 2 月，全面实行注册制的一系列制度规则正式发布实施，A 股正式进入"全面注册制"新时代。

目前的注册制架构是"一个核心、两个环节、三项市场化安排"。"一个核心"是指以信息披露为核心，要求发行人充分披露投资者作出价值判断和投资决策所需的信息，确保信息披露真实、准确、完整；"两个环节"是将审核注册分为交易所审核和证监会注册两个环节，各有侧重，相互衔接；"三项市场化安排"包括设立多元包容的发行上市条件、建立市场化的新股发行承销机制和构建公开透明可预期的审核注册机制。证监会通过设置严格的退市标准，畅通多元化退市渠道，巩固深化常态化退市机制，"优胜劣汰"机制日益完善。

2. 股票发行方式

股票发行的最终目的是将股票销售给投资者。目前以投资者数量是否突破200人为标准，将股票发行分为私募发行和公募发行。私募发行也称为非公开发行，是指向不超过200人的特定对象发行股票的行为。公募发行是指向广泛的非特定投资者发行股票。公募发行须委托他人代为销售，即承销。股票承销有包销和代销两种方式。承销商将发行人的股票按照协议全部购入的称为全额包销；在承销期结束时将售后剩余股票全部自行购入的称为余额包销。代销则指承销商仅承担尽力销售责任，如在承销期结束时有未售出股票，会将其全部退还给发行人。

3. 股票发行流程

股票发行上市需要满足诸多条件，过程复杂。下面以上海证券交易所的首次公开发行为例分析发行的整个流程。

（1）发行前准备。发行前准备是指公司有股票发行意愿时，就发行股票的目的、时机、条件等有关事项向具有承销资格的证券公司等中介机构征求咨询意见，形成股票发行方案的初步设计。

沪深证券交易所股票发行上市条件

（2）申请股票发行注册。申请股票发行注册是股票发行工作的关键环节，一般包括以下几个步骤：一是聘请承销商（保荐人）。公开发行股票时，发行人通常需要在诸多参与竞争的承销商中选择一家或几家信誉好、实力强的机构担任自己的承销商（团）。承销商获聘之后，要开展尽职调查和上市辅导等工作。二是编制和提交申请注册文件。保荐人应按照证监会、交易所的有关规定编制和报送发行申请书、招股说明书、承销合同等申请文件。三是证券交易所审核。交易所判断发行人是否符合发行条件、信息披露要求，督促发行人完善信息披露内容。四是证券监管机构注册。证券监管机构对申报文件的真实性、准确性、完整性和及时性进行合规性的形式审查。

（3）路演与定价。路演是指发行人在承销商的帮助下，在发行股票前针对潜在投资者进行的一系列的推介活动。网下投资者报价后，主承销商和发行人应当剔除拟申购总量中报价最高的部分，然后根据剩余报价及拟申购数量协商确定发行价格。

（4）股票发行和登记。发行价格确定后，就进入了正式发行阶段。此时，发行人应刊登招股说明书，公布网下发行和网上发行的申购日期和配售比例。在抽签结果公布后，承销商负责将认购款项转交发行人以及办理股东、股份、股票登记等事宜。

（二）股票交易市场

1. 股票交易制度

股票交易制度亦称股票市场微观结构，涉及股票交易价格形成与发现过程和运作有关的各种制度安排。从构成内容看，证券交易所的交易制度通常涉及价格形成机制、委托单形式、交易离散构件、价格监控机制、交易支付机制等，其中集合竞价和连续竞价等价格形成机制是核心。

中国股票市场交易制度

在交易制度中，委托单是指投资者下达的买进和卖出证券的委托指令，通常采用设定了最高买入价或最低卖出价的限价委托和按即时市场价格成交的市价委托；交易离散构件是指使交易价格和交易数量不能连续的制度安排，如股票买卖申报最小交易单位；价格监控机制是指像涨跌幅限制这类可使市场波动平滑、价格稳定、有序的措施；交易支付机制涉及的是融资融券等信用交易制度规定，如保证金比例要求。制定和完善股票交易制度的目的是保证股票交易市场正常运行，提高定价效率，保障运行安全。

2. 股票交易程序

（1）开户。开户是指投资者开立证券账户和资金账户。按照现行法规的规定，投资者从事股票交易，须先向中国证券登记结算有限责任公司申请开设证券总账户（一码通账户）及子账户，办理股东代码卡。

（2）委托买卖。投资者完成开户后就可通过证券营业部办理委托买卖。

（3）竞价成交。证券商在接到投资者的委托后，应在审查受理后按照交易规则执行委托，参与集中竞价。股票交易按价格优先、时间优先的原则竞价成交，其结果可能出现全部成交、部分成交和不成交三种情况。

（4）交易结算。每日交易结束后，证券公司要为客户办理证券和资金的清算和交收。其中，清算是指股票买卖双方在证券交易所进行的买卖成交以后，通过证券交易所将各证券商之间买卖的数量和金额分别予以抵消，计算应收应付股票和应收应付金额的一种程序；交收是指股票卖方将卖出证券交付买方，买方将买进股票的价款交付卖方的行为。

（三）股票市场质量

市场质量是股票市场核心竞争力的综合体现。实践中，股票市场运行质量主要是从流动性、稳定性和有效性等方面来测度。

1. 流动性

流动性是指市场迅速执行交易且不造成价格大幅变化的能力，是市场质量最为核心的衡量指标。没有流动性，交易市场就没有了存在的价值。上海证券交易所的流动性主要借助流动性指数、价格冲击指数、买卖价差和委托（市场）深度等指标来测度。其中流动性指数是指价格发生一定程度（1%）变化所需要的交易金额，其值越大，市场流动性越好。价格冲击指数衡量一定金额的交易对市场价格的冲击程度，价格冲击指数越高，交易成本越高。买卖价差是最优买价和最优卖价之间的差，有绝对价差（最优卖价减去最优买价）和相对价差（绝对价差除以买卖中间价）之分。委托（市场）深度是衡量市场深度的指标，主要选择最佳 5 个买卖报价上所有买卖委托合计金额和最佳 10 个买卖报价上所有买卖委托合计金额作为代理指标。

2. 稳定性

稳定性指的是在市场剧烈波动时提供一个连续、有序市场的能力，即证券价格短期波动程度及其调节平衡的能力。稳定性的对立面是波动性。市场稳定的核心是尽可能降低由噪声交易、交易机制等因素导致的临时波动。市场的波动性主要用三个指标衡量：一是日内波动率，即日内 5 分钟的相对波动率；二是超额波动率，等于日间波动率和当日波动率的差额，是临时波动性的近似指标；三是收益波动率，是日内 5 分钟内收益率的标准差。

3. 有效性

有效性是指定价效率。上海证券交易所通过"市场效率系数"（股票长期收益率标准化方差与短期收益率标准化方差之比）来测度有效性。市场效率系数越接近 1，说明定价效率越高。若市场效率系数小于 1，则说明收益率之间存在负相关性，意味着市场反应过度；反之，意味着市场反应不足。当前中国蓝筹股的定价效率相对较好。

三、债券市场

（一）债券发行市场

1. 债券发行方式

债券的发行市场与股票市场类似，同样有公募发行和私募发行、直接发行和间接发行等方式。常见的是根据承销商的确定方式分为承销发行和招标发行两种。承销发行是指债券发行人与承销商就债券的发行价格、承销方式等要素进行充分的协商后,再向投资者发行的方式。招标发行是指债券发行人先向各承销商进行招标,再由中标的承销商向投资者发行的方式。招标方式有数量招标、价格招标和利差招标等。

(1)数量招标。发行人先明确将要发行债券的发行数量、债券期限、票面利率或价格等要素,承销商再根据确定的利率或价格等要素投标自己愿意认购的数量。若发行利率高于(或发行价格低于)投资者期望水平,则可能导致投标总量超过债券发行量,最终的成交数量按比例进行分配;反之,则可能导致部分甚至全部债券流标。

(2)价格招标。发行人先明确债券发行的总量、债券期限和票面利率等要素,承销商再根据自己意愿的发行价格和相应数量进行投标。价格招标有单一价格招标(也称荷兰式招标)和多重价格招标(也称美国式招标)两种。以国债为例,在单一价格招标方式下,当标的为利率时,全场最高中标利率为当期(次)国债票面利率,中标机构按面值承销;当标的为价格时,全场最低中标价格为当期(次)债券发行价格,中标机构按发行价承销。在多重价格招标方式下,当标的为利率时,全场加权平均中标利率四舍五入后为当期(次)国债票面利率,低于或等于票面利率的中标标位,按面值承销,高于票面利率的中标标位,按各中标标位的利率与票面利率折算的价格承销;当标的为价格时,全场加权平均中标价格四舍五入后为当期(次)国债发行价格,高于或等于发行价格的中标标位,按发行价格承销,低于发行价格的中标标位,按各中标标位的价格承销。

(3)利差招标。主要用于浮动利率债券,是由发行人先明确债券发行数量、期限、基准利率确定方式等要素,承销商再对其浮动的利差和相应的数量进行投标,通过招标确定的利差加上基准利率成为债券的执行利率。

2. 债券的信用评级

信用评级是指信用评估机构基于公开和私有信息,使用量化模型和主观判断对公司财务报表以及管理层质量进行评估的同时对公司竞争地位等进行分析,并标示其信用程度(也就是偿债能力)的等级。信用评级按序数表示,如银行间债券市场中长期债券信用评级划分为三等九级,最高评级为AAA,最低为C。信用评级有针对债券发行人的主体评级和针对发行人发行的某一特定债券的债项评级两种。

具有市场公信力的信用评级是债券市场发展的基础。信用评级机构在债券发行和流通市场上承担着投资者、受评主体之间信息桥梁的作用，其发布的信用评级有利于解决债券市场中的信息不对称问题。因此，为了较客观地估计不同债券的违约风险，在公募发行时监管机构通常要求信用评级机构对债券进行信用评级。但因评级行业存在评级虚高、事前预警功能弱等问题，近年来各国监管层面有减少外部信用评级要求的趋势。2021年，中国修订《公司债券发行与交易管理办法》，取消了公开发行公司债券的强制评级要求，发行公司债券是否评级由发行人自主决定。但目前金融债券（不含政策性银行债券）、地方政府债在发行时仍需提交信用评级报告，且信用评级机构需要在债券存续期内每年开展一次跟踪评级，如果存续期内发生可能影响发行人偿债能力和偿债意愿的重大事项，信用评级机构还应及时调整该债券的信用评级，并向投资者公布。

（二）债券交易市场

1. 债券交易的类型

债券交易包括现券交易、回购交易、远期交易和期货交易等诸多形式。现券交易是指即期债券交易，也就是债券买卖双方在成交后就办理交收手续，买入者付出资金并得到债券，而卖出者交付债券并得到资金。债券回购交易的概念在货币市场中已提及，实际上并非债券交易，而是质押贷款。而债券的远期交易和期货交易则在下一节衍生品市场中予以说明。

2. 债券交易方式

银行间债券市场和交易所债券市场的交易方式存在较大差异。

（1）银行间债券市场的交易方式主要是询价成交和点击成交。询价成交是指交易双方自行协商确定交易价格以及其他交易要素的交易方式，包括报价、格式化询价和确认成交三个步骤；点击成交是指报价方发出具名或匿名的要约报价，受价方点击该报价后成交或由限价报价直接与之匹配成交的交易方式。

（2）交易所债券市场的交易方式。在沪、深证券交易所，公开发行的债券可采用匹配成交、点击成交、询价成交、竞买成交和协商成交的交易方式；非公开发行公司债券、特定债券和资产支持证券则可以采用点击成交、询价成交、竞买成交和协商成交的交易方式。其中，匹配成交与股票竞价交易方式类似；协商成交是投资者通过协商等方式达成交易意向，并向交易系统申报，经交易系统确认成交的方式；竞买成交是指卖方在限定时间内按照确定的竞买成交规则，将债券出售给最优应价的单个或者多个应价方的交易方式。

第五节 衍生品市场

衍生品的出现和发展不仅使风险在分解的基础上实现商品化，进而可通过市场交易进行优化配置，而且提供了至为关键的风险-价格信息，提升了经济体系运行效率。20世纪90年代初以来，沿着"先商品、后金融；先场内、后场外"的路径，中国衍生品市场的品种体系不断完善，市场功能不断深化，在波动中实现了快速发展。

一、衍生品市场的特征和功能

（一）衍生品市场的特征

衍生品市场一般具有以下四个基本特征。

1. 跨期性

衍生品合约交易达成的时点与合约标的物的实际交割、交收或清算时点之间存在较大时间跨度，或者说衍生品交易主要影响的是交易者在未来一段时间或未来某时间点的现金流，而不是交易达成时刻的现金流。这里的跨期可以是即期与远期的跨期，也可以是远期与远期的跨期。

2. 杠杆性

衍生品交易具有以小博大的合约设计，一般只需支付合约标的物（名义）市场价值5%~10%的保证金，或少量的权利金就可签订合约，获得一定数量合约标的物在未来时间交易的权利。

3. 高风险性

衍生品价格变化具有显著的不确定性，由此给衍生品的交易者带来的风险是很高的。无论是买方和卖方，都要承受未来价格、利率、汇率等波动造成的风险。由于杠杆效应的存在，衍生品价格变化有可能给交易的一方造成重大损失，而另一方则获得收益。

4. 合约存续的短期性

衍生品的合约都有期限，从签署生效到失效的这段时间为存续期。与股票、有价证券的期限不同，衍生品的存续期限都较短，一般不超过1年，因为预测未来是很困难的事情，预测长期更难。大部分衍生品合约期限按照月份或季度周期来设定，场外交易的衍生品期限则可由交易双方协商确定。

> **原理 7-5** 衍生品具有跨期性、杠杆性、高风险性和合约存续的短期性等特征。

（二）衍生品市场的功能

1. 套期保值与风险管理

衍生品可以将风险以时间价值的方式"转化"为当前的合同来交易，帮助人们实现了风险的市场化交易。最早出现的远期合约，就是为适应农产品的交易双方出于规避未来价格波动风险的套期保值需要而创设的。其他衍生品也是通过事先约定价格实现标的物套期保值之目的。

2. 价格发现

价格发现功能是指期货等标准化衍生品市场的存在和发展为经济决策提供了非常重要的价格信息。衍生品交易价格是事先约定的合约标的物未来价格，如果市场竞争是充分的和有效的，衍生品交易价格就可以理解为是对标的物未来价格的事先发现。当市场参与主体比较多时，通过竞价方式形成的市场价格，能够相对准确地反映交易者对标的物未来价格的预期。从资产定价角度看，衍生品的价格发现功能是指通过与现货价格的联动关系，发现其当前的价格是否处于均衡状态，而非预测现货到期时的价格，因此，标的物现货到期时的真实市场价格有可能与当前的期货价格存在较大差异。

3. 优化资源配置

衍生品市场在强化不同地区、不同国家之间的经济关联，促进资源的跨区域配置方面发挥着颇为重要的作用。例如，利率互换交易就可以将短期和长期利率，或是资本市场利率和银行贷款利率连接在一起，进而当不同国家或地区间的利差足够大时，就会吸引足够的业务，最终缩小利差，实现资源的优化配置。

二、远期与期货市场

（一）远期合约及其交易市场

远期合约是指交易双方约定在将来某一特定时间和地点按约定的价格交割一定数量标的物的金融合约。远期合约是为买卖双方量身定制的，合约条款因交易需求的不同而不同，通过场外交易达成。中国的远期市场目前主要由（人民币）远期利率协议交易、债券远期合约交易和外汇远期合约交易构成。

远期利率协议是指交易双方约定在未来某一日交换协议期间内在一定名义本金基础上分别以合同利率和参考利率计算利息的金融合约。其中，远期利率协议的买方支付以合同利率计算的利息，卖方支付以参考利率计算的利息。这里的参考利率应为中国人民银行公布的基准利率或授权发布的具有基准利率性质的市场利率。债券远期合约是指双方约定在未来一个时刻（或时间段内）按现在确定的价格买卖标的债券的合约。债券远期交易有 8 个期限品种，最短为 2 天，最长为 365 天，交易成员可在此区间内自由选择交易期限，不得展期。2024 年，我国银行间债券远期成交 1.1 万亿元。外汇远期合约是指交易双方按约定的汇率在未来日期买卖约定数量的某种外币的金融合约。目前，国内主要外汇银行均开设远期结售汇业务，中国外汇交易中心开展了人民币外汇远期、掉期交易和"外币对"远期、掉期交易。

（二）期货合约及其交易市场

期货合约是指由期货交易场所统一制定的、约定在将来某一特定的时间和地点交割一定数量标的物的标准化合约。期货合约是标准化合约，合约约定的价格（即期货价格）是通过公开竞价达成的。中国期货市场目前由商品期货、股指期货和国债期货三种类型产品构成。

1. 商品期货

中国商品期货交易主要依托上海、大连、郑州和广州四家商品期货交易所运行。2024 年，我国国内商品期货与期权成交量为 74.8 亿手，占全球商品期货与期权总成交量 119.8 亿手的 62.4%。自 2009 年至今，我国始终是全球最大的场内商品衍生品市场。

2. 股指期货

股指期货是指以股票价格指数为基础变量的期货合约。其交易单位为基础指数的数值与交易所规定的每点价值之乘积，采用现金结算。目前我国推出的四个股指期货合约各有侧重，股价指数代表了不同上市公司样本群体的价格变化态势：沪深 300 指数以 A 股市场中规模大、流动性好的最具代表性的 300 只股票为样本；上证 50 指数以上海证券交易所规模大、流动性好的 50 只股票为样本；中证 500 指数则是综合反映沪深证券市场内小市值公司整体状况的指数；中证 1000 指数的成分股以优质成长性小盘股为主。这些股指期货合约基本可以适应具有不同目标投资者控制股市价格风险，尤其是系统性风险的需要。2024 年，我国股指期货成交总额为 123 万亿元。

3. 国债期货

国债期货是以某个名义国债为交易对象的期货合约，实质上是利率期货。国债期货采取实物交割方式，交割时实际存在的国债可通过期货交易所公布的系数转换为一定数量的合约规定的名义国债。目前我国推出了 2 年期、5 年期、10 年期和 30 年期不同标的的国债期货合约。2024 年，我国国债期货成交额达 67.4 万亿元。

（三）远期或期货合约定价

在签订远期或期货合约时，由于交易的多空双方均不需要向对手进行现金交付，所以远期或期货合约定价的关键是确定合理的远期或期货价格，使得多空双方满足零和博弈特征。

从理论上说，远期或期货合约的价格主要受包括仓储、保险和运输等在内的持有成本和以无风险利率表示的融资成本的影响。此外，如果合约的标的资产在合约期限内会产生收益，那么在确定远期或期货合约价格时，在考虑持有成本和融资成本之外，还需要考虑向下调整相当于未来收益的幅度。因此，远期或期货合约的基本定价模型为：

$$远期或期货合约的价格 = 现货价格 + 持有成本 + 融资成本 - 标的资产在合约期限内的收益 \quad (7-2)$$

三、互换市场

互换合约是交易双方约定在将来某一特定时间内相互交换特定标的物的金融合约。利用互换合约，融资者可依据不同时期的不同利率，以及外汇或资本市场的限制动向等进行交易，筹集到理想的资金。互换最初只在融资领域进行，后来拓展到商品互换、信用互换等领域。我国目前常见的有利率互换、货币互换、股票收益互换以及信用违约互换等类型。

人民币利率互换是指交易双方约定在未来的一个时期内，根据约定的人民币本金和利率计算利息并进行利息交换的金融合约。利率互换的参考利率应为中国人民银行公布的基准利率或其授权发布的具有基准利率性质的市场利率。目前，中国外汇交易中心人民币利率互换参考利率包括 7 天期回购定盘利率、上海银行间同业拆放利率等。互换期限从 7 天到 3 年不等，交易双方可协商确定付息频率、利率重置期限、计息方式等合约条款。

货币互换一般是指交易双方达成的，在未来一个时期内，约定将一种货币的本金和固定利息与几乎等价的另一种货币的本金和固定利息进行交换的金融合约。货币互换交易一般依托银行柜台市场开展。

股票收益互换是指证券公司与客户根据协议约定，在未来某一期限内针对特定股票的收益表现与固定利率进行现金流交换的协议。2012 年，中国证券业协会启动了相关业务试点工作，主要依托证券公司柜台市场进行。

信用违约互换是信用衍生品的一种，合约购买者将定期向出售者支付一定费用（也称为信用违约互换点差），而一旦出现约定的信用事件（如无法偿付债券本息），出售者按协议约定向购买者赔偿因信用事件导致的损失（如债券面值和市价的差额）。2016 年银行间交易商协会推出了信用违约互换产品。

四、期权市场

（一）期权合约

期权合约是指合约买方有权在将来某一时点以特定价格买入或卖出约定标的物的金融合约。作为一种衍生品，期权既可以是一种标准化合约，由交易所设计并推出，也可以是非标准化的合约，由交易双方自行达成。场内期权市场主要涵盖商品期权和包括 ETF 期权与股指期权在内的金融期权两大类。截至 2024 年年底，郑州、上海、大连和广州四个期货交易所共上市 52 个商品期权产品，中国金融期货交易所上市交易 3 个金融期权产品，沪深两个证券交易所上市 9 个金融期权产品。场外期权主要是指证券公司在机构间市场或柜台根据与交易对手达成的协议，与交易对手直接开展期权交易。场外期权业务从 2013 年开始试点，合约标的主要是以沪深 300、中证 500、上证 50 为主的股指，A 股个股，黄金期现货及部分境外标的。

（二）期权定价

期权交易实际上是出售方（空头）向购买方（多头）一种权利的单方面有偿让渡。因此，期权购买方向出售方支付的费用就是期权定价的对象。目前，世界上广泛使用的期权定价模型有两种：一是假定股票价格的变化率满足二项式分布（即在给定时间间隔内，股票的价格变动仅有两个可能的方向：上涨或下跌，且在整个考察期内，股价每次向上或向下波动的概率和幅度不变）时的二项式期权定价模型，也称为二叉树期权定价模型；二是假定股票价格的变化率满足对数正态分布时的布莱克－斯科尔斯期权定价模型。这两种模型的核心思想均认为由某一股票期权交易所产生的未来持续现金流量，可通过来自一定数量的该种

二项式期权定价模型和布莱克－斯科尔斯期权定价模型

股票和无风险债券构成的投资组合所产生的现金流来完全实现复制，因此，金融市场中的套利者就可以通过无风险的套利交易来保证这些在不同市场上交易的不同金融产品（或组合）的价格是相等的。

重要术语

金融市场　集合竞价　连续竞价　货币市场　资本市场　衍生品市场　金融市场效率　股权分置　回购协议　同业拆借市场　同业存单　短期融资券　注册制　股票市场质量　信用评级　远期合约　期货合约　互换合约　期权合约

思考题

1. 金融市场在社会主义市场经济中发挥什么功能？
2. 中国金融市场体系的结构特征有哪些？
3. 身为一名中央银行的决策者，该如何考察货币市场的功能？又该如何考虑充分发挥货币市场的功能？
4. 中国为什么要构建多层次资本市场体系？
5. 股票市场运行质量一般可以从哪些方面来判断？试结合实际对中国股票市场运行质量进行分析。
6. 什么是债券的信用评级？中国债券的信用评级目前存在哪些问题？
7. 我国目前的衍生品有哪些类型？这些类型构成是否合理？
8. 假定某股票目前市场价格为20元，预期收益率18%（无分红收益），无风险利率为8%。如果现在订立买卖这种股票的1年期远期合约，那么该合约约定的远期价格应为多少？

即测即评

第八章　金融开放与全球金融治理

习近平指出,"要着力推进金融高水平开放","要以制度型开放为重点推进金融高水平对外开放"[①]。纵观历史上和当今的金融强国,都具有高度开放的特征。为什么现阶段中国要重点推进金融高水平开放?本章首先阐释金融开放的内涵、作用、前提、程度和顺序,总结中国金融开放的历程和实践;其次,分析金融开放与国际收支间的密切联系;最后,阐述中国在全球金融治理和国际金融合作中所做的贡献。

第一节　金　融　开　放

中国金融开放走过了一条渐进式的道路,党的十八大以来继续扩大对外开放,完善营商环境,深化多边合作,成效显著。党的二十大进一步提出推进高水平对外开放,提升贸易投资合作质量和水平。本节主要阐释中国金融开放的理论与实践。

一、金融开放的含义与内容

(一)金融开放的含义

金融开放是指一国在金融领域放松管制并由封闭转向对外开放的状态。包括国家放松和取消本国金融服务业和金融市场在机构准入和业务准入等方面的对外限制,放松和取消本国经济主体对外投融资的限制,放松和取消对跨境资本流动

[①] 中共中央党史和文献研究院编:《习近平关于金融工作论述摘编》,中央文献出版社2024年版,第145、147页。

的相关限制等。

(二) 金融开放的内容

金融开放包括：第一，金融业对外开放，是指放松和取消本国金融业在市场准入和开展业务等方面的对外限制，允许外资金融机构进入和开展业务，给予国民待遇；也允许本国金融机构走出去从事国际业务等。第二，金融市场对外开放，是指放松和取消本国金融市场在市场准入和开展业务等方面的对外限制，允许外国企业、投资者和金融机构等进入本国金融市场进行投融资，给予国民待遇；也允许本国企业、投资者和金融机构等进入国际金融市场参与投融资活动等。第三，资本账户开放，是指放松和取消对跨境资本流动尤其是短期跨境资本流动在交易、汇兑环节的限制。

二、金融开放的作用、前提、程度和顺序

(一) 金融开放的作用

金融开放能给经济带来诸多好处，对发展中国家来说更是如此。它可以减轻因管制带来的扭曲从而降低经济活动的交易成本，强化对宏观政策的纪律约束从而提高政策制定的质量，有利于在更大范围、更高层次上实现资源优化配置，从而有力地推动经济高质量增长。

金融开放是中国改革开放的重要组成部分。党的二十届三中全会进一步提出推动金融高水平开放。40多年的实践表明，金融开放不仅引进了大量外资支持实体经济的发展，也引进了国外成熟的金融制度、产品、业务运作模式，推动着中国金融体制改革，促使中国金融业更快更好地适应经济全球化的发展，有力地促进了中国经济的发展，产生了诸多积极作用。

我国金融开放带来的积极作用

(二) 金融开放的前提、程度和顺序

尽管金融开放带来诸多正面影响，但由于金融本身的脆弱性和风险性，金融开放也会带来一些风险，所以各国对金融开放秉持着谨慎的态度。经济自由化次序理论阐释了经济政策行动应如何进行最优的顺序选择，可作为经济改革政策安排的参考。根据该理论，金融开放需要满足一些前提条件，才能在开放过程中尽可能降低经济金融不稳定的风险。各国经验也表明，金融开放与本国的经济金融发展阶段相适应，才能发挥好其有利作用并规避风险。

1. 金融开放的前提条件

按照国际经验,金融开放需要具备一系列的前提条件,包括:稳健的宏观经济指标、健全和市场化的金融机构和金融市场、经常账户下的货币可兑换、市场化的汇率形成机制、稳健的国际收支、连续和稳定可预期的经济政策、专业有效的金融监管等。若在条件不具备或不完全具备时推进金融开放,可能会引起跨境资本流动突然停止、国际收支危机甚至是经济金融危机。

2. 金融开放的程度

金融开放还需要注意把握开放的程度,开放不足或过度、过慢或过快都是不可取的。若开放不足或过慢,虽可避免金融开放的风险,但不利于有效发挥金融开放带来的诸多优势。若开放过度或过快,面临的主要问题是不足以抵御外来风险冲击,或失去对本国金融服务业的主导权。例如,2010年爆发的欧洲主权债务危机中,部分东欧国家(如匈牙利、拉脱维亚、乌克兰)开放过度使得金融服务业大多被掌握在跨国金融机构手里,这些机构为增强稳健性进行缩表引发部分东欧国家大规模收缩金融活动,导致这些国家出现严重的金融动荡。

国际社会对金融开放的认识和开放程度也在持续变化。20世纪90年代,"华盛顿共识"主导了全球金融开放的态度,各国纷纷加大本国的金融开放。但是,不少发展中国家由于开放过快,引发了严重的危机,代表性的事件如东南亚金融危机。2008年国际金融危机之后,国际社会对金融开放的态度有所转变,一股逆全球化的政策席卷众多国家,各国对待金融开放也开始变得更加谨慎。

3. 金融开放的顺序

国际经验表明,金融开放的顺序一般是先易后难,应坚持"先引进来,后走出去;先开放直接投资,再开放资本交易"。先引进对本国经济发展具有显著正面作用的外资金融机构和长期跨境资本,然后放开本国金融机构和企业的走出去;先开放直接投资这类有实际经济活动背景的资本交易,然后逐步过渡到无交易背景的资本交易;先开放长期资本交易,后开放短期资本交易。

金融业和金融市场的对外开放与资本账户开放之间并没有固定的先后顺序,应当视本国情况而定。中国在多年的实践中,是将引进外资金融机构放在首要位置。在资本账户开放进程中,关键在于协调推进资本账户开放、利率市场化及汇率市场化,因为货币可兑换必然涉及利率和汇率。若利率市场化推进较慢,有可能出现国内低成本资金在国际市场上套利,诱发风险积累和传导;若汇率形成机制改革推进较慢,则不利于缓冲跨境资本流动的负面影响,不利于维护本国货币政策的独立性。

在推进金融开放时需要循序渐进，配合国内经济和制度条件，成熟一项推进一项。同时要完善金融监管框架，构建好各类防火墙和金融安全网，提高防范和化解重大风险的能力，使监管能力与开放水平相适应。有序扩大金融对外开放，有利于我们更好地利用全球资源。

> 📖 **原理 8-1** 各国需要依据本国的宏观经济、财政、金融体系、国际收支等发展状况，确定金融开放的程度、顺序和内容。

三、金融业的对外开放

扩大金融业对外开放是我国对外开放的重要方面。金融业的对外开放主要包括银行业的对外开放、保险业的对外开放和证券业的对外开放。

（一）银行业的对外开放

中国银行业对外开放的顺序大体上是从局部地区到全国范围、从外币业务到本币业务、从外国的非居民到本国居民。加入世界贸易组织之后，中国银行业进入加快对外开放的发展新阶段。中国银行业对外开放的进程大致有以下三个阶段。

1. 银行业逐步对外开放阶段

从 20 世纪 80 年代初至加入世界贸易组织前。银行业对外开放的总体战略是，通过外资银行进入、引进外汇资金和改善对外资企业的金融服务，创造更好的投资环境。在不断适应经济金融发展需要、稳步推进银行业对外开放方针的指导下，银行业扩大了对外开放地域，逐步从经济特区扩展到沿海城市、中心城市和全国，向外资银行开放了对外资企业及境外居民的人民币业务。

2. 银行业扩大对外开放阶段

从中国加入世界贸易组织到党的十八大召开。加入世界贸易组织后的 5 年过渡期内，银行业加快对外开放，向外资银行放开地域限制和业务限制；逐步将外资银行人民币业务的客户对象扩大到中国企业和中国居民；放开对所有客户的外汇业务；逐步放松对外资银行在华经营的限制，在关于银行业开放承诺的基础上逐步给予国民待遇。在承诺之外积极实施一系列自主开放措施。例如，调整外资金融机构参资入股中资银行的比例，允许合格境外战略投资者参资入股中资银行等。

为促进外资银行在华的稳健发展，同时顺应国际银行业发展态势和普遍做法，《外资银行管理条例》于 2006 年 12 月 11 日起施行，监管部门对外资银行在华发展实行分行与法人银行双轨并行、法人银行导向政策，外资法人银行的市场准入条件及审慎监管标准与中资银行保持一致。

3. 银行业加快对外开放新阶段

从党的十八大召开到现在。2018 年 4 月，习近平在博鳌亚洲论坛宣布，将大幅放宽市场准入，加大金融业对外开放力度，相关举措落地"宜早不宜迟，宜快不宜慢"，向国际社会宣示了中国坚定不移扩大金融对外开放的决心。央行和监管机构密切配合，制定金融进一步对外开放的时间表和路线图，加快推出对外开放措施。2014 年和 2019 年，国务院两次修订《外资银行管理条例》。2024 年 1 月 25 日，国家金融监督管理总局宣布外资可以持有银行 100% 股权。党的二十届三中全会提出："完善准入前国民待遇加负面清单管理模式，支持符合条件的外资机构参与金融业务试点。"这一轮金融开放的举措主要有：一是取消或放宽外资持股比例限制；二是放宽外资金融机构和业务准入条件；三是扩大外资金融机构业务范围；四是优化外资金融机构监管规则。

与此同时，中资银行顺应对外开放加快的总体趋势，通过在境外设立机构、参股、并购等方式，加快走向国际市场的步伐，机构遍及全球但主要集中在国际金融中心城市，业务发展迅速并呈现多样化经营的趋势。截至 2024 年年底，中、农、工、建、交五大行境外机构覆盖的国家和地区数量分别达到 64、18、49、35 和 17 个；境外机构网点数量合计超千家；中国银行业对外金融资产为 16 094 亿美元，对外负债为 14 323 亿美元。

(二) 保险业的对外开放

在金融机构对外开放进程中保险业的开放最早、力度最大。在潜力巨大的保险市场吸引下，国际保险业很早就积极投资和布局中国保险市场。1980 年首家外资保险公司驻华代表处成立，之后陆续有外国保险公司设立驻华代表处，为进入中国保险市场开展业务打下了基础。在加入世界贸易组织的谈判中，保险业对外开放是焦点问题之一。根据承诺，中国对外资保险公司开放了全部地域和绝大部分保险业务；保险业过渡期只有 3 年，比其他金融行业提前 2 年。一批中外合资保险公司和外资保险公司先后成立，全球主要跨国保险金融集团都已进入。在北京、上海、深圳等地，外资保险公司相对集中，发展较快，中资与外资保险公司的竞争更加激烈。随着中国进一步扩大金融开放，保险业现已基本实现全面对外开放，2021 年外资保险公司的在华资产在中国保险业总资产中占比 7.8%，在北京、上海等一线城市外资保险公司市场份额达到 20%。2024 年 1 月起，外资可以持有保险公司 100% 的股权。

中国保险业在积极"引进来"的同时，稳步推进"走出去"战略，通过提高国际化水平增强自身竞争力。中国参与海外经济活动越来越频繁，为保险业"走出去"提供了更多契机。特别是在保险业快速发展、投资需求不断增长的背景下，部分有实力的保险公司试水海外投资，为实施国际化战略进行了有益的探索，并在风险管控、危机管理等方面提供了鲜活经验。保险业通过境外融资、并购、开展保险服务等方式积极参与国际化。

（三）证券业的对外开放

中国证券业对外开放也走过了一条渐进式的开放道路。20 世纪 90 年代初，中国资本市场建立后，特别是加入世界贸易组织后，对外开放明显加快。在机构准入方面，主要采取合资的形式实施证券业的对外资开放，外资通过合资证券公司从事国内证券发行和资产管理业务。党的十八大以来，中国持续推动证券、期货、基金服务业双向开放，进一步开放机构准入。证监会于 2020 年全面放开证券、期货和基金管理公司外资持股比例限制；外资机构在经营范围和监管要求上均实现国民待遇，很多国际知名机构加快了在华投资展业步伐。证券机构稳步推进"走出去"战略，在中国香港等地区设立、收购或参股多家经营机构。

此外，近年来在汽车消费信贷业务、金融租赁服务、企业征信、信用评级、支付等其他金融服务相关领域进一步加大开放力度。未来，我国还将加大金融业开放力度，进一步放宽市场准入，扩大外资金融机构在华业务范围，拓展中外金融市场合作领域。

四、金融市场的对外开放

（一）银行间市场的对外开放

中国的银行间市场主要由同业拆借市场、债券市场和外汇市场三个部分组成。从 1998 年开始，中国银行间市场开始逐渐对境外机构开放。1998 年，中国人民银行批准花旗银行、渣打银行等 8 家在上海浦东经营人民币业务的外资银行进入银行间同业拆借市场。2004 年，中银香港和中银澳门先后加入银行间外汇市场。2005 年，国际金融公司和亚洲开发银行首次在银行间市场发行人民币债券，泛亚基金和亚债基金两家境外机构也获准进入银行间市场。2009年和2010年，《跨境贸易人民币结算试点管理办法》和《中国人民银行关于境外人民币清算行等三类机构运用人民币投资银行间债券市场试点有关事宜的通知》相继发布后，中国人民银行等部门采取多种措施放宽市场准入、简化入市流程、取消投资额度限制，境外机构投资银行间市场的深度、广度得到拓展，便利化程度不断提高。

2017年7月，债券通"北向通"成功上线。"北向通"使得境外投资者经由香港与内地基础设施机构之间在交易、托管、结算等方面的互联互通机制安排，投资于内地银行间债券市场。"北向通"开通以来，大量的境外投资者进入我国银行间市场，交易十分频繁。为了给境外投资者提供规避利率风险的机制，促进金融衍生品市场的开放，2023年5月，内地与香港利率互换市场互联互通合作（简称互换通）正式启动。银行间市场的开放使得中国货币市场与国际金融市场的联系更为紧密，对于人民币利率和汇率的形成产生了积极的影响。

（二）证券市场的对外开放

中国持续稳慎拓展和深化境内外市场互联互通机制，不断优化合格境外投资者制度，丰富外资参与国内资本市场的投资渠道。2002年实施的合格境外机构投资者制度（QFII制度），是中国在资本项目尚未完全开放的条件下，部分开放资本市场的过渡性安排，是实现资本市场有序开放的特殊通道，鼓励更多长期资金进入，促进资本市场稳定发展，降低开放过程中的风险。QFII制度是指允许符合条件的境外机构投资者经批准，汇入一定额度的外汇资金并转换为当地货币，通过专用账户投资当地证券市场，其本金、资本利得、股息等经批准后可购汇汇出的一种资本市场开放模式。主要内容包括资格条件的限制（准入门槛）、投资规模的限制（投资额度）、投资通道的控制（专用账户）、资金汇出入限制（锁定期）等。QFII投资范围逐步扩大至商品期货、商品期权、股指期权等。截至2024年年底，我国已累计批准来自44个国家和地区的866家QFII，持有的股票市值占流通股市值超过5%。

2011年年末启动人民币合格境外机构投资者制度（RQFII制度）试点，允许符合资格条件的基金管理公司、证券公司的香港子公司作为试点机构，运用其在香港募集的人民币资金在经批准的投资额度内开展境内证券投资业务。RQFII制度有助于进一步推进证券市场的对外开放，推动基金管理公司、证券公司发展跨境业务，拓宽境外人民币投资渠道，促进香港地区金融市场稳定发展。

随着中国证券市场在广度和深度上的不断发展，其在全球资本市场中的影响力也不断上升。明晟公司（MSCI）于2018年开始将中国A股纳入MSCI新兴市场指数和全球基准指数。富时罗素随后将A股纳入其全球股票指数系列。彭博公司从2019年将人民币计价的中国债券市场纳入全球综合指数。摩根大通于2020年将中国国债纳入全球新兴市场政府债券指数系列。

（三）中国金融机构走向国际金融市场

境外发债或上市是中国利用外资走向国际市场的重要形式。在加入世界贸易组织后，越来越多的内地企业到香港上市，并逐渐在纽约、伦敦、新加坡等地上市，融资额逐年上升。管理当局也积极推动境内机构赴香港等地发行债券融资，在香港地区发行人民币债券也进一步丰富了香港人民币投资品种。金融机构也积极走向境外金融市场进行投融资活动，主要包括在境外上市、在境外发行债券、购买国际金融市场上的有价证券等，拓宽了境内外筹资和资产配置的空间。与此同时，建立统一的全口径外债监管体系以防范风险。

近年来，通过金融市场基础设施互联互通（沪港通、深港通、债券通等），扩大合格境内机构投资者的规模，在开放地区推出"跨境理财通"业务试点，中资企业、机构和个人投资者进入境外资本市场投资更为便利。通过人民币合格境内机构投资者制度投资境外人民币计价的金融产品，证券投资双向开放提速。

五、资本账户开放

（一）货币可兑换

资本账户开放的核心内容是要放松和取消影响经济活动的交易成本的货币可兑换限制。货币可兑换是指一国居民与非居民能够自由地将其所持有的该国货币兑换为外币或外币计价的金融资产，并且跨境流动时不受限制，这也是一种货币成为国际货币的前提。一般地，先实现经常账户下的货币可兑换，再逐步实现资本账户下的货币可兑换。

1. 经常账户下的货币可兑换

较低层次的货币可兑换程度是局部兑换，是允许一部分项目交易中的本币和外币自由兑换，通常是国际收支经常账户下的货币可兑换（或称经常项目可兑换），达到了"第八条款国"条件。中国正式接受《国际货币基金组织协定》第八条义务后，人民币实现了经常项目可兑换，这意味着扩大了人民币在贸易与投资等实体经济领域的使用，也为扩大其在金融交易中的使用打下基础。

> **知识链接 8-1　第八条款国**
>
> 《国际货币基金组织协定》的第八条第2、3、4款规定，凡一国未经国际货币基金组织同意，不得限制经常项目下的国际支付和转移，不实行歧视性的货币措施或多种汇率制度，若其他会员国提出申请，有义务购回其他会员国所持有的本币。也就是若能实现经常账户可兑换，该国货币就被列入可兑换货币，该国被称为"第八条款国"。

2. 资本账户下的货币可兑换

资本账户下的货币可兑换（或称资本项目可兑换）是实现货币在资本账户中各交易项目的可兑换，各交易项目所需的外汇可自由在外汇市场上购得，可将本币换成外币在国内外持有，满足资产需求，这也是通常所说的完全可兑换。

国际货币基金组织并未就资本项目可兑换给出明确的定义和规定，也不是成员国的一般义务，通常由货币发行国依据自身条件决定资本项目可兑换与否与开放进程。

资本账户下的货币可兑换的直接结果是形成了国际资本流动。国际资本流动是指资本从一个国家或地区转移到另一个国家或地区。国际资本流动的形式多样，主要包括跨境的直接投资、证券投资和信贷活动等。关于资本流动带来的负面影响参考第十章的分析。

（二）资本账户开放的潜在收益与金融风险

资本账户开放后，资本流入可改善本国的资源禀赋结构，助力技术进步和产业升级，降低利率水平，促进本国金融机构和金融市场发展；资本流出有助于改善投资环境，在全球范围内配置资源，满足更加多样化的投资需求，寻求更高的投资收益和更好的风险管理。

资本账户开放的风险主要在于便利了短期跨境资本（热钱）的快速大量流动。如果国内外环境突变，跨境资本就可能竞相流出，引发金融市场动荡，导致货币危机乃至金融经济危机。

各国资本账户开放进程的模式虽各不相同，但成败关键都取决于是否能打破"资本项目可兑换—跨境资本大量流入—本币实际汇率升值（高利率、高通胀、资产价格泡沫）—经常账户持续逆差—国际收支危机"的恶性传导机制。

(三）资本账户管理的必要性和原则

1. 资本账户管理的必要性

过快过早地推进资本账户开放可能带来不利影响，各国尤其是新兴经济体的基本经验是有选择、分步骤、渐进式地放松和取消对跨境资本流动的限制，逐步实现资本账户开放，在开放进程中有必要在一定时期和范围内进行适度管理。事实上，各国或多或少会对资本项目进行管制，即使是实现了完全可兑换，仍会存在某种程度的外汇管制。例如，管理当局强化对避税天堂的跨境交易监控；发达国家出于维护国家经济安全和审慎监管的需要，限制投资境内的一些产业和企业。国际货币基金组织也允许其成员保留必要限制。

> **原理8-2**　对跨境资本进行适当管理，有助于避免本币过度升值或贬值、国际收支失衡，以及国内金融业和金融市场的不稳定等问题。

2. 资本账户管理的原则

（1）稳步开放原则。以有序稳步放松资本项目交易限制、引入和培育资本市场工具为主线，在风险可控的前提下，依照循序渐进、统筹规划、先易后难、留有余地的原则，分阶段、有选择地逐步推进。

（2）便利化原则。在理念上顺应经济主体的实际需要，进一步转变外汇管理方式，推动对外投资便利化，从重审批转变为重监测分析，从重微观管制转变为重宏观审慎管理，从"正面清单"转变为"负面清单"；对于"走出去"过程中的投融资，实现汇兑环节按实需原则购汇和支付。

（3）均衡管理原则。将跨境资本"引进来"和"走出去"相结合，鼓励双向有序流动，加速开放限制较多的对外直接投资、证券投资等领域，限制投机性跨境资本流入。

（四）中国资本账户开放的进程

资本账户开放顺序从内容看，先开放直接投资这类有实际经济活动背景的资本交易，放松与实际交易有关的金融服务和外汇兑换限制，然后逐步过渡到开放证券投资和金融衍生品，最后再实现无交易背景的金融服务和外汇兑换的自由化；从方向看，先开放资本流入，后开放资本流出；从期限看，先开放长期资本交易，后开放短期资本交易；从主体看，先开放法人机构，后开放个人；从地域看，人民币自由兑换先从中国香港和周边区域开始，后推向其他区域。

改革开放之初，着力于在吸引和利用外资方面放松管制，启动了资本项目可兑换进程，但证券投资被严格限制；思路上以鼓励流入、限制流出为导向，宽进严出；在管理实践中经历了"放开—管制—再放开"的反复过程。1996年年末实现经常项目可兑换后开始推进资本项目可兑换，但在1997年亚洲金融危机爆发后，资本流出和人民币贬值压力很大，中国出台了一些管制应对措施，直至危机结束后才逐步取消，成功抵御了危机带来的冲击。

2002年之后，中国综合账户差额开始出现持续的显著顺差，并带来外汇储备迅速增长。管理当局开始加快推进资本项目可兑换、汇率形成机制改革、金融市场深化和金融机构体制改革。资本项目管理开始向均衡管理转变，核心内容是鼓励资本有序流出，防止"热钱"流入，促进国际收支基本均衡。在直接投资领域，中国政府积极支持企业"走出去"，已实现了基本开放。

党的十八届三中全会明确提出"加快实现人民币资本项目可兑换"。目前，资本账户开放也面临着相对良好的内外条件：中国经济实力显著增强，金融改革成效显著，抵御风险能力大幅提升，发达经济体经济复苏趋好。资本项目可兑换的逐步推进，使得人民币在国际上的影响力不断上升，加快了人民币从计价货币、结算货币到储备货币的国际化进程，为实现党的二十大提出的"有序推进人民币国际化"以及党的二十届三中全会再次强调的"稳慎扎实推进人民币国际化"的目标奠定坚实基础。当然，即使是在实现资本项目可兑换后，政府也可在必要时出台相应管理措施以应对风险。

人民币正式纳入特别提款权（SDR）货币篮子

六、国际金融中心的建设和发展

拥有强大的国际金融中心是金融强国的题中之义。我国近年来不断增强上海国际金融中心的竞争力和影响力，持续巩固提升香港国际金融中心地位。加快国际金融中心建设，加大金融改革创新力度，加强金融开放和制度创新，增强服务我国经济发展、配置全球金融资源的能力。

（一）上海国际金融中心的建设

经济实力与活力是国际金融中心的建设基础。上海是建设国际金融中心的首选之地。1992年，党的十四大将上海国际金融中心的建设确立为国家战略。2009年，国务院颁布《关于推进上海加快发展现代服务业和先进制造业建设国际金融中心和国际航运中心的意见》，从国家层面对上海国际金融中心建设的总体目标、主要任务和措施等进行全面部署；同年出台、2024 年修订的《上海市推进国际金融中心建设条例》，对国际金融中心的具体目标、任务和要求做了全面的规划。2020 年，人民银行、银保监会、证监会、国家外汇管理局、上海市政府联合发布《关于进一步加快推进上海国际金融中心建设和金融支持长三角一体化发展的意见》，围绕推进临港新片区金融先行先试、加快上海金融业对外开放以及金融支持长三角一体化发展推出了多项政策，为上海国际金融中心建设按下了"加速键"。

伴随着我国经济的快速发展，在一系列政策的支持下，上海国际金融中心发展十分迅速，在金融市场建设的各个领域取得了重大进展，已经成为全球重要的国际金融中心之一。

未来上海国际金融中心将在全球资产管理中心生态系统、金融科技中心全球竞争力、国际绿色金融枢纽、人民币跨境使用枢纽、国际金融人才中心、金融营商环境等方面进一步建设和完善，提升上海国际金融中心的国际地位。

（二）香港国际金融中心的发展

香港长期以来一直是全球重要的国际金融中心。香港是全球第七大股票市场，2024 年年末，香港交易所上市企业数量为 2 631 家；香港是亚洲最大的国际债券发行中心、除内地外亚洲最大私募基金枢纽，还是全球第四大外汇市场和第三大场外利率衍生品市场。此外，香港的保险市场发达，全球 20 大保险公司有 12 家在香港开展保险业务。

近年来，香港在金融科技和绿色金融领域发展迅速，引领全球。在金融科技方面，香港发布了"金融科技 2025"策略，构建起金融科技发展的整体框架，严谨的监管制度、良好的基础设施推动了香港金融科技快速发展。2024 年年末，香港金融科技企业超过 1 000 家，金融科技监管沙盒获得广泛认可。截至 2025 年 4 月，共有 370 个金融科技项目获准使用沙盒进行测试。在绿色金融方面，香港已经是亚洲领先的绿色融资中心。2018 年 2 月，香港推出政府绿色债券计划，2024 年在香港发行的绿色债券和可持续债务总额超过 840 亿美元，占全球同类市场的 45%。

香港作为国际金融中心一直是连接内地与全球经济金融活动的纽带。香港是全球离岸人民币业务枢纽，拥有全球最大的离岸人民币资金池。依托高效的金融基础设施及多元化的资金流通渠道，香港成为跨境资金进出内地的主要门户。2024 年，债券通"北向通"日均交易 423 亿元，占境外投资者在中国银行间债券市场成交额的 50% 以上；香港人民币支付交易额占 SWIFT 全球人民币支付交易额的 70% 以上；内地与香港跨境人民币支付日均交易额达 30 975 亿元。

在巩固香港国际金融中心地位的过程中，香港将进一步打造"三中心两枢纽"的金融格局。"三中心"包括离岸人民币业务中心、国际资产管理中心、全球风险管理中心，"两枢纽"包括亚洲金融科技枢纽、绿色和可持续金融枢纽。在人才建设上，香港推出了一系列教育发展政策，致力于打造国际高端人才集聚高地。

第二节　金融开放与国际收支

在开放经济下，金融开放与国际收支之间存在密切联系。金融开放的内容、程度和顺序直接体现在国际收支及其统计中，是决定国际收支的交易规模和实力、内外均衡和风险的重要因素之一；反过来，国际收支状况也是金融开放的基础和重要前提条件之一。

一、国际收支及其统计报表

国际收支是指一个国家或经济体在一定时期内对外经济往来、对外债权债务清算而引起的所有货币收支。国际收支是一国对外关系的缩影，也是其在全球经济中所处地位及其升降的反映。国际收支统计有助于全面、及时掌握本国对外经济交易的综合情况，全面地了解本国的经济类型、经济结构和在国际上的地位，尤其是资本和金融账户可反映出一国金融市场的开放和发达程度，是制定货币政策、汇率政策和金融开放政策的重要依据；也有助于管理当局充分掌握外汇资金来源和运用方面的数据，分析影响外汇变动、国际收支失衡和对外资产负债错配的原因并采取正确应对措施。

案例分析：
中国国际
收支失衡与
再平衡

一国的国际收支状况反映在国际收支平衡表和国际投资头寸表中。国际收支平衡表是指系统地记录在一定时期内，一个国家或经济体的居民与境外非居民机构之间进行的国际贸易和投资及其他国际经济交往的全部交易的汇总统计表。国际投资头寸表是记录在某一时点，一个国家或经济体的居民对非居民的债权，或作为储备资产持有的货币黄金等金融资产，以及对非居民的负债。国际收支平衡表统计的是流量数据，国际投资头寸表统计的是存量数据。前者既记录贸易、要素收益等经常性交易，也记录金融资金跨境交易；后者只记录金融资金跨境交易产生的对外资产和负债的存量状态。下面重点介绍国际收支平衡表。

(一)国际收支平衡表的基本构成

国际收支平衡表的主要账户和交易项目有以下几类。

1. 经常账户

经常账户记录的是居民与非居民之间的货物和服务、初次收入和二次收入的流量。经常账户主要包括以下几个子项目：(1)货物和服务账户。通常货物贸易在经常账户中占绝大部分，但伴随着产业结构的调整和国际经济贸易的发展，服务贸易所占比重有不断上升的趋势。(2)初始收入账户。该账户记录的是与其他经济体之间因提供或使用人力资源、金融资产或自然资源而应收或应付的报酬，主要包括雇员报酬、投资收益、其他初次收入等。其中的投资收益项目与相应的金融流量和头寸相对应，可用于分析投资回报率。(3)二次收入账户。该账户记录的是发生在居民与非居民之间的经常转移，转移是按照复式簿记原理所设立的平衡项目。

2. 资本账户

资本账户主要记录居民与非居民之间的非生产非金融资产的取得和处置，例如租赁和许可的出售以及资本转移。资本转移是一方提供用于资本目的的资源，但该方没有得到任何直接经济价值回报，主要涉及固定资产所有权的变更以及债权债务的减免等。资本转移影响资本存量。

3. 金融账户

金融账户记录的是居民与非居民之间的金融资产和负债的收买和放弃，主要包括直接投资、证券投资、金融衍生品、其他投资（包括其他股权、货币和存款、贷款、保险和养老金、贸易信贷等项目）、储备资产等。金融账户中的交易项目对应着货物和服务、收入、资本账户或其他金融账户的交易项目。例如，货物出口对应为货币和存款或贸易信贷等某种类型的金融资产增加。交易也可能是涉及一项金融资产与另一项金融资产的交换，或者是涉及新发生的金融资产和相应负债。

4. 储备资产账户

储备资产账户本来是属于金融账户的子项目，但由于其功能和管理方式不同于其他项目，故有时将其单独列出，尤其是在分析各账户间的经济关系，或分析国际收支失衡的原因及应对措施等问题时。

(二) 国际收支平衡表的编制原理

国际收支平衡表的编制遵循复式记账原理。该记账原理是依据会计记账原理中的贷方与借方平衡关系作为记账基础，对于每一笔交易均由两个金额相等但方向相反的分录组成，反映每笔交易的资金流入、流出和资金运动变化结果。

(三) 国际收支平衡表中各账户差额之间的关系

国际收支平衡表的记录方式与会计报表的记账原则类似，遵循"有借必有贷，借贷必相等"，每笔交易都有两个分录。在理论上，贷方合计额与借方合计额之差应当为零，也就是国际收支平衡表的账户总体上是平衡的。在数额上，任一账户差额等于所有其他账户差额之和，但符号相反。因此，在忽略资本账户时，有：

$$\begin{aligned}金融账户差额 &= 非储备性质的金融账户差额 + 储备资产账户差额 \\ &= -经常账户差额\end{aligned} \quad (8-1)$$

金融账户差额度量了对非居民的净贷出或净借入是如何形成的。但是在实践中，数据来源不同等原因，会导致贷方和借方不平衡，其差额被称为误差与遗漏净额，在公布数据中应单独列出，作为一个平衡项目。当贷方大于借方时，将差额列入借方；反之则列入贷方。中国国际收支平衡表的基本账户和交易项目如表8-1所示。

表 8-1 简化的中国国际收支平衡表（年度）

单位：亿美元

项目	1980年	1990年	2000年	2010年	2020年	2024年
1. 经常账户	−20	120	204	2 378	2 488	4 239
1.A 货物和服务	−24	107	288	2 230	3 586	5 390
1.B 初次收入	−1	11	−147	−259	−1 182	−1 300
1.C 二次收入	6	3	63	407	85	150
2. 资本和金融账户	16	−89	−86	−1 849	−901	−4 340
2.1 资本账户	0	0	0	46	−1	−1
2.2 金融账户	16	−89	−86	−1 895	−900	−4 339
3. 误差与遗漏净额	3	−31	−118	−529	−1 588	101

注：① 表中数值均指对应账户的净头寸。② 金融账户下，对外金融资产的净增加用负值列示，净减少用正值列示；对外负债的净增加用正值列示，净减少用负值列示。

资料来源：国家外汇管理局网站。

二、金融开放与国际收支间的关系

（一）金融开放与国际收支间的相互影响和联系

1. 金融开放的内容、程度和顺序直接体现在国际收支及其统计中

金融开放的内容、程度和顺序，将直接体现在国际收支平衡表中相应交易项目的交易主体、类别、金融工具、期限、流向、金额等要素上。随着外资金融机构进入和开展业务，外国居民到本国金融市场投资、融资，与之相关的跨境资本流动记录在金融账户的交易项目上，其中，最为主要的是金融部门的外来直接投资（负债方）、证券投资（负债方）、证券投资（资产方）等。而本国金融机构"走出去"从事国际业务，本国居民到境外资本市场投资、融资，与之相关的跨境资本流动主要记录为金融部门的对外直接投资（资产方）、证券投资（资产方）、证券投资（负债方）等，也可能体现在"其他投资"或"储备资产"，以及经常账户的"保险和养老金服务""金融服务""投资收益"等项目上。

2. 金融开放直接影响和决定国际收支的状况

在开放经济下，影响一国国际收支的规模和失衡的变量中，金融开放无疑是其中最重要因素。金融开放的内容、程度和顺序，直接影响国际收支的规模、头寸以及国际收支是否平衡，是否引起国际收支的风险和危机。

一般来说，金融开放国家的相关交易项目的流量和存量金额较高。随着中国证券市场对外开放，对外证券投资和外来证券投资的规模都将增加。金融开放的规模和收益，主要是单向开放还是双向开放，也会部分地影响"投资收益"等项目，并表现为顺差或逆差、规模及持续性等。近年来，随着中国进一步加大资本账户开放力度，跨境资本由持续净流入转变为双向流动、基本平衡，国际收支更加成熟稳健。

3. 国际收支的状况也是金融开放的基础和重要前提

国际收支的状况直接影响金融开放的程度、顺序和内容。金融账户差额可以折射出一国经常账户的状况和融资能力。当一国的国际收支实力不足，出现较严重逆差或趋于恶化时，在本币汇率贬值预期下，跨境资本大量流出，一国对外资产或债权持续减少，外汇干预也面临着外汇储备耗尽的困境。因此，管理当局可能会放缓金融开放的力度或强化管制措施。

如果国际收支持续地显著顺差，也会带来一些挑战和不利影响，如本币升值压力、资产价格上涨和通货膨胀压力等，这些经济后果也要求加快金融开放。例

如，中国在 2003—2010 年就面临着这种挑战，这也推动了加快金融双向开放的进程。

当国际收支的规模越大、越趋向于均衡时，往往意味着具备了更好的金融开放条件。近年来，中国国际收支交易实力进一步提升，国际收支基本均衡，为加快推进金融开放提供了保障。

（二）国际收支失衡的评判

对于国际收支平衡表，各账户都列有收支两方，并不会恰好相等而是存在差额。收大于支时为顺差，反之为逆差，收支基本相等时是国际收支均衡，也称外部均衡；若持续显著失衡可能会产生不利影响。国际收支失衡与否，可以从交易动机和账户差额的视角进行总体评判。

1. 交易动机

国际收支平衡表中的各项经济交易可区分为以下两类：

（1）自主交易，是指个人和企业为某种自主目的和自身利益而从事的交易。例如货物进出口、跨境资本流动等，是出于生产经营、投资等需要，具有相对的自主性。原则上，通过自主交易收支相抵才算是真正实现了国际收支均衡。

（2）调节交易，是指在自主交易产生失衡时用以平衡收支的弥补交易。例如为弥补总体逆差（即下文提及的综合账户逆差）而动用外汇储备等，亦称为补偿交易。通过调节交易实现的国际收支均衡是被动均衡，因此以自主交易的状况来评判国际收支是否失衡。

2. 账户差额

（1）货物贸易差额。如果货物贸易为逆差，必须有某种资金来源与之相抵；或是依靠经常账户中的服务、初次收入或二次收入项目的顺差来抵补；或是依靠非储备性质的金融账户中的跨境资本流入；或是动用储备资产来解决。如果为顺差，也必然会引起其他账户或项目的相应变化。

（2）经常账户差额。如果经常账户为逆差，意味着本国使用或消耗了外国实物资源，需要依靠非储备性质的金融账户中的跨境资本流入，甚至动用储备资产来解决，也就是通过增加对外负债或减少对外资产来弥补；如果经常账户为顺差，则会增加本国持有的国际资产。与贸易差额相比，经常账户差额可以更好地反映一国对外债权债务关系的变化，也是经常被用于分析国际收支是否失衡的指标。

（3）综合账户差额。综合账户差额是指经常账户差额与非储备性质的金融账户差额之和，亦称为国际收支总差额。由式（8-1），有：

$$综合账户差额 = -储备资产账户差额 \qquad (8-2)$$

该指标在总体上反映了自主交易形成的国际收支状况，可用来综合衡量和分析国际收支差额，考察外汇储备的形成来源，或用于衡量国际收支对外汇储备造成的压力，分析如何弥补经常账户逆差或非储备性质的金融账户逆差等问题，对维持汇率稳定和本币信心有重要意义。如果一定时期内综合账户差额为顺差，储备资产就会增加；反之则减少。

（三）国际收支失衡的分析框架

分析国际收支失衡的根源与可能带来的经济后果，通常采用经济内外均衡的分析框架。经济内外均衡的分析框架，主要是基于对流量变量（国际收支平衡表的账户差额等）之间关系的检查分析。从国民经济核算来说，经常账户差额（CA）等于一个经济体的储蓄（S）减去投资（I），本质上是国民储蓄的一部分，可以用公式表示为：

$$CA = S - I \qquad (8-3)$$

若国内储蓄大于投资，意味着国内总供给大于总需求，从而一部分货物和服务就会出口到外国，出现经常账户顺差。为减少经常账户顺差，就要通过增加国内总需求来降低顺差。经常账户逆差则反映了国民储蓄小于投资，意味着国内总供给小于总需求，需要进口一部分货物和服务来满足国内需求。降低经常账户逆差的方法通常是抑制总需求。

一国的经常账户差额、非储备性质的金融账户差额、储备资产账户差额这三者之间是相互影响和作用的，且与外国的账户差额相反。经常账户差额所表示的向外国提供的资源净额，是与对外债权净额的变化相匹配的，表现为民间部门持有对外债权或是官方持有储备资产的变化。当本国经常账户出现顺差时，意味着本国要将过剩储蓄提供给外国用于投资，本国以减少对部分实物资源或服务的消耗使用，换取对外债权净额的增加。经常账户顺差下，跨境资本流出，体现为债权净额或贷出净额的增加。这种增加要么是通过民间部门增加对外直接投资或对外证券投资，要么是通过央行增持储备资产，也即本国的金融账户要出现逆差。与此相对应的，外国的国际收支正好出现相反的变化。当本国经常账户出现逆差时，情形则与之相反。

经济内外均衡的分析框架表明，一国的国际收支失衡也就是外部失衡，既是本国内部失衡的反映和结果，同时也对应着外国的国际收支失衡，当然也是外国内部失衡的反映和结果。因此，一国的内外部失衡问题并不能全部归因于该国，也非一国之力能解决。

三、国际收支失衡的原因、影响和治理

（一）国际收支失衡的原因

1. 经济发展状况

对于经济发展水平相对较低，但增长较快的经济体来说，经常会出现国际收支失衡。在中国改革开放早期，国内储蓄不足而投资旺盛，受经济发展水平所限，出口一时难以增长但还要大量进口技术、设备和原材料，因此时而出现贸易逆差。

2. 经济结构

各国由于在经济地理环境、资源禀赋、技术水平、劳动生产率、发展战略等方面存在差异，形成了各自的经济布局和产业结构，进而会影响货物和服务的进出口、外来直接投资等的结构和规模。

3. 货币性因素

货币政策引起物价和币值变化，会对贸易和跨境资本流动产生影响，从而影响国际收支平衡。宽松的货币政策往往引发通胀，引发本币实际汇率升值并抑制出口、利于进口。利率作为资金成本可显著影响产出和物价水平以及跨境资本流动，本国利率下降时可能减少跨境资本流入或增加资本流出。

4. 金融开放的内容、程度和顺序

金融开放直接影响国际收支的规模、头寸和持续性等，也可能导致金融资产负债表的货币错配问题。中国在加入世界贸易组织前后的一段时期，对资本流动的政策导向主要是"奖入限出"，资本流出尚属起步，非储备性质的金融账户以顺差为主，经常账户也持续表现为顺差，使中国总体上保持国际收支顺差。

在资本自由流动和浮动汇率制下，套利性质的短期跨境资本频繁进出，对国际收支会产生重要影响，并会产生很大的不确定性。某些经济体过早、过度地放松资本账户管制，本国企业过度以外币融资，且以短期外债为主，那么一旦面临本币汇率贬值预期，资本大量外逃，将引发货币危机甚至金融危机。

5. 经济周期

在经济周期的景气阶段，本国需求旺盛、预期高涨，可能使进口大增，但出口主要受外国需求影响未显著变化，两者相叠加导致出现经常账户逆差。

6. 国际经济环境

一般地，出口主要取决于外国需求、本币实际汇率等因素，进口则取决于本国需求、国际市场价格以及本币实际汇率等因素。假如一国的主要出口伙伴国家采取扩张性政策增加总需求，则可能出现伙伴国的经常账户逆差和本国的经常账户顺差。

（二）国际收支失衡的影响

1. 持续逆差的影响

持续逆差必然导致外汇供给短缺和本币汇率贬值预期，跨境资本大量流出并进一步恶化国际收支状况，甚至会导致货币危机。如果央行为维持汇率稳定而动用外汇储备在外汇市场上进行干预，这又将导致基础货币投放减少，可能引发通货紧缩；导致跨境资本大量流出，进一步加剧资本短缺，引发利率上升、投资下降等问题。持续的逆差还会导致获取外汇能力减弱，不利于进口所需生产资料，影响经济增长和就业。以外汇资产来弥补长期逆差，也将导致一国对外资产或债权持续减少，有损对外信用。外汇干预也面临着外汇储备耗尽的困境。

2. 持续顺差的影响

国际收支持续顺差，一定程度上是有利于本国在全球范围内配置资源、增加就业、促进产业升级和经济发展的。虽然顺差带来危机的可能性较小，但也会带来一些挑战和不利影响。顺差会带来本币升值预期并使得短期跨境资本大量流入和顺差进一步扩大，可能为通货膨胀和资产泡沫制造温床。一旦经济金融形势稍有波动，就可能出现短期跨境资本大量流出，引发货币危机甚至金融危机。而央行为了对冲本币升值压力以维持汇率稳定，在外汇市场上进行干预买入外汇。干预的结果就是央行资产负债表资产方的外汇储备增加，在负债方的商业银行存款准备金也随之增加，这意味着被动地投放基础货币，大量资源流向外向型经济部门，不利于产业结构的优化调整，也易引发贸易摩擦和冲突。

（三）国际收支失衡的应对措施

1. 金融因素引发失衡的应对

临时因素或经济周期因素引发的失衡可自动恢复均衡，但如果是属于利率或汇率等金融因素引起的国际收支失衡，就需要采取相应调整政策。例如，低利率政策可能引发国内需求过度旺盛并导致经常账户逆差，为此央行可在公开市场上减持外汇储备，减少基础货币投放；更加紧缩的货币政策可选择加息，抑制需求并吸引跨境资本流入，从而改善经常账户。但是，外汇储备规模总归是有限的，往往只可起到有限的、临时性的缓冲作用。尤其是跨境资本流动也会直接地受到外汇储备持续变化的影响。在当今资本高度流动的大环境下，跨境资本流动的意愿受到各种复杂预期因素的影响。因此，外汇干预通常是短期措施，应充分考虑市场预期等因素相机而动。

2. 结构性失衡的应对

对于结构性失衡，消除失衡更将是一个长期、复杂的过程，仅仅依靠货币政策或汇率调节往往难以解决问题，需要综合采取措施。中国内外均衡的问题曾一度较为突出，但主要是经常账户和非储备性质的金融账户持续地显著双顺差，消除和改善这种结构性国际收支总体失衡，更多地要依靠推进供给侧结构性改革，转变经济增长方式，调整消费与投资结构，有序推进资本账户开放。

3. 解决国际收支失衡需要国际合作

全球经济失衡的表现

一国的国际收支失衡既是本国内部失衡的反映，同时也对应着外国的外部失衡和内部失衡。2008 年之前，一度出现全球经济失衡现象，成为全球经济治理的关键问题，也被认为是造成国际金融危机的重要根源。因此，国际收支失衡的出现不能只归因于一国，需要加强各国间的金融合作与全球金融治理来共同应对和解决。

第三节　全球金融治理与国际金融合作

健全的全球金融治理和积极的国际金融合作是提高全球经贸效率、维护全球经济金融安全的重要保障，需要全球主要大国担负起相应责任。随着中国对外开放程度的提升，中国更积极地参与建设和引领全球金融治理与国际金融合作，高质量共建"一带一路"。

一、全球金融治理的架构体系

全球金融治理体系是由国际货币体系、国际金融组织、国际金融监管合作机构，以及由这些组织机构或在相关协商平台上制定推出的标准、规范、制度等要素组成的框架体系。全球金融治理影响着国际金融合作的模式和内容，而积极参与国际金融合作又是有效参与和引导全球金融治理的前提。

(一)国际货币体系

从第二章阐释的国际货币体系的构成内容与主要演进中可知,布雷顿森林体系是人类历史上首次通过立约的形式认可并执行的国际货币体系,曾对全球经济发展发挥过积极作用,但是其固有的"特里芬难题"使得其于20世纪70年代初走向解体。为了解决这一难题,国际货币基金组织在1969年创立了特别提款权,作为各国国际储备资产的补充。各国经过数年的协商形成了牙买加体系,虽然在解决"特里芬难题"和推动国际货币制度的多元化等方面取得了进展,提高了国际货币制度的稳定性和效率,但由于国际货币体系的准则与规范支离破碎,面对复杂的国际金融市场环境,表现出调节机制的不完善以及潜在的汇率和经济波动风险等局限性。

(二)主要国际金融组织

1. 国际货币基金组织

国际货币基金组织是为协调国际货币政策和金融关系而建立的国际金融机构,是联合国的专门金融机构。宗旨是共同研讨和协商国际货币和金融问题,促进国际货币合作;促进国际贸易扩大和平衡发展,开发成员国的生产资源;促进汇率稳定,避免竞争性贬值;协助各国建立多边支付制度,消除妨碍全球贸易增长的外汇管制,向各国提供短期国际流动性便利,协助克服国际收支困难,以保障国际货币体系的稳定。资金主要来自成员国认缴的份额,份额多少决定其地位和投票权。贷款对象只限于成员国财政金融管理当局;用途仅限于弥补国际收支逆差或用于经常项目的国际支付,均是较短期贷款;额度有限制,与借款国份额的大小成正比。

2. 世界银行集团

世界银行集团包括国际复兴开发银行、国际开发协会、国际金融公司、多边投资担保机构、国际投资争端解决中心等。国际复兴开发银行旨在为中等收入国家及信誉良好的低收入国家提供发展融资和政策建议,帮助相关国家减贫和可持续发展。资金来源主要是成员国认缴的股本。贷款用途较广,多为项目贷款。国际开发协会是专门向最贫穷国家提供优惠贷款和赠款的最大多边渠道。国际金融公司旨在通过支持发展中国家私营部门发展来推动经济增长,主要业务工具包括贷款、股权投资和政策咨询等。多边投资担保机构主要为在发展中国家的外国直接投资提供政治风险担保,并协助解决投资者和东道国政府间争端。国际投资争端解决中心主要职能是为外国投资者和东道国之间的国际投资争端提供调解和仲裁服务。

3. 国际清算银行

国际清算银行是现行历史最悠久的国际金融机构。国际清算银行在国际货币基金组织成立后主要办理央行间的国际清算业务、与各成员央行的资产负债业务，在推动国际金融合作、健全国际金融监管体系等方面发挥着重要作用，故有"央行的央行"之称。

此外，还有区域性国际金融机构，例如欧洲投资银行、亚洲开发银行、亚洲基础设施投资银行等，由区域内或区域内外国家和地区共同出资设立，主要为本区域经济和社会发展提供金融服务。

（三）主要国际金融监管合作机构

1. 巴塞尔银行监管委员会

巴塞尔银行监管委员会是国际清算银行下设的专业委员会，其制定的《巴塞尔协议Ⅰ》《巴塞尔协议Ⅱ》和《巴塞尔协议Ⅲ》已成为国际统一的银行监管协议，对完善各国商业银行的经营管理模式和稳健发展发挥了重要的作用。中国于2009年3月加入巴塞尔银行监管委员会。

2. 国际保险监管者协会

国际保险监管者协会是保险业监管的重要国际组织，成立于1994年。其宗旨是改善成员方保险业的监管水平，提升保险监管机构之间的合作交流，制定全球保险监管的指导原则和标准，推动保险监管国际规则的执行等工作。中国于2000年加入国际保险监管者协会。

3. 国际证监会组织

国际证监会组织是各国或地区证券暨期货监管机构所组成的国际合作组织，成立于1983年。其宗旨是通过交流信息，促进全球证券市场的健康发展；组织协同制定共同准则，建立国际证券业的有效监管机制，维护证券市场的公正、高效、透明；共同遏止跨国不法交易，促进交易安全。中国于1995年加入国际证监会组织。

4. 金融稳定理事会

金融稳定理事会成立于2009年6月，其前身为金融稳定论坛。金融稳定论坛是七国集团为促进金融体系稳定而成立的协调机制。在中国等新兴经济体的影响日益显著的背景下，二十国集团（G20）伦敦金融峰会决定新设金融稳定理事会。其职能包括：评估全球金融系统脆弱性，监督各国改进行动；促进各国监管机构合作和信息交流，对各国监管政策和监管标准提供建议；协调国际标准制定机构的工作；为跨国界风险管理制定应急预案等。其成员机构包括 G20 成员的央行、财政部和监管机构以及主要国际金融机构和专业委员会等。

现行全球金融治理主要通过对金融业的国际业务活动进行规范、监督与协调，提供长短期贷款以调节国际收支失衡和促进经济发展，就重要经济金融问题进行磋商，积极防范和应对国际金融危机，为发展中国家提供多种技术援助、人员培训、信息咨询等服务工作，对维持国际经济运转，推动各国经济发展发挥了积极作用。但现行全球金融治理体系也存在局限，需要进行改革和完善。

二、现行全球金融治理体系的局限与改革方向

（一）现行全球金融治理体系的局限

1. 主要大国在全球金融治理中的权责不对称

牙买加体系下，美元仍在国际贸易、投资结算和各国外汇储备中占据主要地位。众多发展中经济体仍实行某种程度的盯住美元的汇率制度，美元仍是国际锚货币，继续享有充当国际货币带来的好处。但美国坚持自身优先，主要是根据自身情形和本国经济问题而采取相应的货币政策，未充分承担维护国际货币体系稳定的责任。例如，"9·11"事件后，美国实施的较长期的低利率宽松货币政策带来了全球性的经济失衡和流动性过剩，这是 2007 年美国次贷危机爆发并演变成国际金融危机的重要根源。

2. 国际货币体系存在明显的不合理问题

（1）美元作为第一储备货币的局限性。在牙买加体系下，虽然实现了黄金非货币化、国际储备货币多元化，但美元依旧是国际储备中占据第一位的储备货币。美国享受着美元输出带来的"铸币税"[①]等多种好处，但却不承担稳定货币及其所致风险的责任。

（2）汇率安排不利于全球金融稳定。在现有国际货币体系下，多样化的汇率安排适应了不同发展程度国家的需要，为各国维持经济发展提供了灵活性与独立性。但是，美元在汇率体系中无法发挥稳定锚的作用，加之浮动汇率与盯住汇率并存，各国货币很容易出现高估和低估的问题，在一定程度上抑制了国际贸易活动，引发国际金融市场投机和资本热钱无序流动，成为金融动荡的主要推动

---

① 铸币税一般是指发行货币的收益，主要是通货的币面价值超出生产成本的部分。

力，不利于经济稳定。

（3）国际收支协调机制不健全。首先，各国运用国内经济政策，通过改变国内的供求关系和经济状况，来消除国际收支失衡，但内外平衡之间经常存在冲突，较难协调。其次，运用汇率政策增强本国出口商品的国际竞争力以减少贸易逆差是大部分国家的思路，但是一国汇率贬值可能会引起其他国家跟进，实施竞争性贬值政策，这种以邻为壑的政策很难奏效。再次，如果通过国际融资平衡国际收支，会增加 国的国际债务。最后，通过协调各国政策来解决国际收支失衡问题，需要大国的责任担当，而美国政府坚持的"美国优先"原则，无疑给各国国际政策协调推进带来了阻力。

3. 国际金融组织和金融监管合作机构的有效性低

在治理机制方面，主要国际金融组织是以份额决定发言权，个别发达国家拥有"否决权"主导了其作用发挥，广大发展中国家的呼声和建议往往得不到重视。当一些国家或地区陷入国际收支困难甚至是货币危机时，国际货币基金组织向受援国提供贷款往往附加限制性的条件，所提出的干预方案常常被质疑为药不对症，削弱或抵消了优惠贷款所能带来的积极作用。

（二）现行全球金融治理体系的改革方向

随着国际力量对比的消长变化和全球性挑战日益增多，加强全球治理、推动全球治理体系变革是大势所趋。改革方向是要完善应对全球经济失衡的有效机制，重视广大发展中国家的利益诉求，增加其代表性和话语权。中国应加强在国际货币基金组织、世界银行集团、世界贸易组织等机构内的协调和配合，着力提升发展中国家和新兴市场国家在国际治理体系中的代表性和发言权。

> 面对当前挑战，我们应该完善全球经济治理，夯实机制保障。二十国集团应该不断完善国际货币金融体系，优化国际金融机构治理结构，充分发挥国际货币基金组织特别提款权作用。应该完善全球金融安全网，加强在金融监管、国际税收、反腐败领域合作，提高世界经济抗风险能力。
>
> ——《习近平著作选读》第一卷，人民出版社2023年版，第507—508页。

随着经济实力提升和更多地融入全球经济，中国正在成为全球金融治理体系改革的建设者和引领者。在加快推进金融开放的大背景下，为更好地维护中国利益,把握好金融开放的收益与风险,营造更加有利的外部条件,客观上就要求中国积极参与全球金融治理和金融合作,更多地承担起改革和完善全球金融治理体系的责任,推动国际秩序朝着更加公正合理的方向发展。中国在全球金融治理体系改革中贡献出了更具"包容性"的中国方案,核心是应当坚持合作共赢的理念,以多边主义为指导来制定规则。

三、全球金融治理中的中国参与和中国智慧

(一)中国积极参与全球金融治理的历史必然

党的二十届三中全会提出,积极参与国际金融治理。这是当今化解全球金融治理矛盾的需要,也体现了中国的"大国担当"。

1. 现行全球金融治理框架不符合新兴市场和发展中经济体的利益

当今全球金融治理体系中发展中经济体的发言权小。例如,国际货币基金组织前六大股东的投票权分别是美国 16.50%、日本 6.14%、中国 6.08%、德国 5.31%、法国 4.03% 和英国 4.03%。世界银行集团前六大股东的投票权分别是美国 15.87%、日本 6.83%、中国 5.71%、德国 4.06%、法国 3.72% 和英国 3.72%。因此,国际货币基金组织和世界银行集团的决策权仍然掌握在以美国为主的西方资本主义国家手中。

经过半个多世纪的发展,全球经济力量发生了结构性变化,一批新兴市场和发展中经济体快速发展,在全球经济和贸易中的比重越来越大。在经济总量上,根据国际货币基金组织发布的数据,亚洲新兴市场和发展中经济体的经济总量占全球比例从 1980 年的 7% 上升到 2024 年的 24%。在贸易总量上,根据联合国贸易和发展会议的数据,金砖国家的商品出口总额占全球商品出口总额的比例从 1980 年的 6% 上升到 2023 年的 18%,中国也一跃成为全球最大贸易国。

全球金融治理权分配和全球经济格局之间的不平衡给全球经济金融的健康发展带来了挑战。当新兴市场和发展中经济体面临金融危机时,国际货币基金组织在提供贷款时通常会附加较严格的经济和政治条件。

2. 中国与日俱增的全球影响力是参与全球金融治理的保障

经过改革开放 40 多年的发展,中国逐渐成为具有全球影响力的大国。在经济总量上,2024 年中国的国内生产总值位居世界第二,占全球的 16.9%,约为美国的 2/3。在贸易规模上,2024 年中国的商品出口量居世界第一,占全球的 14.6%。在经济金融全球化中,中国的参与越来越深入,在全球经济金融治理中

的利益诉求也不断增加。

世界经济的发展需要一个负责任的大国在全球金融治理中为新兴市场和发展中经济体发声。随着中国在全球经济中的崛起，新兴市场和发展中经济体有了自己的代表。在这种国际经济格局下，需要中国勇挑重担，推动新兴市场和发展中经济体的合作，在全球金融治理中开展与发达国家的平等对话，维护全球经济的平等健康发展。

> **原理8-3** 全球金融治理体系的发展和完善离不开新兴大国的参与，中国积极深入参与全球金融治理体系建设有助于实现本国高质量发展和推动世界经济增长。

（二）全球金融治理中的中国智慧和作用

从改革开放开始，中国就积极融入和参与全球金融治理，并随着中国经济全球影响力的上升，开始逐步积极推动全球金融治理体系的改革和倡导新型的全球金融治理机制。

1. 积极融入现有的全球金融治理体系

改革开放后，中国陆续恢复了在各国际金融组织的合法席位。到目前为止，中国几乎参加了包括官方和行业在内的所有国际金融组织和协会，作为成员国承担着义务、履行着职责、执行其标准和规范、接受其检查监督。具有代表性的包括：中国1980年恢复在世界银行集团和国际货币基金组织的合法席位，2001年加入世界贸易组织，2013年率先实施《巴塞尔协议Ⅲ》，等等。

2. 努力推动国际货币体系改革

在国际货币体系中，中国坚持稳健的货币政策，确保人民币稳定，积极推动国际货币基金组织改革。2007年美国次贷危机爆发并在全球范围内迅速蔓延，反映出现行国际货币体系的内在缺陷和系统性风险。中国政府积极推动基于国际协作机制的国际货币体系改革。2009年G20伦敦金融峰会上，中国主张创造一种超主权国际货币以避免主权信用货币作为储备货币的内在缺陷，建议扩大国际货币基金组织的特别提款权的使用范围，加快推进多元化国际货币体系建设，支持国际货币基金组织增资，参与认购国际货币基金组织发行的债券。中国的主张得到了国际货币基金组织官员和世界主要国家的支持和响应。

在中国的参与和倡导下，东亚地区开始形成区域性的经济金融治理机制，成为国际经济金融治理的重要补充。亚太区域经济一体化进程加快发展,重要的治理机制如 2010 年建立的中国—东盟自由贸易区。

2008 年国际金融危机之后,在持续全球金融动荡的背景下,中国坚持深化金融对外开放,更加积极参与全球金融治理,着力提升在国际金融事务中的话语权及影响力,营造有利的国际环境。具体的进展包括:积极利用 G20 参与和引导国际金融治理,积极推动国际货币体系改革,加强与国际清算银行合作,加强与金融稳定理事会等机构的合作,加强双多边金融合作,积极推进国际绿色金融合作,等等。

3. 积极倡导新型全球金融治理机制

在经济全球化背景下,掣肘发展中国家经济发展的重要因素之一是资金。发展中国家的基础设施落后,急需大量的金融支持,解决经济发展的瓶颈。中国经历了多年的高速发展,综合国力得到加强,生产能力空前增长。因此,发展中国家的经济发展需要中国,中国的高质量发展离不开各国的经济发展。在此背景下,中国开始积极倡导新型全球金融治理机制,以解决中国和世界平衡发展中出现的新问题和新矛盾。主要的活动包括:积极推动新开发银行的建立,提出共建"一带一路"倡议,发起成立亚洲基础设施投资银行。

(1)新开发银行。新开发银行是 2012 年由中国等金砖国家共同发起,并于 2015 年正式开业的国际多边开发机构,注册资本 1 000 亿美元,总部设在上海。其宗旨是为金砖国家及其他新兴市场和发展中经济体的基础设施建设和可持续发展项目动员资源,作为现有多边和区域金融机构的补充,促进全球增长与发展。新开发银行的新型合作机制吸引力不断增强,扩员工作有序推进,成员国逐渐增多。

(2)共建"一带一路"倡议。2013 年,习近平提出共建"一带一路"倡议,推动共建国家政策沟通、设施联通、贸易畅通、资金融通、民心相通。共建"一带一路"倡议坚持共商共建共享,以开放为导向,通过加强交通、能源和网络等基础设施的互联互通建设,促进经济要素有序自由流动、资源高效配置和市场深度融合,推动共建国家实现经济政策协调,开展更大范围、更高水平、更深层次的区域合作,打造开放、包容、均衡、普惠的区域经济合作架构,以此推动经济增长和实现均衡发展。

融资瓶颈是实现互联互通的突出挑战,为此,中国同"一带一路"共建国家组织开展了多种形式的金融合作,主要包括:完善金融支持"一带一路"政策体系,为金融支持"走出去"搭建新平台,充分利用开发性金融优势,加强第三方市场合作，等等。为支持中国企业"走出去"并参与"一带一路"建设和发展进行金融支持，我国设立了丝路基金，致力于推动"一带一路"高质量发展，为"一带一路"共建国家进行项目投资、项目融资、项目发债提供服务。

（3）亚洲基础设施投资银行。亚洲基础设施投资银行（简称亚投行）是一个政府间性质的多边开发机构，是第一个由中国倡议成立的国际金融机构。亚投行于2015年12月25日正式成立，总部设在北京，法定资本1 000亿美元。亚投行的宗旨是通过在基础设施及其他生产性领域的投资，促进亚洲经济可持续发展、创造财富并改善基础设施互联互通；与其他双边和多边开发机构紧密合作，推进区域合作和伙伴关系，应对发展挑战。截至2024年年底，亚投行已有110个成员。

中国发起的第一个国际性金融机构——亚洲基础设施投资银行

重要术语

金融开放　资本账户开放　QFII制度　货币可兑换　国际资本流动　国际收支平衡表　经常账户　储备资产　全球金融治理

思考题

1. 结合中国的金融开放实践，总结分析金融开放的作用。
2. 中国金融机构为什么要"走出去"？
3. 资本账户开放的内容是什么？中国如何渐进式地推进资本账户开放？
4. 金融开放与国际收支是如何相互影响的？
5. 随着改革开放的推进，中国为什么要更积极地参与全球金融治理和国际金融合作？应如何有效参与？

即测即评

第九章 金融风险与金融监管体系

金融既有管理和分散风险的功能，又自带风险基因。金融风险具有不确定性、普遍性、隐蔽性、传染性等特点，处理不善还会引发社会风险、政治风险等，事关人民财产安全、发展全局、国家安全。因此，防控金融风险是金融工作永恒的主题，是实现高质量发展必须跨越的重大关口。"合天下之众者财，理天下之财者法"，这表明财富的汇聚和分配不仅依赖于财富本身，更需要通过法制进行有效管理。建立有效的金融监管体系是健全金融体制改革的核心环节，强大的金融监管是建设金融强国的关键核心金融要素之一。本章介绍市场经济中的金融风险基本概念和原理、金融风险管理的一般性流程，阐述金融风险与金融监管的一般理论，从微观审慎的视角介绍中国的银行、保险、证券和期货等重要金融领域的监管实施情况，阐释中国金融监管理念、监管体系的实践特色和学理性贡献。

第一节 市场经济中的金融风险与管理

市场以"看不见的手"来配置资源，其运行必然伴随着风险的产生。金融机构、企业以及个人投资者等市场参与主体在充满不确定性的市场特别是金融市场上从事各种交易活动，必然面临和承受各种金融风险，为了降低或规避由金融风险带来的经济损失，这些主体就需要对金融风险进行管理和控制。

一、市场经济中的金融风险

市场经济中风险客观存在，无法被消灭但可以被分散或转移。例如，市场供需变化时，产品或要素价格变动，由此产生市场风险；当经济下行，企业经营不善甚至无法正常履行合同时，便出现信用风险。市场可以通过供求机制、价格机制和竞争机制实现风险分散，居民、企业、金融机构和政府需要根据自身承受能力适度承担风险，市场通过对产品和服务的风险定价予以补偿。

改革开放以来，在市场经济体系培育与发展过程中，金融机构与金融市场日趋多元，为经济主体解决投融资与资产配置等问题提供了新机制。金融系统承担为整个国民经济体系提供风险承担、分散、转移、对冲、定价、补偿和管理的重要职责，其中金融机构是经营风险的主体，提供金融产品和服务，以资本为边界确定风险承担规模并管理。经济主体根据承受能力管理风险并收获与风险相匹配的收益，实践中逐渐形成了平衡风险和收益的现代化金融风险管理流程以及风险处置经验。当前，世界百年未有之大变局加速演进，经济金融环境发生深刻变化，金融风险也呈动态变化。

二、金融风险的特征与类别

（一）金融风险的定义与特征

金融风险是指在从事金融活动过程中经受未来收益或损失的不确定性，它无法被消灭，但绝大部分可以被有关主体识别、评估和控制。如果金融风险不存在，金融企业就没有机会创造出降低金融不确定性的产品与服务销售给客户，也就意味着金融行业没有生存空间，因此需要将风险控制在一定范围内。

金融风险一般具有以下四个特征：

（1）不确定性。不确定性是金融风险的本质特征，可以利用概率论、统计学等方法预测风险结果发生的可能性，进而对金融风险进行度量和管理。

（2）普遍性。金融风险无处不在、无时不有，普遍存在于各种金融活动之中，金融机构等经济主体都会承担一定水平的金融风险。

（3）隐蔽性。由于金融机构经营活动不完全透明和市场参与主体信息不对称，风险不易被直观识别和发现。隐蔽性会导致风险经历一个不断叠加逐渐积累的过程，风险积累到一定程度后才会爆发出来。

（4）传染性。各种金融资产、各类金融机构相互交织、密切联系，形成一个复杂的体系，价格波动会在不同金融资产间传递。另外，国际金融联系日益密切，金融风险会通过各种渠道从一国传导至另一国，呈现出跨国传染的特性。

📖 **原理9-1** 金融风险是指在从事金融活动过程中经受未来收益或损失的不确定性。金融风险具有不确定性、普遍性、隐蔽性、传染性等特征。

(二) 金融风险的类型

从金融机构的视角，其面临的金融风险主要可归结为以下几类。

1. 信用风险

信用风险是指交易对手未履行合同义务而导致的损失风险，包括违约风险和评级下调风险。第五章中阐释了信用活动中的风险溢价原理。

2. 市场风险

市场风险是指金融工具在市场交易时的价格遭受不利冲击，使得持有人遭受损失的风险，也叫价格风险。第三章提及的汇率风险、第五章提及的利率风险等均属于市场风险。市场风险可能引发信用风险和流动性风险，当经济主体持有金融工具的数量多且遭遇严重的市场风险时，可能对其债权人违约。

3. 流动性风险

流动性风险的定义见第五章第二节。经济主体在面临流动性需求时，通常通过增加负债或者卖出资产获取流动性，由此便产生两种不同类型的流动性风险，即资产流动性风险和负债流动性风险。

4. 操作风险

操作风险是指经济主体由不完善或有问题的内部操作过程、人员、信息技术系统或外部事件而导致直接或间接损失的风险，外部事件包括外部欺诈、产品设计失误、政策和法律法规发生变化等。操作风险与经济金融环境相关性较小，发生概率较低，可预测性较差，但可能会给经济主体带来较大损失。

5. 声誉风险

声誉风险是指由经济主体经营管理及其他行为或外部事件引发负面评价的风险。声誉风险通常与信用风险、市场风险、流动性风险和操作风险等交叉存在并相互作用，难以直接测算，也难以与其他风险分离和独立处理。

6. 国别风险

国别风险是指由某一国家经济、政治、社会变化，导致该国的债务人没有能力或者拒绝偿付债务，甚至引起该国某些行业的预期变化，使相关经济主体遭受损失的风险。

7. 法律风险

法律风险是指由经济主体的行为不符合法律规范引起的风险。法律风险除了会引起经济主体的资产损失，还会导致经济主体的相关从业人员面临行政或刑事处罚。

8. 保险风险

保险风险是指由于对死亡率、疾病发生率、赔付率、退保率、费用率等因素的假设与实际发生不利偏离而造成损失的风险。保险风险来源包括保险公司粗放经营带来的承保风险、内控机制不严密与管理不善带来的管理风险、资产业务带来的投资风险以及骗保等道德风险。

9. 信息科技风险

信息科技风险是指经济主体在运用信息科技的过程中，由于自然因素、人为因素、技术漏洞或管理缺陷产生的操作、法律和声誉等风险。信息科技风险来源包括恶意软件和网络攻击等导致的数据损坏、数据泄露或服务中断，以及在信息科技应用中利用内部控制缺陷或漏洞进行非法操作等。

10. 交叉性金融风险

交叉性金融风险是指经济主体在开展跨行业、跨市场的交叉性金融业务时，涉及信用风险、市场风险、操作风险和流动性风险等主要风险中的两种（含）以上风险，或由于上述风险之间相互影响而产生的新型风险。

11. 洗钱和恐怖融资风险

洗钱和恐怖融资风险是指提供的产品或服务被用于洗钱或恐怖融资，违反反洗钱和反恐怖融资法律法规和监管规定而受到处罚和损失的风险。

三、金融风险管理

金融风险管理包括对金融风险的识别、度量和控制。由于所处的经济环境、经济制度、监管制度不同，世界各国的金融风险管理组织结构、流程框架不尽相同，但是风险管理的一般原则、一般原理和一般框架是共性的，以下基于我国颁布的《金融机构风险管理 框架》（GB/T 42422—2023）和《金融从业规范 风险管理》（JR/T 0238.1—2021）进行说明。

（一）金融风险管理概述

1. 金融风险管理的内涵

经济活动中风险无处不在，所以对待风险的正确态度是：在容忍金融风险存在的前提下，积极地进行风险管理，将风险水平管控在可承受范围之内。

从微观而言，金融风险管理是指经济主体对持有金融工具风险的动态管理过程，以实现风险与收益之间的平衡，其主旨是根据风险偏好，基于定性和定量的方法，进行数据收集、风险识别、风险计量、风险评估、风险控制与化解、风险监测、风险考核与风险报告，其中比较有代表性的经济主体是金融机构。从宏观而言，金融风险管理是指国家经济各部门协力实现经济发展和防范化解金融风险之间的均衡的过程，是金融工作的根本性任务。

2. 金融风险管理框架

以金融机构为例，阐述一般的金融风险管理框架。金融机构承担风险管理的主体责任，建立并执行金融风险管理制度，接受外部监督检查。金融风险管理框架的内容主要包括以下几方面：

（1）全面风险治理架构。金融机构应建立组织架构健全、职责边界清晰的风险治理架构，明确董事会、监事会、高级管理层、业务部门、风险管理部门和内审部门在风险管理中的职责分工。除首席风险官外，为提高金融机构依法合规经营能力，我国于2024年发布《金融机构合规管理办法》，首次要求金融机构根据自身经营情况设立首席合规官、合规官。

（2）风险文化、风险管理策略、风险偏好和风险限额。金融机构应建立稳健审慎和依法合规的风险文化，引导员工坚持诚实守信，不逾越底线；以义取利，不唯利是图；稳健审慎，不急功近利；守正创新，不脱实向虚；依法合规，不胡作非为。同时应建立风险管理策略、设定风险偏好和风险限额，建立多层次、相互协调、有效制衡的运行机制，确保风险管理策略、风险偏好和风险限额得到充分传达和有效实施。

（3）风险管理政策和流程。金融机构应建立风险管理政策和流程，至少包括以下内容：风险管理方法，压力测试安排，新产品、重大业务和机构变更的风险评估，资本和流动性充足情况评估，应急计划，恢复计划，反洗钱和反恐怖融资，信息科技外包活动与风险防范，关联交易行为规范和关联交易风险的防范，声誉风险的防范与化解。

（4）压力测试。金融机构应建立与规模、业务复杂程度和风险状况相适应的压力测试体系，根据环境变化进行调整，并将其纳入各个层次的风险管理活动。压力测试体系应包含以下基本要素：治理结构、政策文档、方法流程、情景设计、保障支持和验证评估。此外，金融机构应建立完整的压力测试流程并定期展开全面的压力测试。

（5）风险管理信息系统和数据质量。金融机构应建立与风险偏好、业务规模、风险状况等匹配的风险管理信息系统，将数字化风控工具嵌入业务流程，计量、评估、监测、报告所有风险类别、产品和交易对手风险暴露的规模和构成。金融机构应具备与业务规模、风险状况等相匹配的信息科技基础设施，建立健全数据质量控制体系，积累真实、准确、连续、完整的内部和外部数据。

（6）内部控制和内部审计。金融机构应建立内部控制制度体系，对各项业务活动和管理活动制定全面、系统、规范的业务制度和管理制度，并定期进行评估。内部控制主要包括内部环境、风险评估、控制活动、内部监督、信息和沟通5个要素。金融机构的内部审计应独立于业务经营、风险管理和合规管理，并对上述职能履行的有效性实施评价，遵循独立性、客观性原则，不断提升内部审计人员的专业能力和职业操守。

（7）应急机制。金融机构应针对重大风险和突发事件建立风险应急机制，明确应急触发条件，风险处置的组织体系、措施、方法和程序，并通过压力测试、应急演练等机制进行持续改进。

3. 金融风险管理流程

金融风险管理的流程包括数据收集、风险识别、风险计量、风险评估、风险控制与化解、风险监测、风险考核、风险报告等环节，每一个环节都是金融风险管理中不可或缺的，如图9-1所示。

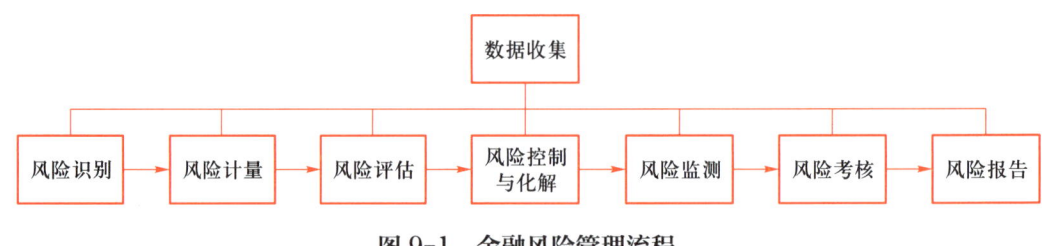

图9-1　金融风险管理流程

（1）数据收集。金融风险管理每个环节都需要对数据进行收集和补充，以确保风险管理的有效性和准确性。金融机构应建立数据安全责任制，指定数据安全归口管理部门，保障数据安全、金融安全，促进数据合理开发利用。

（2）风险识别。风险识别是金融风险管理的首要环节。针对不同对象，要通过系统化的方法对其进行风险识别，并分析其风险类型、性质、成因等，为后续的风险分析和化解奠定基础。

（3）风险计量。风险计量是金融风险管理的关键环节，在风险识别基础上借助各种定量、定性方法分析风险严重程度。风险计量对金融风险管理至关重要，可以为后续风险评估等环节提供依据。

（4）风险评估。风险评估在风险计量结果基础上，通过设置打分等方式，评估风险并评价风险管理质量。依据评估结果，可采取相应处置措施。

（5）风险控制与化解。以上流程皆为风险处置事前环节，金融风险管理重点在于及时有效控制和化解风险，其措施包括借助抵押、担保等工具，通过风险分散、风险对冲等手段控制或化解风险。对个体投资者而言，可以通过保险、期权等金融工具管理自身风险。

（6）风险监测。风险监测是指跟踪已识别风险的状况、影响因素和造成后果的发展变化，识别、分析并跟踪新增风险的动态、持续过程。风险化解是动态且长期的过程，存在逆转可能，需要持续跟踪风险状况。

（7）风险考核。风险考核属于风险管理的后期环节，一般是指风险管理部门独立完成检查、分析、核算、归责等管理职能，可以尽可能地预防曾经出现的风险，进而可以帮助各主体更好地享受金融服务。

（8）风险报告。风险报告是风险管理的最终环节。市场参与主体受到来自内部和外部的监管，将金融机构的风险、风险管理状况的相关信息传递到金融机构内外部门，有利于整体市场的风险管控和机制完善。

> **原理9-2** 金融风险管理包括对金融风险的识别、度量和控制。金融机构应当承担风险管理的主体责任，建立并执行风险管理制度，接受监管机构和社会的监督检查。

（二）金融风险事件的处置经验

"祸几始作，当杜其萌；疾证方形，当绝其根。"党的十八大以来，我国对各类风险始终保持警觉，抓早抓小"治未病"，不给风险变大的机会与空间，不但有效维护了经济稳定和人民财产安全，而且积累了重要的风险处置经验。

1. 及时捕捉风险源头

面对金融风险事件一方面要精准识别，果断处置；另一方面也要抢抓时机，及时止损，防止风险蔓延。例如，在包商银行、恒丰银行、锦州银行三家银行的风险尚未扩散之前，中国人民银行会同各部门各地方"精准拆弹"，牢牢守住了不发生系统性金融风险的底线。有关系统性金融风险内容详见第十章。

2. 分类采取风险处置方式

对于不同风险点，通过分析风险主体与风险类型，出台不同针对措施来化解风险。例如，汉朝通过"盐铁专卖"制度和"均输法"调控市场风险，根据不同的商品和地区制定不同管理策略，体现了对风险的分类和灵活应对。党的十八大以来，部分金融控股集团出现利用关联交易隐蔽输送利益、套取金融机构资金，金融监管部门按照"一司一策"和"一地一策"的原则，对金融控股集团野蛮生长带来的风险进行了积极处置。针对不同的风险事件，需要采取不同的风险处置方式，实事求是化解风险。例如，在处置包商银行等三家银行风险时，由于包商银行已经出现严重的资不抵债情况，故设立蒙商银行承接其总行和部分业务，由徽商银行承接其他业务，并且最后对包商银行进行破产处理，而恒丰银行和锦州银行主要通过引入战略投资者等方式化解风险。

（三）开放过程中的金融风险管理

第八章阐释了金融开放的成就及其对改革发展的积极作用。与此同时，金融开放也会带来风险，例如外部风险的冲击。与发达经济体相比，我国金融市场发达程度还不是很高，金融开放过程中，更容易受到跨境资本流动冲击。特别是具有较强逐利性的短期跨境资本期限较短、流动性较高、波动性较强，会加剧我国资本市场的流动性风险和市场风险。企业赴海外市场融资，还面临着国外政策变化的风险。

针对金融开放的风险管理，需要加强对跨境资本流动方向和规模的监测力度，重点是防范短期资本流动扰乱我国金融市场的正常秩序，防范流动性风险和市场风险。企业海外上市融资则应加强对市场所在国家或地区政策风险的研究。

（四）防范金融"脱实向虚"的风险

党的二十大强调坚持把发展经济的着力点放在实体经济上。中国式现代化不能走"脱实向虚"的路子，实体经济是支持金融可持续发展的根本，为实体经济服务是金融的本质要求，金融"脱实向虚"可能诱发一系列的金融风险。

1. 金融"脱实向虚"会增大信用风险

金融"脱实向虚"的一个表现是银行信贷等风险资产被转移到资产负债表外，该表现存在两个导致信用风险增加的渠道：一是银行不必为该类业务计提资本和拨备，但此类信用风险不会被完全隔离，当风险暴露时，会给银行带来一定资产损失;二是被转移出表外的信贷业务资金,可能流向产能过剩或者被禁止的高风险行业和领域,增加银行发生资产损失的概率。

2. 金融"脱实向虚"会增加市场风险

金融的根本职能在于服务实体经济,满足经济社会发展和人民群众的需要。然而,在资本主义的发展过程中,金融资本逐渐脱离实体经济,导致"脱实向虚"的现象愈发显著。大量资金流入交易市场,在金融体系内循环,抬高金融资产的价格。价格泡沫破灭将给投资者带来巨大损失。

我国为了支持实体经济的发展,多管齐下防范金融"脱实向虚"风险。提高政治站位,回归金融服务本源,坚持金融为实体经济服务,切实加强对重大战略、重点领域和薄弱环节的优质金融服务,把更多金融资源用于促进科技创新、先进制造、绿色发展和中小微企业发展,从根本上防范"脱实向虚"带来的金融风险。深化金融体制改革,通过科技赋能和数字化转型等创新举措,增加金融产品供给,提高金融服务质量,增强金融服务实体经济的能力,夯实防范金融风险的根基。

> 做好金融工作要把握好以下重要原则:第一,回归本源,服从服务于经济社会发展。金融要把为实体经济服务作为出发点和落脚点,全面提升服务效率和水平,把更多金融资源配置到经济社会发展的重点领域和薄弱环节,更好满足人民群众和实体经济多样化的金融需求。第二,优化结构,完善金融市场、金融机构、金融产品体系。要坚持质量优先,引导金融业发展同经济社会发展相协调,促进融资便利化、降低实体经济成本、提高资源配置效率、保障风险可控。
>
> ——《习近平谈治国理政》第二卷,外文出版社2017年版,第278—279页。

第二节 金融监管理论

金融监管是特定机构部门依法对金融从业主体和相关利益主体的行为、业务开展、规则规制的实施等进行监督与管理。在微观上,监管部门需要促进金融机构依法稳健经营和发展,既包括规范经营,也包括消费者权益保护和防范金融犯罪；在宏观上，需要为国民经济和社会发展创造稳定金融环境，既包括维护公众信心，也包括防控金融体系风险。各国（地区）结合自身实际持续完善监管理念，形成各具特色的金融监管模式。

一、金融监管概述

（一）金融监管的概念

金融监管有狭义和广义之分。狭义金融监管指一国（地区或跨国）中央银行或金融监管当局依据法律、法规的授权，对金融业实施监督与管理。广义金融监管还包括金融机构内部控制、行业协会互律性监管、社会公众及中介组织监督约束等。金融风险管理可理解为"自我管控"，金融监管更像"他人管束"。

（二）金融监管的必要性

金融是最需要监管的领域，金融市场的不完全性及其带来的市场失灵是金融乱象和风险产生的基本原因。防范化解金融风险仅仅依靠经济主体的自我管理以及行业协会和社会公众的监督是远远不够的，需要政府采取必要措施对金融机构和市场体系进行外部监管，在市场准入退出、审慎监管、行为监管等各个环节严格执法。

随着现代科技的飞速发展和金融创新的不断涌现，金融业务界限不断被打破，金融工具之间、金融机构之间以及金融市场之间的差异日益模糊，相互关联性不断加强。金融风险的跨工具、跨机构、跨市场、跨境传染使得金融监管的重要性日益突出，因此金融管理部门应更加敢于监管、精于监管、严格问责，加强监管协同，健全权责一致的风险处置责任机制，这样才能早识别、早预警、早发现、早处置，降低风险处置成本和化解难度。

（三）金融监管基本要素

金融监管主体是指依法对金融业实施监督与管理的相关政府机构或行业协会等。例如，中国人民银行、国家金融监督管理总局、证监会等属于政府监管的主体，中国银行业协会、中国证券业协会等属于行业协会监管的主体。

金融监管客体是指被监管者，包括专门从事金融业经营的各类机构和参与金融活动的企业、组织、单位和个人，例如金融机构、工商企业等。

金融监管工具主要是指金融监管当局在对金融活动进行有效监管时，运用的监管手段与监管方式的总称。例如，金融监管当局制定信息披露制度，要求监管对象定期进行信息披露。

(四）金融监管目标

金融监管目标是金融监管行为期望达到的最终目的，在微观上应当充分约束金融机构的行为，例如约束金融机构过度累积经营风险，避免金融机构损害消费者权益和防范金融犯罪；在宏观上应当为国民经济和社会发展创造稳定的金融环境，例如维护公众的信心，防控金融体系风险。

> **原理9-3** 金融监管源于金融市场的不完全性及市场失灵，有效的金融监管可以防范金融风险、规范金融秩序、保护金融消费者权益、确保金融稳定和安全。

理解金融监管目标之间的关系应注意几点：首先，防范金融风险是最基本的监管目标。党的二十大提出，加强和完善现代金融监管，强化金融稳定保障体系，依法将各类金融活动全部纳入监管，守住不发生系统性风险底线。金融监管部门要加强防范金融活动中可能出现的各类风险，确保金融体系稳定。其次，规范金融风险机构的行为，能够避免非公平竞争对金融机构的不利影响，规范金融秩序，提高金融业整体的公平竞争环境；避免对金融消费者的欺诈或利益侵犯，从而保护消费者权益。最后，确保金融稳定安全是金融监管的最终目标。我国始终秉持稳中求进的工作总基调，只有金融稳定和安全，才能确保国家经济的高质量发展。

二、金融监管的模式与微观审慎监管

（一）监管模式

各国（地区）的监管模式分为三种：一是分业监管模式，按经营业务分别成立监管机构，例如日本和韩国；二是综合监管模式，成立大一统监管机构对所有金融机构进行监管，例如新加坡；三是"双峰"监管模式，该模式将行为监管和审慎监管作为两大支柱，成立相互独立的监管机构分别负责监管，例如英国。

全球主要经济体金融监管模式比较

针对金融发展的实际，金融监管模式也与时俱进地调整。党的二十届二中全会审议通过《党和国家机构改革方案》，提出"强化机构监管、行为监管、功能监管、穿透式监管、持续监管"，这"五大监管"模式不仅符合国际金融监管改革的趋势，更是我国金融安全和金融监管的内在需求。"强大的金融监管"是金融强国的六大关键核心金融要素之一，建设完备有效的金融监管体系需要强化中国特色金融"五大监管"模式，其内涵主要包括以下内容。

1. 机构监管

机构监管是按照机构的类别来划分监管对象。对金融机构的市场准入、持续稳健经营、风险管控和风险处置、市场退出进行监管，强调坚持风险为本原则，抓市场准入、机构法人、公司治理。通过设置机构间"防火墙"，避免风险跨机构传导。但不同金融机构的监管标准可能存在差异，单独使用可能引发监管套利。

2. 行为监管

行为监管是指对金融活动参与者的业务行为进行监管，依法将各类金融活动全部纳入监管，既要引导机构合法经营，更要对非法展业的行为严厉打击。严防非法金融活动，比如庞氏骗局、非法集资等行为，实现监管"横向到边、纵向到底"的全覆盖，切实保护金融消费者的合法权益。

3. 功能监管

功能监管是指按照金融业务的性质来划分监管对象，坚持"同一业务、同一标准"的原则进行监管。功能监管能有效判断监管权责归属问题，但容易增加监管成本，加重监管负担。

4. 穿透式监管

穿透式监管是指按照"实质重于形式"的原则，对金融产品穿透到底层资产后识别是否违规，这样可以避免以金融创新之名行监管套利之实，将更加准确地识别金融风险。例如，我国曾出现的通道业务造成了资金在金融体系内空转，积累了较大的金融风险。

5. 持续监管

持续监管是指围绕金融机构全周期、金融风险全过程和金融业务全链条进行监管。金融机构是以持续经营为前提，金融风险是持续动态的过程，金融业务也往往不是一锤子买卖，监管机构应持续引导金融机构保持初心，审慎经营，打造百年老店。

（二）微观审慎监管

微观审慎监管立足于单家金融机构，以防范机构个体风险为目标，包括采用信用风险、流动性、资本充足率等金融指标和公司治理指标进行监管，是金融安全网第一道防线。由于金融机构杠杆率高，对存款人、投资人、投保人或委托人负有托管的责任，所以微观审慎监管需要监管金融机构的行为和风险偏好，关注金融机构的合规与风险暴露情况，避免利益相关者遭受不应有的损失。

微观审慎监管将个体机构安全作为整个金融系统维持稳定的基础，容易因忽视机构间的动态联动性和负外部性而失灵，从而产生系统性金融风险，此时需要宏观审慎监管补位。宏观审慎监管是为了维护金融体系稳定，防止金融系统对经济体系的负外部溢出而采取的自上而下的监管模式。监管当局将金融业视为有机整体，以防范系统性金融风险为目标，限制金融风险的积累以降低发生金融危机的可能性，并提高金融体系的韧性，以保障金融系统稳定。监管部门将微观审慎监管和宏观审慎监管作为金融监管体系的两大核心支柱。第十章将从防范系统性金融风险的角度进行更为详细的阐述。

三、金融监管的有效性

（一）金融监管的有效性概述

有效的金融监管是指监管当局通过实施效率和效果并重的监管政策和措施充分实现其监管目标。中央金融工作会议强调全面强化"五大监管"，消除监管空白和盲区，切实提高监管有效性。在对监管有效性内涵的理解上，应注意把握以下几个方面：第一，坚持市场化法治化，持续建设法治和诚信环境，提高市场和法律的约束，而非人为替代或扭曲市场的作用；第二，坚持主动作为，监管机构应该主动对市场缺陷发挥积极的补充性作用；第三，坚持适度监管，任何监管措施都不能影响和抑制金融机构业务的正常经营和金融创新活动的合理发展；第四，坚持与时俱进，金融监管方式应针对市场变化作出相应调整，实施动态持续监管；第五，坚持量力而行，金融监管资源有限，监管不能也不应该保证不出现金融机构的破产倒闭。

（二）有效金融监管的标准

结合巴塞尔委员会《有效银行监管的核心原则》及我国具体情况，有效金融监管的标准可以从以下几个方面评价。

1. 金融业的稳定程度和竞争程度

如何使金融业风险最小、效率最高是判断监管有效性的重要标准。若没有监管，金融机构为追求利润最大化，往往会牺牲流动性和安全性；而过度管制同样会扭曲金融行为，使金融业因缺乏竞争而效率低下。监管当局必须把握尺度，既保证金融安全稳定，又维持金融市场活力，避免"一放就乱，一管就死"。

2. 发现问题的及时性

能否及时发现被监管者在经营管理中存在的不足，特别是那些严重影响金融机构信誉、威胁机构生存的问题，是判断监管有效与否的另一个标准。需要考虑以下因素：首先，要有先进科学的监管手段，在应用电子技术的同时，现场稽核也不能忽视；其次，监管人员要精通金融业务，防止被不真实的报表蒙蔽；最后，监管机构要和被监管者建立良好的关系，获得其积极的配合。

3. 监管成本的高低

金融监管需要考虑成本与效益的关系。金融监管成本分为显性成本和隐性成本。其中显性成本主要为监管的直接成本，如监管当局行政预算支出；隐性成本主要为间接成本，如效率损失和道德风险。监管效益比成本更难量化，传统的"成本—收益"分析不完全适用，只能进行成本有效性分析，即如何用最小的成本完成金融监管任务，实现监管目标。

（三）金融科技与监管沙盒

金融稳定理事会将金融科技定义为通过技术与金融的结合创造出新的业务模式、应用、流程或产品，从而对金融市场、金融机构或金融服务的提供方式产生重大影响的金融创新。金融科技既是技术发展的产物，也包含金融创新，同时包含二者的风险特征，具有更强的隐蔽性以及更快速的传播能力，其迅猛发展势必对当前的监管体系带来冲击与挑战。

我国监管沙盒运作模式和试点情况

为保证合理的监管制度，英国首先提出了监管沙盒的概念和机制。监管沙盒指的是一个安全空间。在空间中，企业可以测试其创新性的产品与服务、商业模式和服务提供机制，而不会因从事所述活动而立即招致通常的监管后果。这种模式相当于政府给予金融科技企业一种特权，在不忽视消费者权益的同时，在沙盒内降低监管力度，给予企业非常大的创新空间，促进金融科技企业的发展。受此启发，我国从地方性试点付诸实践，探索运用信息公开、产品公示、社会监督等柔性管理方式，努力打造包容审慎的金融科技创新监管工具，着力提升金融监管的专业性、统一性和穿透性。

第三节 金融监管体系

完备有效的金融监管体系是中国特色现代金融体系的重要组成部分。有效防范与化解市场经济中的金融风险，需要构建一套强有力的金融监管体系。随着金融体系的改革与发展，我国金融监管体系充分结合各阶段的监管认识进行调整，逐步形成机构自律、行业互律、社会公律和政府法律相结合的"四律一体"的金融监管体系，金融监管机构也由"大一统"监管模式逐步演化为现行的"一行一局一会"模式，着力加强和完善现代金融监管，力求消除监管空白和盲区。

一、金融监管体系的形成与职能

（一）金融监管体系的演进

中国金融监管体系历经几十年的改革与发展，不断与国际接轨，日趋现代化。党的二十大强调要加强和完善现代金融监管，守住不发生系统性风险底线。为全面贯彻"稳定大局、统筹协调、分类施策、精准拆弹"的方针，逐步形成"一行一局一会"的金融监管体系（见图9-2），强化了金融稳定保障，依法将各类金融活动全部纳入监管。

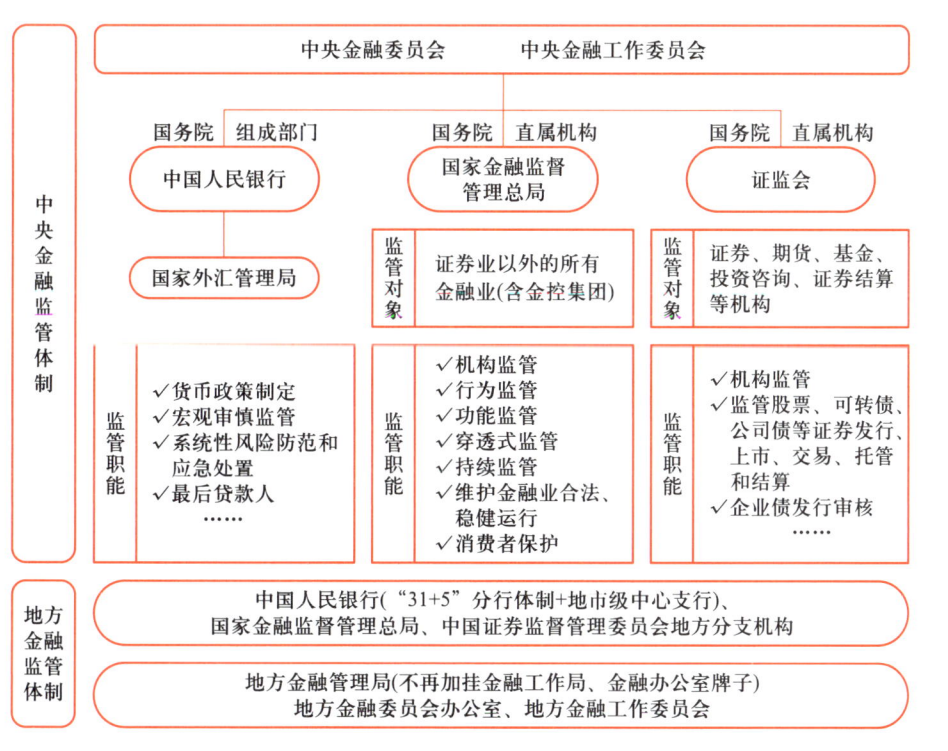

图9-2 我国金融监管体系

(二)金融监管体系的职能定位

1. 中央金融委员会的职能

中央金融委员会是党中央决策议事协调机构,旨在加强党中央对金融工作的集中统一领导,负责金融稳定和发展的顶层设计、统筹协调、整体推进、督促落实,研究审议金融领域重大政策、重大问题等。设立中央金融委员会办公室作为中央金融委员会办事机构,将国务院金融稳定发展委员会办公室职责划入其中,不再保留国务院金融稳定发展委员会及其办事机构。

2. 中央金融工作委员会的职能

中央金融工作委员会将中央和国家机关工作委员会的金融系统党的建设职责划入其中,统一领导金融系统党的工作,旨在指导金融系统党的政治建设、思想建设、组织建设、作风建设、纪律建设等,作为党中央派出机关,同中央金融委员会办公室合署办公。

3. 中国人民银行的监管职能

中国人民银行负责宏观审慎监管,牵头建立宏观审慎监管框架,拟订金融业重大法律法规和其他有关法律法规草案,制定审慎监管基本制度,统筹监管系统重要性金融机构和重要金融基础设施,并批准设立宏观审慎管理局。中国人民银行兼具货币政策制定和宏观审慎监管职能,负责健全货币政策和宏观审慎政策双支柱调控框架,承担系统性风险防范和处置职责。

4. 国家金融监督管理总局的职能

国家金融监督管理总局统一负责除证券业之外的金融业监管,强化"五大监管",统筹负责金融消费者权益保护,加强风险管理和防范处置,依法查处违法违规行为。除此之外,将中国人民银行对金融控股公司等金融集团的日常监管职责和有关金融消费者保护职责、中国证监会的投资者保护职责划入国家金融监督管理总局。

5. 中国证券监督管理委员会的职能

中国证券监督管理委员会为国务院直属机构,旨在统一监督管理全国证券期货市场,维护证券期货市场秩序,保障其合法运行,强化资本市场监管等职责。除此之外,划入国家发展和改革委员会的企业债券发行审核职责,由中国证券监督管理委员会统一负责公司(企业)债券发行审核工作。

6. 地方金融监管机构的职能

除国家金融监督管理总局等中央金融管理部门的地方派出机构外,地方金融监管机构还包括地方金融管理局。地方金融管理局以维护地区内金融稳定为主要目标，担负起地方性监管职责。在中央监管机构指导下，地方金融管理局针对地方性金融机构，制定不同的监管规定及管理措施。

需要补充说明的是，各级财政部门根据本级政府授权，集中统一履行国有金融资本出资人职责，对相关金融机构，依法依规享有参与重大决策、选择管理者、享有收益等出资人权利，并应当依照法律法规和企业章程等规定，履职尽责，保障出资人权益，对国有金融机构股权出资实施资本穿透管理。

二、"四律一体"金融监管框架

"一行一局一会"的金融监管体系是政府层面的顶层设计，成熟的市场经济还需要包括机构自律、行业互律、社会公律、政府法律的"四律一体"金融监管框架，该框架是一个有机整体，机构自律是前提，行业互律是纽带，社会公律是补充，政府法律是核心。

（一）机构自律监管

机构自律监管是指金融机构为完成既定经营目标和风险管理而制定和实施的涵盖各项业务活动，涉及内部各级机构、各职能部门及其工作人员的一系列具有控制职能的方法、措施和程序的总称。良好的自律监管包括但不限于健全的组织架构、明确的职责边界、科学的发展战略、有效的风险管理与内部控制、健全的信息披露机制、合理的激励约束机制等。健全的组织架构应包括股东会、董事会（执行董事）、监事会及管理层（简称"三会一层"）中的相关委员会和部门设置的完善的自律系统。党的领导有机融入公司治理的各个环节，是我国金融机构自律最为重要的部分。例如，国有金融机构按照"双向进入、交叉任职"的领导机制，党委书记、董事长由同一人担任，党委成员通过法定程序分别进入董事会、监事会和经理班子。此外，有效的风险管理与内部控制应该包括机构内部制定的全套规章制度、自律流程、责任认定、奖惩配合等。

完善的自律监管机制是金融机构防范和化解自身风险的第一道防线，其目的是维护机构资产安全、确保机构稳健有序发展。自律机制对金融机构的生存和发展至关重要。建立机构自律长效机制后，金融机构能够及时发现、评估日常经营中的各种风险，综合运用风险管理手段，趁早切断金融风险的蔓延路径，促进日常经营活动安全高效运行。

（二）行业互律监管

行业互律监管是指通过建立专业性较强的同业协会组织体系，促进各金融机构自我约束、相互督促、规范经营行为的协调监督机制。行业互律监管是机构自律监管与政府法律监管之间的纽带，是防范金融风险的中间防线。

行业互律监管的组织者是行业协会。行业协会是指由本行业成员自愿组成，并承担服务、咨询、沟通、监督、自律、协调职能的社会中介组织，通过制定行业公约和从业规范、提供行业服务、加强相互监督等方式，在同业之间相互约束、整顿和规范市场秩序中发挥积极作用。改革开放以来，中国金融同业协会组织体系逐渐完善。中国证券业协会、中国银行业协会、中国保险行业协会、中国期货业协会以及一大批专业性协会（如中国保险资产管理业协会）等相继成立，为各行业稳健发展服务。

（三）社会公律监管

社会公律监管是指充分发挥社会公众及社会中介组织的监督力量，主要通过外部审计、信用评级、资产评估、律师法务、新闻媒体和舆论监督来实施，最终形成对金融业的社会性监管，发挥多维度监督的重要作用。

社会公律监管有三个主要特点：一是范围广、视角多，具有无处不在的全方位性；二是灵敏性高，反应快，发现问题很及时；三是独立性强，参与社会公律的中介机构都具有专业资质，保持独立性是履职最重要的条件。社会公律监管是充分发挥市场化监管的有效方式，能对金融机构、政府及自律组织的监管行为进行有效监督。健全并完善金融市场中介机构、加强金融机构信用评级体系、完善金融产品价格的信号功能等都是必要环节。

（四）政府法律监管

政府法律监管是指政府监管部门通过制定具体的法律制度，严肃查处各种违法违规行为，及时发现并化解金融机构风险，规范市场行为、维持公平竞争市场环境的强制性外部监管，在"四律一体"金融监管框架中居于核心地位。政府监管必须依法进行，既要求政府部门依法制定各项监管制度和规则，也要求监管主体和客体均依法办事，任何人不得凌驾于法律之上。

我国金融相关法律法规包括三个层次：一是行业性法律，如《商业银行法》《证券法》等；二是专业性法律法规，主要针对开展的业务经营而制定，如《票据法》《外汇管理条例》等；三是监管当局依据法律制定的一系列管理办法，主要是作为法律的补充或实施的细则，如《商业银行资本管理办法》《商业银行流动性风险管理办法》等。

> **原理9-4** 金融监管以法律为依据，机构自律监管、行业互律监管、社会公律监管和政府法律监管的实施都必须依法进行。

三、金融监管的组织架构

在金融实践中，我国逐步完善"四律一体"的金融监管框架，在机构自律之外，现已形成政府部门依法依规集中统一监督管理为主、行业协会互律和交易所监督管理为辅的行业监管体系。

（一）银行与保险监管组织机构

银行业和保险业是我国金融体系中非常重要的两个行业。当前中国银行业和保险业已经形成了国家金融监督管理总局依法依规集中统一监督管理的行业监管体制。国家金融监督管理总局贯彻落实党中央关于金融工作的方针政策和决策部署，聚焦"五大监管"，切实提高银行业保险业高质量发展能力，督促银行保险机构强化资产负债联动管理，着力夯实可持续发展基础。中国银行业协会和中国保险行业协会是防范银行业和保险业金融风险的"第二道防线"，在规范、协调同业行为，整顿市场秩序中发挥重要作用。相比政府法律监管，行业协会能够及时捕捉行业动态，监管更具针对性和灵活性。

（二）证券监管组织机构

我国现行的证券监管体系以证监会集中统一监督管理为主，行业协会互律和交易所自律管理为辅。证监会垂直领导全国证券监管机构，是我国证券行业的最高监管机构，监管上市公司、非上市公众公司、债券发行人及其按法律法规必须履行有关义务的股东、实际控制人、一致行动人等的证券市场行为，依法从严打击证券违法活动，加快建设规范、透明、开放、有活力、有韧性的资本市场。中国证券业协会和中国证券投资基金业协会都是证券业互律性组织，在国家对证券业实行集中统一监督管理的前提下，进行证券业自律管理，发挥政府与证券业之间的桥梁和纽带作用。上海、深圳和北京三家证券交易所依照证券法律、行政法规制定上市规则、交易规则、会员管理规则和其他有关规则，依法办理股票、公司债券的暂停上市、恢复上市或者终止上市的事务，采取有效措施维护证券交易的正常秩序，对上市公司及相关信息披露义务人进行监督，督促其依法及时、准确地披露信息等。

(三)期货监管组织机构

我国期货市场在历次改革中逐渐形成了"五位一体"的监管框架,该监管框架以证监会为核心,以证监会派出机构、各期货交易所、期货保证金监控中心以及行业协会为重要组成部分,分别在期货市场监管中履行相应的职责,形成合力,共同维护我国期货市场的健康平稳发展。我国期货市场监管从主体视角可以分为政府监管、行业互律监管以及交易所自律监管。期货业互律性组织主要是指 2000 年成立的中国期货业协会,它由民间自发成立,在国家对期货业实行集中统一监督管理的前提下,进行期货业互律管理,发挥政府与期货业间的桥梁和纽带作用。自律监管是指通过郑州商品交易所、大连商品交易所、上海期货交易所、中国金融期货交易所和广州期货交易所,对交易所的交易准入、运作、秩序、信息披露、业务操作规则等进行内部监管。

第四节 金融监管的实施

金融监管是系统工程,在监管制度形成与发展的过程中,其属性与职能不断清晰与完善。银行、保险、证券、期货是金融业最为典型的四大领域,其监管模式的内容与形式既有共性也存在一定差异①。党的二十届三中全会提出:"完善金融监管体系,依法将所有金融活动纳入监管,强化监管责任和问责制度,加强中央和地方监管协同。"我国监管部门围绕市场准入、日常经营、市场退出等各个环节,营造严厉打击金融犯罪的法治环境,依法将各类金融活动全部纳入监管,切实引导金融机构践行金融的政治性和人民性。

一、银行监管

银行负债将居民储蓄转化为社会投资,银行资产是实体经济发展的主要资金来源,一边系着"老百姓的钱袋子",另一边系着"驱动国民经济的轮子",银行质量事关国家发展与民生福祉,一直受到党和国家高度关注。银行监管涉及内容众多,包括市场准入监管、日常经营监管、市场退出监管三个方面。

---

① 本节从金融机构的角度介绍金融监管实施的典型实践,具体金融市场或金融业务存在更为详细的监管要求,例如外汇市场监管可参考第三章的相关内容。

（一）市场准入监管

市场准入监管是首要环节，主要包括机构准入、业务准入和高级管理人员准入的监管。我国商业银行的设立采取审批制，市场准入着重考虑四个方面：新银行是否达到最低注册资本限额，是否有完善的公司治理结构和内控制度，高级管理人员素质是否符合规定，是否有利于当前银行业竞争并符合经济发展需要。严守银行业的市场准入标准，是"以人民为中心"的直接体现。此外，党的十八大以来，我国银行业和保险业对外开放程度进一步扩大，外资银行和保险公司的市场准入条件进一步放松。目前已取消了中资银行和金融资产管理公司外资持股比例限制，使用统一的市场准入和行政许可办法。

（二）日常经营监管

1. 主要监管方式

日常经营监管以安全和稳健为目标，包括资本充足率监管、资产质量监管、流动性监管、现场监管和非现场监管等内容。对商业银行的日常经营监管主要是通过对商业银行主要监管指标进行跟踪监管。商业银行主要监管指标具体包括信用风险指标、流动性指标、效益性指标、资本充足指标和市场风险指标。其中，信用风险指标、流动性指标和市场风险指标衡量商业银行的风险水平，效益性指标和资本充足指标用来衡量商业银行抵补风险损失的能力，这些指标也是我国银行监管评级体系的主要依据。

2.《巴塞尔协议》在中国的实践

《巴塞尔协议》在中国的实践主要体现在银行资本监管和银行监管评级体系构建两个方面。

（1）银行资本监管。资本监管是银行监管的关键环节。我国对商业银行的资本监管，建立了涵盖最低资本要求、储备资本要求和逆周期资本要求、系统重要性银行等多层次的资本监管框架，同时扩展风险覆盖范围，提高监管资本的风险敏感性。

第一，提高资本充足率监管要求。资本充足率是指监管资本对风险加权资产的比例，是评价银行自担风险和自我发展能力的重要标志。我国商业银行总资本包括核心一级资本、其他一级资本和二级资本。其中，核心一级资本充足率最低要求比《巴塞尔协议Ⅲ》高 0.5 个百分点。有关国内资本监管标准与《巴塞尔协议Ⅲ》的比较如表 9-1 所示。

表 9-1 资本充足率监管标准比较

项目	《巴塞尔协议Ⅲ》			国内资本监管标准		
	核心一级资本	一级资本	总资本	核心一级资本	一级资本	总资本
最低要求（1）	4.5%	6%	8%	5%	6%	8%
留存资本缓冲（2）	2.5%			2.5%		
（1）+（2）	7%	8.5%	10.5%	7.5%	8.5%	10.5%
逆周期资本缓冲	0~2.5%			0~2.5%		
系统重要性银行附加资本	0~2.5%			0.25%~1.5%		

注：按照我国2021年12月1日起施行的《系统重要性银行附加监管规定（试行）》，系统重要性银行分为五组，第一组到第五组的银行分别适用0.25%、0.5%、0.75%、1%和1.5%的附加资本要求。

第二，建立杠杆率监管标准。杠杆率是2008年国际金融危机后国际银行监管领域新设的监管指标，是指商业银行资产负债表中权益资本与总资产的比率。《商业银行杠杆率管理办法》规定任何商业银行并表和未并表的杠杆率均不得低于4%，比《巴塞尔协议Ⅲ》要求的3%高1个百分点。

> **原理9-5** 对银行设置最低资本要求，可以有效控制银行经营杠杆，从而限制商业银行片面谋求发展而盲目扩张经营规模的行为，保护存款人利益。

（2）银行监管评级体系构建。银行监管评级作为对各家银行风险的综合评价，是监管部门科学制定监管规划、合理配置监管资源、有效实施监管措施的主要依据。

"CAMELS+"监管评级体系的内容介绍

在银行监管评级方面，我国在整体上延续了国际通用的"CAMELS+"监管评级体系，并进行本土化调整。"CAMELS+"监管评级体系是指对商业银行的资本充足（C）、资产质量（A）、管理质量（M）、盈利状况（E）、流动性风险（L）、市场风险状况（S）和信息科技风险（I）共7项要素进行评级，并加权汇总得出综合评级的一种银行监管评级体系。

中国银行业协会自2015年起推出商业银行稳健发展能力"陀螺"（GYRO-SCOPE）评价体系，通过公司治理能力（G）、收益可持续性能力（Y）、风险管控能力（R）、运营管理能力（O）、服务能力（S）、竞争能力（C）、体系智能化能力（O）、员工知会能力（P）、股本补充能力（E）九个维度对商业银行稳健发展能力进行综合评估，便于投资者和消费者更好地了解各家银行的综合实力和发展潜力。

近年来，国内部分规模较大、复杂度较高的金融机构对金融体系整体稳健性以及服务实体经济的能力具有重要影响，我国对这些系统重要性金融机构实施了特殊监管，具体内容参见第十章。

（三）市场退出监管

市场退出，是指停止办理金融业务，吊销金融营业许可证，取消金融机构的资格。当银行已经发生严重的支付危机，难以救助或者救助宣告失败时，如果不及时退出，不仅银行及其债权人都会遭受更大的损失，还可能波及其他金融机构。因此，及时推动问题银行有序退出，避免市场信心受挫所带来的大规模风险传染十分必要。市场退出监管主要包括退出安排、纠正性监管、救助性监管等内容。我国对问题银行的市场退出处理办法有接管、兼并、破产三种，核心是保护相关者利益，防止引起市场动荡，实现平稳退出。

二、保险监管

保险监管包括保险市场监管、保险人监管、保险中介人监管和外国保险公司监管等。保险人监管包括机构监管、业务监管、财务监管、偿付能力监管四个方面。其中偿付能力监管最为关键，我国现行的是"偿二代"监管制度。

（一）偿付能力监管

保险公司是经营风险的金融机构，其资产负债呈现出明显的时间不对称特点，即保险公司先收取保险费，在未来约定时间才承担赔偿保险金的义务。为确保其有履行各项负债及其他义务的能力，保险公司的偿付能力成为各国保险监管当局的重要监管内容。第六章已经从保险公司经营管理的视角阐述了偿付能力管理的问题，本章从监管的角度继续进行讨论。

1. 偿付能力充足率

偿付能力充足率是指保险公司的实际资本与最低资本的比率，其中实际资本是指认可资产与认可负债的差额，最低资本是指为避免保险公司陷入经营困境所必须持有资本的最低限额。最低资本主要按照保险公司保费规模、赔款或准备金的一定比例来确定,因此保险机构只要规模相同,不论业务结构、承保质量、理赔水平和风险管理水平是否相同,资本要求都是一样的,保险公司所持有的实际资本至少需要覆盖其陷入困境时遭受的资本损失。总体来看,各国对保险公司最低偿付能力的衡量大致可以分为两类:一是以业务量为基础,以欧盟偿付能力第一代标准为代表;二是以风险为基础,以美国基于风险的偿付能力资本要求(RBC)为代表。

2."偿二代"整体框架

"偿二代"全称为"中国风险导向的偿付能力体系"。《中国第二代偿付能力监管制度体系整体框架》和《保险公司偿付能力监管规则(1—17号)》等一系列政策文件构成了"偿二代"最初的主要内容。2021年,银保监会总结吸收"偿二代"建设实施以来的经验和成果,以提升偿付能力监管规章的科学性和有效性为目标,修订并发布了《保险公司偿付能力管理规定》,进一步明确了偿付能力监管的"三大支柱"。"偿二代"的整体框架如图9-3所示。

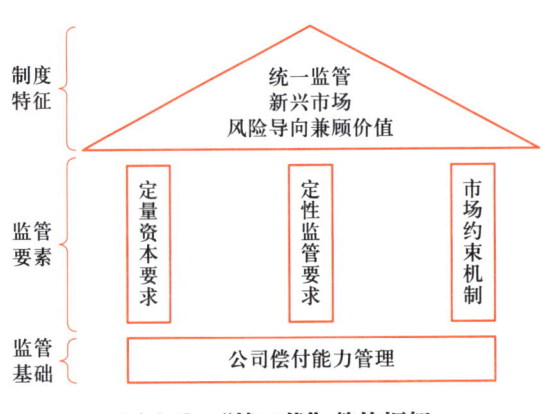

图9-3 "偿二代"整体框架

(1)制度特征。"偿二代"有三大制度特征:一是统一监管,国家金融监督管理总局负责对全国所有保险公司的偿付能力实施统一监督和管理,具有监管效率高、执行力强、执行成本低的优势。二是新兴市场,是指充分考虑了中国作为新兴保险市场在人才储备、数据积累、资本来源等方面的特征,强调监管要求必须适合中国国情。三是风险导向兼顾价值,是指在全面、科学、准确地反映和监管风险的同时,兼顾资金使用效率和效益,降低资本占用,提升保险公司的个体价值和整个行业的整体价值。

（2）监管要素。监管要素主要包括定量资本要求、定性监管要求和市场约束机制等"三大支柱"。"三大支柱"在防范风险方面各有侧重，需要相互配合、相互补充，成为完整的风险识别、分类和防范的体系，如表9-2所示。监管要素的"三大支柱"与银行资本监管中《巴塞尔协议Ⅱ》提出的"三大支柱"对应，反映银行业和保险业在监管理念和工具上的一致性。

表9-2 "三大支柱"的主要内容

三大支柱	风险类型	监管工具	评价标准
第一支柱	可量化的风险	量化资本要求，实际资本评估，资本分级，压力测试和监管分级	综合偿付能力充足率，核心偿付能力充足率
第二支柱	难以量化的风险	风险综合评级，风险管理要求与评估，流动性风险，检查与分析，监管措施	风险综合评级，控制风险得分
第三支柱	难以监管的风险	公司信息披露，监管信息披露，信用评级	市场评价

（3）监管基础。监管基础是指保险公司偿付能力管理，是外部偿付能力监管的前提、基础和落脚点，也是保险公司经营管理的重点，两者既相互依存，又相互制约、相互促进。好的偿付能力监管体系，能够激励保险公司不断提升其内部偿付能力管理水平。内部偿付能力管理是保险公司的"免疫系统"和"反应系统"。科学有效的内部偿付能力管理制度和机制，可以主动识别和防范各类风险，对各类风险变化作出及时反应。

（二）保险监管的主要安排

1. 市场准入监管

保险业承担着风险集中和损失分担功能，其经营直接影响着广大人民的利益和社会的稳定。对保险机构设立着重考察四个方面：是否达到最低注册资本限额，是否有完善的公司治理结构和内控制度，高级管理人员的素质是否符合规定，主要股东盈利能力是否达标。

2. 保险资金运用监管

在保险市场竞争日趋激烈、巨灾事故频繁发生的情况下，资金运用对保险公司资产的保值增值、偿付能力的维持和增强，具有十分重要的意义。因此，各国监管当局都把保险资金运用作为资产监管的主要内容，强调安全性、流动性和盈利性相结合的原则。我国对保险资金运用的监管主要依据《保险资金运用管理办法》。该办法对我国保险资金运用形式、决策运行机制、风险管控和监督管理等方面进行了系统规定。此外,为进一步加强保险资金运用内部控制建设,我国还对未上市企业股权、不动产投资、金融产品等方面投资进行指引。

3. 市场退出监管

保险公司的市场退出涉及多个利益相关方,其退出标准、处理手段和程序等异常复杂。《公司法》《企业破产法》《保险法》《保险公司管理规定》等法律法规都对保险公司破产、撤销等市场退出行为作出了规定。此外,当大型保险公司出现严重违规违法行为时,监管部门可采取非常规手段管理。

三、证券监管

证券监管旨在建立公开透明的交易市场,维护良好的市场秩序和环境。监管主要目标为保护投资者利益。证券监管的主要对象是证券发行人、上市公司、证券公司、证券投资基金管理公司、证券服务机构、证券交易所、证券登记结算机构等。监管方式是监督检查证券发行、上市和交易的信息公开情况。证券监管的主要内容是对证券的发行、上市、交易、登记、存管、结算进行监督管理。证券监管的主要依据是《证券法》。

(一)准入与退出监管

1. 证券发行监管

我国股票发行的核准制和注册制的比较

证券发行监管涉及债券、股票的发行监管。我国企业债和上市公司发行债券由证监会监管;短期融资券、中期票据、中小企业集合票据发行由中国人民银行监管。我国股票市场的发行制度几经改革,由最初的审批制逐渐发展至核准制与注册制并行阶段,并已经步入全面注册制的新阶段,监管方式也逐渐向市场化监管靠拢。在第七章中,已经对核准制和注册制的特点进行了详细介绍。

2. 机构准入监管

(1)证券公司的准入。证券公司设立时,证监会依照法定条件核准其业务范围。经证监会批准后,证券公司方可经营法律法规未明确规定的业务(创新业务)。此外,新设证券公司向证监会申请核准的业务类型不得超过4种,证监会另有规定的除外。证券公司应当在证监会依法批准的范围内经营证券业务和其他业务,不得超范围经营。

(2)证券服务机构的准入。证券服务机构,是指会计师事务所、律师事务所以及从事资产评估、资信评级、财务顾问、信息技术系统服务的证券服务机构。2020年7月,证监会发布《证券服务机构从事证券服务业务备案管理规定》,将证券服务机构的准入制度由事前审批制调整为备案制。证券服务机构从事证券服务业务时,需要报证监会和国务院有关主管部门备案。但是,证监会和国务院有关主管部门的备案,不代表对证券服务机构执业能力的认可。

(3)外商投资证券公司的准入。外商投资证券公司包括:境外股东与境内股东依法共同出资设立的证券公司;境外投资者依法受让、认购内资证券公司股权,内资证券公司依法变更的证券公司;内资证券公司股东实际控制人变更为境外投资者,内资证券公司依法变更的证券公司。证监会负责对外商投资证券公司进行审批和监督管理。外商投资证券公司的名称、组织形式、注册资本、业务范围、组织机构的设立及职责,以及股东、董事、监事、高级管理人员等,应当符合《公司法》《证券法》等法律法规和证监会有关规定。

3. 退市制度

1994年《公司法》的实施标志着我国资本市场退市制度初步构建,并在此后随着资本市场的发展而不断探索变革,逐步形成由财务类、交易类、规范类和重大违法类等指标构成的强制退市指标体系。现行的退市制度主要包括退市指标体系、退市流程、退市风险警示制度和退市后续通道四个部分。上海证券交易所和深圳证券交易所的退市制度大致相同,分为强制退市和主动退市,下面以上海证券交易所的强制退市制度为例加以介绍。

我国退市制度的历史演进

(1)强制退市指标体系。《上海证券交易所股票上市规则》将强制退市指标分为交易类指标、财务类指标、规范类指标以及重大违法类指标四种类型。

(2)退市流程。上市公司股票被作出强制终止上市决定后,自公告终止上市决定之日后5个交易日届满的下一个交易日复牌,进入退市整理期交易,并在股票简称前冠以"退市"标识,退市整理期的交易期限为15个交易日。上市公司处于破产重整期间,且经法院或者破产管理人认定,公司股票进入退市整理期交易将与破产程序或者法院批准的公司重整计划的执行存在冲突的,公司股票可以不进入退市整理期交易。

(3)退市风险警示制度(ST制度)。风险警示分为存在强制终止上市风险的风险警示(简称退市风险警示)和存在其他重大风险的其他风险警示。上市公司股票被实施退市风险警示的,在股票简称前冠以"*ST"字样;上市公司股票被实施其他风险警示的，在股票简称前冠以"ST"字样。股票同时被实施退市风险警示和其他风险警示的，在公司股票简称前冠以"*ST"字样。

（4）退市后续通道。上市公司在其股票终止上市后，可以按照规定申请重新上市。证券交易所依据规定的程序，审议和决定其股票是否重新上市，但证券交易所同意公司股票重新上市的决定，不表明对该股票的投资价值或者投资者的收益作出实质性判断或者保证，投资者应自行承担投资风险。

（二）证券交易监管

1. 对内幕交易的监管

内幕交易是指内部知情人利用地位、职务或业务等便利，获取未公开但将影响证券价格的内幕信息，利用该信息进行有价证券交易或泄露该信息的行为。证券市场信息高度不对称，知情人容易通过内幕信息攫取大部分投资者的利益，影响投资者判断，扰乱市场正常运行秩序。因此，内幕交易监管在证券行业尤其重要。《证券法》规定，禁止证券交易内幕信息的知情人和非法获取内幕信息的人利用内幕信息从事证券交易活动。

2. 对市场操纵的监管

市场操纵是指个人或机构背离市场自由竞争和市场供求原则，人为地操纵证券价格，以引诱他人参与证券交易，为自己牟取私利的行为。证券市场上通常由少数投资者掌握大部分资本，他们容易利用资本优势哄抬或压低证券价格，或虚构市场供求关系，误导其他投资者作出错误判断，从而从中获利。

市场操纵的具体行为包括：单独或者通过合谋，集中资金优势、持股优势或者利用信息优势联合或者连续买卖；与他人串通，以事先约定的时间、价格和方式相互进行证券交易；在自己实际控制的账户之间进行证券交易；不以成交为目的，频繁或者大量申报并撤销申报；利用虚假或者不确定的重大信息，诱导投资者进行证券交易；对证券、发行人公开作出评价、预测或者投资建议，并进行反向证券交易；利用在其他相关市场的活动操纵证券市场；操纵证券市场的其他手段。操纵证券市场行为给投资者造成损失的，应当依法承担赔偿责任。

3. 对证券欺诈的监管

证券欺诈是指证券公司及其从业人员违背客户真实意愿，从事损害客户利益的行为。证券欺诈行为存在于证券发行与证券交易环节，从第七章阐述的证券发行中可见，发行制度的缺陷容易产生证券欺诈。为保护投资者权益，《证券法》规定，发行人因欺诈发行、虚假陈述或者其他重大违法行为给投资者造成损失的，发行人的控股股东、实际控制人、相关的证券公司可以委托投资者保护机构，就赔偿事宜与受到损失的投资者达成协议，予以先行赔付。先行赔付后，可以依法向发行人以及其他连带责任人追偿。

4. 信息披露

信息披露是证券监管的核心，证券市场存在的大部分违法违规行为都与信息披露不完善有关。证券市场的融资特性导致融资者与投资者存在信息不对称，为保护投资者的合法权益，维护公平公正的市场秩序，融资者有责任和义务向公众披露公司的经营状况、财务状况和管理层人员更替等重要信息。证券监管部门依据《证券法》要求上市公司、公司债券上市交易的公司、股票在国务院批准的其他全国性证券交易场所交易的公司，在指定的具体时间点进行信息披露，并指明上述公司需要进行信息披露的重大事件类别以及信息披露的其他细节。披露的信息应当真实、准确、完整，简明清晰，通俗易懂，不得有虚假记载、误导性陈述或者重大遗漏。

> 📖 **原理 9-6**　证券监管目的是保护投资者利益，规范市场投融资行为，监管重点是监督检查证券发行、上市和交易的信息公开情况。

四、期货监管

（一）期货监管的法律法规依据

与期货监管相关的法律和法规性文件主要有《期货和衍生品法》《期货交易管理条例》《期货公司监督管理办法》和《期货从业人员管理办法》等，适用于我国所有期货交易及相关活动。《期货和衍生品法》中明确规定，期货市场和衍生品市场应当建立和完善风险的监测监控与化解处置制度机制，依法限制过度投机行为，防范市场系统性风险。期货交易和衍生品交易应当遵守法律、行政法规和国家有关规定，遵循公开、公平、公正的原则，禁止欺诈、操纵市场和内幕交易的行为。

（二）期货市场监管

我国鼓励利用期货等衍生品从事套期保值等风险管理活动。期货交易应当在依法设立的期货交易所或国务院期货监督管理机构依法批准组织开展期货交易的其他期货交易场所,采用公开的集中交易方式或者国务院期货监督管理机构批准的其他方式进行。禁止在前述期货交易场所之外进行期货交易。

1. 交易品种管理

期货合约品种和标准化期权合约品种应当具有经济价值,合约不易被操纵,符合社会公共利益。期货合约品种和标准化期权合约品种的中止上市、恢复上市、终止上市应当符合国务院期货监督管理机构的规定,由期货交易场所决定并向国务院期货监督管理机构备案。

2. 账户实名管理

交易者进行期货交易的,应当持有证明身份的合法证件,以本人名义申请开立账户。任何单位和个人不得违反规定,出借自己的期货账户或者借用他人的期货账户从事期货交易。

3. 保证金管理

期货结算机构向结算参与人收取保证金,结算参与人向交易者收取保证金。保证金用于结算和履约保障,其形式包括现金、国债、股票、基金份额、标准仓单等流动性强的有价证券,以及国务院期货监督管理机构规定的其他财产。期货结算机构、结算参与人收取的保证金的形式、比例等应当符合国务院期货监督管理机构的规定。

4. 持仓限额管理

从事套期保值等风险管理活动的,可以申请持仓限额豁免。持仓限额、套期保值的管理办法由国务院期货监督管理机构制定。

5. 交易者实际控制关系报备管理

交易者应当按照国务院期货监督管理机构的规定向期货经营机构或者期货交易场所报备实际控制关系。

(三) 不同类型期货的监管

按照交易对象的类型,期货可分为金融期货和商品期货,其监管准则和原理基本一致,只是由于交易对象存在差异,其监管内容有所区别。

1. 金融期货监管

金融期货监管的重点是金融期货市场准入监管和金融期货交易所的场内监管。法律规定了期货公司的进入程序、业务程序,期货公司业务实行许可制度,授权证监会对期货公司的资格条件进行审核、颁发期货公司许可证。金融期货监管的执行主体是金融期货交易所,参照《中国金融期货交易所交易规则》,可以将监管内容分为以下几方面：

（1）交易主体监管。金融期货交易所对会员准入资格和交易行为进行监管。对期货市场参与者制定最低标准，规定市场准入条件，明确期货公司参与市场的基础，减少不稳定机构进入期货市场。

（2）合约条款监管。审查合约要素是否齐备，合约条款是否合理合法。期货合约设计由金融期货交易所提出具体方案和交易规则，报证监会批准。

（3）交割方式监管。期货交易的交割由金融期货交易所统一组织进行，期货交割采用现金交割或者实物交割方式。

（4）信息披露监管。金融期货交易所需要发布的交易信息包括：合约名称、合约月份、开盘价、最新价、涨跌、收盘价、结算价、最高价、最低价、成交量、持仓量及其持仓变化、结算会员成交量和持仓量排名等其他需要公布的信息。这些信息应当根据内容按照实时、每日、每周、每月、每年定期发布。

2. 商品期货监管

商品期货监管的执行主体主要是商品期货交易所，参照《郑州商品交易所交易规则》，可将监管内容分为交易业务、交易主体、结算业务、交割业务、交割仓库与标准仓单、信息管理、风险控制等，与金融期货大同小异。

商品期货交易所是期货市场一线监管责任的承担者。在监管工作中，交易所的主要负责人是风险的第一责任人，对市场风险和违法违规行为要做到及时发现、及时报告、及时处置。这一制度对于现阶段我国期货市场的平稳运行和健康发展至为重要。

 重要术语

  金融风险　信用风险　市场风险　操作风险　机构监管　行为监管　功能监管　穿透式监管　持续监管　微观审慎监管　机构自律监管　行业互律监管　社会公律监管　政府法律监管　资本充足率　"CAMELS＋"监管评级体系

 **思考题**

1. 金融风险主要有哪些类型？不同金融风险之间的联系和区别是怎样的？
2. 金融风险管理的框架和流程包括哪些内容？
3. 请论述不同类型金融风险之间的联动效应及其对金融机构风险管理的挑战。
4. 我国金融"五大监管"模式的内涵是什么？如何理解"五大监管"之间的关系？
5. "四律一体"金融监管体系由几部分组成？各部分的监管有何特点？
6. 银行和保险机构在业务经营、风险管理、监管理念上有何相似之处？为什么都以资本监管为核心？
7. 银行监管、证券监管和期货监管存在哪些差异？存在这些差异的原因是什么？
8. 请从国家金融监督管理总局统计数据中查找最新四个季度的商业银行主要监管指标，验证各季度的不良贷款率，并从次级类、可疑类、损失类贷款率分析商业银行风险的主要来源。从时间趋势分析商业银行的风险变化，并结合本章内容从金融风险和监管角度对商业银行提出防范风险的建议。

即测即评

第十章 金融安全与宏观审慎政策

金融安全是国家安全的重要组成部分，是经济平稳健康发展的重要基础。维护金融安全，是关系我国经济社会发展全局的一件带有战略性、根本性的大事。党中央强调要坚持把防控风险作为金融工作的永恒主题，坚决守住不发生系统性风险的底线。本章主要从学理上阐释系统性金融风险与金融危机、金融稳定与金融安全之间的关系，从我国宏观审慎政策的演进和实践中，总结防范化解金融风险和金融危机的成功经验及其底层逻辑。

第一节 系统性金融风险与金融危机

准确判断风险隐患是保障金融安全的前提。总体看，我国金融风险是可控的，但在国际国内经济下行压力因素综合影响下，我国金融发展面临不少风险和挑战。金融业容易形成风险与以下因素紧密相关：一是金融业链条长，市场信息不对称，价值实现过程曲折，又易受外部因素影响；二是面对经济周期波动和社会预期快速变化等不确定性条件，利益诱惑大，参与者行为变化快。

一、系统性金融风险的内涵

（一）系统性金融风险的定义

系统性金融风险是指整个金融体系的部分或者全部功能受到破坏所引发的大规模金融服务中断，以及由此对实体经济造成的严重负面冲击。有时也简称系统性风险。

系统性金融风险具有整体性，不是指任何一个单一金融机构的倒闭风险或者单一金融市场的波动风险，而是指全局视角下影响整个经济金融系统稳定的风险。系统性风险的典型就是人们常说的"金融危机"。一个国家一旦发生系统性风险，现代化进程往往就被迟滞甚至中断，发展成果被洗劫，还可能带来广泛国际影响。因此，防范化解金融风险，特别是防止发生系统性金融风险，是金融工作的根本性任务，也是金融工作的永恒主题。

> **知识链接 10-1　系统风险与系统性金融风险的区别**
>
> 系统风险和系统性金融风险是两种不同的风险。系统风险主要是指微观证券市场上证券投资组合不可分散的风险，是资产定价领域的核心概念，通常反映整个证券市场对单个证券（或者证券组合）的影响。系统性金融风险主要是指宏观金融系统的风险，强调的是金融系统构成一个网络，由这个网络引致的传染风险，核心要素是风险的相互传染。

（二）微观金融风险与系统性金融风险比较

第九章的微观金融风险是从个体角度进行审视和评判；而系统性金融风险是整体风险，属于宏观金融风险的范畴。由于金融机构、金融市场之间存在多重关联，在交叉传染的放大机制下，系统性金融风险非线性成倍增加，从而对金融体系自身乃至实体经济造成极大伤害，因此系统性金融风险的防范和化解需要依靠宏观审慎政策的实施。同时二者也存在联系，即微观金融风险是系统性金融风险形成的基础。系统性金融风险的传染，主要是通过金融机构之间的信用风险或流动性风险的传递而实现。

> **原理 10-1**　系统性金融风险大多由微观金融风险引起，经由金融体系内部的复杂关联性传染放大，并最终导致金融体系部分或全部功能的丧失。

二、系统性金融风险的形成与防控

（一）系统性金融风险的形成机理

党的二十大指出，强化金融稳定保障体系，依法将各类金融活动全部纳入监管，守住不发生系统性风险底线。系统性金融风险形成广义上包含风险累积和风险实现。风险累积是指金融机构通过一系列的风险承担行为，导致金融部门中资产价格、资本金、杠杆、信贷、关联性等变量正向变化，金融部门潜在风险逐渐增加的过程。风险累积可为风险预警提供分析依据。风险实现是指金融部门前期累积的风险被逐渐释放的过程。具体表现为，来自金融体系内部或外部的负向冲击，被金融体系自身放大，进而导致金融体系整体崩溃，并给实体经济带来更大的风险。

"三期叠加"背景下金融风险的复杂性与地方债务风险

系统性金融风险的出现包含以下三个环节。

1. 负向冲击

负向冲击是系统性金融风险的诱因，按来源可分为内部冲击和外部冲击。内部冲击是指来源于金融体系内部的冲击，如单家金融机构出现挤兑、破产或股价大幅下跌等风险事件。金融联结着实体经济中的储蓄部门和投资部门，在实现资金配置功能的过程中，也为实体经济风险传导至金融部门提供天然的通道。外部冲击是指来源于本国金融体系之外的冲击，例如美联储货币政策转向、突发疫情冲击、地缘政治冲突等。系统性金融风险实现的极端情况对应着金融危机的爆发，即负向冲击力度越大，最终爆发系统性金融风险的概率越大。

2. 内部风险传染

金融风险通过金融体系的复杂网络对整个机构或市场产生影响，严重者会引发金融稳定的系统性丧失，发生系统性金融风险。金融风险被放大是因为金融体系内部的杠杆机制和关联性机制。

杠杆机制是指金融体系中由于负债的存在而将初始冲击自我放大的机制。比如股票市场的融资交易，即投资者借入资金投资股票。在极度乐观甚至疯狂的投资者情绪驱动下，大量投资者通过融资加杠杆的形式参与股票市场投资，最终会导致金融市场层面系统性金融风险悲剧的发生。因此，当经济主体（投资者）自身杠杆过高时，在负向冲击下经济主体面临的损失更大。

关联性机制则是指金融体系中存在业务、管理模式、客户、投资者心理预期等各种关联性，进而使得单一金融主体的风险通过这些关联性传导至其他金融主体，其他主体再传染的一种机制。其中，金融机构之间的业务关联性最容易被观察到，一般又分为直接业务关联性和间接业务关联性。直接业务关联性，是指金融机构之间存在直接业务往来，比如金融机构之间的同业拆借、回购业务、清算支付、抵押担保等。银行之间开展同业业务，形成直接关联关系。同业业务具体包括代理同业资金清算、同业存放、债券投资、同业拆借、外汇买卖、衍生产品交易、票据转贴现和再贴现等业务。这类业务占比过高，会导致在危机发生时，银行之间出现风险传染的"多米诺骨牌效应"。间接业务关联性是指金融机构投资的业务具有相似性。比如不同基金各自的资产组合中持有相同或相似的金融资产，当这类金融资产价格发生下跌时，持有该资产的所有基金都会遭受资产损失。当前我国地方债务风险突出，主要是由于持有共同资产导致的间接关联性、投资者情绪形成关联性引发金融风险。

3. 风险外部扩散

风险经由金融体系内部放大，必然会造成金融体系服务实体经济能力的下降，进而导致风险扩散至实体经济部门。当风险蔓延至银行部门时，大部分银行就会收紧信贷，回笼存量贷款，减少或停止新增贷款，这必然导致企业、家庭等经济主体无法获得信贷支持，投资规模收缩，消费下降，出口减少，实体经济增长下滑；资本市场价格整体持续下跌，导致企业估值下降，发行溢价缩小，融资成本上升，股权融资信心受挫，企业无法扩大投资与生产，经济增长受到抑制。这意味着，单个金融主体发生风险的成本最终会由整个经济金融系统的所有参与者共同承担。系统性金融风险形成机理如图10-1所示。

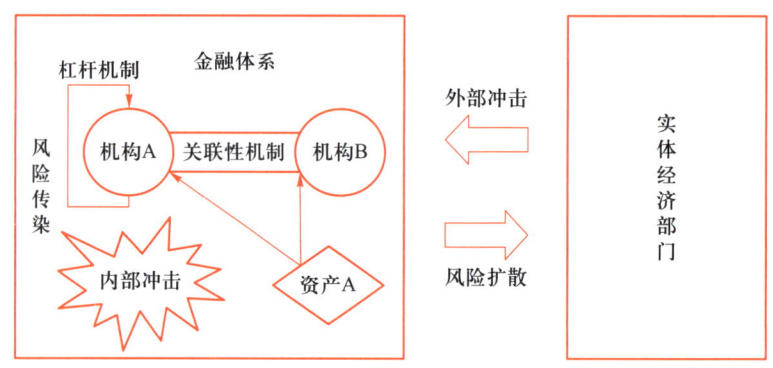

图10-1 系统性金融风险形成机理

📖 **原理10-2** 系统性金融风险的形成与实现有三个环节：负向冲击、内部风险传染、风险外部扩散。其中，负向冲击是系统性金融风险实现的诱因；金融体系内部的杠杆机制和关联性机制是系统性金融风险形成的基础机制。

（二）防控系统性金融风险的两个维度

防控系统性金融风险，需要从时间和结构两个维度着手。

1. 时间维度系统性金融风险防控

习近平指出，"要防止实体经济下行和金融企业惜贷相互强化的'顺周期'问题"[①]；"过去，经济高速发展掩盖了一些矛盾和风险。现在，伴随着经济增速下调，各类隐性风险逐步显性化"[②]。这些论述本质上讲的就是时间维度系统性金融风险。时间维度系统性金融风险是金融风险随着时间不断累积，最终导致金融体系的脆弱性增加。这个维度的分析主要立足于宏观金融视角，以金融体系整体为研究对象，不考虑金融主体之间存在的差异性，关注金融体系整体与实体经济之间的共振效应。这种效应主要表现为实体经济和金融部门之间存在同时膨胀、同时衰退的顺周期性现象。因此，在时间维度上，监管当局应当关注系统性金融风险从累积到实现、从实体经济到金融体系再传导回实体经济的全部过程，进行前瞻性地、逆周期性地择时干预。

"金融风险有的是长期潜伏的病灶，隐藏得很深，但可能爆发在一瞬之间"[③]，因此防范系统性金融风险的时间维度策略，重点在于提前预判风险事件的发生，构建尽可能具有前瞻性的风险累积指标来预警，在风险发生之前采取逆周期性的政策手段来降低风险发生的概率和损失。此外，由于经济金融发展是"融资—投资—盈利—偿债"不断循环反复的过程，实体经济部门的债务对应着金融机构的资产，实体经济部门的债务变化在时序上先于金融机构的资产变化。因此，系统性金融风险防范的主体虽然是金融机构和金融市场，但其关注点要前移到实体经济部门的债务风险监测，做到科学防范金融风险，早识别、早预警、早发现、早处置，着力防范化解重点领域风险，提升金融服务实体经济能力，为实现金融强国目标提供安全稳定的环境。

2. 结构维度系统性金融风险防控

结构维度系统性金融风险是在给定时点上，金融体系内金融机构和金融市场之间因相互关联产生的风险。该维度关注单家金融机构对金融部门总体风险的贡献或受总体风险的影响程度，尤其关注金融机构之间的个体差异（或称之为异质性）。其往往立足于微观金融视角，关注在给定时点上不同类型的金融机构和金

---

① 中共中央党史和文献研究院编：《习近平关于金融工作论述摘编》，中央文献出版社 2024 年版，第 49 页。

② 中共中央党史和文献研究院编：《习近平关于金融工作论述摘编》，中央文献出版社 2024 年版，第 65 页。

③ 中共中央党史和文献研究院编：《习近平关于金融工作论述摘编》，中央文献出版社 2024 年版，第 69 页。

融市场基础设施间相互关联可能带来的风险，以及个别金融机构倒闭对金融体系带来的冲击。因此，在结构维度上，监管当局应当关注系统性金融风险在金融体系内部的分布与传染，从而做到对风险的"精准拆弹"。

化解系统性金融风险的结构维度策略，强调通过合理精准的政策手段进行救助从而稳定金融的正常功能并减少损失，其重点在于对风险爆发传染机理的精准拆解并对症下药。由于金融发展的不充分、不平衡，"精准拆解的问题导向"更重视系统性金融风险的分布，即不同金融机构、金融市场、金融业态或其他主体对整体风险的贡献程度，从而在风险发生时通过全面摸排和查处，及时阻断跨工具、跨机构、跨市场、跨区域、跨境风险传染，更好地完善金融安全防线和风险应急处置机制。

房地产市场与系统性金融风险

三、金融危机

金融风险与金融活动相伴相生，并随着金融活动在金融体系内不断积累。当整个金融体系遭遇系统性金融风险而功能受损时，若不能及时控制并加以化解而导致金融系统功能进一步遭到破坏，系统性风险最终将演变为金融危机。

（一）金融危机的定义

金融危机是指在一定（较短的）时间内，金融市场或金融机构体系出现超预期、不可逆的恶化，表现为股市或债市的暴跌，货币汇率急剧贬值，银行或非银行金融机构的大面积倒闭等。金融危机一般从局部爆发，引发恐慌，产生"银行挤兑""证券抛售""抢购资产""资本外逃"等风潮，常用"市场崩盘""大崩溃"等描述金融危机。金融危机是系统性金融风险累积到一定程度的爆发结果。

"钱荒"事件与2015年股市异常波动

（二）金融危机的机理

现代信用的异常发达成为金融危机的催化剂。马克思认为现代信用从属于资本主义生产关系，随着信用的扩张发展，异化的信用关系必将导致经济发展的盲目性，最终引发信用危机。资本主义生产关系中的现代信用，本质是为资本积累和扩张服务。信用的扩张虽然可以加速经济发展，但也因其内在矛盾使经济发展具有盲目性和不稳定性。信用体系的异化，主要表现为信用从促进实体经济的工具转变为独立的资本增值手段，脱离了实体经济的需求。信用的扩张虽然可以加速经济发展，但也因其内在矛盾使经济发展具有盲目性和不稳定性。这种盲目性表现为信用扩张导致杠杆过度、资源错配和经济周期加剧。一旦经济增长放缓或信心动摇，信用链条断裂，会引发信用危机。信用危机会诱导金融危机，"危机最初不是在和直接消费有关的零售业中暴露和爆发的，而是在批发商业和向它提供社会货币资本的银行业中暴露和爆发的"[①]。按照资本逻辑，贫困人群资本短缺，是信用的严重缺失者，当贷款违约率在利率调高中提升时，接踵而至的就是信用失灵乃至危机。发达的信用制度和信用体系在一定程度上也成为引发信贷体系崩塌和金融危机的重要因素，信用制度的发展使得借贷和投资关系更加复杂，一旦利率等信用杠杆出现波动，就会在证券市场、银行、金融机构、证券市场、金融投资者等环节引发连锁反应，导致信用制度崩溃，从而引发金融危机。

（三）金融危机的类型

马克思将金融危机区分为经济危机引发的金融危机和金融部门内生的金融危机。资本主义经济危机的根源在于生产的社会化与资本私人占有之间的矛盾。资本主义经济危机是在资本主义再生产过程中，由资本主义经济制度因素引发的周期性生产过剩危机。这种危机使资本正常的循环和周转过程受到破坏，造成信用关系紊乱、银行倒闭、货币紧缩，导致金融危机。因此，金融危机常常是由经济危机引发的。但在有些情况下，生产过剩的经济危机还没有发生时，银行、交易所等金融部门的投机活动也会造成虚拟资本的过度膨胀，导致金融危机的独立发生。

现代市场经济中按照金融危机发生的领域，通常可分为货币（汇率）危机、银行危机和债务危机等类型。事实上，这些危机发生过程之中往往会产生较为严重的资产价格泡沫，形成泡沫危机。以下依次介绍。

1. 货币危机

货币危机是指一个国家货币的汇率变动幅度在短期内超过该国可承受的范围，也称汇率危机。实行固定汇率制的国家或地区，面临国际收支失衡、外汇储备不足、经济状况恶化、外部投机冲击等情况时，其本币汇率容易出现大幅度贬值，致使其被迫放弃固定汇率，或允许汇率的波动幅度超出了原定范围的现象。例如，1994年，墨西哥政府宣布本国货币比索贬值15%，在货币贬值消息发出之后3天，比索兑美元汇率累计下跌42.17%。

2. 银行危机

银行危机是指银行过度涉足高风险行业，经济运行中出现没有被预期到的变化而诱发大范围贷款违约，系统性地降低银行资产的净值，引起银行被挤兑，出

[①]《马克思恩格斯文集》第七卷，人民出版社2009年版，第339页。

现严重的支付困难而陷入破产的境地。危机爆发后，由于银行等金融机构之间存在复杂的债权债务关系，局部违约就会通过机构间的资产负债表关联演化为系统性风险传染，此时单个或局部的金融风险就会演变成全局性金融动荡。

3. 债务危机

债务危机是指借款者因大量负债超过自身的清偿能力，出现无力还债或必须延期还债的现象，一般指主权国家债务危机。主权债务是指一国政府以自己的主权作担保，通过发行债券等方式向国际社会所借的款项。由于主权债务人多是以外币计值，向国际商业银行、外国政府或国际金融机构借款，而外债往往需要用外汇储备偿还，对一国外汇储备水平有一定的要求，当债务国由于外汇储备不足而偿债困难，出现违约时就会引发主权债务危机。例如，20世纪80年代的拉美债务危机、2009年欧债危机等都属于主权债务危机。

4. 泡沫危机

泡沫危机通常是指资本市场、房地产市场以及其他金融投资品交易市场价格过度炒作，产生严重泡沫后出现急剧下跌，引起市场恐慌，交易异常触发市场熔断，股票、房产、期货、能源、有色金属、大宗商品等价格出现暴跌，从而引发机构破产、家庭负债率上升，引起经济衰退的现象。例如，17世纪荷兰发生的郁金香泡沫事件，20世纪80年代末日本经历的房地产泡沫危机，以及20世纪末全球股票市场出现的互联网泡沫危机。

（四）金融危机的应对政策

中国有效应对1997年亚洲金融危机和2008年国际金融危机

金融危机爆发后，政府需要实施一些政策予以应对，以减少金融危机造成的损失，促进金融与经济回归正常发展轨道。不同类型的金融危机应选择有针对性的应对政策，常见的应对政策有以下几种。

1. 汇率稳定政策

金融危机爆发后，本币汇率受到国际投机者的冲击，央行入市投放外汇以稳定汇率是通常的做法，政策效果则取决于央行可以动用的储备资产。如果储备不足以维持汇率稳定，可以适时调整汇率浮动幅度。利率是影响汇率的重要经济变量，当汇率趋于贬值时，通过提高利率抵消汇率贬值预期对资本预期收益率的影响，可以起到抑制资本流出和稳定汇率的作用。

2. 流动性支持政策

金融危机爆发后，市场信心受损，央行通常向市场注入流动性：通过降低法定存款准备金率、降低利率、公开市场逆向操作等方式增加货币供给。从短期看，量化宽松政策对于缓解资本市场紧张状况、增加经济扩张动力有一定的效果。但长期来看，这种政策可能会埋下通胀的隐患，在经济增长停滞的情况下，或许会引起滞胀。

3. 救助与重组政策

金融危机爆发后，对系统重要性金融机构，政府往往采用直接注资、临时托管或国有化政策。因为系统重要性金融机构对于市场影响巨大，如果不能有效解决此类机构的问题，市场信心难以恢复。

债务重组也是重要的缓解危机的手段。债务重组由多方债权人和债务人集中谈判进行，经过谈判达成延长还贷时间、提供必要的滚动贷款的协议。通过债务重组缓解流动性短缺，有助于经济复苏和债务人恢复偿付能力，保障债务的偿还，实现债权、债务双方的共赢。

> **知识链接 10-2　金融危机管理中的银行重构政策**
>
> 金融危机管理中的银行重构政策包括补充商业银行资本，清理不良资产。国家向面临破产威胁的银行注入公共资金，以形成正的资产净值。对银行的不良资产要进行清理，设立国有的或私人的资产管理公司，由它们进行银行不良资产的收购，使银行的呆滞资产变为可运作资金。有些银行还需要暂时改变其所有权，将其转变为公共机构所有，以维持其生存，待情况有所好转后再邀请国内外投资者出资将其转交给私人经营。

4. 资本管制政策

在其他手段都不能阻止危机深化的情况下，控制资本流出便成为不得已而为之的政策选择。当然，成功控制资本流动需要具备一定的条件，包括：外汇与资本流动的控制政策透明，合理的外汇需求能够得到满足，央行拥有相当数量的外汇储备；把政策目标明确地界定在控制短期资本流动上；明确规定政策的时限，让投资者和公众理解推行这种措施的出发点；中央银行及时关注市场对政策的反应，根据市场反应和情况变化适时对控制措施进行灵活调整。

5. 经济刺激政策

治理金融危机的根本是发展经济。为此，需要实施扩张性财政政策，增加财政预算支出，扩大基础设施建设和公共投资，增加失业补助等社会保障性支出，通过乘数效应带动私人投资和消费；同时降低税收，以刺激内需，并通过财政的贴息和扶持，推动出口的扩大等。如危机发生前并无严重财政赤字，而是财政收支大体平衡甚至略有盈余，当金融危机已经发生并迅速冲击实际经济，使其陷入衰退，促进经济复苏成为稳定汇率、货币的重要条件时，实行适当的财政扩张是摆脱危机的必要选择。

四、新中国没有发生金融危机的经验分析

新中国成立以来，特别是改革开放后，相比于世界其他国家，中国没有发生过金融危机，并且成功应对了国际和区域金融危机对我国的负面冲击。中国防范化解系统性金融风险的学理和经验值得总结。

从客观上看，中国经济发展面对系统性风险日益增加但没有发生金融危机的原因在于，在经济高速增长的环境下，政府通过提供初始资本或承担潜在的系统性风险，形成资本累积和风险化解的良性循环。

一方面，中国改革开放以来经济的快速增长带来的资本累积，为防范化解系统性风险提供了"弹药"支持，在历次重大经济金融风险的化解中均起到"压舱石"的作用。另一方面，由于制度、历史和文化等因素的影响，中国的金融风险更多由国有金融部门和政府部门承担。在我国金融机构改革发展中，始终坚持公有制为主体，通过有效的产权制度安排，解决市场失灵问题，提高资源配置效率，确保金融体系的稳定运行。在党中央的坚强领导下，国有产权制度的稳定性增强了消费者和投资者信心，这在一定程度上成为预防系统性风险的先决条件。例如，2019年包商银行出现严重信用风险，由中国人民银行、银保监会联合接管，由中国建设银行实施托管，稳定了社会存款人和其他债权人的信心，没有出现银行挤兑、集中提前支取等现象，从而以最小成本实现金融风险"精准拆弹"。

然而，在我国经济从高速增长转向高质量发展的现实背景下，上述客观条件发生了一定变化，从而需要重新审视"稳增长"与"防风险"、"政府兜底风险"与"市场分散风险"之间的关系。为此，党的十八大以来，党中央充分发挥主观能动性，把主动防范化解系统性金融风险放在更加重要的位置，形成了具有中国特色的防治经验，彰显中国智慧。

（一）坚持党中央对金融工作的集中统一领导

通过组织体制改革完善，在中央形成高效权威、协调有力的金融稳定工作机制，在地方形成守土有责、守土尽责的严肃监管氛围，强化属地风险处置责任，

形成全国一盘棋的金融风险防控格局。金融部门按照职能分工，负起责任，提高领导干部金融工作能力，加强金融反腐，发挥国有金融机构在承担改革发展成本、防范化解经济风险等方面的决定性作用。坚持党的领导，本质上是通过建立有为政府，发挥社会主义制度调动资源的优势，强化投资者对中国金融发展的信心，缓解重大风险冲击下的恐慌情绪。只有坚持和加强党中央对金融工作的全面领导，才能确保金融安全稳定，推动金融高质量发展。

（二）坚持严格防控系统性金融风险的底线思维

党中央坚持把防范化解风险作为金融工作的永恒主题，着力防范化解金融风险，特别是系统性风险。不同主体风险防控底线的表现形式与内在要求不尽相同：

对于金融从业者而言，要守住法律底线。金融从业者的违规违法行为不仅会造成其他金融参与者的经济损失，也会降低金融服务实体经济的效率，甚至成为系统性金融风险的导火索。

对于金融机构而言，要守住合规底线。坚决做到"三不"（不违法违规碰高压线、不突破政策踩红线、不与监管博弈越边线），始终坚持政治责任、经济责任与社会责任的统一，强化内控管理与激励约束机制，实现内部治理与外部监管有效合一。

对于国家而言，要守住不发生系统性金融风险的底线。一方面，健全风险监测预警和早期干预机制，加强金融基础设施的统筹监管和互联互通，推进金融业综合统计和监管信息共享，做到早识别、早预警、早发现、早处置。另一方面，建立现代化的金融监管制度，完善宏观审慎政策框架，统筹监管系统重要性金融机构、金融控股公司和重要金融基础设施，确保金融系统良性运转，确保管理部门把住重点环节，确保风险防控耳聪目明，形成金融发展和监管强大合力，补齐监管短板，避免监管空白和盲区。此外，中国改革开放以来，对于金融对内对外开放一直坚守风险底线，在有管理的条件下渐进式开放。在风险可控的情况下，通过金融开放来提升金融效率以及金融服务实体经济的能力。

（三）坚持果断及时处置风险的问题导向

针对我国宏观杠杆率不断攀升、影子银行迅速膨胀、互联网金融乱象、地方债务增速较快、房地产泡沫不断积累、金融控股集团无序扩张、中小机构风险暴露等问题，党的十九大以来，党中央果断决策、分类治理、快速处置，有效调降宏观杠杆率、遏制金融"脱实向虚"势头、整治各类互联网金融乱象、强化跨境资金流动监管体系和能力、合理处置多家中小金融机构风险、制定各类金融机构规范化发展规划、有序管控高风险金融控股集团，坚决不让局部风险发展成系统性金融风险、区域性风险演化为全国性风险。

（四）坚持统筹发展和安全，以金融服务实体经济作为防范化解金融风险的根本举措

金融始终为实体经济服务，强调从金融宏观功能视角出发实现金融风险的防范化解，是基于中国发展实践得出的宝贵智慧。它区别于西方发达国家关注的"金融有效对冲风险"的微观功能视角，也是对金融自由化积弊的深刻反思。

一方面，金融脱离实体经济搞封闭式发展，会带来金融效率的降低、金融泡沫的膨胀，从而诱发系统性金融风险。为此，监管部门通过出台一系列限制影子银行业务的政策法规，促进形成金融和实体经济、金融和房地产、金融体系内部的良性循环，有效扭转了我国"脱实向虚"的经济形态。另一方面，实体经济健康发展是防范化解金融风险的基础，渐进式改革创新是党领导下建设金融强国的重要特征。新时代，处理好"稳增长"与"防风险"的关系，具体体现在以下三个方面：一是在深化金融体制改革的同时，平衡好效率和公平的关系。二是如何在推动金融开放的同时，平衡好竞争与风险的关系。三是在鼓励金融创新的同时，平衡好激发活力与有效监管的关系。

第二节 金融稳定与金融安全

金融安全是国家安全的重要组成部分，是经济平稳健康发展的重要基础。维护金融安全，是关系我国经济社会发展全局的一件带有战略性、根本性的大事。党领导下的金融风险防控工作正逐步从"金融稳定"上升至"金融安全"的顶层设计和战略部署。本节将重点介绍金融稳定和金融安全两个概念，阐述守住不发生系统性金融风险底线、金融稳定与金融安全之间的递进发展关系，并介绍金融安全体系建设的着力点。

一、金融稳定

（一）金融稳定的概念

金融稳定是指一个国家的整个金融体系不出现大的波动，金融运行处于正常

稳健的状态。即金融机构、金融市场和金融基础设施运行良好，公众对金融机构履约有充分的信心，能够抵御各种冲击而不会降低储蓄向投资转化效率的一种状态。维护金融稳定的目标是保障金融机构、金融市场和金融基础设施持续发挥关键作用，不断提高金融体系抵御风险和服务实体经济的能力，防止单体局部风险演化为系统性、全局性风险，守住不发生系统性金融风险的底线。金融稳定是金融业更好发挥服务经济发展功能的重要前提，是当前我国做好科技金融、绿色金融、普惠金融、养老金融、数字金融"五篇大文章"的核心保障，是推动金融高质量发展的必要条件。因此，金融稳定和系统性金融风险本质上是一体两面的关系。

（二）金融稳定的分类

金融稳定关注的是金融运行的状态，依据程度可以将其分为稳定、基本稳定和不稳定三种状态。金融稳定状态是指各项风险指标均在安全范围内，金融市场稳定，金融机构运行有序，金融监管有效，金融业处于稳健发展状态。金融基本稳定状态指存在适度风险，但总体运行基本正常。虽然金融系统基本正常，但流动性、市场波动率、不良资产比率等部分指标出现异常，个别金融机构存在破产风险等，需要监管部门关注。金融不稳定状态指大部分金融与经济指标恶化，大多数金融机构出现不同程度的不良资产，大量金融机构倒闭，货币较大幅度贬值，金融市场动荡，即金融危机。

（三）金融稳定的特性

金融稳定具有全局性、动态性、效益性和系统性四个特性。全局性指中央银行作为金融机构的"最后贷款人"，是支付清算体系的提供者和维护者，应立足于维护宏观金融体系全局的稳定，全面考虑银行、证券、保险等金融机构与金融市场的运行状态。动态性指金融稳定的标准和内涵随着经济金融的发展而发生相应的改变，并非一成不变的金融运行状态。效益性指实现社会经济效益目标上的金融稳定。金融体系稳定运行要着眼于促进储蓄向投资转化效率的提升，改进和完善资源在全社会范围内的优化配置。系统性指需要综合考虑政策工具的运用来实现金融稳定，采取货币政策、宏观审慎政策和金融监管等影响金融机构、金融市场和实体经济运行。

二、金融安全

（一）金融安全的内涵

金融安全是指在受到国内外各方面冲击的情况下，金融体系及有关经济主体能有效抵御内外风险，保持正常运行，同时，国家能维护金融主权，保证国家金融体系独立稳健运行的状态。从概念上看，金融安全与金融稳定既存在联系，又有明显区别。就联系而言，无论是内部冲击形成过大的国内脆弱性，还是后续环节形成的放大和溢出过高，叠加较大的外部冲击，都会影响国内经济主体的预期和信心，使得经济均衡滑向坏的均衡点，金融不稳定最终对金融安全产生极大的负面影响。就区别而言，金融安全比金融稳定更能体现国家安全的内涵，更加要求防范外部冲击引发的系统性金融风险，突出维护国家金融主权完整。

（二）金融安全与国家安全、经济安全的关系

1. 金融安全与国家安全的关系

国家安全是指国家政权、主权统一和领土完整，人民福祉、经济社会可持续发展和国家其他重大利益相对处于没有危险和不受内外威胁的状态，以及保障持续安全状态的能力。党的二十大提出要"健全国家安全体系"，强化包括金融在内的安全保障体系建设。

> 统筹发展和安全，增强忧患意识，做到居安思危，是我们党治国理政的一个重大原则。必须坚持国家利益至上，以人民安全为宗旨，以政治安全为根本，统筹外部安全和内部安全、国土安全和国民安全、传统安全和非传统安全、自身安全和共同安全，完善国家安全制度体系，加强国家安全能力建设，坚决维护国家主权、安全、发展利益。
>
> ——《习近平著作选读》第二卷，人民出版社2023年版，第20页。

金融安全不单单是金融领域的问题，要纳入国家经济安全和国家安全战略的大框架中综合考察。信息技术的不断发展，资金流动的持续延伸，使得金融在社会生活中处处可见，金融安全也涉及各个领域。将金融安全提高到国家安全的高度，体现了党中央对金融行业的高度重视。

（1）金融安全是国家安全的重要组成部分。现代金融活动已经渗透到经济社会生活的各个层面，成为关系经济发展与社会稳定的重要因素。一旦金融安全出现问题，就可能引发金融危机，并且可能在经济、政治等其他领域产生"多米诺骨牌效应"，危害国家安全。因此，从国家战略高度看待金融安全，以稳固的金融体系，为经济社会发展大局稳定提供坚强后盾。

（2）金融安全是实现国家安全的重要手段。金融体系的正常运行，能促使

经济社会持续快速发展，从而维护和巩固国家安全。反之，如果金融监管缺位，金融运行混乱，就会严重影响国家经济和社会发展，危及政治稳定和国家安全。以维护金融安全来支持国家安全，一方面体现在建立风险预警机制，在风险冲击进入金融部门之前，对其进行预警，从源头上防范风险；另一方面体现在建立一套有力有效的现代金融监管框架，提高风险化解能力，守住不发生系统性金融风险的底线。

2. 金融安全与经济安全的关系

经济安全是指国家根据战略和政策，在经济发展过程中实现化解潜在风险，抵抗外来冲击，以确保国民经济持续、快速、健康发展，确保国家主权不受分割的一种经济状态。经济安全是国家安全的基础。

金融安全与经济安全的关系是由金融在经济体系中的地位与影响决定的。金融渗透到经济生活的方方面面，牵一发而动全身，金融体系在经济资源配置中发挥着发动机的作用。这就意味着金融安全程度决定经济安全水平，反过来，经济安全是金融安全的基础保障。

📖 **原理 10-3** 金融安全程度决定经济安全水平，经济安全是国家安全的基础，金融安全是国家安全的重要组成部分。

（三）动态平衡中的金融安全

统筹发展和安全，这是动态平衡中金融安全的基本立足点。金融安全是在信息完全和对称及金融内在反馈机制良好基础上的动态均衡。具体来看，动态平衡中的金融安全是指在保持金融体系稳定的前提下，推进金融改革、健全金融功能、提高金融效率，维护金融持续稳定增长的状态。

1. 金融安全与金融发展

金融安全与金融发展其实是一个整体。金融安全是推进金融发展的基本前提，金融发展是维护金融安全的最大保障。若抛开金融安全，一味追求规模和速度，很可能引发金融危机，使经济和金融发展陷入停滞甚至出现倒退。而在防范金融风险的同时，也不能忘记金融发展，不发展是最大的不安全，只有发展才能从根本上保障金融安全。因此，金融安全和金融发展同样重要，需要用动态的、发展的眼光审视金融风险，实现金融安全和金融发展的有机统一，在更高水平上实现动态平衡。

中国金融的改革开放采取了一系列市场化举措，有力推动了金融发展。短期来看，这些举措带来结构性阵痛，可能会在短期内成为金融风险的冲击来源，但长远看来将提高发展水平和金融体系的免疫力，从而有利于动态的金融安全。例如，2014 年 11 月 17 日沪港通正式开通，对资本市场的发展具有重要意义。开通初期，由于香港优势明显，内地出现较大的资本净流出，导致内地市场交易价格下降。但经过 10 多年的实践表明，沪港通使得内地金融市场有效地与国际金融市场相互连接，为我国股票市场的长远发展奠定了良好的基础。同时，我国的金融对外开放遵循稳中求进策略，上海证券交易所对沪港通投资者及机构设立了一定的资本要求，确保对外投资主体具备一定的风险承受能力，实现稳健发展。

2. 金融管制、金融效率与金融安全

处理好金融管制与金融效率的关系是对动态平衡中的金融安全的要求。在金融运行中，适度的金融管制可以修复市场的固有缺陷，引导金融稳健发展；而过度的金融管制又会抑制金融运行的效率，制约金融发展。实现动态平衡中的金融安全，就要找到二者之间的均衡点。以资本充足率为例，理论上设置的资本充足率要求越高，银行能承受违约资产风险的能力越大，可以有效降低金融风险，但同时也会造成金融效率下降，因为银行相应减少了开展业务所需的资本，无法助力实体经济的发展。反之，过低的资本充足率要求给银行开展业务提供了自由的空间，但会增大银行自身及金融系统的脆弱性。

同时，聚焦于提升金融体系效率的金融创新推动了整体金融的高质量发展，是实现动态金融安全的治本之策，但也会带来一些新的安全隐患。例如，随着智能手机和移动互联网快速发展，银行发展电子银行业务、大力推广移动金融服务，促进银行业务在新兴移动载体和高科技平台上的延伸和推广。与此同时，金融科技的发展使风险形式复杂多变，逐渐演化为盗版客户端、资金盘、支付陷阱等多种表现形式，增加了金融机构和客户面临的风险。金融体系若要实现高质量发展，必须坚持运用金融科技发展提升服务质量和效率，同时直面新技术带来的风险隐患，做到"以安全保发展、以发展促安全"。

三、金融安全体系建设

党的二十届三中全会提出，健全国家安全体系。强化国家安全工作协调机制，完善国家安全法治体系、战略体系、政策体系、风险监测预警体系，完善重点领域安全保障体系和重要专项协调指挥体系，推进科技赋能国家安全。构建国家金融安全体系，需要从以下几方面着手。

（一）加强党的领导

维护金融安全，是治国理政的一件大事。党的十八大以来，以习近平同志为核心的党中央把防控金融风险放到更加重要的位置，牢牢守住不发生系统性风险的底线。要有效防范和化解金融风险，维护金融安全和稳定，必须加强党的领导，关键在于加强政治领导，只有坚持党中央对金融工作的集中统一领导，确保金融改革发展沿着正确方向前进，才能从根本上确保国家金融安全。

（二）金融基础设施建设

一国金融体系受到剧烈冲击后，金融基础设施在危机发生时能否继续提供必要的金融服务，对于保障金融安全至关重要。2020年3月，由中国人民银行等六部门联合印发的《统筹监管金融基础设施工作方案》提出，要统一监管标准，健全准入管理，优化设施布局，健全治理结构，推动形成布局合理、治理有效、先进可靠、富有弹性的金融基础设施体系。我国的金融基础设施应兼容国际通行规则标准，使其能够在国内与国际进行高效的支付、清算、结算等活动，实现国内与国际的统筹兼顾。

（三）金融监管体系建设

金融监管是金融安全的重要保障。加强金融监管部门之间的协调，提高金融监管的有效性，是金融监管体系建设的重要内容。提高金融监管有效性，应着力提升金融监管的前瞻性、全局性和及时性。前瞻性是指建立系统性金融风险监测和预警机制，从而在金融体系受到重大风险冲击之前进行提前干预，进而降低风险冲击带来的危害性。全局性是指进一步加强各监管部门之间的协调，避免出现监管真空和监管重叠。及时性是指监管部门需根据市场变化，及时完善监管政策，以适应金融创新带来的新问题、新挑战。

（四）双边或多边政府或金融监管部门的沟通机制建设

境外资本市场由于具有规模、效率和服务等方面的优势吸引了一批国内企业，而同时，国外的政治、经济和社会的不确定性则会对在境外投资的中国企业造成影响。对于境外上市企业被围猎或勒令退出市场引发的安全问题，在现阶段建立双边或多边政府或金融监管部门的沟通工作机制非常关键。2022年俄罗斯境外上市企业遭制裁和中概股受到强势围剿打压的案例为我们敲响了警钟。一方面，要继续坚持对外开放不动摇，支持各类企业拓宽境外融资渠道；另一方面，要与相关国家政府和金融监管部门保持畅通的沟通渠道并建立沟通机制，为沟通协商解决问题奠定良好的基础。

（五）全球金融治理体系的改革创新与建设

如第八章所述，中国在国际货币基金组织、国际清算银行、世界银行集团、金融稳定理事会等主要国际金融机构中有重要的话语权，同时在《巴塞尔协议》《保险核心原则、标准、指引和评估方法》《证券监管目标和原则》等重要的国际金融规则制定中发挥着重要作用。随着中国在全球政治经济中的综合影响力日渐提升，中国积极参与和推动全球金融治理体系改革和创新，改革已有的不合理的规则和制度，在保障各国金融安全和防止金融危机方面发挥积极作用。

第三节　宏观审慎政策

"要加强监管协调，坚持宏观审慎管理和微观行为监管两手抓、两手都硬、两手协调配合。"[①] 从宏观审慎的视角来防范化解系统性金融风险是当前中国金融安全实践的核心思路与主要途径。本节主要介绍宏观审慎政策的内涵、工具及中国具体实践等内容。

一、宏观审慎政策及其相关范畴

维护金融安全和确保金融稳定运行需要国家金融管理部门审慎运用监管和调控政策，开展前瞻性政策与机制设计。要加强宏观审慎管理制度建设，建立有效的金融监管协调机制，加强功能监督，明确各自责任，形成监管合力，消除监管套利。作为最重要的宏观政策之一，与其他宏观政策相比，宏观审慎政策直接作用和集中于金融体系本身，针对金融体系中隐含的风险隐患"对症下药"，核心目标是维护金融稳定，服务做好金融"五篇大文章"，推动我国金融高质量发展。

宏观审慎管理、宏观审慎监管与宏观审慎政策的关系

（一）宏观审慎政策的内涵

宏观审慎政策从最初的理论观点，逐步发展成为包括明确政策目标、风险评估标准、政策工具、传导机制与治理机制等要素组合

[①] 中共中央党史和文献研究院编：《习近平关于金融工作论述摘编》，中央文献出版社2024年版，第86页。

的政策框架。与微观审慎监管不同，宏观审慎政策是指宏观审慎当局将金融业视为一个有机整体，以防范系统性金融风险为目标，运用时间维度和结构维度的政策工具，来平抑系统性金融风险顺周期累积（时间维度）以及跨机构、跨行业、跨市场和跨境传染（结构维度），从而提高金融体系的韧性和稳健性，降低金融危机发生的可能性和潜在危害程度。

> **原理10-4** 系统性金融风险具有顺周期累积以及跨机构、跨行业、跨市场和跨境传染等特性，需要从时间维度和结构维度设计宏观审慎政策。

（二）宏观审慎政策与宏观审慎监管

宏观审慎政策和宏观审慎监管经常混用。宏观审慎监管更多体现为监管当局制定强制性的行政法规条例，侧重采用有关资本充足、流动性、监管数据报送要求等监管工具，加强对金融机构的底线管理，限制金融风险累积，从而防止系统性金融风险的形成与扩散。宏观审慎政策更多表现为中央银行通过制定指引、标准等形式，设计防范化解系统性金融风险的各类政策工具，既包含底线管理工具，又包含具有弹性空间的政策调节，最终搭建完整的政策框架体系，提高金融体系抵御金融风险的能力，以及面临经济下滑和负面冲击后的恢复能力。

（三）宏观审慎政策与微观审慎监管

最初提出宏观审慎政策的概念是为了补充微观审慎监管在风险防控和监管对象涵盖方面的不足。宏观审慎政策和微观审慎监管是协调配合关系。首先，宏观审慎政策与微观审慎监管的政策目标相互依赖。微观金融机构的稳健审慎经营是金融稳定的基础，宏观金融稳定是微观金融机构稳健运行的保障。其次，政策工具高度重合，但二者使用侧重不同，形成互补。宏观审慎政策虽然包含微观审慎监管工具，但是更着眼于全局，突出系统思维，对金融机构的一致性预期及行为开展逆周期调节，对处于金融体系的关键节点以及可能引发风险传染的金融机构和业务加强监管。同时，宏观审慎政策导向也成为微观审慎监管实施的重要参考依据。微观监管部门拥有全面的机构和市场微观数据，有助于宏观审慎部门准确评估系统性金融风险和提升政策实施效果，从而与宏观审慎政策有效互补。因此，应充分发挥宏观审慎政策关注金融体系整体、微观审慎监管强化个体机构稳健性的优势，两者形成政策合力，共同维护金融稳定。

二、宏观审慎政策工具的作用机制

宏观审慎政策工具是金融监管部门用来降低系统性金融风险的手段或措施，是宏观审慎政策运用的具体表现方式。其主要通过识别导致整个金融体系功能失灵的因素，如共同风险资产配置、风险集中，导致风险传染的关联性等，降低金融风险的累积程度、金融体系崩溃的速度和强度以及其对实体经济的影响程度，实现降低系统性金融风险的目的。

（一）宏观审慎政策防控系统性风险的基本原理

由于系统性金融风险存在时间和结构这两个维度，宏观审慎政策也应从时间和结构两个维度来应对系统性金融风险。

1. 时间维度的宏观审慎政策

时间维度的宏观审慎政策是以防控时间维度的系统性金融风险为目标，特别关注金融体系与实体经济之间的动态关联性，侧重采用逆周期的调节方式。例如，《巴塞尔协议Ⅲ》提出逆周期资本充足率要求，即在信贷膨胀较快时，提高资本充足率要求；在信贷收缩时，降低资本充足率要求，实现"削峰填谷""以丰补歉"。宏观审慎政策逆周期调节的行为如图10-2所示。

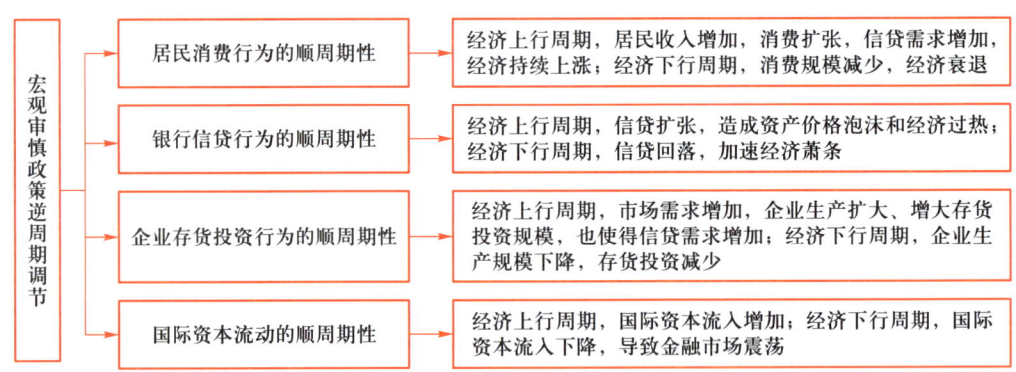

图10-2 宏观审慎政策逆周期调节的4种顺周期行为

2. 结构维度的宏观审慎政策

结构维度的宏观审慎政策是以防范结构维度的系统性金融风险为目标，通过抑制金融工具之间、金融机构之间、金融市场之间产生的传染风险来降低系统性金融风险。以《巴塞尔协议Ⅲ》中的系统重要性机构资本附加要求为例，系统重要性金融机构是指因规模较大、结构和业务复杂度较高、与其他金融机构关联性较强，在金融体系中难以替代的金融机构。该类机构一旦发生重大风险事件而无法持续经营时，可能会对金融体系和实体经济产生不利影响。通过对系统重要性金融机构设置更高的资本金要求，尽可能降低其风险，从而减少对其他金融机构造成的风险传染性。

（二）宏观审慎政策工具及其传导机制

宏观审慎政策工具主要分为资本管理工具、流动性工具以及资产负债管理工具三类。其传导机制或作用机理体现在：宏观审慎当局运用宏观审慎政策工具，对金融机构、金融基础设施等施加影响，从而影响金融机构资本金、资产负债、资产价格等金融变量，进而抑制系统性金融风险的生成与扩散。

1. 资本管理工具

资本管理工具是指调整对金融机构资本水平施加的额外监管要求，以及对特定部门资产风险权重、系统重要性金融机构的资本金要求，旨在抑制由资产过度扩张或收缩、资产结构过于集中等导致的金融风险顺周期累积和扩散传染。资本管理工具主要包括逆周期资本金要求、动态准备金（因时而异）、限制利润分配等。从时间维度而言，在经济繁荣时期，银行资本金要求上升，使得银行杠杆率下降，高风险资产的规模将减少，从而使风险累积程度降低；在经济衰退时期，银行的资本金监管要求降低，由于有资本金支持银行持续经营，消费者逐渐恢复对金融机构的信心，加大信贷需求，使得金融机构利润增加，最终系统性金融风险下降。从结构维度而言，提高对系统重要性金融机构的资本金要求，将降低此类金融机构的风险，减少其对金融体系的风险贡献程度，降低其与其他金融机构的关联性，从而减弱风险传染，降低系统性金融风险。

2. 流动性工具

流动性工具是指调整对金融机构和金融产品的流动性水平、资产可变现性和负债来源等施加的额外监管要求，旨在约束过度依赖批发性融资及期限严重错配等，增强金融体系应对流动性冲击的韧性和稳健性。流动性工具主要包括流动性覆盖率、净稳定融资比率、优质流动性资产充足率、限制外汇净敞口/货币错配、限制期限错配、准备金要求等。

从时间维度而言，在经济繁荣时期，监管当局提高商业银行的流动性比例要求，银行会增加风险相对较低的流动性资产，如增加短期贷款，减少发放长期贷款，风险累积程度降低；反之，在经济衰退时期，监管当局放松银行流动性约束，商业银行减少流动性资产，加大较长期限的信贷投放，这将提高银行盈利水平、降低风险损失，最终降低系统性金融风险。从结构维度看，银行同业资产是典型的非流动性资产，同业负债属于非流动性负债。当监管当局提高银行流动性要求、限制银行这类非流动性资产和负债的规模或比例时，银行之间的业务关联性减弱，将降低风险的跨机构传染，降低系统性金融风险。

3. 资产负债管理工具

资产负债管理工具是指调节金融机构的资产负债构成和增速以及对市场主体的债务水平和结构施加的约束。旨在防范金融体系资产过度扩张或收缩、风险敞口集中暴露而引发的系统性金融风险。主要的资产负债管理工具包括贷款价值比上限、贷款收入比上限、外币借贷上限、信贷规模或增长上限等。从时间维度而言，在经济繁荣时期，住房贷款属于银行的风险资产，房价攀升容易拉动其过快扩张，监管当局为及时遏制住这一扩张趋势，会适度提高银行发放住房贷款的比例或上限，降低此类贷款规模，减少风险累积；在经济衰退时期，监管当局适度提高住房贷款规模上限，银行信贷规模适度上升，增加银行盈利、减少风险资产损失，最终带来系统性金融风险的下降。从结构维度看，监管当局限制银行同业资产和负债规模，进一步减弱机构之间的业务关联性和风险传染程度，从而使系统性金融风险下降。

三、中国的宏观审慎政策实践

随着中国金融改革的深化，宏观审慎政策实践也在不断推进。各类政策工具均从时间维度或结构维度出发，防范系统性金融风险的生成，抑制系统性金融风险的传染。在此基础上，中国逐步建立了宏观审慎评估体系，它是监管当局为实现综合的宏观审慎监管而对金融机构实施的综合评级体系。在宏观审慎评估体系的指导下，中国不断将完善《巴塞尔协议Ⅲ》和防范化解金融风险的实践经验纳入其中，形成更广义上的宏观审慎评估的政策框架。

（一）中国的宏观审慎政策工具

2021年12月，中国人民银行发布了《宏观审慎政策指引（试行）》，在国际货币基金组织所提出的宏观审慎政策工具的基础上，结合国内外调控经验，较为全面地阐述了宏观审慎政策工具的类型，主要包括以下几类。

1. 时间维度工具

时间维度工具用于逆周期调节，平滑金融体系的顺周期波动，除了上述资本管理工具、流动性工具、资产负债管理工具，还包括以下两类工具：

（1）金融市场交易行为工具。这些工具主要指的是通过调整对金融机构和金融产品交易活动中的保证金比率、融资杠杆水平等施加的额外监管要求，防范金融市场价格大幅波动等可能引发的系统性金融风险问题。

（2）跨境资本流动管理工具。这些工具主要指的是通过对影响跨境资本流动顺周期波动的因素施加约束，防范跨境资本"大进大出"可能引发的系统性金融风险。如采用汇率、货币与财政等多种宏观经济政策调节宏观经济指标以管理跨境资本流动；直接限制某种类型的跨境资本流动或交易人资格、资金用途等。

2. 结构维度工具

结构维度工具不仅涵盖上述资本管理工具、流动性工具、资产负债管理工具等基本的时间维度工具，还包括以下几类工具：

（1）特定机构附加监管规定。除对系统重要性金融机构、金融控股公司提出附加资本和杠杆率、流动性、特定机构附加监管规定等要求外，还包括对金融控股公司提出并表、资本、集中度、关联交易等要求，增强相关机构的稳健性，减轻其发生风险后引发的传染效应。

（2）金融基础设施管理工具。此类工具主要是指通过强化有关运营及监管要求以增强金融基础设施稳健性。具体而言，强化运营与监管要求主要针对的是支付体系、法律环境、公司治理以及金融安全网等。而金融安全网则由金融监管、中央银行最后贷款人职能、投资者保护制度组成。

（3）跨市场金融产品管理工具。此类工具主要是指通过加强对跨市场金融产品的监督和管理，防范系统性金融风险跨机构、跨市场、跨部门和跨境传染。

（4）风险处置等阻断风险传染的管理工具。例如，恢复与处置计划，主要通过强化金融机构及金融基础设施风险与处置安排，要求相关机构预先制定方案，当发生重大风险时根据预案恢复持续经营能力或实现有序处置，保障关键业务和服务不中断，防范该机构的单点失效事件的传染蔓延。

（二）宏观审慎评估体系

为了加强宏观审慎管理，中国人民银行在 2016 年将差别准备金动态调整和合意贷款管理机制合并升级为宏观审慎评估体系（MPA），并在此后不断完善、发挥其引导作用。我国 MPA 包括资本和杠杆情况、资产负债情况、流动性、定价行为、资产质量、跨境融资风险、信贷政策执行 7 大类指标。

我国 MPA 既有各国宏观审慎政策理念的共同特征，更有基于自己国情的特色。所谓共同特征，即政策在时间维度上注重逆周期调节，在结构维度上注重对系统重要性机构和影子银行业务的限制。以 MPA 中最为核心的资本充足率管理为例，监管要求各银行的实际资本充足率不小于宏观审慎资本充足率。其中，逆周期调节主要体现在要求银行广义信贷增速与宏观经济增速相协调，利用宏观经济热度参数进行调节。系统重要性机构监管要求则穿插在逆周期资本缓冲和宏观审慎资本充足率的计算过程中。与此同时，MPA 采取分级管理，将金融机构划分为全国性系统重要性机构、区域性系统重要性机构和普通机构，实施区别化奖励或惩罚措施。具体实施过程中，中国人民银行可根据宏观调控情况调整指标构成、指标权重和相关参数。

在框架的完善和整合方面，中国人民银行基于 MPA 充分纳入存款保险风险评级、稳健性现场评估相关内容，制定央行金融机构评级指标体系，并于 2018 年 1 月起实施《央行金融机构评级管理办法（试行）》。

（三）宏观审慎评估体系的实践

MPA 的建立并非一蹴而就，而是动态发展的过程。在初步建立 MPA 之前，中国就不断完善《巴塞尔协议Ⅲ》的宏观审慎要求，并结合中国的防范化解系统性金融风险实践而逐步将房地产宏观审慎管理、跨境融资宏观审慎管理以及体制改革的相关内容整合纳入 MPA，成为其不可或缺的组成部分。

1. 系统重要性银行审慎要求与逆周期资本缓冲机制

（1）系统重要性银行审慎要求。系统重要性银行指业务规模较大、业务复杂程度较高、一旦发生风险事件就会给地区或全球金融体系带来冲击的银行业金融机构。系统重要性银行有以下几大特征：一是规模大；二是与其他金融机构关联性强；三是在金融体系中提供关键业务，具有不可替代性；四是业务复杂。以上特征共同决定了系统重要性银行的稳健经营关系金融体系的整体稳定。因此，除各项监管指标要求外，巴塞尔银行监管委员会于 2011 年发布了《全球系统重要性银行：评估方法及附加资本要求》，对系统重要性银行的评估方法和额外的资本要求作出了规定，以实现负外部性内部化处理，在源头处控制系统性金融风险。

为完善系统重要性银行的宏观审慎政策框架，2018 年 11 月，中国人民银行、银保监会、证监会发布了《关于完善系统重要性金融机构监管的指导意见》，明确了系统重要性金融机构的定义、范围，规定了系统重要性金融机构的评估流程和总体方法。2020 年 12 月，中国人民银行、银保监会发布《系统重要性银行评估办法》，从规模、关联度、可替代性和复杂性考察系统重要性银行，并基于 2020 年数据，评估认定了 19 家国内系统重要性银行。将系统重要性银行分为五组，对其制定了差异化要求。2021 年 9 月，中国人民银行、银保监会进一步发布《系统重要性银行附加监管规定（试行）》，对系统重要性银行提出了附加资本要求、附加杠杆要求、建立资本内在约束机制等要求，进一步从宏观审慎管理角度，强化事前风险预警，与微观审慎监管加强统筹、形成合力，共同推动中国银行业稳定运行。2023年9月，中国人民银行、银保监会发布了国内系统重要性银行评估结果，在前面19家国内系统重要性银行基础之上，增加了南京银行。

（2）逆周期资本缓冲机制。《巴塞尔协议Ⅲ》提出逆周期资本缓冲，动态调整资本充足率，要求银行在经济上行周期计提资本缓冲，以满足下行周期吸收损失的需要，其实质上是资本充足率监管的延伸。2020年9月30日起我国实施的《关于建立逆周期资本缓冲机制的通知》，明确了我国逆周期资本缓冲的计提方式、覆盖范围及评估机制。同时，根据当时系统性金融风险评估状况，明确逆周期资本缓冲比率初始设定为0，不增加银行业金融机构的资本管理要求。宏观审慎当局将综合考虑宏观经济金融形势、杠杆率水平、银行体系稳健性等因素，定期评估和调整逆周期资本缓冲要求，防范系统性金融风险。

2. 房地产市场的宏观审慎监管

房地产企业贷款具有金额较大、贷款利率高、抵押品相对安全等特征。近年来在房价上涨和利润驱动下，银行的房地产企业贷款余额占比和个人住房贷款余额占比上升。信贷过于集中于房地产市场，不仅会催生房地产泡沫，而且会分流银行对实体企业的信贷支持。一旦房地产遭受负向冲击，房地产贷款不能按时偿付，产生的流动性危机和信用危机会迅速将风险传导到金融行业其他部门，导致系统性金融风险。因此，有必要加强宏观审慎监管。

为了对房地产市场加强宏观审慎监管，中国人民银行、银保监会于2020年12月联合发布《关于建立银行业金融机构房地产贷款集中度管理制度的通知》，明确了房地产贷款集中度管理制度的机构覆盖范围、管理要求及调整机制；综合考虑银行业金融机构的资产规模、机构类型等因素，分档设置房地产贷款余额占比和个人住房贷款余额占比两个上限，对超过上限的机构设置过渡期，并建立区域差别化调节机制。2022年1月，中国人民银行、银保监会发布《关于保障性租赁住房有关贷款不纳入房地产贷款集中度管理的通知》，明确保障性租赁住房项目有关贷款不纳入房地产贷款集中度管理，鼓励银行业金融机构按照依法合规、风险可控、商业可持续的原则，加大对保障性租赁住房发展的支持力度。

3. 全口径跨境融资宏观审慎管理

随着中国金融扩大对外开放，资本流动管理宏观审慎政策应运而生，MPA 增设分项"跨境融资风险"。从时间维度而言，当本币市场发展过热，国内金融机构会加大杠杆、吸引外部投资。在本币市场疲软时期，国内金融机构会维持低杠杆率水平，减少对外负债总额。跨境融资宏观审慎管理通过调整金融机构外币杠杆率和外币资产负债结构，以削弱外部市场对金融机构的负面冲击；通过调节外汇市场结汇量，维持人民币币值稳定。从结构维度而言，对银行、非银行金融机构、企业设置差别化跨境融资杠杆率、风险转换因子和宏观审慎调节参数，酌情减少银行外债占比，以防范外部风险对我国金融环境的冲击。

2016 年 4 月，中国人民银行发布《关于在全国范围内实施全口径跨境融资宏观审慎管理的通知》，并逐渐建立起一套与机构资本实力动态挂钩、总量调控的全口径跨境融资宏观审慎管理体系，既能适应微观主体本外币资产负债一体化管理的发展方向，也可避免原来本币、外币跨境融资分别管理、模式不同造成的额外适应成本。全口径跨境融资宏观审慎框架还具有逆周期调节、总量与结构调控并重等特点。监管部门可根据宏观调控需要和宏观审慎评估的结果设置并调节相关参数，对金融机构和企业的跨境融资进行逆周期调节，使跨境融资水平与宏观经济热度、整体偿债能力和国际收支状况相适应，以控制杠杆率和货币错配风险。2020 年以来，监管部门通过淡出使用"逆周期调节因子"，调整远期售汇业务的外汇风险准备金率、跨境融资宏观审慎调节参数（见表 10-1）、境内企业境外放款宏观审慎调节系数等引导市场预期。

表 10-1 2020 年以来中国人民银行对跨境融资宏观审慎调节参数的历次调整

时间	具体操作	作用
2020 年 3 月	将全口径跨境融资宏观审慎调节参数从 1 上调至 1.25	放宽金融机构及企业跨境融资上限，增加金融体系及实体经济流动性，强化金融支持经济社会发展工作
2020 年 12 月	将金融机构的跨境融资宏观审慎调节参数从 1.25 下调至 1	应对人民币汇率持续上升而加强逆周期调节，以引导金融机构市场化调节外汇资产负债结构，防止金融机构过度对外举债
2021 年 1 月	将企业的跨境融资宏观审慎调节参数从 1.25 下调至 1	压缩企业外债敞口，减少跨境资金流入；从金融机构端和企业端"双管齐下"，抑制逐步上升的人民币升值预期

续表

时间	具体操作	作用
2022年10月	将企业和金融机构的跨境融资宏观审慎调节参数从1上调至1.25	增加企业和金融机构跨境资金来源，引导其优化资产负债结构，扩大资本流入，缓和现汇市场人民币贬值压力，进一步释放了稳汇率信号，避免短期内人民币贬值预期过度聚集
2023年7月	将企业和金融机构的跨境融资宏观审慎调节参数从1.25上调至1.5	
2025年1月	将企业和金融机构的跨境融资宏观审慎调节参数从1.5上调至1.75	继续增加企业和金融机构跨境资金来源，引导其优化资产负债结构

资料来源：中国人民银行网站。

重要术语

系统性金融风险　金融危机　金融稳定　金融安全　国家安全　经济安全　宏观审慎评估体系　底线思维　统筹发展和安全

思考题

1. 如何对金融风险进行"精准拆弹"？
2. 试述金融风险、系统性金融风险、金融稳定与金融安全之间的关系。
3. 新中国没有发生金融危机是巧合吗？说明理由。
4. 影响金融安全的因素包括哪些？如何构建更有效的金融安全体系？
5. 宏观审慎政策工具有哪些？其化解系统性金融风险的机理是什么？
6. 为什么中国特色宏观审慎政策的重点放在关注金融有效服务实体经济上？
7. 中国宏观审慎政策实践有哪些主要举措？

即测即评

第十一章　中央银行制度与业务运作

拥有强大的中央银行是建设金融强国关键核心金融要素之一。中国人民银行（简称人民银行）是专门制定和实施货币政策、维护金融稳定、统一管理金融活动并代表中国政府协调对外金融关系的中央银行。作为人民币的发行银行，是人民币创造的源头与币值稳定的调控者；作为银行的银行和政府的银行，承担调控货币金融领域、管理和防范系统性风险、维护金融稳定的责任。现代中央银行制度是拥有强大中央银行的制度保证。本章基于人民银行的制度建设与发展，对中央银行的形成与组织结构、性质与职能以及主要业务进行系统阐释，归纳与总结人民银行的制度架构与业务运作的一般规律与中国特色。

第一节　中央银行制度

中央银行制度是在经济和金融发展中逐渐形成的，它既是商品经济和金融业自身发展的内在要求，也体现出政府对经济金融管理的意愿。不同的国家或地区在中央银行制度的内容与形式上既有共性也有一定的差异，人民银行制度的建设与发展，体现了中央银行制度的一般规律与中国特色的统一。

一、中央银行的形成与中国人民银行制度的初建

自然演进形成的中央银行——以英格兰银行为例

中央银行的形成主要有两种路径：自然演进和由政府直接组建。自然演进的中央银行由实力强、与政府关系密切的大银行逐步发展演变而成，其典型代表是1694年成立的英格兰银行。自然演进意味着中央银行的形成不是既有的模板或某种新发现，而是伴随着商品经济的发展、货币和信用的影响以及银行体系的成长而带来

的必然结果。在此进程中，为政府融资、垄断货币发行、提供票据交换与清算便利以及成为最后贷款人，逐渐形成中央银行的三大职能，即发行的银行、银行的银行与政府的银行。一般认为兼具此三大职能的机构才能称得上真正意义上的中央银行。大多数国家的中央银行是以自然演进形成的英格兰银行为模板，结合所在国家的条件，由政府直接组建而成。人民银行就是由党领导下的中央政府直接组建的。

（一）人民银行的组建

1948年12月1日，在华北银行、北海银行和西北农民银行的基础上合并组成中国人民银行，并在当日发行了第一套人民币。1949年9月，《中央人民政府组织法》把人民银行纳入政务院的直属单位系列，接受财政经济委员会指导，与财政部保持密切联系，赋予其国家银行职能，承担发行国家货币、经理国家金库、管理国家金融、稳定金融市场、支持经济恢复和国家重建的任务。

新中国成立前中国中央银行的历史痕迹与探索

人民银行之所以可以成为中央银行，正是因为上述职能任务基本符合中央银行制度的定位，即：作为政府机构代表政府集中统一货币发行、组织支付清算、维护货币流通秩序与保障银行体系安全。这也体现出人民银行制度具有中央银行制度的一般共性。

（二）人民银行制度初建的特色

人民银行建立初期在履行相关职能时与其他国家中央银行存在差异，根本原因在于其所处的经济体制与社会环境不同。新中国成立初期直至改革开放前，先是对国民政府遗留下来的经济金融体系进行接管改造，再加上实行高度集中的计划经济体制，这些都对人民银行履职提出符合当时发展阶段的要求。特别是"大一统"金融体系中，人民银行集宏观计划管理与微观业务实施于一身，既要服从政府计划财政安排、遵循党中央全局发展协调的要求统一信贷规模计划，又要具体执行信贷分配组织业务操作。这种"复合制"的制度形式与当时的经济体制相适应，与当时集中一切力量发展经济、改善民生的要求是一致的。

人民银行制度初建时期已有鲜明的特色，即职能与业务的调整贯彻党中央"实事求是、造福人民"基本原则，一切从实际需要出发，以我为主，兼收并蓄、动态适应。这一特色始终引导其制度建设朝符合中国经济发展战略要求与人民利益的方向不断创新。

二、中国人民银行的组织制度类型

人民银行的组织制度类型经历了从复合制到单一制的转变,这既是中国经济金融体制改革的客观要求,亦有党中央集中统一领导下对人民银行战略定位与职能安排的主动调整。

(一)复合制中央银行

复合制中央银行是指国家不单独设立专司中央银行职能的中央银行机构,而是由一家集中央银行与商业银行职能于一身的国家大银行兼行中央银行职能的中央银行制度。人民银行在改革开放前实行的就是这种制度,苏联与东欧经济转轨前也采用这种类型。

高度集中的计划经济体制下,中国金融的重要特色是"大一统"金融体系,体现了国家对金融的绝对控制,这种条件下人民银行处于国家计划与财政安排的从属地位,复合制的制度形式是必然的。与高度集中的计划经济体制相适应,全国实际上只有人民银行一家银行履行中央银行与商业银行的部分职能,同时部分中央银行职能又与财政职能复合,通过行政监管手段,实行"统存统贷"的计划指标管理。复合制中央银行主要通过集中调配资源以支持国家计划发展,符合计划体制的运作方式。但是一旦经济体制转型开始强化市场机制,复合制中央银行就没有了运行基础,需要调整与变革。

(二)从复合制向单一制转变

从复合制转向单一制与中国经济体制改革和现实经济发展密不可分。传统的计划经济体制逐渐解体,市场因素与作用日益显现。伴随着中国金融机构体系的建设,金融服务竞争局面开始形成。人民银行既履行中央银行的领导和监管职责又承担城市工商信贷业务,既当管理者又做竞争者,不能处于超脱地位,无形中也降低了人民银行作为中央银行的地位与作用。

1983 年 9 月,中国确立了人民银行单一制中央银行的制度安排。单一制中央银行是指一国只设一家中央银行并由其完全履行中央银行职能的中央银行制度。这种制度体现人民银行专司现代中央银行职能,成为真正意义上的中央银行。主要内容包括:人民银行是国务院领导和管理全国金融事业的国家机关,不对企业和个人办理信贷业务,集中力量研究和做好全国金融的宏观决策,加强信贷总量控制,保持货币稳定;成立有权威的中国人民银行理事会,作为协调决策机构;人民银行与专业银行及其他金融机构的资金流通由计划分配转向信贷关系，即转向采取经济办法进行管理；建立存款准备金制度和人民银行对专业银行的贷款制度等。

（三）单一制一元式中央银行

单一制一元式中央银行是指一国只设立一家统一的中央银行行使中央银行的权力和履行中央银行的全部职责，机构设置一般采取总分行制，逐级垂直隶属。其特点是权力集中统一、职能完善、有较多的分支机构，便于政府实施金融调控与管理。

1984年1月，中国工商银行成立，承担原来由人民银行办理的工商信贷和储蓄业务，标志着我国单一制中央银行制度正式形成，同时按行政区划设立总分行制，又称为单一制一元式中央银行制。1986年1月，国务院颁发《银行管理暂行条例》，重申人民银行是国家的中央银行。至此，人民银行开始依法履行制定实施货币政策和管理监督金融职责。人民银行单一制一元式体系实行垂直领导，货币政策决策权集中于总行，而分支行面向基层，集中力量加强金融监管和金融服务。

在全球范围内，单一制是最主要的中央银行制度形式，也是最能体现中央银行作为金融体系管理者和宏观经济调控者的制度形式。除上述复合制和单一制一元式中央银行外，中央银行的组织制度还包括单一制二元式、准中央银行制和联盟中央银行制。单一制二元式中央银行是指一国中央银行体系由中央和地方两级相对独立的中央银行机构共同组成。准中央银行制是指国家或地区不设完整意义上的中央银行，而设立类似中央银行的金融管理机构执行部分中央银行的职能，并授权若干商业银行也执行部分中央银行职能的中央银行制度。联盟中央银行制是指由若干国家组成的联盟设立一家中央银行，由这家中央银行在其成员国范围内行使全部或部分中央银行职能的中央银行制度，也称为跨国中央银行制。

三、中国人民银行的组织结构

人民银行的组织结构是由《中国人民银行法》确立的，是人民银行制度的重要内容之一，包括权力分配结构、内部机构的设置和分支机构的设置等方面。各国中央银行的组织结构大都由专门的法律或专项规定来确定。

（一）权力分配结构

中央银行的权力分配结构可归并为决策权、执行权和监督权，其中：决策权是权力的核心；执行权是权力的集中体现，在执行中又包含着许多次级决策权；

监督权是对决策和执行权力的约束，是对中央银行有效行使职能的保证。

1. 决策权

人民银行的决策权基于党中央、国务院领导下的行长负责制，在贯彻党中央、国务院的金融改革部署和建设现代中央银行制度中落实。人民银行的专业视角与政策建议为金融服务实体经济提供了切实可行的操作方向与创新空间。《中国人民银行法》规定："中国人民银行在国务院领导下，制定和执行货币政策，防范和化解金融风险，维护金融稳定。""中国人民银行实行行长负责制。行长领导中国人民银行的工作，副行长协助行长工作。""中国人民银行就年度货币供应量、利率、汇率和国务院规定的其他重要事项作出的决定，报国务院批准后执行。中国人民银行就前款规定以外的其他有关货币政策事项作出决定后，即予执行，并报国务院备案。"人民银行设立货币政策委员会作为制定货币政策的咨询议事机构，在国家宏观调控、货币政策调控中发挥重要作用。

2. 执行权

人民银行具有独立的货币政策执行权。《中国人民银行法》规定："中国人民银行在国务院领导下依法独立执行货币政策，履行职责，开展业务，不受地方政府、各级政府部门、社会团体和个人的干涉。"这从法律上保证了人民银行执行货币政策的独立性。但为防止权力滥用，《中国人民银行法》规定"中国人民银行应当向全国人民代表大会常务委员会提出有关货币政策情况和金融业运行情况的工作报告"，以确保其独立性的履行受人民监督。

3. 监督权

人民银行对金融市场和银行业金融机构等有一定的监督权。《中国人民银行法》规定："中国人民银行依法监测金融市场的运行情况，对金融市场实施宏观调控，促进其协调发展。""中国人民银行根据执行货币政策和维护金融稳定的需要，可以建议国务院银行业监督管理机构对银行业金融机构进行检查监督。""当银行业金融机构出现支付困难，可能引发金融风险时，为了维护金融稳定，中国人民银行经国务院批准，有权对银行业金融机构进行检查监督。"法律还赋权人民银行对金融机构及其他单位和个人的一些行为进行检查监督。人民银行的监督权与其承担的宏观审慎管理职责是一致的。

人民银行的权力分配结构与其他部委形成了相互制衡、互为监督的关系，既有利于在党中央的领导下凝聚工作方向，又有利于确保权力在运行中的正常、廉洁、有序、高效。2008年国际金融危机后，各国中央银行的监督权有强化趋势。

(二)内部机构的设置

人民银行内部机构的设置是指人民银行总行或总部机关的职能划分及分工。主要类别有：一是直接行使中央银行职能的相关部门，包括办理与金融机构业务往来的部门、货币政策操作部门、负责货币发行的部门、组织清算的部门等。二是为中央银行行使职能提供咨询、调研和分析的部门，此类部门包括统计分析部门、研究部门、财务部门等。三是为中央银行有效行使职能提供保障和行政管理服务的部门。此外，人民银行在上述部门外还设置了机关党委、人事司（党委组织部）、内审司、党委宣传部、参事室等部门，这些部门的设置体现人民银行在党领导下的制度特色与优势。

中央银行内部机构的设置并不是固定不变的，随着中央银行职能和业务量的变化，内设部门也会随之调整，各部门的业务分工也会视工作的方便而有所改变。比如，为做好金融"五篇大文章"相关工作，人民银行在2024年增设了信贷市场司。

(三)分支机构的设置

人民银行分支机构的设置依据不同阶段经济金融发展的需要相应调整。

1984年至1998年按行政区划设置。分支机构规模的大小与其所在行政区的级别相关，而与业务量的关系不大。

1998年至2023年采用了以经济区域为主、兼顾行政区划的设置模式。目的是配合人民银行调控方式由直接调控转向间接调控，即由行政指令为主转为以经济手段和法律手段的调节为主。分支机构按经济区域设置9个分行（大区行）、在北京和重庆分设2个营业管理部，在上海设立上海总部①，在省会城市及副省级城市设立25个中心支行，按行政区域设置其他中心支行和支行。这种设置与当时金融宏观调控规避地方政府行政干预，专注货币政策执行，提升间接调控效率的要求相适应。20多年的实践表明大区行的设置有利有弊，比如大区行管辖区域内外部发展差异、与地方政府协调配合的挑战以及层级过多制约中央银行整体效能发挥等。

2023年3月恢复了按行政区划设置，强调精简基层分支机构。此次调整是中国经济发展模式转向高质量经济增长和人民银行建设现代中央银行制度的要

---

① 上海总部作为总行货币政策操作平台、金融市场监测管理平台、对外交往的重要窗口，主要承担公开市场操作、金融市场监测、金融信息分析研究、金融产品研发和交易、区域金融合作等职责。

求。调整后撤销人民银行大区分行及分行营业管理部、总行直属营业管理部和省会城市中心支行，在 31 个省（自治区、直辖市）设立省级分行，在深圳、大连、宁波、青岛、厦门设立计划单列市分行。不再保留人民银行县（市）支行，相关职能上收至人民银行地（市）中心支行。通过调整实施简政放权，在增强服务效能的同时，增加运行监管效能。

综上，人民银行组织结构的调整坚持党的领导和为人民服务的宗旨，作出了实事求是、灵活机变的安排，也反映出中国人民银行制度"以我为主、兼收并蓄"的特点。

全球范围内，除了上述分支机构的设置模式，中央银行还有按照经济区划来设置分支机构的模式，比如美国。这种设置方法根据各地经济金融发展状况和中央银行业务量的大小，依据经济区域设立分支机构。

四、中国人民银行现代中央银行制度的确立与建设

伴随不同时期党和国家对经济建设与发展、民生关怀与保障的不同要求，中国人民银行的制度架构与重点也随之演变。

党的十九届四中全会从优化政府职责体系的层面提出了建设现代中央银行制度。党的十九届五中全会从建立现代财税金融体制的层面对建设现代中央银行制度作出战略部署。党的二十大把建设现代中央银行制度纳入构建高水平社会主义市场经济体制的战略安排之中。党的二十届三中全会提出，要加快完善中央银行制度，完善宏观调控制度体系，通过科学的宏观调控、有效的政府治理来发挥社会主义市场经济体制优势。显然，在全面深化改革、建设中国式现代化的关键时期，现代中央银行制度建设是实现"强大的中央银行"的制度保证，是党对人民银行集中统一领导的优势体现，也是人民银行制度建设的经验凝练。

> 深化金融体制改革，建设现代中央银行制度，加强和完善现代金融监管，强化金融稳定保障体系，依法将各类金融活动全部纳入监管，守住不发生系统性风险底线。
> ——《习近平著作选读》第一卷，人民出版社 2023 年版，第 24—25 页。

（一）现代中央银行制度与强大的中央银行

现代中央银行制度，从外延来看，是现代货币政策框架、系统性金融风险防

控体系、金融基础设施服务体系和国际金融协调合作治理机制的总和；从内涵来看，其是具有中国特色的社会主义中央银行制度。一方面它坚持现代中央银行的基本共识，体现中央银行是特殊的金融机构和特殊的政府机构，发挥发行的银行、银行的银行以及政府的银行的职能；另一方面它具有社会主义制度优势，在党的领导下为人民服务，为建设金融强国所需要的强大的中央银行提供制度支持。

2024年1月，习近平提出"六个强大"是金融强国建设的关键核心金融要素。其中，强大的中央银行是拥有强大的货币的保障。因为中央银行负责调控货币总闸门，对经济发展全局有着重要作用。当前我国转向高质量发展阶段，需要以现代中央银行制度作为重要支撑，既要支持经济转型升级，又要防止发生严重通货膨胀或通货紧缩以及系统性金融风险，确保我国现代化进程顺利推进，维护国家安全。强大的中央银行是现代中央银行制度的建设目标，核心内涵有以下三点：

（1）"强大"代表着通过制度建设，使人民银行有能力做好货币政策和宏观审慎管理，及时有效防范化解金融风险，拥有在中国高质量经济发展中的支持力、调控力和维护力。支持力是指能够提供高质量经济发展所需要的金融支持，包括总量结构适度的货币信贷量、具有引导和针对性的政策工具以及各种有益的金融服务；调控力是指能够对经济运行中的不均衡或冲突给予前瞻性指引与调节，包括跨周期、逆周期的长短期均衡，综合运用各种经济手段、法律手段和行政手段，以及与其他部门的有机协调配合；维护力是指能够提供稳定有序的货币金融环境，包括金融基础设施建设、防范系统性风险以及制止破坏金融安全的各种行为。

（2）"强大"意味着通过制度建设，使人民银行能够处理好金融体系"改革、发展、稳定"的关系。人民银行在支持推进深化金融改革的同时需要把握发展的节奏与有序，关注"渐进式"改革与突破性发展中新现象新问题的应对、货币政策与宏观审慎管理政策"双支柱"的有效合作，以及对待新技术新需求的各种创新的试点与管理，继续坚持"与时俱进、以我为主、实事求是、开拓创新"这些已被证明的成功经验。

（3）"强大"也明确了人民银行需要更加强调自身组织发展和功能完善，成为具有自我创新发展的金融机构表率。人民银行从复合制到单一制、从职能部门的调整到分支机构的设置、从各项业务操作到政策工具的创新，在追求其机构质效提升的同时也不断塑造出适应社会主义市场经济发展和人民福祉的中央银行，这也是其自身强大的表现与要求。

(二)现代中央银行制度的基本架构

完善的现代中央银行制度基本架构包括现代货币政策框架、系统性金融风险防控体系、金融基础设施服务体系和国际金融协调合作治理机制四个方面。具体建设立足中国现实、强调因时因地制宜，紧密围绕服务实体经济、防控金融风险、深化金融改革三大任务进行。

1. 现代货币政策框架

现代货币政策框架包括优化的货币政策目标、创新的货币政策工具和畅通的货币政策传导机制。具体包括：一是坚守币值稳定，追求稳物价稳就业。二是畅通货币政策传导机制。在保持货币供应量和社会融资规模增速同名义经济增速基本匹配的基础上，健全市场化利率形成和传导机制，提升从政策工具经由操作指标影响中介目标到实现最终政策目标的有效性。特别是完善 LPR 报价机制，畅通由政策利率到基准利率再到存贷利率的传导。三是合理创新政策工具，用更精准的货币政策工具更好服务实体经济。四是提高货币政策决策和执行的透明度。健全中央银行与市场常态化沟通的渠道和机制，以及时的信息披露和充分的政策沟通，形成对市场预期的有效引导。这一框架力求更为公开、透明、直观，为经济高质量发展提供适宜的货币金融环境。相关具体内容参见第十三章。

2. 系统性金融风险防控体系

系统性金融风险防控体系主要体现在以宏观审慎政策为主要手段履行职责。通过积极建设货币政策和宏观审慎政策双支柱调控框架，健全人民银行金融稳定职能。货币政策和宏观审慎政策应明确职责分工、各司其职，并根据经济金融形势的情况运用不同组合以实现调控。宏观审慎政策的建设需要从审慎工具、重点监管内容、监测预警体系以及货币政策协调机制等方面展开，推动形成科学有效的宏观审慎政策传导机制，提高宏观审慎政策执行效率和有效性。相关具体内容参见第十章。

3. 金融基础设施服务体系

金融基础设施服务体系主要包括金融资产登记托管系统、清算结算系统（包括开展集中清算业务的中央对手方）、交易设施、交易报告库、重要支付系统、基础征信系统六类设施及其运营机构。此外，还包括金融法律环境、会计准则、信用环境、定价机制、规则体系等。金融基础设施的作用是通过为金融活动提供公共服务和保证金融体系稳健、持续、安全运行的硬件设施以及相应的制度安排，让社会各个群体都能平等享受基础金融服务，把党中央、国务院关于普惠金融发展的决策部署落到实处。建设安全高效的金融基础设施，统一金融市场登记托管、结算清算规则制度，建立风险早期纠正硬约束制度，也有利于筑牢有效防控系统性风险的金融稳定保障体系。

4. 国际金融协调合作治理机制

积极参与全球金融治理，加强政策和监管协调。通过扩大金融开放、推进人民币国际化促进资源跨国流动，积极参与国际金融政策和监管的多边协调以及国际货币体系的完善。在绿色发展、健全区域金融安全网等重要议题方面贡献中国智慧，在危机救助中展现大国担当，为维护全球金融稳定贡献中国力量。相关具体内容参见第八章。

加快完善中央银行制度建设也伴随着推进中国金融体系在新时代的各项改革，并融入中国全面深化改革大局。人民银行立足服务高质量发展首要任务，加快完善中国特色现代货币政策框架，畅通货币政策传导机制，统筹协调、分类施策、精准推进，提高资金使用效率，为经济高质量发展营造良好的货币金融环境。

（三）现代中央银行制度建设的依据

1. 党中央的集中统一领导

人民银行制度建设始终坚持党中央对金融工作的集中统一领导。讲政治、讲担当，在政治道路、政治原则、政治立场、政治方向上始终同党中央保持高度一致。中国人民银行党委在组织建制中发挥着重要的领导作用，党的领导不仅体现在对金融工作的把关方向上，而且落实在金融重要政策和事项上，确保金融工作的正确方向，确保中央对金融工作的部署落地见效，成为党执政兴国的坚强支柱。

2. 以人民为中心

人民银行制度建设始终坚守金融工作的人民性，树立以人民为中心的价值取向。具体体现为：维护币值稳定，守护好老百姓的钱袋子；回归本源，把服务实体经济放在首要位置，破除金融业自我循环、脱实向虚的问题；支持助企纾困，稳就业保民生；有效保护人民群众的合法权益，最大程度减少金融风险带给人民群众的损失；提升金融体系的适应性、竞争力和普惠性，大力支持乡村振兴，以高质量金融服务促进共同富裕，助力实现人民对美好生活的向往。人民银行在制度建设中应以不断满足人民日益增长的优质金融服务需求为出发点和落脚点，切实增强人民群众金融服务的可得性、便利性和可持续性。

3. 依法建制

人民银行制度建设坚持有法可依，并通过不断完善中央银行相关的法律体系推进制度深化。从1995年《中国人民银行法》的颁布到2003年的首次修订以及2020年再次启动修订，无论是人民银行的组织治理、职能定位还是业务运作，都不断强化依法建制的特点。坚持在法律规范授权下开展工作，是践行依法行政理念、规范行政行为和推进国家治理体系和治理能力现代化的组成部分，也是推动高质量发展的内在需求。社会主义市场经济本质上是法治经济。近些年来，党中央提出要运用法治思维和法治能力解决经济社会发展面临的深层次问题，发挥法治固根本、稳预期、利长远的重要作用，坚持依法应对重大挑战，抵御重大风险，这些法治理念也同样反映在人民银行的组织建设与业务运作中。坚持严格按照国家授权开展人民银行的各项职能工作，在法律规定的职能范围内执行货币政策、维护金融稳定，已成为人民银行建制的重要依据。

4. 专业建制

现代中央银行制度建设要遵循金融规律、守正创新。现代中央银行制度面对的是中国现代经济金融的运行实际，尊重市场、开放发展与科技创新是必然的取向。为此，要将马克思主义的科学理论与经济金融专业理论和国际经验有机结合起来，通过培养专业人才，将市场经济中的金融配置机制和金融功能实现与中国实际联系起来，强调中央银行业务操作的基本原理和政策调控的科学机制，综合运用经济的、法律的、行政的以及高科技的各种手段。专业建制是人民银行制度建设的现代化属性的必然要求。

（四）现代中央银行制度建设的中国优势

1. 党中央对中央银行工作的集中统一领导

人民银行的发展实践充分体现出党中央对中央银行工作的方向引领与前瞻布局。党中央把方向、谋大局、定政策、促改革，调动各方面积极性，通过加强制度化建设，加深对金融规律的认识和把握，既善用金融手段促进经济社会发展，又善于防范化解金融风险。依据党提出的建设现代中央银行制度的要求，完善基础货币投放机制，健全基准利率和市场化利率体系。人民银行通过及时调整货币政策方向、重点和力度，探索建立货币政策和宏观审慎政策双支柱调控框架，创新结构性政策工具，把握"精准滴灌"的定向调节等，积极贯彻党中央决策部署,捍卫国家安全和人民利益。

2. 社会主义制度优势

中国现代中央银行制度具有明显的社会主义制度优势:一是体现在国家制度和治理体系的显著优势上,特别是在解决全球面临的重大问题时,更加具有独特的比较优势。从实践来看,我国成功应对1997年亚洲金融危机和2008年国际金融危机。近年来在应对中美贸易摩擦、突发疫情等方面,更是表现出了强大的韧性和底气。二是体现在始终坚持以人民为中心的金融发展思想上,保持币值稳定、坚决守住不发生系统性金融风险的底线,支持做好金融"五篇大文章"。人民银行始终将人民利益放在首位,通过支持数字金融和科技金融的发展使得人民享受金融发展的便利与效率,通过支持绿色金融、普惠金融以及养老金融的发展使得人民在可持续发展的经济金融环境中获得更有质量和尊严的生命体验,以为民、利民、惠民作为衡量政策有效性的标尺。具体内容可参见第十四章。三是以公有制为主体的金融机构体系,在服从中央银行领导和配合货币政策实施等方面有独到优势。

第二节　中国人民银行的性质与职能

与其他金融机构和政府部门相比,中央银行因其发行的银行、银行的银行和政府的银行这三大职能而独具一格,成为管理与服务功能兼具的特殊机构。这种特殊性在马克思对英格兰银行的分析中亦有体现,他在《资本论》第三卷第五篇提出商业银行体制向中央银行体制的过渡是资本力求克服自身障碍的必然结果。这种必然性在于生产的社会化要求突破商业信用中票据交易的限制,需要一个由国家政权来组织的资本集中、调节、交易的机构。另外,资本积累运动本身要求保持连续性和稳定性,也需要配置资本在空间分布的信用制度具有规范的、统一的职能。因而中央银行具有双重性质:既是国家货币管理机构,又是信用制度的枢纽。在中国金融体系中,人民银行亦将这样的特殊性与中国实际相结合,在党的集中统一领导下明确其机构属性与履行职能责任。

一、中国人民银行的性质

人民银行的性质由其业务活动的特点和所发挥的作用所决定,经法律确认并规范，既是特殊的银行也是特殊的国家机关。

（一）人民银行是特殊的银行

1. 具有银行固有的办理存、贷、汇业务的特征

观察人民银行的业务类型，其资产业务有外汇资产、信贷资产，负债业务有准备金存款、政府存款，同时还办理支付清算业务，在金融机构的业务统计中，也被划为存款性公司，具备银行的特征。

2. 业务活动不同于商业银行

人民银行从复合制转变为单一制后，明确规定其存贷业务不再面向一般工商企业和住户家庭，而主要服务商业银行等金融机构和政府部门。同时，国家以法律赋予中国人民银行一系列特有的业务权力，如垄断货币发行、管理货币流通、集中存款准备金、维护支付清算系统的正常运行、经理国库、管理国家黄金外汇储备等，这些业务一般商业银行无权涉及。最突出的区别还表现为业务活动的目的：中国人民银行的所有业务都是为其法定职责服务的，而一般商业银行则是追求利润最大化或股东价值最大化。

（二）人民银行是特殊的政府机构

1. 具有国家机关的性质，负有重要的公共责任

人民银行是保障金融稳健运行、调控宏观经济的国家行政机构。人民银行是国务院组成部门，是国家管理金融业和调控宏观经济的重要部门，自然具有国家机关的性质。并且，适应国家对金融和经济宏观调控的需要，中央银行的国家机关性质趋于强化。

2. 与一般的行政机构有区别

（1）履职手段不同。除一般的行政监管手段外，人民银行对金融和经济的调控基本上采用经济手段，如调整中央银行发放的政策信贷利率和准备金率、在公开市场上买卖有价证券等。这些手段的运用更多地具有银行业务操作的特征，与主要依靠行政手段进行管理的其他行政机构有明显不同。

（2）作用机制与影响力不同。无论是货币政策调控还是宏观审慎管理，人民银行都是通过调节和监督金融机构的行为及金融市场运作，然后影响到各经济部门，其作用比较平缓，对经济社会的影响广泛。同时，人民银行也不断加强自身的透明度，通过发布货币政策执行报告、金融稳定报告及支付体系报告等，以及定时召开新闻发布会与接受公开采访等各种途径，与社会各界建立信息沟通渠道，进行有效的预期管理与前瞻指引。这与一般行政机构通过行政

手段直接作用于各微观主体缺乏弹性有较大不同。同时，货币供给具有公共属性，中央银行垄断货币发行，其信用货币创造能力具有广泛的社会作用力。特别是在危机时刻通过最后贷款人机制实施有效救助，也具有其他行政机构不可替代的重要作用。

（3）与政府的关系不同。人民银行作为党中央、国务院领导下的国家机关，作为国务院的组成部门，在政府的监督和国家总体经济政策指导下制定和独立实施货币政策。但是因其负担的特殊职责，中央银行的履职，特别是为实现货币政策目标，在制定和执行货币政策方面，有其自主性和独特性，也被理解为中央银行的独立性。

中央银行独立性是指法律赋予其履行职责或实际拥有的权力、决策与行动的自主程度。《中国人民银行法》规定，中国人民银行在国务院领导下依法独立执行货币政策，履行职责，开展业务，不受地方政府、各级政府部门、社会团体和个人的干涉。中央银行的独立性是相对的。《中国人民银行法》规定，"中国人民银行就年度货币供应量、利率、汇率和国务院规定的其他重要事项作出的决定，报国务院批准后执行"，体现了其不能独立于国务院之外，不受政府约束；而"就前款规定以外的其他有关货币政策事项作出决定后，即予执行，并报国务院备案"则体现了其具有一定的相对独立性。同时根据《中国人民银行法》规定，人民银行不得对政府财政透支，不得向地方政府、各级政府部门提供贷款。在财政和中央银行间建立防火墙，有效隔离风险。此外，在配合国务院宏观调控活动中，特别是货币政策与财政政策的协调方面，人民银行也遵循各有定位、相互协调、形成合力的基本原则。参考第十三章关于货币政策与财政政策协调配合的相关内容。

> **原理 11-1** 中央银行既是服务和引领金融体系发展的特殊银行，又是国家管理货币和金融的特殊政府机构。

二、中国人民银行的职能

中央银行的职能一般归纳为发行的银行、银行的银行和政府的银行三大职能。中央银行的职能不是一蹴而就的，相比中央银行自然演进的初期，现代中央银行制度框架中三大职能有了更加丰富的内容，体现了更为复杂多变的现代经济金融发展对中央银行的内在要求。① 中国人民银行职能的内涵也随着中国经济的发展有不同程度的拓展。

（一）人民银行职能的主要内容

1. 发行的银行

发行的银行是指通过国家授权，中央银行集中与垄断货币发行权，向社会提供经济活动所需要的货币数量，并保证货币流通正常运行，维护币值稳定。此职能明确中央银行是国家唯一的货币发行机构。② 在我国，垄断人民币发行权是人民银行作为中央银行实现人民币币值稳定的基本保证。

发行的银行这一职能是中央银行实施金融宏观调控的充分与必要条件。人民银行营造良好的货币金融环境，守护好老百姓的钱袋子正是这一职能的现实要求。习近平指出，"千招万招，管不住货币都是无用之招"③。为此，人民银行一是坚持经济发行原则，根据国民经济发展的客观需要来提供合理的货币数量，满足真实的货币需求。保持货币币值稳定是其法定政策目标之一，也是人民银行自成立以来在人民中形成的口碑，更是中国经济发展的成果体现。减少货币发行的行政干预，与财政有效配合，为中国经济的可持续发展提供稳健的货币条件。二是建立并完善币值稳定机制，包括人民银行一直推进的利率、汇率的市场化形成机制，完善定价基准、丰富调控工具、疏通货币政策传导机制等。从提供合理的货币数量到调控货币量以实现币值稳定，是发行的银行这一职能的延展与丰富。三是完善货币统计制度。央行货币统计是宏观经济分析和货币政策制定的重要基础。作为发行的银行，人民银行负责货币供应量统计及对外发布，根据金融资产的流动性细化货币层次划分，还会结合金融市场和金融创新的发展，动态调整统计口径，更加全面、准确地反映经济活动中的货币流通状况。人民银行也在主动适应数字化时代金融科技的发展，积极探索构建数字人民币的发行制度。

---

① 国际清算银行总结现代中央银行具有货币政策、金融稳定和支付系统三大职能，以及为了履行这些职能带来的现代中央银行的五大功能：货币稳定功能（货币政策、汇率政策、外汇干预、流动性管理）、金融稳定功能（最后贷款人、宏观审慎监管和日常监管）、金融基础设施（账户管理、支付系统、央行货币清算系统、其他清算系统）、服务政府（经理国库、代理发行政府债券、为政府提供信用支持）、其他公共品功能（管理国际储备、研究统计、金融消费者保护等）。
② 在有些国家，硬辅币的铸造与发行由财政部门负责，比如美国。
③ 《习近平著作选读》第一卷，人民出版社2023年版，第619页。

2. 银行的银行

银行的银行是指中央银行为商业银行及其他金融机构提供金融服务和支付保证，并监督管理各金融机构与金融市场业务活动的职能。中国金融体系以银行为主导，人民银行通过与银行业金融机构的存贷业务、证券业务、支付清算活动，对金融、经济运行产生重要的影响力，有利于实现对货币信用的宏观调控和对系统性风险的防范。履行这一职能主要表现在以下几方面：

（1）银行体系流动性管理。人民银行通过公开市场操作，与市场交易对手进行有价证券和外汇交易，吞吐基础货币，并运用利率、汇率等市场化机制和各类货币政策工具，调节银行体系流动性水平，合理满足金融体系流动性需要，维护市场利率平稳运行。

（2）集中存款准备金。人民银行要求银行业金融机构按照规定的比例缴存存款准备金，一方面是为了保证商业银行和其他存款机构的支付和清偿能力，从而保障存款人的资金安全及合法权益；另一方面是便于调控货币供应量和信贷规模。存款准备金政策在中国是重要的货币政策工具之一，人民银行根据宏观调控的需要，调整法定存款准备金的比率，影响货币乘数，改变商业银行及其他存款机构的信用创造能力。近年来人民银行还通过对存款准备金政策的差别、动态和定向调整等方式不断创新，将其纳入结构性政策工具和宏观审慎评估框架，也一定程度上拓展与完善了银行的银行这一职能。

（3）充当最后贷款人。最后贷款人是指在危机时刻或流动资金短缺的情况下，中央银行应尽到融通责任，通过满足对高能货币的需求，防止由恐慌引起的货币存量的收缩与流动性危机，有利于及时制止恐慌、切断风险传染、规避危机的爆发。2008年国际金融危机以来，防范系统性风险、实现金融稳定已成为各国中央银行的重要目标。人民银行不断强化宏观审慎管理和系统性风险防范职责，最后贷款人的角色使中央银行在金融体系中的核心地位得以强化。

人民银行为更好履行中央银行最后贷款人职能，亦注意严格限定央行资金的使用条件。比如配合有关部门和少数高风险机构相对集中的省份制定实施中小银行改革化险方案，进一步压降高风险机构数量和风险水平，多渠道补充资本。

（4）组织、参与和管理全国的清算。目前我国已形成了以人民银行为核心的现代化清算支付体系，并将其纳入现代中央银行制度中金融基础设施体系的重要部分。由中央银行组织管理金融机构之间的支付清算具有天然优势，因为在存款准备金制度建立后，各商业银行都在中央银行设立了存款账户，这给其进行资金清算带来了极大便利。各金融机构之间的清算通过其在中国人民银行的存款账户进行转账、轧差便可完成，具有安全、快捷、可靠的特点。一方面加速了资金周转，减少了资金在结算中的占用时间和清算费用，提高了清算效率，解决了非集中清算带来的困难；另一方面通过组织、参与和管理清算，对金融机构体系的业务经营能够全面、及时地了解和把握，为加强金融监管和分析金融流量提供了条件。

3. 政府的银行

政府的银行是指中央银行由政府授权行使金融管理职能，调控宏观经济，代表政府参与国际金融事务，并为政府提供国库管理等服务。中央银行特殊的政府机构属性使得这一职能得以发挥。没有政府的银行这一职能，中央银行履行发行的银行、银行的银行等职能就无从保障。

政府的银行职能包括：一是代表政府管理金融。人民银行作为政府的银行，依法制定和实施货币政策，行使金融管理职能，负有保持货币币值稳定和保障金融业稳健运行的责任。二是经理国库。人民银行依法经理国库，为各级财政部门开设国库单一账户，办理预算资金的收纳、划分、留解、支拨和退付业务，依法对进出国库的预算资金进行监督管理，代理国务院财政部门向金融机构组织发行、兑付国债和其他政府债券等，在实现国家预算收支任务中充分发挥执行、促进和监督作用。三是代表政府参与国际活动。人民银行积极参与国际金融治理和合作，代表国家参加国际金融组织、签订国际金融协定；务实做好中美、中欧金融工作组工作，不断提升我国在重大国际金融规则、标准制定中的话语权和影响力。

📖 **原理 11-2** 发行的银行、银行的银行和政府的银行是中央银行的三大职能。

（二）人民银行职能演化的特点

中央银行三大职能是在其制度演进中逐渐形成和完善的，其主要内容在不同的国家既有共性，亦有因国因时而异的一些差异。总结人民银行职能的演化，可以归纳出以下三个特点。

1. 内生性

内生性是指中央银行职能的演化内生于所在国家的经济体制与

人民银行职能的演化

社会发展。中国人民银行具体职责充分体现这一特点。职能的演化与中国经济金融体制改革与发展的现实变化相呼应，是落实党的大政方针的必然结果，也是中国国情的客观性与主观能动性的结合。

2. 法治化

法治化是指中央银行的行为必须合乎法律规范。坚持职能法定，依法行政、依法履职，有利于提升中央银行行为的规范性与透明度，是现代中央银行治理的重要方面。

3. 市场化

人民银行在实施货币政策时，以市场化方式调节货币和利率，通过调整政策利率以及开展公开市场操作引导，发挥再贷款工具的激励引导功能。坚持市场在汇率形成中起决定性作用，更好反映市场供求关系，提高货币政策的有效性和灵活性。

第三节　中国人民银行的业务

中央银行的履职是通过开展各项具体业务实现的。中央银行的业务主要包括资产负债业务和其他业务，这些业务的运作有其法律规范与原则。人民银行的业务既能体现一般中央银行业务的普遍规律，也有自身特色，伴随社会主义市场经济的建设与发展，其类型也不断丰富调整。

一、中国人民银行业务运作的法律规范与原则

（一）人民银行业务运作的法律规范

《中国人民银行法》从三个方面对中央银行业务加以规范：一是法定业务权力，指法律赋予中央银行在进行业务活动时可以行使的特殊权力。二是法定业务范围，主要是明确中央银行可以做什么。三是法定业务限制，一般体现为对业务属性和业务对象的限制。《中国人民银行法》规定，人民银行不得对政府财政透支，不得经营一般的商业性金融业务，不参与金融业的市场竞争，不与一般企业单位和住户家庭进行业务往来，不允许经营有损于实施货币政策和金融稳定的业务。中国人民银行依法履责、规范业务是其实施业务操作的基础与保证。中央银行法的实施，不仅使中央银行开展业务活动有法可依，还对中央银行的业务活动

进行必要的法律约束，使中央银行的业务活动纳入法治轨道。为更好地适应中国经济发展变化和贯彻党的方针战略，基于人民银行职责的调整与发展，《中国人民银行法》也适时进行相应的修订。

（二）人民银行业务运作的原则

基于其特殊性与政策调控目标的要求，人民银行的业务活动遵循非盈利性、流动性、主动性和公开性原则。

1. 非盈利性原则

非盈利性原则是指中央银行不从事商业性金融活动，业务运营不以营利为目的。这是由中央银行的性质与职能所决定的，只要是宏观金融调控与管理所必需的，即使不盈利甚至亏损的业务也要做。非盈利性原则体现了人民至上的理念，即一切关乎人民福祉的货币金融活动的调节管理皆以此为出发点。当然，不以营利为目的并不意味着不讲成本和收益。在实际业务活动中，中央银行也可能获得一定的利润，但这只是一种客观的经营结果。

2. 流动性原则

流动性原则是指中央银行一般不做期限长的资产负债业务。《中国人民银行法》规定，对商业银行贷款的期限不得超过1年。在公开市场买卖有价证券时，也要尽量避免购买期限长、流动性弱的证券。同时，中央银行发行的债券或票据也多为短期性的。

3. 主动性原则

主动性原则是指中央银行在实施货币政策和金融监管时应依据经济金融实际情况，主动采取措施，通过预期管理与主导业务操作实现调控目标。主动性原则与中央银行在金融体系中的主导地位相符，要求中央银行提升预测趋势与识别问题的能力，特别是信息化的建设。

4. 公开性原则

公开性原则是指中央银行的业务状况应公开，定期向社会公布业务与财务状况，并向社会提供相关的金融统计资料。人民银行内设调查统计司负责货币与存款性公司概览的编制，定时公布宏观经济金融统计数据，同时还积极通过新闻发布会等途径向公众公布、解读相关政策信息。人民银行于2002年加入国际货币基金组织制定的数据公布通用系统（GDDS），2015年采纳数据公布特殊标准（SDDS），以改善我国宏观经济数据透明度、可靠性和国际可比性。

坚持公开性原则，可以便于接受社会公众监督，有利于中央银行业务活动的规范性和公平合理性；可以增强业务活动的透明度，有利于加强中央银行与公众的沟通，便于公众准确地理解政策意图。

> 📖 **原理 11-3** 中央银行的业务活动遵循非盈利性原则、流动性原则、主动性原则和公开性原则。

二、中国人民银行资产负债表

中央银行资产负债表是其开展货币发行业务和货币政策业务所形成的债权债务存量报表。中央银行的资产负债业务是其主体业务，中央银行履行职能的重点和概况，都可以从资产负债表的项目变化中反映出来。分析中央银行资产负债表，既可以通过国别报表了解不同国家中央银行的资产负债业务情况，也可以通过一定时期一国的资产负债表了解其业务的规模与结构变化状况。因此，熟悉并能够对中央银行资产负债表进行分析，是解读中央银行政策意图和进行宏观经济分析的基本要求。

（一）中央银行资产负债表的基本构架

为了规范各国中央银行的数据统计和进行国际比较，国际货币基金组织发布了《货币与金融统计手册》，规定了中央银行资产负债表的基本格式，并要求采用账户式格式按月编制并公布资产负债表。虽然各国中央银行资产负债业务的具体类型不一，但资产负债表基本构架相似，主要项目可简化成表 11-1。

表 11-1 简化的中央银行资产负债表

资产	负债
国外资产	储备货币（现金＋准备金存款）
对政府的债权（政府债券、政府信贷）	发行债券
对存款机构的债权（再贴现、信贷）	对外负债
对其他金融机构的债权（信贷）	政府存款
对非金融企业的债权（信贷）	其他负债
其他资产	资本项目
总资产	总负债

中央银行资产是指中央银行持有对金融机构、政府和其他国家的各种债权，是其货币创造的主要渠道，通过资产的扩张或收缩，实现基础货币的投放或回笼。中央银行负债是指中央银行负有的对金融机构、政府、个人和其他部门的债务，基础货币的规模与结构反映在中央银行的负债方。

（二）人民银行资产负债表的构成与特征

人民银行根据国际货币基金组织《货币与金融统计手册》规定的基本格式，按月编制并公布资产负债表。虽然公布的资产负债表没有设置各项目的细化科目，但结合人民银行公开的信息与日常解读，大体可以了解各项目体现的主要业务活动，表11-2列示了各项目的基本内容。

表11-2 人民银行资产负债项目类型及基本内容

通过表11-2可以看到几个特征：一是人民银行的业务对象，主要是以存款类金融机构为主的各类金融机构和政府；二是其实现法定职能的主要途径包括货币发行业务、准备金存款业务、信贷业务和证券业务等；三是人民银行常规使用的政策工具主要体现为再贴现、再贷款、存款准备金政策和公开市场操作等。

人民银行发行基础货币的主要资产渠道包括外汇占款和对其他存款性公司债权，不同历史时期发行货币的主要渠道也有所变化。1999—2013年主要通过外汇占款渠道投放，从2013年至今随着外汇占款降低，其他存款性公司债权投放相应增加，两者此消彼长呈现对应状态，至2024年年底两者趋向各占一半。

人民银行的资产负债表分析及与美、日、欧中央银行比较

负债方准备金存款成为基础货币的主体，此外中央银行票据也在2004年至2011年左右一度成为重要的负债项目。因为外汇占款形成的基础货币超过了实际需要，为避免货币的过度投放，人民银行通过发行中央银行票据进行负债结构的调整。后续伴随外汇占款下降，中央银行票据也逐渐退出，之后再度发行其作用已做调整，具体说明见下文中央银行负债业务的其他负债。

三、中国人民银行的资产负债业务

（一）人民银行的资产业务

中央银行的资产是指中央银行在一定时点上所拥有的各种债权。中央银行的资产业务主要包括贴现及贷款业务、证券买卖业务、黄金和外汇资产业务及其他资产业务。

1. 贴现及贷款业务

（1）贴现及贷款业务的含义。贴现及贷款是中央银行对商业银行等金融机构提供融资的两种重要方式，也形成了中央银行的信贷资产。为区别商业银行的贴现及贷款业务，中央银行的贴现及贷款业务也被称为再贴现和再贷款。中央银行的再贴现是指商业银行将通过贴现业务所持有的尚未到期的商业票据向中央银行申请转让，中央银行据此以贴现方式向商业银行融通资金的业务。中央银行的再贷款是指中央银行对金融机构的信贷业务，可以采用信用放款也可以采用抵押或质押贷款。再贴现与再贷款既是中央银行投放基础货币的重要渠道，也是履行其最后贷款人职能的具体手段。

（2）贴现及贷款业务的操作。中央银行的再贴现业务主要是通过规定贴现票据资格和调整再贴现率加以运用。相较再贴现，人民银行开展再贷款业务具有更丰富的经验，1998年以前它是人民银行最重要的资产业务之一，之后取消贷款规模改为窗口指导后逐渐退出；2013年后随着货币政策的结构性调整要求，通过各种类型再贷款的创设在中小微企业创新发展、普惠金融、绿色金融等方面又逐渐发挥重要作用。目前人民银行再贷款主要包括四类：流动性再贷款、信贷政策支持再贷款、金融稳定再贷款和专项政策性再贷款。再贴现与再贷款是中央银行的常规政策工具，近年来，为支持普惠金融、绿色发展、科技创新等国民经济重点领域和薄弱环节，人民银行通过"专款专用、先贷后借"的方式创新，发挥结构调节作用。具体内容可参见第十三章中的说明。

2. 证券买卖业务

证券买卖业务是指中央银行在公开市场上买卖证券业务，又称为公开市场操作。与一般金融机构所从事的证券买卖不同，中央银行买卖证券的目的不是盈利，而是调节货币供应量。

证券买卖业务的操作主要在公开市场进行，买卖的证券主要是政府公债、短期国债以及其他流动性很高的有价证券。《中国人民银行法》规定，人民银行不得对政府财政透支，不得直接认购、包销国债和其他政府债券。这就说明人民银行一般只能在证券的交易市场即二级市场上购买有价证券，这是规避财政赤字发行的法律约束，是准确把握货币总闸门、营造良好的货币金融环境的要求。同时，中央银行业务活动的流动性原则决定了其只能购买流动性非常高、随时都可以销售的有价证券，通常以国债为主要对象。2024年以来，人民银行启动国债买卖，创设临时隔夜正回购和逆回购、买断式逆回购等流动性投放工具，定位于基础货币投放和流动性管理工具，不断丰富货币政策工具箱，进一步提升了央行流动性管理水平和货币市场利率的稳定性。

3. 黄金和外汇资产业务

黄金和外汇资产作为一国稳定币值的重要手段和国际清算的支付手段，成为各国的储备资产，一般由中央银行保管和经营，以便在国际收支发生逆差时用来清偿债务。改革开放以来，中国经济快速增长带来的国际收支双顺差使得外汇储备大幅上升，也因此形成了我国基础货币投放的外汇占款渠道。规模较大的外汇储备有利有弊，一方面，充足的外汇储备象征人民币价值稳定；另一方面，双顺差带来的被动投放也为人民银行货币政策操作带来一定的压力，人民银行通常运用存款准备金政策和发行中央银行票据等业务进行对冲操作缓解压力。近年来，伴随外汇占款比重的下降，在保持一定外汇储备规模的要求下，人民银行开展信贷资产和证券资产业务的主动性不断提升。

4. 其他资产业务

其他资产业务包括未列入前三项的资产业务，比如代收款项、固定资产等。

（二）人民银行的负债业务

人民银行的负债业务主要是由货币发行业务、存款业务和其他负债业务构成，其中货币发行与准备金存款构成了储备货币，即基础货币，是负债方最重要的内容。

1. 货币发行业务

（1）货币发行业务的含义。货币发行有两重含义：一是指货币从中央银行的发行库，通过各家商业银行的业务库流向社会；二是指货币从中央银行流出的数量大于从流通中回笼的数量。两者通常都被称为货币发行。

（2）货币发行业务的操作。人民银行对人民币的发行主要通过货币发行基金和业务库的管理来实现。第二章已经对发行基金、发行库、业务库和现金发行的操作程序做了介绍。通过货币发行业务，一方面可满足社会商品流通扩大和商品经济发展的需要；另一方面可筹集资金，满足履行中央银行各项职能的需要。

2. 存款业务

（1）存款业务的类型与目的。人民银行的存款类型一般可分为商业银行等存款类金融机构的准备金存款、非存款类金融机构的存款、政府存款、外国存款、非金融部门存款、特种存款等。其中最重要的是准备金存款和政府存款，前者是基础货币的重要组成部分，对货币供应量的形成与调节发挥重要作用；后者则关系到人民银行经理国库的法定职责。与商业银行吸收存款的目的不同，人民银行组织和管理各类存款的主要目的，一是提供适度的信贷规模和货币供应量，二是维护金融安全，三是便于国内支付清算。

（2）存款业务的特点。人民银行存款业务的特点与中央银行的特殊性质是一致的。一是特殊的业务对象，主要吸收金融机构和政府的存款。二是不以营利为目的，具有强制性，比如法定存款准备金是按照强制比率必须依法缴存的。同时，其存款目的与中央银行属性也决定了吸收存款不是为了营利。

3. 其他负债业务

（1）发行中央银行债券。中央银行债券是中央银行为调节金融机构多余的流动性，向金融机构发行的债务凭证。在我国，中央银行债券被称为中央银行票据（简称央行票据）。央行票据在发行时可以回笼基础货币，到期则体现为投放基础货币。央行票据的主要作用包括：一是对冲因外汇占款被动投放的多余的基础货币，这也是央行票据初始发行最重要的动机。二是成为商业银行的优质资产，因其信用级别高，类似政府债券，可作为商业银行等金融机构高品质的抵押资产和中央银行借贷便利的合格抵押品。三是可以作为公开市场操作的工具之一，弥补政府债券类型与规模的不足，通过央行票据的市场买卖行为，灵活地调节货币供应量。四是推进人民币国际化，稳定人民币汇率。五是加大商业银行发行银行永续债的积极性和支持资本市场发展。人民银行为此创设央行票据互换工具，包括公开市场业务一级交易商可以使用持有的合格银行发行的永续债从人民银行换入央行票据和证券、基金、保险公司互换便利，即支持符合条件的证券、基金、保险公司以债券、股票ETF、沪深300成分股等资产为抵押，从央行换入国债、央行票据等高等级流动性资产。

（2）对外负债。中央银行的对外负债业务主要包括从国外银行借款、对外国中央银行的负债、国际金融机构的贷款、在国外发行的中央银行债券等。中央银行对外负债一般有以下目的：平衡国际收支，维持本币汇率的既定水平，应对货币危机或金融危机。

（3）资本业务。中央银行的资本业务是中央银行筹集、维持和补充自有资金的业务。中央银行资本的形成主要有四个途径：政府出资、地方政府或国有机构出资、私人银行或部门出资、成员国中央银行出资。人民银行是由政府出资，国有资本的属性决定了其利润须上缴财政。

四、中国人民银行的其他业务

（一）支付清算业务

人民银行的支付清算业务主要集中于中国现代化支付系统（CNAPS）的建设与维护。中国现代化支付系统是按照我国支付清算需要，利用现代计算机和网络通信技术开发建设的，能够高效、安全处理各银行办理的异地、同城各种支付业务及其资金清算和货币市场交易资金清算的应用系统。该系统主要由大额实时支付系统、小额批量支付系统、网上支付跨行清算系统和境内外币支付系统等业务系统组成。

1. 大额实时支付系统

该系统主要办理同城和异地、商业银行跨行之间的大额资金汇划，以及紧急的小额支付业务，采用逐笔实时方式处理支付业务，全额清算资金。它的应用能够为银行业金融机构和金融市场提供快速、高效、安全、可靠的清算服务，实现跨行资金清算零在途，是资金汇划的"高速公路"。

2. 小额批量支付系统

该系统主要处理同城、异地纸质凭证截留的借记支付业务和小额贷记支付业务，支付指令批量发送，轧差净额清算资金，旨在为社会提供低成本、大业务量的支付清算服务，具有处理业务种类多、业务量大等特点。系统实行全天候连续运行，能支撑多种支付工具的使用，满足社会多样化的支付清算需求，成为银行业金融机构跨行支付清算和业务创新的安全高效的平台。

3. 网上支付跨行清算系统

该系统以电子方式逐笔实时处理跨行（同行）网上支付、电话支付、移动支付等新兴电子支付业务，实现了各商业银行网银系统的互联互通。并支持非金融支付服务组织的接入，实现网上跨行支付清算的高效处理，满足用户全天候的支付需求，被誉为"超级网银"。

4. 境内外币支付系统

该系统支付指令逐笔发送，资金实时全额结算，满足了国内对多个币种支付的需求，提高了结算效率和信息安全性。人民银行委托中国银行、中国工商银行、中国建设银行和上海浦东发展银行为境内外币支付系统的四家结算行，分别代理英镑、欧元、日元、加拿大元、澳大利亚元、美元等币种的支付业务结算。

人民银行积极推进人民币跨境支付系统（CIPS）的建设。该系统是专司人民币跨境支付清算业务的批发类支付系统,旨在进一步整合现有人民币跨境支付结算渠道和资源,提高跨境清算效率,包括人民币跨境贸易和投资的清算、境内金融市场的跨境货币资金清算以及人民币与其他币种的同步收付业务等。该系统目前采用更为节约流动性的混合结算方式,在实时全额结算模式的基础上引入定时净额结算机制,满足参与者的差异化需求,便利跨境电子商务。

在自主可控、安全高效的金融基础设施体系中,人民银行的支付清算系统是最重要的基础设施,为广大金融机构和全社会提供安全、便捷、高效的支付清算服务,为促进国家经济发展、维护金融稳定、开展便民金融服务提供了统一的平台,也体现了其银行的银行和政府的银行职能。

（二）国际业务

人民银行国际业务的开展与中国经济金融改革开放程度和发展实力相匹配。人民银行通过国际业务积极参与金融政策和监管的多边协调,推动国际货币体系的完善,通过扩大金融开放促进资源跨国流动,不仅有利于我国发挥比较优势、维持经济平稳运行,也能惠及全球经济增长和金融稳定。

人民银行的国际业务主要包括：一是稳步推进人民币国际化,加强人民币国际化基础设施建设,完善人民币跨境使用相关政策,支持相关金融产品和服务创新,支持离岸人民币市场发展,促进本外币、离岸在岸市场协调发展。二是积极参与全球金融治理,加强政策和监管协调,坚持合作共赢,在参与国际金融治理中努力寻求最大公约数。三是加强与国际组织合作,积极参与国际金融规则制定,在多边协调机制中通过设置议题等方式深度参与,运用对话、信息交流等方式加强区域、多边政策沟通协调和监管协调合作。

（三）经理国库业务

国库制度是指对国家预算资金的保管、出纳及相关事项的组织管理与业务安排。作为政府的银行,中央银行负有办理和管理国库业务的重要职责。通过经理国库,确保国家预算资金的及时收付、准确核算及库款安全,对于灵活调度资金、实现财政收支平衡、沟通财政和金融之间的联系、促进财政政策和货币政策的协调配合具有重要意义。人民银行履行经理国库职责。

（四）其他业务

除了上述业务以外,人民银行还有一些其他的重要业务活动。例如,通过会计核算,反映中央银行办理各项业务及进行金融宏观调控所引起的资金变动状况；通过调查统计、征信管理,获取金融经济信息,为货币政策制定及金融宏观调控提供依据;通过反洗钱业务,打击洗钱犯罪,维护社会公平正义。

重要术语

单一制一元式中央银行　中国现代中央银行制度　中央银行独立性　发行的银行　银行的银行　最后贷款人　政府的银行　中央银行资产负债表　再贴现　再贷款　中央银行票据　中国现代化支付系统

思考题

1. 如何理解中国人民银行组建的必要性和特点?

2. 结合中国实际分析中国人民银行从复合制转向单一制的原因。

3. 讨论为何我国建设金融强国需要有一个强大的中央银行?结合相关章节内容思考强大的中央银行与"六个强大"中其他几个要素的关系。

4. 讨论在全面深化改革、建设中国式现代化的关键时期,中国人民银行加快完善中央银行制度建设的必要性与可行性。

5. 依据中央银行相关原理和《中国人民银行法》分析中国人民银行的性质与职能。

6. 依据1998年至2024年中国人民银行资产负债表数据:(1)计算资产方项目构成比重并分析中国基础货币投放渠道的变化及原因;(2)计算负债方项目构成比重,结合资产方的项目变化,分析人民银行业务操作的特点、创新性与挑战。

即测即评

第十二章 货币供求与均衡

强大的货币居金融强国六大关键核心金融要素之首。现代社会经济中的交易都需要以货币计价和支付,资源配置和政策调节也都离不开货币,中央银行如何调控货币总闸门对经济发展全局有重要作用。为深刻理解货币在金融和经济中的重要地位,有必要了解货币需求与货币供给,理解货币供求的均衡与经济均衡的联系。本章将在阐述货币供求及其均衡原理的基础上,解读中国货币需求的特征和货币供给的机制,揭示货币均衡与失衡的内涵,总结货币失衡问题及其治理方法,阐述综合平衡的理论思想以及中国货币均衡机制的演变。

第一节 货币需求

为实现货币均衡,货币供给的主体需要首先知晓经济中的货币需求量。为此,本节主要阐释货币需求的含义与宏微观分析视角,阐述市场经济条件下的货币需求决定理论,解读不同发展时期中国货币需求的特征及其影响因素。

一、货币需求的含义与分析视角

(一)货币需求的含义

货币需求是指在一定的资源(如财富、收入、国内生产总值等)制约条件下,微观经济主体和宏观经济运行对执行交易媒介职能和资产职能的货币产生的总需求。货币需求受能力与愿望双重约束,是二者统一体。一方面,货币需求并非无限的、纯主观或心理上的占有欲,而是受到财富、收入等获得或持有货币能力的约束;另一方面,在能力范围内,货币需求取决于人们对货币交易媒介职能的需要,以及是否愿意以货币形式保有资产。

在人民币制度下，执行交易媒介职能和资产职能的货币不再局限于现金，还包括存款货币。因此，货币需求不仅仅是指对现金的需求，也包括对存款货币的需求。当考虑币值变化因素时，货币需求可分为名义的与实际的，名义货币需求扣减通货膨胀，就是实际货币需求。

（二）货币需求分析的宏观与微观视角

1. 货币需求分析的宏观视角

货币需求分析的宏观视角是从一个国家社会总体出发，在分析市场供求、收入及财富指标变化的基础上，探讨一个国家在一定时期内的经济发展与商品流通所需要的货币量。从宏观视角对货币需求进行分析，关注点在于货币供求的均衡及其对市场价格的影响，进而为货币供给决策提供依据。

2. 货币需求分析的微观视角

货币需求分析的微观视角是从社会经济个体出发，分析个人、企业等微观主体的持币动机和持币行为，研究经济个体在既定的收入、利率和其他经济条件下所需要持有的货币量。从微观视角对货币需求进行分析的关键在于研究货币需求的动机及其影响因素，进而分析货币需求变化的微观机理。

3. 宏观和微观视角的结合

在对货币需求进行分析时，应当将宏观视角与微观视角有机地结合到一起。宏观与微观的货币需求分析之间存在不可分割的联系，宏观货币需求分析不能脱离微观货币需求，微观货币需求分析也包含了宏观因素的作用。一方面，宏观经济的格局归根结底是由微观经济主体的经济行为造成的，微观主体的货币需求总和即为整体的货币需求，因此宏观货币需求分析如果缺乏对微观经济主体持币动机的探讨，便缺乏相应的微观基础，理论研究也难以深入；另一方面，货币需求的微观分析也不能忽视总收入、利率、物价、制度等宏观因素。

二、市场经济条件下货币需求决定的理论

在市场经济条件下，一切经济活动都需要使用货币来计价和交易，货币的广泛使用产生了货币需求。货币需求理论主要回答的是货币需求由什么因素决定与影响的问题。以下从宏观和微观两个层面，阐述马克思的货币需求理论，以及货币需求理论发展过程中的其他经典理论。

（一）宏观视角的货币需求理论

宏观视角的货币需求理论主要研究社会货币需求总量由什么决定的问题。

1. 马克思的货币需求理论

马克思的货币需求理论集中反映在他于 1867 年提出的货币必要量原理中。马克思的货币必要量原理以完全的金币流通为假设条件进行论证。他指出：商品价格取决于商品的价值和黄金的价值，而商品价值取决于生产过程，所以商品是带着价格进入流通的；商品数量和价格的多少决定了需要多少货币来实现它；商品与货币交换后，商品退出流通，货币却要留在流通中多次充当商品交换的媒介，从而一定数量的货币流通几次，就可使相应倍数价格的商品完成交换。该原理可用公式表示为：

$$\text{执行流通手段的货币必要量} = \frac{\text{商品价格总额}}{\text{同名货币的流通次数}} \quad (12-1)$$

马克思的这个公式亦称货币流通规律，即"流通手段量决定于流通商品的价格总额和货币流通的平均速度这一规律"[1]。该公式从劳动价值论出发，认为商品价格总额由劳动价值总量决定，货币流通次数由社会经济制度和习惯决定，体现为货币流通速度，强调的是商品流通决定货币流通的基本原理。

2. 交易方程式

交易方程式是基于宏观视角描述的流通中的通货存量（M）、货币流通速度（V）、物价水平（P）和交易总量（T）之间关系的恒等式。表达式为：

$$MV = PT \quad (12-2)$$

其含义是流通中的通货存量（M）乘以货币流通速度（V）等于物价水平（P）乘以交易总量（T）。可见，交易方程式聚焦于货币作为交易媒介的职能，关注的是流通中的货币数量。

如果将交易方程式变形为式（12-3），意味着货币数量的变动直接引起物价水平向同方向变动。从这个角度来看，交易方程式实质上表述的是货币数量对价格的决定作用，是货币数量论的一种主要表述。

$$P = \frac{MV}{T} \quad (12-3)$$

如果将交易方程式变形为式（12-4），即得到了货币需求方程式。从这个角度来看，决定一定时期名义货币需求数量的因素主要是这一时期全社会一定价格水平下的总交易量与同期的货币流通速度。

---

[1] 《马克思恩格斯文集》第五卷，人民出版社 2009 年版，第 145 页。

$$M = \frac{PT}{V} \tag{12-4}$$

沈括的货币流通速度论

鉴于货币流通速度和价格水平在短期内保持相对稳定，因此，货币需求总量的变化主要取决于由总供给形成的可交易品总量。由于商品的多样性，在现代货币信用经济中，用货币计价的各类可交易品总量的价值实现体现为总收入。因此，从宏观上来看，总供给或总收入决定货币总需求。本章第三节四边联动的货币-经济均衡机制也是建立在这个原理之上的。

📖 **原理12-1** 在一定的货币流通速度和价格水平之下，货币需求总量的变化主要取决于由总供给形成的可交易品总量。

（二）微观视角的货币需求理论

微观视角的货币需求理论，主要解释各经济主体为什么要持有货币，以及哪些因素对货币需求有决定作用。影响力较大的有以下几种理论。

1. 剑桥方程式

剑桥方程式是从微观主体的动机出发探讨在收入中持有多少现金的理论公式，故也称为现金余额说。该理论从动机出发将人们的收入或财富分为三种用途：一是投资以取得利润或利息；二是消费以获得享受；三是持有货币以便利交易和预防意外。人们根据自己的效用将收入在三种用途之间进行分配，其中第三种用途形成的现金余额即为对货币的需求。在一定的价格水平（P）下，每个经济主体的货币需求（M_d）与收入（Y）之间的比例用 k 来表示，这几个变量之间的关系可以表示为：

$$M_d = kPY \tag{12-5}$$

在式（12-5）中，k 是最重要的变量，其大小由经济主体的行为决定。而揭示 k 这个行为变量的影响因素也就成为后续货币需求理论发展的重要内容。

2. 流动性偏好说

流动性偏好说是将人们持有货币的动机解释为存在流动性偏好这种普遍的心理倾向的理论。该理论的贡献是解释了货币需求的动机并引入了利率。

该理论认为，人们对货币流动性的偏好出于三个动机：一是交易动机，指人们为了应付日常的商品交易而必然需要持有一定数量货币的动机。由交易动机产生的货币需求称为货币的交易需求。二是预防动机,指人们为了应对不测之需而持有货币的动机。预防动机产生的货币需求称为货币的预防需求。三是投机动机,指人们为了保值增值的目的而持有货币的动机。投机动机产生的货币需求称为货币的投机需求。

不同动机产生的货币需求,其决定因素是不同的。基于交易需求和预防需求而持有的货币最终均用于商品交易,故合称为交易性货币需求,反映了货币的交易媒介职能。由于各经济主体的交易量与收入水平存在稳定的关系,因此,交易性货币需求(M_1)的主要决定因素是收入(Y),是收入的递增函数,Y与M_1之间的函数关系用L_1表示,用公式表示为:

$$M_1 = L_1(Y) \tag{12-6}$$

货币的投机需求是人们为了进行资产买卖并获益而持有货币,反映了货币的资产职能,主要受到利率的影响。流动性偏好说把资产分为货币和债券两大类。货币的收益为零,债券的收益取决于利率。持有货币就不能获得债券的收益,因此,利率就是持有货币的机会成本。利率越高,人们持有货币的动机越弱;利率越低,货币的投机需求越强;而当利率水平极低时,人们会产生利率上升从而债券价格下跌的预期,此时货币需求变得无限大,可能形成"流动性陷阱"。因此,投机动机的货币需求(M_2)是利率(i)的减函数,用公式表示为:

$$M_2 = L_2(i) \tag{12-7}$$

由于货币总需求是交易性货币需求和投机货币需求之和,所以货币总需求(M)的函数式可表示为:

$$M = M_1 + M_2 = L_1(Y) + L_2(i) = L(Y, i) \tag{12-8}$$

式(12-8)表明,货币总需求的主要决定因素是收入和利率。在流动性偏好说的基础上,许多学者进一步研究了利率与货币需求的关系,提出了平方根定律、立方根定律和资产组合理论等,强调了利率对货币需求的决定性作用。

流动性偏好说基础上货币需求理论的发展

3. 现代货币数量说

现代货币数量说是从消费者选择理论的角度,分析收入、机会成本和效用对货币需求的影响。该理论基于剑桥方程式和流动性偏好说,认为人们选择货币与消费者选商品类似,会考虑收入、机会成本和效用。该理论将影响实际货币需求 M/P 的因素分为三类:

(1) 财富和收入(Y)以及财富的结构。现代货币数量说认为,财富和收入是决定货币需求量的首要因素。Y是永恒收入，即长期加权平均收入，较稳定。财富包含人力财富和非人力财富，前者是个人获得收入的能力，缺乏稳定性和流动性；非人力财富是指能够相对稳定地带来收入的物质性财富。若永恒收入多于人力财富，人们需多持币。因此，非人力财富收入在总收入中的占比（W）与货币需求成反比。

（2）机会成本。持币的机会成本是其他资产的预期报酬率。货币的名义报酬率（r_m）可能为零（如现金），或大于零（如定期存款和储蓄存款），而其他资产的名义报酬率通常大于零。因此，机会成本变量包括货币的名义报酬率、以债券为代表的预期固定收益率（r_b）、以股票为代表的预期非固定收益率（r_e），以及反映持币带来通货膨胀损失的预期物价变动率 $\left(\dfrac{1}{p}\dfrac{dp}{dt}\right)$。其他条件不变时，货币以外其他资产收益率越高，货币需求量越小；货币名义报酬率越高，货币需求量越大。

（3）货币的效用。持有货币给人们带来的流动性效用（U）及其影响因素（如人们的嗜好、兴趣等）也影响货币需求。

综合上述7个因素，货币需求函数式可表达为：

$$\frac{M}{P}=f\left(Y,\ W;\ r_m,\ r_b,\ r_e,\ \frac{1}{p}\frac{dp}{dt};\ U\right) \tag{12-9}$$

（三）宏观和微观视角相结合的货币需求理论

从第二章关于货币职能的分析中可知，我国社会主义市场经济中的货币需求可分为交易性和资产性两大类。交易性货币需求体现在 M1 层次，主要发挥交易媒介的职能；资产性货币需求体现在准货币层次（即 M2-M1），主要满足各经济主体对资产保值增值的需要。从宏观和微观相结合的视角来分析，决定货币需求的主要因素是收入和利率。

1. 收入

从宏观视角来看，中国经济总量的增长带动国民收入不断上升，使得交易性货币需求增加。从微观视角来看，国民收入的增加在微观上体现为要素提供者和企业经营者等各微观经济主体货币收入的增加，在生产流通扩大和生活水平提高的背景下，交易性货币需求必然相应增加。由此可见，微观主体的收入对其货币需求的规模有决定性作用，以 GDP 为代表的总收入则对货币总需求有决定性作用，故收入与货币需求存在同方向变动的关系。

2. 利率

利率主要代表非货币性金融资产收益率。当非货币性金融资产收益率上升时，人们会依据风险偏好调整资产组合，降低资产性货币需求，因此，利率与资产性货币需求反向变动。随着中国货币市场和资本市场的快速发展，金融工具种类丰富、规模增大，非货币性金融资产对货币资产的替代效应渐显，人们会对比存款利率与债券、股票等收益率进行资产配置。随着中国金融市场进一步规范，这种替代作用将更强，其收益率与资产性货币需求的反向变动关系将更加显著。综上，利率作为持币的机会成本，对微观主体的持币意愿有决定性作用，现行利率与货币需求存在反方向变动关系。

> 📖 **原理 12-2** 现代市场经济中货币需求的主要决定因素是收入和利率。

三、新中国不同时期货币需求的变化与影响因素

在不同时期和不同经济体制下，决定和影响货币需求的因素不尽相同。因此，结合我国实际具体分析不同时期货币需求的变化与特征，有利于更好地理解货币需求变化的内在规律。

（一）社会主义建设时期的货币需求及其特征

1. 货币需求的有限性

在社会主义建设时期，政府统筹国民经济发展与运行，实行"大一统"金融体系，取消各类金融市场，没有非货币金融资产，致使货币需求主要为交易性货币需求。企业生产经营由国家计划决定，仅需少量日常经营周转货币资金，无资产性货币需求；就居民而言，由于实行不完全货币工资制，其货币需求主要是日常交易需求，少量货币储蓄也主要用于预防不时之需而非投资。机关团体的货币需求完全受严格的预算计划限制，仅有交易性货币需求。

2. "1∶8"经验式的提出与运用

在社会主义建设时期的计划经济体制下，商品流转额、物价水平由计划确定，生产资料大部分通过计划调拨，货币主要用于商品零售且以现金形式为主。中国人民银行成为货币流通组织与计划中心，为评估市场货币需要量创造了条件。同时，因货币需求动机单一、用途有限，中国学者侧重研究宏观货币需求，集中于理解和应用马克思的货币必要量公式。

20 世纪 60 年代初，理论界在研究马克思货币必要量公式基础上，归纳商品与货币流通数量关系，得出"1∶8"经验式，即流通中货币量（现金）与社会商品零售总额的最佳比值为 1∶8，公式为：

$$\frac{社会商品零售总额}{流通中货币量（现金）}=8 \qquad (12-10)$$

式（12-10）的含义是每 8 元零售商品需用 1 元人民币实现其流通，当该比值接近 8 时，商品与货币流通基本正常；当比值偏离 8 时，往往出现物价波动或商品流通异常，说明货币供应量不符合商品流通对货币的客观需求量。在实践中，此公式可衡量商品与货币流通状况，是马克思货币必要量原理中国化应用的经典。

（二）渐进式改革中货币需求及其结构的变化

改革开放后，中国逐渐从计划经济向市场经济转变，随着经济货币化和金融市场的发展，"1∶8"经验式不再适应于衡量货币流通。该时期，中国货币需求呈现两大特征：一是货币需求总量大幅上升，货币增长率持续大于通货膨胀率与国民生产总值增长率之和。1979—1992 年，M2 年均增速为 24%，而年均通货膨胀率和国民生产总值增长率之和仅为 15%。二是货币结构从以 M1 为主变为以准货币为主。准货币占 M2 的比重从 1979 年的 20.8% 上升至 1992 年的 53.8%。这主要源于经济和金融体制改革对货币需求的影响。

1. 经济体制改革对货币需求的影响

（1）农村经济体制改革对货币需求的影响。1978 年，农村率先改革，货币需求激增。一方面，家庭联产承包责任制使农村经济货币化程度和农户货币收入水平大幅提高，从而使交易性货币需求大增，资产性货币需求也开始显现。另一方面，蓬勃发展的乡镇企业作为独立的经营主体，在市场开展产供销活动以及工资劳务支出等都产生了大量的货币需求。

（2）企业改革对货币需求的影响。1978 年，以"放权让利"为核心的企业改革开始实施，企业的货币需求大幅增加。一方面，企业经济运作中的货币化程度提升和企业的规模扩大使交易性货币需求大幅增加，企业间的关系从计划经济时的上下游物资供销转变为相互独立平等的商品生产者与经营者的关系，大量的产供销活动需要借助货币才能完成。另一方面，企业成为独立的经济主体后，财务活动市场化程度大幅度提高，企业积极参与金融市场的投融资活动，资产替代效应减少了部分资产性货币需求。但由于改革过程中成本与风险约束机制尚不完善,市场竞争压力促使企业扩大投资,产生了非理性货币需求,加大了资产性货币需求的波动性。

(3)价格体制改革对货币需求的影响。计划经济体制下物价受管制处于低位。价格体制改革放松价格管制,理顺价格体系并调整扭曲的价格结构,以充分发挥价格在市场经济活动中的调节作用。但随着价格体制改革的推进,商品零售价格和居民消费价格大幅上涨,物价上升导致交易性货币需求大幅增加。

(4)收入分配体制改革对货币需求的影响。收入分配体制改革对居民的交易性和资产性货币需求均产生了一定影响。计划经济体制下国民收入分配主要向国家倾斜,国家财政集中了国民收入相当大的部分,企事业单位职工始终实行低工资和泛福利并存的政策。经济体制改革后,一方面,在对企业让利放权的过程中国家放松了对工资福利方面的管制,国民收入分配明显向个人倾斜;另一方面,随着工资制度的货币化改革,特别是1998年以后实行住房分配货币化改革,国家或单位将住房以实物分配形式改为以货币分配形式分配给职工,由职工到市场上购买住房并获得房屋所有权,居民收入的货币化程度大幅提高,居民的交易性货币需求随着收入的增加同方向增长。与此同时,由于金融市场不发达、缺少理想的投资途径,居民的资产性货币需求总量增长也很快,结构变化频繁。党的十八大以来,党中央将实现共同富裕摆在更加重要的位置上,收入分配结构的逐步优化持续影响着货币需求。

> 坚持以人民为中心的发展思想,在高质量发展中促进共同富裕,正确处理效率和公平的关系,构建初次分配、再分配、三次分配协调配套的基础性制度安排,加大税收、社保、转移支付等调节力度并提高精准性,扩大中等收入群体比重,增加低收入群体收入,合理调节高收入,取缔非法收入,形成中间大、两头小的橄榄型分配结构,促进社会公平正义,促进人的全面发展,使全体人民朝着共同富裕目标扎实迈进。
> ——习近平:《扎实推动共同富裕》,《求是》2021年第20期,第4—8页。

(5)社会保障体制改革对货币需求的影响。在计划经济体制下,居民的医疗、养老、失业、教育等社会保障由国家或单位安排和提供,不需要使用货币进行交易。改革以后,社会保障体制转向市场化,一方面通过建立社会保障基金和增加货币工资用于支付部分医疗、教育、失业和养老等费用;另一方面引入了商业性保险制度，居民通过购买商业性保险产品增加保险系数和安全感。由此，居民货币收入的增加以及社会保障相关费用的支出需要使得交易性货币需求相应增加。社会保障体制改革增加了居民对未来的不确定预期，强化了人们对资产保值增值的动机，资产性货币需求也随之增加。

2. 金融体制改革对货币需求的影响

（1）货币市场的恢复发展对货币需求的影响。货币市场的恢复发展在一定程度上降低了企业的货币需求。1981年中国人民银行开始试办商业票据承兑贴现业务，1986年后在全国开办票据贴现、转贴现和再贴现业务，货币市场开始起步。货币市场的发展为企业开辟了短期直接融资渠道。2000年以后，票据市场的快速发展使票据流通在一定程度上满足了企业流动资金的支付需求，减少企业活期存款持有量，进而降低企业货币需求。

（2）资本市场的恢复发展对货币需求的影响。债券和股票市场的恢复发展，让居民和企业能在货币与非货币性金融资产间进行资产组合，增强了货币资产职能。随着资本市场的进一步发展，股票、债券、基金等非货币性金融资产的种类不断丰富，市场规模不断扩大，参与者越来越多，对货币需求影响显著。一方面，企业和居民持有的非货币性资产大增，资产替代效应降低了货币资产职能需求；另一方面，企业和居民在M2中的保证金存款增加，活期存款波动加大，定期存款增量减少，货币需求结构有所变化。

（三）社会主义市场经济中的货币需求

党的十四大以后，我国建立并完善了社会主义市场经济体制，金融与货币运行的市场化程度不断提高，货币需求依旧呈现总量较快增长、结构持续变化的特点。不过，货币需求的地位与影响因素有了变化，主要体现在以下几个方面。

1. 货币需求逐渐主导货币运行

不同层次货币供求的决定与影响因素存在着差异。执行交易媒介职能的货币（M1）的主导力量是货币供给。从现金层面看，由于我国一直实行现金管理，其供给与流通主要取决于中央银行的货币发行管理和商业银行的业务管理，现金运行的主导力量是中央银行及其管理行为。从存款货币层面看，存款货币的供给取决于银行体系，其根源是中央银行基础货币投放与商业银行派生存款创造。在现行金融体系下，商业银行向企业发放贷款仍然具有很强的主动性。执行资产职能的准货币是各个经济主体资产选择行为的结果，其运行的主导性力量在于货币需求方面。

改革开放后，随着准货币在货币总量中的规模和比重逐步上升，居民、企业等经济主体的行为对货币运行的影响力增强，银行体系支配力减弱，货币需求对整体货币运行的主导作用愈发显著。

2. 影响货币需求的其他因素

在社会主义市场经济体制中，货币需求除了受到收入和利率决定性影响，还受以下因素的作用：

（1）物价水平。物价变动对交易性和资产性货币需求的影响不同。物价上升会推动交易性货币需求增加，在商品和劳务量既定的条件下，价格越高，用于商品和劳务交易的货币需求就越高，因此两者间呈同向变动关系。从资产性货币需求来看，物价上升会导致持币的机会成本增加，当经济主体对非货币性资产收益率预期乐观时，物价与资产性货币需求反向变动。但因中国社会保障体制和金融市场建设仍在不断完善之中，经济主体对未来支出的不确定预期较强，即使在物价不断上涨的情况下，将货币性资产转化为商品性资产或证券类资产的意愿也不强，大部分收入仍然集中在资产性货币需求上。总体而言，目前中国物价水平与货币需求基本上呈同向变动。

（2）金融创新。金融创新提升了金融资源的流动性和可获得性，促使投资多元化。存款形式的货币需求与其他金融资产可快速转换，导致货币需求的增减变动。如证券投资基金规模扩大，会减少准货币的需求；股市价格的波动会导致证券投资的客户保证金的变化，直接影响资产性货币需求。此外，金融机构技术手段和服务的创新也影响货币需求。如金融电子化加快了货币流通速度，降低了交易性货币需求；第三方支付方式的发展，减弱了人们持有现金的动机，使货币需求的结构变化显著。

货币需求的测算

第二节　货　币　供　给

厘清了货币需求，货币供给主体的货币供给行为就有了大体的方向和目标。本节将介绍货币供给的含义和现代信用货币的供给机制，阐述渐进式改革中我国货币供给机制的变化，阐释社会主义市场经济中的货币供给机制及其影响因素。

一、现代信用货币的供给

(一) 货币供给的含义

货币供给是指一定时期内一国银行系统向经济中投入或收回货币以满足货币需求的行为过程。

货币供应量是指一国个人、企事业单位和政府部门等各经济主体持有的、由银行系统供应的货币总量，包括现金和存款货币。其中，现金是由中央银行供给的，表现为中央银行的负债；存款货币则是由商业银行供给的，体现为商业银行的存款性负债。因此，货币供应量从银行系统的角度看是负债，而从非银行经济主体的角度看是资产。货币供应量是一个存量概念，即一个国家在某一时点上实际存在的货币总量。如果说货币需求量是一个无法直接统计的预测值，那么货币供应量则是一个实实在在的统计量值，是反映在银行体系资产负债表一定时点上的负债总额。

(二) 货币供给机制

货币供给机制是指货币供给的决定机理和提供过程。在市场经济体制下，各经济主体及其行为具有相对的独立性，经济活动的理性化程度较高。居民和企业的存贷款活动自主性很强，货币需求不仅有交易性的，还有资产性的，利率具有灵敏的调节作用。在金融体制方面，采用"中央银行—商业银行"的二级银行体制。由此也形成了"基础货币—存款货币"的"源与流"双层货币供给机制，即中央银行主要负责提供和调节基础货币，以商业银行为代表的存款货币银行通过吸收存款、发放贷款、转账支付等业务活动创造存款货币。但商业银行创造存款货币的基础是中央银行提供的基础货币，并且存款创造过程受制于中央银行。

银行体系供给货币的过程需要满足三个基本条件：一是实行不兑现的信用货币制度；二是实行部分比例存款准备金制度；三是广泛采用非现金结算方式。

货币供给是一个十分复杂的过程，经过长期的研究，经济学家总结出了一个被广泛接受的货币供给基本模型：

$$M_s = B \times m \tag{12-11}$$

其中，M_s 为货币供应量；B 为基础货币；m 为货币乘数。

> 📖 **原理 12-3** 货币供应量是基础货币与货币乘数的乘积。

二、渐进式改革中的货币供给机制变化

不同的经济体制下，货币供给的决定与运行机制是不同的。新中国成立以后，随着经济体制的变化，货币供给机制及其特点也相应地发生了变化。

（一）计划经济体制下的货币供给机制

在计划经济体制下，经济活动按计划安排，以实物为中心，货币需求主要为交易性的。"大一统"金融体系下，银行采用复合制，无独立的中央银行，货币发行和银行业务均按计划执行。信贷资金统存统贷，存款上缴总行，贷款由总行统一分配，存贷分离。因此，货币供给的源流合一，无基础货币与派生存款之分。货币供给完全由计划决定，现金按严格的计划管理，企业存款通过贷款计划提供，货币供给变化均为计划调整的结果。

（二）金融体制改革与货币供给机制的形成

1. 银行体制改革与双层货币供给机制的形成

中国渐进式金融体制改革的起点和关键是从"大一统"金融体系向多元化金融机构体系转变。1979—1983年，我国逐步建立独立经营并实行企业化管理的专业银行和非银行金融机构，为中央银行制度的建立创造条件。1984年起中国人民银行专门行使中央银行职能，这一改革措施既标志着"中央银行—商业银行"二级银行体制的正式建立，也标志着"基础货币—存款货币"的双层货币供给机制开始形成。中国人民银行开始通过再贷款、法定存款准备金率和公开市场业务操作调节基础货币；商业银行通过存、贷、汇业务创造存款货币。随着金融机构体系的改革逐渐深化，双层货币供给机制日益完善。

2. 资金管理体制改革与货币供给的"倒逼机制"

中国的银行资金管理体制经历了从信贷计划管制转向间接调控，形成了中国独特的货币供给"倒逼机制"。在"大一统"金融体系下，中国采用统存统贷资金管理体制，该时期的货币供给单一且由计划直接控制。1979年开始从统存统贷到差额控制的改革，关键变化是放宽计划控制，赋予基层银行更多自主权，在一定程度上使现代信用货币创造机制中的商业银行派生存款功能发挥作用。1984年中央银行制度建立后，资金管理体制改革进一步推进。1985年开始实行实贷实存的资金管理体制，由此产生了货币供给的"倒逼机制"。在此体制下，中央银行通过再贷款和贷款规模控制商业银行存款货币创造。然而，由于国有企业贷款需求、地方政府干预以及银行利益驱动，形成下级行向上级行、商业银行向中

央银行申请追加贷款指标,进而导致货币供给增加的"倒逼机制"。此后,针对货币供给中的"倒逼机制"进行了一系列改革。1998年开始取消对商业银行的贷款规模管理,实行新的间接调控管理体制。在新体制下,中央银行的"计划"由指令性转为指导性,更多运用再贴现、公开市场业务等工具,强化商业银行的自我约束。这就使货币供给的"倒逼机制"逐渐消失,货币供给机制更加多元化和市场化。

中国资金管理体制改革四部曲

3. 外汇管理体制改革与货币供给内生性的增强

如第三章所述,社会主义建设时期,为了更好地运用有限的外汇资源,中国建立起对外贸易由国家统一计划管理和"集中管理、统一经营"的外汇管理体制,逐步形成了高度集中、计划控制的外汇管理体制,全国外汇由国家综合平衡和统一分配使用,外汇对银行信贷和货币运行几乎没有影响。改革开放以后,外汇管理体制改革打破了集中统一的外汇分配体制,在缩小指令性外汇计划的同时扩大了指导性外汇计划的范围,实行了企业的外汇留成制度。外汇管理体制从高度集中的计划体制转为计划和市场并行的双轨体制,外汇市场化和参与主体多元化程度的提高使得外汇对货币运行的影响逐渐显现。

为了适应建立社会主义市场经济体制和扩大开放的要求,1994年中国外汇管理体制进行了重大改革,逐步构建形成以外汇市场供求为基础的、单一的、有管理的浮动汇率制。一方面,这使得外汇占款逐渐成为中央银行基础货币投放的主渠道,随着外汇储备的增加,基础货币的内生性越来越强;另一方面,银行间外汇市场和结售汇制度的运行使得银行体系的流动性大为增加,存款货币创造的内生性明显增强。

三、市场经济中的货币供给

(一)中国现行的货币供给机制

1. 中央银行与基础货币收放

基础货币又称高能货币或储备货币,是整个银行体系内存款扩张和货币创造的基础,其数额大小对货币供应量具有决定性的作用。中国的基础货币由三部分组成:一是流通中的现金,即银行体系之外社会公众的手持现金。二是库存现金,体现为已经从中央银行发行库中提出来而仍然存储在商业银行业务库、尚未被公众提走的现金。商业银行从发行库中提现后库存现金增加,相应减少商业银行在中央银行的准备金存款。三是存款性金融机构在中央银行的准备金存款。准备金存款是指商业银行等存款性公司在中央银行账户上的存款，可分为法定存款准备金和超额准备金存款两部分。法定存款准备金是指商业银行等存款性公司根据法定存款准备金率的要求缴存在中央银行的存款。超额准备金存款是指商业银行等存款性公司根据自身经营决策和营运需要存入中央银行的超过法定存款准备金部分的款项，主要用于清算和提取现金。对于商业银行而言，库存现金和准备金存款都是其准备金，分别以现金和存款形式存在。

在中央银行的资产负债表中，基础货币直接表现为负债，这就意味着中央银行可通过调整资产负债规模和结构来控制基础货币。这种调整主要有以下渠道：

（1）通过国外资产业务收放基础货币。当中央银行买入外汇、黄金等国外资产时，需用本币进行支付，此时就形成了对经济体系的基础货币投放；反之，当中央银行卖出外汇和黄金时，则为收回了相应的基础货币。2000年前后至2013年前后，中国快速增长的外汇储备成为基础货币投放的主要渠道。

（2）通过对政府债权的调整收放基础货币。对政府债权表现为中央银行持有政府债券和向财政透支。中央银行增加对政府的债权，基础货币就会相应增加；反之，基础货币就会相应减少。1995年以前，中国人民银行主要以财政透支实现对政府债权。1995年《中国人民银行法》颁布后，中国人民银行不再为财政透支，其对政府债权主要体现为政府债券，且一般仅与参与存款货币创造的商业银行等金融机构买卖政府债券。

（3）通过对金融机构债权的调整收放基础货币。中央银行通过办理再贴现、再贷款和逆回购等资产业务调整对金融机构的债权。当中央银行为商业银行办理再贴现、发放再贷款和逆回购操作时会直接增加商业银行在中央银行的准备金存款，导致基础货币增加；当再贴现、再贷款和逆回购到期时会直接减少商业银行在中央银行的准备金存款，导致基础货币减少。2013年起，对金融机构的债权调整逐渐成为中国人民银行吞吐基础货币最为重要的渠道。

（4）通过调整负债结构收放基础货币。当资产规模不变时，中央银行可以通过发行债券或者央行票据的方式改变负债业务结构来收放基础货币。当中央银行发行央行票据或进行正回购操作后，认购的商业银行需用其在中央银行账户上的准备金存款进行支付，这就意味着央行收回了相应的基础货币。反之，当央行票据或正回购到期时，就会形成基础货币投放。2004—2012年，发行央行票据是中国人民银行回笼基础货币的重要渠道之一。

2. 商业银行与存款货币创造

第二章货币形式中讨论的存款货币是现代信用货币的主体。商业银行创造存款货币的过程是以原始存款为基础发放贷款，通过转账支付又创造出新存款的过程。这个过程涉及两个概念：一是原始存款，是指商业银行接受的、客户以现金方式存入的存款和中央银行对商业银行的资产业务而形成的准备金存款。原始存款来自基础货币，是商业银行从事资产业务的基础，也是扩张信用的源泉。二是派生存款，是指由商业银行发放贷款、办理贴现或投资等业务活动派生的存款。存款派生的过程就是商业银行不断吸收存款、发放贷款、形成新的存款，最终导致银行体系存款总量增加的过程。例如，当甲银行获得厂商 A 的 100 万元原始存款后，可以给厂商 B 发放贷款。由于甲银行的部分现金可能被提取，还要缴纳法定存款准备金和持有一定量的超额存款准备金，100 万元并不能全部用于贷款。假定 100 万元中最终有 80% 能够贷款给厂商 B，厂商 B 获得贷款后全部转账给厂商 C 支付货款，导致厂商 C 在乙银行的存款增加了 80 万元，于是又可以进入下一轮的存款扩张。假定每个银行都可以将 80% 的存款转化为贷款，那么通过等比数列求和，最终 100 万元的原始存款将能够派生出 400 万元的派生存款，如表 12-1 所示。

表 12-1　商业银行存款货币扩张过程

单位：万元

银行	原始存款	派生存款	贷款
甲银行	100		80
乙银行		80	64
丙银行		64	51.2
丁银行		51.2	40.96
……		……	……
合计	100	400	400

基于上述过程，可以发现制约商业银行派生存款的因素主要有以下三个：

（1）法定存款准备金率，即法定存款准备金占全部存款的比例。中央银行制度建立后，商业银行必须从其吸收的存款中按一定比例提取法定存款准备金，上缴中央银行，商业银行不得动用。法定存款准备金占全部存款的比例就是法定存款准备金率。

（2）超额存款准备金率，即超额存款准备金占全部存款的比例。由于法定存款准备金商业银行不能动用，为了满足运营中的现金提取、支付清算、资产运用等需要，商业银行必须持有一定的超额存款准备金。商业银行持有的超过法定存款准备金而保留的准备金称为超额存款准备金。超额存款准备金主要有两种形式，第一种是在中央银行账户上超过法定存款准备金的存款，第二种是商业银行业务库中的库存现金。

（3）提现率，又称现金漏损率，即现金提取额与银行存款总额的比率。存款客户经常会或多或少地从银行提取现金，从而使这部分现金流出银行系统，不再参与存款货币的创造。

法定存款准备金率、超额存款准备金率和提现率越高，银行可用于发放贷款的资金就越少，制约派生存款的增长；反之，则有助于派生存款增加。

3. 货币乘数与货币供应量

货币乘数是指货币供应量与基础货币的倍数关系，即基础货币每增加一单位所引起的货币供应量增加或减少的倍数。不同口径的货币供应量有各自不同的货币乘数。中央银行的基础货币提供量与社会货币最终形成量之间存在着数倍的扩张效果，是源于商业银行的存款货币创造，使来自基础货币的原始存款经过银行体系的存贷汇业务创造出数倍的存款。由于基础货币（B）由流通中的现金（C）和存款准备金（R）构成，货币供应量（M_s）由流通中的现金和存款货币（D）构成，所以货币乘数（m）可表示为：

$$m = \frac{M_s}{B} = \frac{C+D}{C+R} \tag{12-12}$$

式（12-12）也表明，货币供应量是基础货币与货币乘数的乘积。式（12-12）分子、分母同除以 D 后可得到：

$$m = \frac{C/D + 1}{C/D + R/D} \tag{12-13}$$

式（12-13）中有两个重要的比率：一是通货－存款比率（C/D），是指流通中的现金与商业银行存款的比率，反映了现金漏损的情况，它受经济的货币化程度、居民货币收入、储蓄倾向、社会的支付习惯、持有现金的机会成本以及对通货膨胀或通货紧缩的心理预期等多种因素影响。二是准备－存款比率（R/D），是指商业银行法定存款准备金和超额存款准备金的总和占全部存款的比重。这两个比率的影响因素与制约存款派生的三个因素（即法定存款准备金率、超额存款准备金率、提现率）一致，表明基础货币的倍数扩张是在银行体系信用活动中实现的。

（二）影响货币供给的主要因素

货币乘数并不是一个固定不变的值，各个经济主体的行为会通过影响通货－存款比率和准备－存款比率，改变货币乘数，进而影响货币供给。

1. 通货－存款比率的影响因素

各经济主体的持币行为和与存款派生相关的信用活动都会影响通货－存款比率。第一，居民和企业会根据收支情况、物价水平、利率与资产收益率、财富效应、支付习惯和对未来经济的预期决定资产中持有现金的水平，从而影响通货－存款比率。当居民和企业的持币量增加时，通货－存款比率就会提高，在其他因素不变的情况下货币乘数就会变小。第二，商业银行持有超额存款准备金的偏好会通过影响存款派生改变通货－存款比率。当商业银行增加超额存款准备金持有量时，贷款就会相应减少，从而使得派生存款数倍收缩，导致通货－存款比率上升。

2. 准备－存款比率的影响因素

在中央银行法定存款准备金率不变的情况下，超额存款准备金的变动是引起准备－存款比率变化的关键。商业银行贷款决策和企业贷款需求共同决定存款货币创造。当商业银行减少贷款、增加超额存款准备金时，准备－存款比率上升，货币乘数减小。当企业贷款需求不足时，会制约商业银行存款货币派生，降低货币乘数。与此同时，政府弥补财政赤字的方式（增税或发债）会通过影响企业投资收益或提高资金价格，挤出企业贷款需求，进而影响到货币乘数。

（三）金融监管对货币供给的影响

结合第九章和第十章对微观审慎监管和宏观审慎监管的介绍可见，金融监管要求会使得商业银行行为和偏好发生变化，进而改变货币乘数并影响货币供给。例如，提高流动性指标监管可能导致商业银行增加超额准备金，推高通货－存款比率。此外，金融监管的抑制作用也可能促使商业银行将贷款转为同业资产或通过影子银行创造信用货币。不过，金融监管的完善已有效抑制了影子银行的货币创造机制，具体可参阅第十章的相关论述。

（四）货币供给调控的主要方式

在社会主义市场经济体制下，中央银行的货币控制建立在市场运作和双层货币供给机制的基础上,通过吞吐基础货币和影响存款货币的派生对货币供给总量进行间接调控。一方面,中央银行可以运用公开市场操作、再贷款、再贴现等工具来投放和回笼基础货币;另一方面,中央银行可以通过调整法定存款准备金率、存款准备金利率等操作调控商业银行的存款派生能力和意愿,进而对货币乘数产生影响。鉴于中央银行货币政策操作对货币供应量的重大影响,本书将在第十三章中专门进行讨论。

第三节　货币均衡与经济均衡

前两节讨论了货币需求和货币供给,货币供求之间的大体适应就视为货币均衡状态,反之则为失衡。本节主要讨论货币均衡与失衡的内涵与度量,分析货币失衡的成因、社会经济影响及其治理,阐释货币均衡与经济均衡之间的内在联系,探讨中国货币均衡机制的演变及其规律。

一、货币失衡：通货膨胀与通货紧缩

（一）货币均衡与失衡的内涵与度量

1. 货币均衡与失衡的内涵

货币均衡是指一国在一定时期内,在货币流通的过程中,货币供给与货币需求基本相适应的货币流通状态。若以 M_d 表示货币需求量,M_s 表示货币供给量,则货币均衡可以表示为：

$$M_d = M_s \qquad (12\text{-}14)$$

对应地,货币失衡是指一国在一定时期内,在货币流通的过程中,货币供给与货币需求难以相适应的状态。货币失衡的表现形式主要有两种类型：一种是 $M_s > M_d$,这种状态持续发展,往往会出现通货膨胀,即货币供应量超过流通中实际需要的货币量而引起货币贬值、价格总水平持续上涨的现象。另一种是 $M_s < M_d$,这种情况持续发展,往往会出现通货紧缩。通货紧缩是指货币供应量不能满足流通中实际需要的货币量而引起货币升值、价格总水平持续下跌的现象。通货紧缩不仅仅是一种货币现象,还通常伴随着经济衰退。

2. 货币失衡与纸币流通规律

在信用货币条件下,货币供应量与价格之间存在同方向变动的关系,体现了

马克思揭示的纸币流通规律。马克思从历史的演进中论证了纸币自身没有价值，是代表金属执行货币的流通手段职能。因此，纸币流通规律是建立在货币流通规律基础上的。马克思阐述了纸币流通规律："这一规律简单说来就是：纸币的发行限于它象征地代表的金（或银）的实际流通的数量。"[①] 用公式表示为：

$$单位纸币所代表的金属货币量 = \frac{流通中所需要的金属货币量}{流通中的纸币总量} \quad (12-15)$$

纸币流通规律说明，信用货币的发行量必须与由总供给决定的货币必要量相符合，即货币供应要与货币需求相适应。当货币必要量不变时，纸币发行量越多，单位币值就越低。总供给决定的所有可交易品都要由货币来定价和交易，而货币购买力是通过价格反映出来的，因此，货币数量的变化都会反映在价格水平上，二者是同方向变动的，所以往往用价格的变化来衡量货币是否失衡。关于这一点，中国古代就已经认识到"币重而万物轻，币轻而万物重"（《管子·山至数篇》）。

3. 通货膨胀与通货紧缩的度量

度量通货膨胀和通货紧缩的程度主要采用的指数有以下三种：

（1）居民消费价格指数（CPI）。居民消费价格指数是综合反映一定时期内购买并用于消费的消费品及服务价格水平变动情况的指标。由于直接与公众的日常生活相联系，该指数可较好地反映通货膨胀的程度。

（2）工业生产者价格指数。工业生产者价格指数包括工业生产者出厂价格指数（PPI）和购进价格指数（PPIRM）。工业生产者出厂价格指数是反映一定时期内全部工业产品第一次出售时的出厂价格总水平的变动趋势和变动幅度的相对数。工业生产者购进价格指数是反映作为中间投入的原材料、燃料、动力购进价格总水平的变动趋势和变动幅度的相对数。工业生产者价格指数反映了出厂价格和收购价格的变化，对零售价格具有一定的领先、决定性影响，可以预先判断其对零售商品价格变动可能带来的影响。但该指标仅反映工业生产者面临的物价水平，不包括第三产业的价格，有可能导致信号失真。

全面看待2019年CPI与PPI的背离趋势

（3）GDP平减指数。GDP平减指数等于以现价计算的本期GDP和以基期不变价格（即基期价格）计算的本期GDP的比率，是一个能综合反映物价水平变

[①]《马克思恩格斯文集》第五卷，人民出版社2009年版，第150页。

动情况的指标。国家统计局一般不发布该指数，在研究中可以通过名义 GDP 与实际 GDP 的增长率来套算。

（二）货币失衡的社会经济影响

经济运行中绝对的价格总水平稳定，既不上涨也不下跌只是特例，物价总水平的上下波动经常发生。只要能把价格波动控制在一定幅度内，不给国民经济运行造成不利影响，那么就可以认为价格波动处于正常范围。但是，当价格波动幅度过大，出现明显的通货膨胀或通货紧缩，就会对社会经济运行产生负面影响。尤其是严重甚或恶性通货膨胀，对经济社会的破坏性很大。

1. 通货膨胀的不良影响

严重的通货膨胀会对社会经济造成严重后果，大致包括以下四个效应：

（1）资源配置效应，是指通货膨胀引起的不同产品价格上升幅度不一致，导致生产资源跨部门重新配置到价格上升更快的领域，从而降低了资源配置效率。市场条件下，企业的要素投入选择使得要素边际产品价值等于要素的边际成本。如果发生通胀前要素在部门间的分配处于有效率的条件下，发生通胀会导致部门 A 生产的产品价格上涨得比部门 B 更多，那么要素在部门 A 的边际产品价值就会高于部门 B，要素就会从部门 B 流到部门 A。然而，根据边际产量递减规律，这种要素流动会导致资源利用效率降低。

（2）收入分配效应，是指由通货膨胀造成的不同收入来源和支出用途的国民经济各部门、阶层和群体间的收入再分配。发生通货膨胀时，对各部门、阶层和群体来说，名义收入的增加未必带来实际收入增长，甚至可能是下降。例如，对于领取固定收益（退休金、利息等）的居民而言，通货膨胀会使其实际收入下降；对于广大工薪阶层来说，名义工资增长滞后且低于物价涨幅，从而使得实际收入出现下降；对于企业而言，物价的上涨有利于企业利润增加，厂商和股东受益；对于政府而言，通胀环境下税基的扩大和有效税率的提高，使得政府可以获得更多的税收。这种收入再分配效应有利于利润收入者而不利于工资收入者，有利于债务人而不利于债权人。

（3）资产结构调整效应，也称为财富分配效应，是指由通货膨胀造成的持有不同资产的群体间的财富再分配。资产主要包括实物资产和金融资产。在通货膨胀环境下，实物资产的货币价值大体随通货膨胀率的变动而同方向升降。金融资产则比较复杂：股票虽然一般会上涨，但由于影响股市的因素有很多，难以确保股票能够保值；持有存款和债券是否受损，取决于实际利率能否及时调整；持有现金将直接遭受货币贬值的损失。因此,通货膨胀会使得财富在持有不同资产的投资者之间进行再分配。为了应对通货膨胀,投资者也往往会通过调整资产结构来避免通货膨胀带来的损失。

(4)恶性通货膨胀下的危机效应。恶性通货膨胀是一种失控的通货膨胀,会引发一系列严重的社会经济问题,扰乱社会秩序,并容易导致经济社会危机。例如,业务伙伴间的较长期合作关系难以建立;债务的实际价值下降,正常信用关系遭到破坏;人们普遍对持有货币缺乏信心,甚至拒绝使用和接受货币;实物交易盛行,货币流通和支付难以正常进行;不同产业之间、不同区域之间上涨幅度极不均衡,正常的经济联系和流通秩序被彻底破坏。为应对恶性通货膨胀,政府不得不出台严厉的治理措施,最终往往会引发社会和政治动荡,第一次世界大战后魏玛德国发生的恶性通货膨胀和货币崩溃,以及20世纪40年代国民政府统治时期的恶性通货膨胀,都是典型案例。

恶性通货膨胀的案例

2. 通货紧缩的不良影响

与通货膨胀一样,通货紧缩也会对经济发展产生诸多不良影响:

(1)抑制经济增长,甚至导致经济衰退。有效需求不足,物价总水平持续下降,一方面导致企业利润水平下降甚至亏损,严重打击生产者的积极性,使其减少生产或停止生产;另一方面又导致实际利息率提高,加重了生产者和投资者的债务负担,影响其生产和投资活动,从而对经济增长产生负面效应。由于投资机会相对减少和投资的边际收益下降,造成企业普遍开工不足,居民收入增长速度持续放慢,非自愿性失业大幅增加,社会不稳定因素增加。

(2)增加企业债务负担,降低企业偿债能力。由于物价水平的持续下降,名义利率下降一般赶不上物价下降的速度,通常使实际利率呈上升趋势。企业会因通货紧缩而增加债务负担。市场低迷,企业利润率降低甚至亏损,又会使企业的偿债能力下降。在严重的通货紧缩条件下,企业因资金不足而互相拖欠,造成产品流通阻滞和产品大量积压,并可能由此引发债务危机和信用危机。

(3)持续的通货紧缩易形成"需求不足—通货紧缩—需求不足"的恶性循环。经济预期对人们的经济行为有着十分重要的影响。当物价出现持续负增长时,企业会预期未来生产要素费用下降进而增加储蓄、减少投资。类似地,消费者会预期未来商品价格下降而推迟购买。由此可见,通货紧缩会通过价格预期影响社会总需求,进而形成通货紧缩自我加强的惯性运动,造成"需求不足—通货紧缩—需求不足"的恶性循环。

（三）通货膨胀的成因及其治理

从上述可见，无论是通货膨胀或通货紧缩都是货币失衡现象，超过一定程度的货币失衡会对经济社会产生诸多不良影响，必须予以治理。治理的前提是分析原因，有针对性地采取对策措施。在中国历史进程中，货币失衡问题主要表现为通货膨胀，本书主要以通货膨胀为例进行分析。

通货膨胀产生的原因比较复杂，需要厘清其直接原因与深层原因。通货膨胀是货币量过多导致的价格上涨，因此，形成通货膨胀的直接原因就是货币供应过多，最基本的对策首先是要控制货币供应量。不同时期出现通货膨胀的深层原因各有不同，一般通过区分不同类型来采取针对性的治理方法。

1. 需求拉动型通货膨胀

需求拉动型通货膨胀是指总需求超过总供给所引起的一般价格水平的持续显著上涨。由于在现实生活中，供给表现为市场上提供的商品和服务，需求则体现为用于购买和支付的货币，所以这类通货膨胀也通常归因为"过多的货币追求过少的商品"。例如，进入21世纪后，中国产品的出口竞争力大幅度增加，出现了较大规模的贸易顺差，为了稳定人民币汇率，中国人民银行不得不大量购买外汇，增加基础货币的供给，引发了一轮新的通货膨胀。

针对需求拉动型通货膨胀的成因，治理对策主要是紧缩性货币政策和紧缩性财政政策。前者包括减少基础货币投放、提高利率和提高法定存款准备金率等，后者主要是削减财政赤字，减少政府支出，也可以通过减税等增加有效供给的方法进行治理。

2. 成本推动型通货膨胀

成本推动型通货膨胀是由于产品生产成本增加成为全社会普遍现象而引发的价格总水平提高。成本推动型通货膨胀又可分为工资成本推动型通货膨胀和原材料成本推动型通货膨胀。不论企业产品成本大幅增加的原因何在，企业最为简便的应对方法就是提高产品出厂价。这就使得原材料或工资的价格上涨演变为全社会产品价格的普遍上升。原油等资源类产品价格的持续飙升带来的通货膨胀即属于该类型。

针对工资成本推动型通货膨胀，可以适度采取紧缩性的收入政策控制工资增长率。针对原材料成本推动型通货膨胀，可以通过增加原材料有效供给的方式缩小供求缺口，稳定原材料和工业消费品价格。

3. 供求混合型通货膨胀

供求混合型通货膨胀是由需求拉动和成本推动共同作用而引发的价格总水平提高。通货膨胀可能从需求拉动开始，进而由于物价上涨促使工人工资提高，这就会进一步引发工资成本推动型通货膨胀。类似地，成本推动型通货膨胀会挤压企业利润，导致企业效益恶化、产出减少和失业增加，企业面临的困境引出政府的需求扩张政策，进而从需求层面进一步拉动通货膨胀上升。

针对成本推动和需求拉动并存的混合型通货膨胀，在治理上也需要兼顾供给侧和需求侧，双管齐下。

4. 结构型通货膨胀

结构型通货膨胀是指在供给与需求总量平衡的状况下，由于某些关键领域或关键产品的供求失衡引发的价格总水平提高。初级产品在短期内的供给受到制约是结构型通货膨胀的主要促成因素。在产业结构不尽合理，能源、交通、原材料及农业等薄弱部门成为增长的瓶颈时，经济的过快增长会加剧这些初级产品生产部门供应紧张的局面，迫使这些部门的产品价格上涨。而初级产品属于各行各业生产所必需的中间投入要素，其价格上涨会通过产业部门间的传递关系导致各行业原材料和工资成本的普遍上涨，并进而推动全社会产品价格普遍上涨。自1978年价格计划管理逐步弱化以至基本放开以来，初级产品价格变动主要受供求影响，而相对短缺更使其不断上涨，导致后续产品价格上涨。比如粮食、肉类产品的持续涨价就会直接或间接引发全面的价格水平上扬。

针对结构型通货膨胀，应当推进经济结构调整，完善资源配置机制。党的十八大以来，供给侧结构性改革成为推动高质量发展的重要举措，这也帮助缓解和预防结构型通货膨胀的发生。

二、货币均衡与经济均衡的关系

经济与金融如同肌体与血脉，货币均衡虽表现为因货币供给与货币需求相互适应而导致的一种货币流通均衡状态，但其实质是社会总供求均衡的一种反映，并与之相互影响。新中国成立后，中国学者和经济工作者结合国情，实事求是地研究了货币均衡和经济均衡的关系，并提出了相应的理论。

（一）综合平衡思想的理论发展

中国在计划经济时期实行统存统贷的信贷资金管理体制。在这一体制下，经济中的货币量不会超过信贷量，管住信贷就能够管住货币。因此，在综合平衡思想的探索和发展过程中通常用信贷均衡来代替货币均衡进行分析。

1. 三平理论

"三平理论"是指财政收支平衡、信贷收支平衡、物资供求平衡以及它们之间的综合平衡。"三平理论"是在总结新中国成立后第一个五年计划的经验,特别是在1956年物资供应紧张的教训的基础上形成的。1957年1月,陈云在《建设规模要和国力相适应》一文中指出:"财政收支和银行信贷都必须平衡,而且应该略有结余。只要财政收支和信贷是平衡的,社会购买力和物资供应之间,就全部来说也会是平衡的。"[①]这被认为是"三平理论"的首次提出。

"三平理论"强调财政收支平衡和信贷收支平衡是物资供求平衡的前提。物资供求平衡是在物价不变的情况下社会购买力与商品供应量之间的平衡。在计划经济时期,生产部门(特别是商业部门和工业部门供销机构)所需增加的资金除由国家预算支付以外,其余部分依靠银行信贷解决。购买力是国家财政支出和银行信贷支出形成的,只要国家预算收支和国家信贷收支实现平衡,那么社会购买力与商品供应量总体上也会实现平衡。而财政收支平衡和信贷收支平衡的核心是财政收支必须有结余且不能动用上年财政结余。这是因为,国家信贷资金必须依靠国家预算支持,国家预算的上年结余已经被银行作为信贷资金贷给国民经济各部门。国家预算如果动用上年结余,相当于向银行收回信贷资金。这一方面可能迫使银行不适当地减少贷款,引起国民经济各部门过分地压缩物资库存量,另一方面可能导致不适当的货币发行。因此,财政收支平衡应当保证收大于余。信贷收支平衡就是其信贷资金来源必须要有财政预算支撑,不能减少财政性存款在银行总存款中的比重。

2. 财政信贷综合平衡理论

在"三平理论"的基础上,我国经济学家黄达提出和阐述了财政信贷综合平衡理论,要解决的核心问题是确定对财政收支和信贷收支进行总量控制的方针以及对这两种收支的统筹安排。该理论认为,财政信贷综合平衡归根到底是为了保证货币流通的稳定以及市场供求的基本协调。这是再生产过程得以顺畅进行和国民经济基本比例得以顺畅实现的关键条件。

财政信贷综合平衡理论对财政收支和信贷收支统筹平衡的核心观点可以概括为三点:第一,信贷有差额需要财政来平衡。当信贷支大于收时,可以将财政收

[①] 《陈云文选》第三卷,人民出版社1995年版,第52—53页。

入中相当于货币供给大于货币必要量的部分不列入支出并形成结余或增拨银行信贷基金的方式进行平衡。第二，财政有差额需要信贷来平衡。财政支大于收意味着流通中的货币过多，要使过多的货币能为流通所吸收就必须创造一个流通中货币不足的环境。第三，财政收支平衡并非等于财政信贷收支总体平衡。当财政经常性收支有差额时，信贷收支也有差额；或信贷收支有差额，财政无力保留相应的结余；或财政经常性收支有差额，信贷收支没有足够资金来源弥补这一差额，就说明财政信贷收支总体难以平衡。那么，流通中将出现过多的货币，导致供不应求的局面。因此，不能认为财政收支平衡就能够决定货币流通和市场供求的平衡，应将着眼点放在如何保证财政信贷的综合平衡。

3. 四平理论

随着中国对外经济的发展，外汇收支对宏观经济活动影响日益加深，中国在组织国民经济综合平衡时，需要在原有的三大平衡基础上增加外汇收支平衡，从而形成了四大平衡，也可称为"四平理论"，即财政收支、信贷收支、物资供求和外汇收支的平衡以及它们之间的综合平衡理论。外汇收支涉及面广，在组织外汇收支平衡时不仅要考虑进出口贸易的外汇收支是顺差还是逆差，还得就债务、援助、汇兑等外汇收支进行通盘考虑，统一平衡。第一，外汇收支与财政收支紧密相关。一方面，债务收支和援助收支是财政收支的组成部分。利用外资进口机器设备要由财政承担还本付息和国内配套投资，因此利用外资规模需要考虑国家财力；另一方面，外贸企业的盈余是财政收入的来源，其亏损则要由财政给予弥补。第二，外汇收支与信贷收支紧密相关。外汇收支平衡的结果、外汇结存的增减表现在银行信贷上即外汇占款的增加或减少，外汇收支平衡状况已成为影响信贷平衡和货币投放、回笼的一个重要因素。第三，对外贸易和物资供求平衡紧密联系。商品的出口和进口会最终影响生产资料和消费资料的实际供应比例，贸易顺差或逆差也会影响总量平衡。这就意味着在组织信贷与物资的综合平衡时应当考虑经过外贸调节后的物资供应。

（二）四边联动的货币-经济均衡机制

货币与金融的关系决定了货币均衡与总供求均衡之间具有内在的逻辑联系，主要体现在以下四点。

1. 总供给（AS）决定了货币需求（M_d）

总供给是一国在一定时期内提供的全部供最终消费的商品和劳务的总和，体现为总收入。货币需求决定理论揭示了总收入决定货币总需求的基本原理。总供给决定了需要多少货币来实现价值,从而引出交易性货币需求;总收入对资产性货币需求有决定性影响。

2. 货币需求(M_d)是货币供给(M_s)的决定依据

上一节的现代货币供给机制阐释了在双层货币供给机制中,货币供给是依据货币需求来提供的:商业银行体系主要根据客户需求提供信贷,并由此创造存款货币;中央银行根据金融市场和经济运行状况投放基础货币,并根据货币需求的变化来调控货币供给。因此从总体上看,是货币需求引导货币供给。

3. 货币供给(M_s)决定并制约总需求(AD)

总需求是一国在一定的支付能力下全社会对生产出来供最终消费和使用的商品和劳务的需求总和,主要包括消费需求和投资需求。在货币经济运作中,总需求要以一定的货币量作为载体,如果没有货币供给,有效需求就无从产生和表示。因此,货币供给决定并制约影响总需求,货币供给的变动通过影响利率、改变信贷的可获得性和股票市场价格等渠道影响企业的投资需求,对居民的消费需求和出口需求也有着重要的影响。货币供给增加将导致总需求增大,反之则减少。但如果货币供给过多就可能会造成总需求的膨胀,从而导致通货膨胀;如果货币供给不足则总需求下降,可能导致通货紧缩。

4. 总需求(AD)对总供给(AS)有决定性的影响

随着工业化程度的提高,总供给能力越来越强,供过于求的生产过剩成为经济运行中的常态,大多数厂商都需要积极寻求需求方,市场上只要有需求就会有供给。因此具有现实购买能力的总需求对总供给有着决定性影响。

根据上述四个关系,社会总供求均衡与货币均衡形成了四边联动关系,如图 12-1 所示,其中箭头表示主要的决定性作用。此外,货币供求与总供求的四个因素间除受到上述关系的决定性影响外,彼此还会产生相互作用。

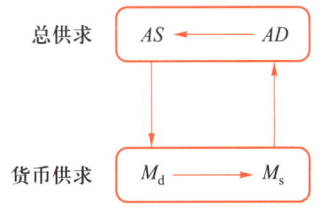

图 12-1 货币均衡与总供求均衡

综上可见,货币均衡形式上是一种货币供求均衡的状态,但实质上是总供求均衡的一种反映。货币均衡的两个基本标志就是商品市场上的物价稳定和金融市场上的利率稳定。上述的四边联动关系表明,一方面,实现货币均衡有助于实现总供求均衡,因此,中央银行可以通过货币政策操作来调控宏观经济;另一方面,总供求的均衡是货币均衡的基础与保证,因此,需要完善国家战略规划体系和政策统筹协调机制,统筹总供求均衡与货币均衡的一致性。

> **原理12-4** 货币均衡是总供求均衡的一种反映，货币均衡的两个基本标志是商品市场上的物价稳定和金融市场上的利率稳定。

（三）开放经济下的货币均衡与经济均衡

1. 对外收支与总供求的关系

开放经济下影响总供求的变量更多，诸如货物和服务进出口、跨境资金流动等国际收支因素均可能影响总供求间的关系。在支出法下，GDP可分解为消费、投资、货物和服务的出口以及货物和服务的进口。其中，货物和服务出口是国外对本国商品的需求和构成扩大总需求的因素，货物和服务进口是增加国内商品可供给量和构成扩大总供给的因素。

任何外部的不平衡都会反映到内部不平衡上，同样，内部的不平衡也会影响外部的平衡，其原理在本书第八章中已经做了阐释。

2. 开放经济下的货币供求变化

（1）对货币供给的影响。开放经济下现代信用货币供给的原理和机制并没有发生根本性的改变，但国际收支通过银行体系外汇资产的增减和中央银行在外汇市场上的公开市场操作影响货币供应量。这种影响在不同汇率制度下有所差异。在固定汇率制度下，国际收支会通过商业银行和中央银行的活动产生影响。一方面，商业银行购入外汇大于售出，外汇存量净增长，则货币供应量净增加；反之，则货币供应量净减少。另一方面，中央银行维护汇率稳定的义务促使中央银行在外汇市场通过买卖外汇进行干预，从而影响货币供应量。当本币有升值压力时，中央银行会在外汇市场购入外汇。商业银行把外汇卖给中央银行后，相应增加了在中央银行的存款准备金，这将促使商业银行加大存款派生，从而扩大货币供应量。由此可见，在固定汇率制度下，一国的外汇收支盈余会构成货币供给增加的压力，反之一国的外汇收支赤字会构成货币供给减少的压力。在浮动汇率制度下，中央银行一般不承担维持汇率稳定的义务，汇率主要受市场供求关系的影响。但是，中央银行也仍然会出于实现某种政策目标而在公开市场上买进或卖出外汇，从而引起货币供应量的扩张或收缩。

（2）对货币需求的影响。开放经济下国际收支对本国的货币需求也会产生影响。一是对交易性和预防性货币需求的影响。一国开放程度越高，进出口的商品和劳务交易量就越大。对于国际储备货币发行国而言直接体现为交易性和预防性货币需求的增加。对于非储备货币的发行国，也会通过货币的兑换影响本国的货币需求。二是对资产性货币需求的影响。开放经济下的跨境资金流通对本国资产性的货币需求有重要影响，包括直接投资的配套资金安排、外资进入后的还本付息需求、国外投资等。与此同时，开放经济下外汇本身成为重要的资产，公众参与外汇市场的买卖对资产性货币需求产生了重要的影响。

3. 开放经济下的货币均衡

在开放经济下，当采取固定汇率或者有管理的浮动汇率制度时，国际收支与国内资金循环交织在一起，国际收支的不平衡会对货币均衡产生影响。当一国出现国际收支盈余时，外汇储备的增加会导致中央银行基础货币的被动投放。此时，如果中央银行不予以干预，由基础货币投放导致的货币供给增加会使利率下降，进而使得货币需求上升，重新实现货币均衡。当然，中央银行也可以使用货币政策工具减少基础货币的国内投放部分，从而对冲国际收支盈余对基础货币的影响，使货币供给与货币需求大体相适应。反之，当一国出现国际收支赤字时，外汇储备的下降会导致基础货币的减少，造成货币供给趋紧。在中央银行不干预的情况下，货币供给的减少会推高利率水平，进而使得持有货币的机会成本上升，货币需求下降，重新实现货币均衡。如果中央银行进行干预，则可以使用货币政策工具增加基础货币的投放来对冲外汇占款减少导致的货币供给收缩，从而使货币供给能够大体满足货币需求。

4. 开放经济下的经济均衡

开放经济下的货币均衡和经济均衡是建立在国内外经济运行和结构平衡基础上的均衡。开放经济下外部因素对社会总供求、货币供给、货币需求都有重要影响，即使在本国基本均衡的情况下，他国的动荡也会对本国造成冲击，因此货币均衡和经济均衡较封闭经济更为复杂和困难，仅仅依靠市场自发力量通常难以实现内外经济均衡，要通过财政政策、货币政策、外贸政策以及结构性改革等多重政策工具和手段的配合，力求达到内外经济均衡。

当一国出现持续的国际收支盈余时，应增加消费支出或投资支出，进行结构性的政策调整，鼓励进口和对外投资来实现均衡。第一，可以借助汇率政策进行调节。面对经常账户盈余，可以通过实施本币升值的汇率政策，起到抑制出口和刺激进口的作用。第二，可以借助宽松的货币政策和财政政策来刺激国内消费和投资，增加国内总需求。第三，通过结构性改革扩大内需。仅仅依靠汇率政策、货币政策和财政政策并不能完全解决国际收支不平衡的问题和实现内外均衡，这是因为内外失衡很大程度上是由经济结构的深层次问题所导致的。我国的国际收支盈余扩大的过程中，尽管人民币处于升值趋势，但并未能够扭转国际收支盈余扩大的趋势。其重要原因之一是我国经济长期存在高储蓄的问题，这一方面来源于勤俭节约的传统，另一方面由于社会保障、住房、教育体制等改革尚未完全到位，居民有较强的预防性储蓄意愿。这使得我国经济增长主要依靠投资和出口拉动，其结果是国际收支盈余逐步扩大。为了促进我国经济实现内外均衡，就需要正确处理储蓄和消费的关系，通过加快转变经济发展方式，推进供给侧结构性改革，实现消费、投资、出口协调发展的格局，保证长期实现内外均衡。

反之，当一国出现持续的国际收支赤字时，应提高本国产出或减少支出，进行结构性的政策调整，吸引资金流入来实现内外均衡。

三、货币均衡机制的演变

货币均衡机制是指货币供给与货币需求实现均衡的机理与过程。不同时期的货币均衡机制也不同。

（一）社会主义建设时期的货币均衡机制

在社会主义建设时期，货币需求和货币供给都受制于计划，形式上的货币均衡是通过计划管制实现的。

1. 经济主体的货币需求受制于计划

企业的货币需求受到严格的计划制约，企业的交易性货币需求取决于产供销计划，投资性货币需求完全取决于政府部门的投资计划；居民在低收入约束下货币需求非常有限；政府各部门的货币需求也完全依附于各种计划。

2. 货币供给和货币调控均取决于计划

在计划经济和复合银行体制下，货币供给主要取决于中国人民银行的信贷计划，企业和居民等微观主体在货币供给过程中完全是被动的，财政和政府主管部门对货币供给的压力也要通过银行体系才能实现，因此货币供给是计划执行的结果。中国人民银行通过现金收支计划和综合信贷计划分别调控现金和存款货币。编制的计划一经确定后指令性地下达，中国人民银行内部的各级机构必须严格执行，企业只有在计划之内才能获得贷款，按现金管理计划保持现金余额。贷款控制不仅有总量上的规模控制，而且包括结构上的部门和种类控制等，控制手段主要是指令性的贷款指标管理，贷款的增减和投向变化必须经过批准并纳入追加的信贷计划之中。整个调控过程简单直接，没有市场经济体制中的间接传导环节，很容易迅速实现调控目标。

3. 计划失当与货币失衡

尽管在计划经济体制下的货币调控非常有力，理论上很容易实现货币均衡，但实际上仍然会发生计划失当，造成货币失衡。然而，由于计划经济体制下对一般物价和工资实行严格管制，对各种生产资料实行计划分配、对大部分生活资料采取票证配给等措施，所以货币供求的失衡并不反映在公开的物价指数上，而是通过抢购惜售、有价无货、黑市猖獗、以物易物等扭曲现象反映出来。同时，由于对利率实行严格管制，货币供求的失衡也不反映在利率上，而是反映在贷款指标的争夺、拖欠贷款的情况等方面。

（二）改革开放以来转轨中的货币均衡机制

"双轨"货币均衡机制是指计划性货币均衡机制（计划轨）和市场化货币均衡机制（市场轨）并存的一种货币均衡机制。在渐进式改革的过程中，我国的货币均衡机制的转变大致可以分为三个阶段。

第一阶段：单一的计划轨转向以计划为主、市场为辅的"双轨"货币均衡机制。计划经济时期我国的信贷资金管理实行统存统贷，编制现金收支计划，事实上货币的供给完全由计划决定，货币均衡机制为单一计划轨下的均衡。1979年起，国家开始改革统存统贷资金管理体制，1981年推行"统一计划、分级管理、存贷挂钩、差额包干"的管理办法。在差额包干的信贷资金管理体制下，通过核定和调整信贷差额调节货币供应量的方式虽然本质上仍然是一种计划控制货币供给的模式，但差额包干已经使现代货币创造机制中的商业银行派生存款功能发挥出来，货币均衡不再完全由计划决定。

第二阶段：以计划为主、市场为辅的"双轨"货币均衡机制，逐步转向以市场为主、计划为辅的"双轨"货币均衡机制。1984年中央银行制度设立以后，我国于1985年开始实行"统一计划、划分资金、实贷实存、相互融通"的信贷资金管理体制，中国人民银行使用再贷款和贷款规模控制等手段，形成了对商业银行存款货币创造的双重控制机制。但在现实中，国有银行贷款冲击强烈，形成了对央行的"倒逼机制"，导致1985年至90年代中后期货币供给增加，多次引发通胀，反映出市场需求在货币均衡机制中的作用明显增强。党的十四届三中全会后，为建立国务院领导下独立执行货币政策的中央银行宏观调控体系，1994

年起开始逐步实行"总量控制、比例管理、分类指导、市场融通"的新办法，取消"统一计划"，更加注重市场机制。但由于1992年出现的通货膨胀仍在治理中，贷款规模控制在货币均衡中仍然发挥着重要作用，计划轨的货币均衡机制仍有一定影响。

第三阶段：以市场为主、计划为辅的"双轨"货币均衡机制转向单一的市场轨。随着金融机构的不断增多，金融创新和资金融通渠道的多样化，只控制国有商业银行的贷款规模已经达不到预期调控效果。中国人民银行从1998年起取消对商业银行的贷款规模管理，实行"计划指导、自求平衡、比例管理、间接调控"的信贷资金管理体制。取消贷款限额控制不仅标志着中央银行在货币政策实施上由直接调控向间接调控的重大转变，而且有力促进了现代商业银行经营机制的形成，使市场化机制在货币均衡中的作用逐步增强。贷款限额控制取消后，中央银行加大了市场化货币政策工具的操作力度，调节货币供应量以满足货币需求和经济增长的需要。

（三）社会主义市场经济中的货币均衡机制

1. 以利率为核心的市场化货币均衡机制

在市场经济条件下，货币均衡的实现过程离不开利率的作用。利率均衡机制是指以利率为核心的市场化货币均衡机制。在这个机制中，货币供给和货币需求同利率变动之间相互制约的联系与运动形成了均衡。对于货币供给而言，利率越高货币供应量越多，因此货币供给曲线向右上倾斜，如图12-2中的 M_s 曲线所示。这是因为，当市场利率升高时，商业银行就会通过减少超额存款准备金来扩大贷款规模，增加货币供应量。居民和企业因持有现金货币的机会成本增大而减少现金持有，从而推高了货币乘数，也会导致货币供应量增加。对货币需求而言，利率越高货币需求量越小，因此货币需求曲线的特点是向右下倾斜，如图12-2中的 M_d 曲线所示。这是因为，利率越高持有货币的机会成本越高，居民和企业就会增加对其他金融资产的需求而减少对货币的需求。货币供给曲线与货币需求曲线的交点（E）即为均衡点，该点决定了均衡利率（i_e）和均衡货币量（M_e）。

货币供求会因各自变化的时间不一致或数量不等而打破货币均衡状态，但在利率均衡机制的作用下又可恢复均衡。当因中央银行的行为或市场内生因素导致货币供给增加时，如图12-3所示，货币供给曲线从 M_s 右移至 M_s'。此时，由于货币供给（M_u）大于货币需求（M_e），市场利率将下降。这使得持有非货币金融资产的收益下降，意味着放弃货币流动性的补偿减少，于是居民和企业货币需求增加，最终货币供给与货币需求又会在 E' 处实现均衡。类似地，当货币需求发生大幅度增加时，货币需求曲线从 M_d 右移至 M'_d。由于货币需求（M_u）大于货币供给（M_e），市场利率会上升。这会促使商业银行的贷款收益增加，进而促进存款货币创造，使货币供给增加，市场实现新的均衡（E''）。在新的均衡下，均衡利率会上升（$i''_e > i_e$）。中央银行如果想维持原有的均衡利率水平，可以通过增加基础货币投放和下调存款准备金率来增加货币供给，推动供给曲线右移至 M'_s，进而促使新的均衡在原有的利率水平上实现。关于中央银行如何使用货币政策工具改变货币供给，将在本书第十三章中论述。

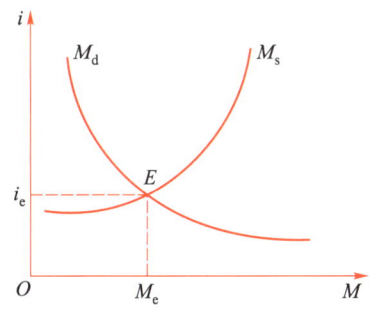
图 12-2 利率决定的货币均衡机制

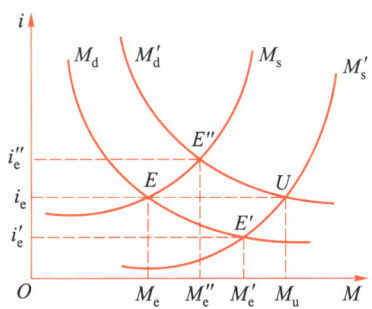
图 12-3 货币供求冲击下的利率均衡机制

2. 市场化货币均衡机制的运行条件

市场化货币均衡机制的实现需要具备两个条件。第一个条件是健全的利率机制。利率作为金融市场上货币的价格，既灵敏地反映货币供求的状况，又能够调节货币供求关系使之实现均衡。第二个条件是发达的金融市场，尤其是发达的货币市场。金融市场上有众多的金融工具可供投资者选择，货币资产与其他各类金融工具之间可以便利而有效地互相转化，从而调节货币供求。随着利率市场化改革的深入和金融供给侧结构性改革的深化，市场化均衡机制的两个条件在我国已越发成熟，利率均衡机制的作用进一步增强。

重要术语

货币需求　货币流通规律　"1∶8"经验式　货币供给　货币供应量　双层货币供给机制　基础货币　货币乘数　货币均衡　通货膨胀　"三平理论"　财政信贷综合平衡理论　"四平理论"

 思考题

1. 请结合生活中的例子，说明收入和利率是货币需求的主要决定因素。

2. 请登录国家统计局和中国人民银行网站查找2010年以来中国GDP增速、CPI和M2增长率的数据，结合交易方程式计算各年货币流通速度，同时思考2010年以来中国货币流通速度变化背后的原因。

3. 如何理解双层货币供给机制下的"源"与"流"？

4. 货币供给是否可控？请结合中国改革开放以来货币供给状况进行分析。

5. 结合货币均衡与社会总供求均衡的关系，谈谈对强大的货币的理解。

6. 在市场化的货币均衡机制中，利率是如何起作用的？

即测即评

第十三章　货币政策与宏观调控

建立健全科学稳健的金融调控体系是加快构建中国特色现代金融体系的重要内容和保障。党的十八大以来，党中央高度重视货币政策及其对经济发展全局的重要性。为了揭示健全现代货币政策框架和建立科学稳健金融调控体系的内涵及两者的内在联系，本章在系统阐述货币政策的基本框架与作用原理的基础上，解读现行货币政策框架下的政策目标、工具和传导机制，从中国货币政策的实践中总结调控经验，厘清中国宏观调控政策的思想理念以及货币政策在其中的地位，阐释货币政策与宏观审慎政策、财政政策及其他宏观调控政策协调配合的原理和实践经验。

第一节　货币政策的框架与目标体系

货币政策的涉及面很广，包含的要素众多，且各要素间存在紧密的逻辑联系。随着经济发展阶段和结构特征的变化，货币政策也要适应经济社会发展需要作出相应调整。为了深刻理解和把握货币政策的基本功能和作用原理，有必要首先从宏观上对货币政策形成整体认识。

一、货币政策框架的构成

货币政策是指中央银行为实现既定目标，运用各种工具调节货币供求以实现货币均衡，进而影响宏观经济运行的各种方针措施。货币政策框架由政策决策、政策工具、政策目标体系和传导机制等部分构成，如图13-1所示。

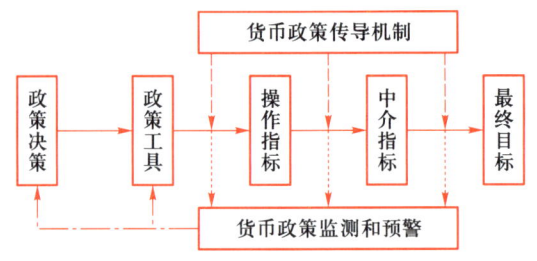

图 13-1 货币政策框架

货币政策框架的组成部分是一个有机整体，具有紧密的相互影响和传导关系。第一，中央银行经过内部程序进行货币政策决策之后，运用货币政策工具直接作用于操作指标，操作指标的变动引起中介指标的变化，并进而实现中央银行的最终政策目标。第二，中央银行使用货币政策工具实现最终目标需要借助货币政策传导机制来实现。第三，中央银行需要及时进行监测和预警，以便观察政策工具的操作是否使操作指标和中介指标进入目标区，并据此随时调整政策工具，为未来的政策决策提供参考依据。

中国人民银行在党中央、国务院的领导下，不断完善货币政策框架。党的十九届五中全会提出"建设现代中央银行制度"，这就要求健全现代货币政策框架。健全现代货币政策框架需要优化的货币政策目标、创新的货币政策工具和畅通的货币政策传导机制。

> 📖 **原理 13-1** 现代货币政策框架力图通过科学的货币政策决策、创新的货币政策工具和畅通的货币政策传导机制达到最终目标。

二、多重货币政策目标

（一）货币政策目标的具体内容

货币政策目标是指通过货币政策的制定和实施所期望达到的最终目的，是中央银行的最高行为准则。当代各国的货币政策目标大致可概括为五项：币值稳定、充分就业、经济增长、国际收支平衡和金融稳定。中国奉行双重货币政策目标，即"保持货币币值稳定，并以此促进经济增长"。从实际操作来看，中国实行多重货币政策目标：一是维护低通胀率；二是推动经济合理增长；三是保持较为充分的就业；四是维护国际收支平衡；五是维护金融稳定。

(二)以币值稳定为主要目标的现实选择

在多重货币政策目标中,中国始终以币值稳定作为主要目标,这与中国经济发展的阶段特征密切相关。其一,中国经济处于转轨期,复杂的经济环境容易引发经济过热,潜在通胀压力较大。其二,在经济快速增长以及国际产业分工重组的推动下,中国长期面临着国际收支双顺差的格局,外汇大量流入导致流动性被动投放较多,也对物价形成了压力。以币值稳定为目标,可以主动控制通胀,有利于保持人民币的坚挺和推进国际化进程。其三,随着中国对外开放的逐步深入,保持币值稳定不仅包括物价水平的稳定,还包括汇率的基本稳定。汇率的剧烈波动尤其是汇率的大幅贬值,会使得以外币度量的我国国内生产总值下降,不仅影响本国在国际竞争中的地位和本国居民的购买力,还会影响国内外对中国经济的信心。

(三)兼顾多重目标的必要性

中国经济发展和转型的现实情况决定了货币政策除了币值稳定目标,还需要兼顾经济增长、充分就业、国际收支平衡和金融稳定等目标。统筹兼顾是一个科学方法论。在党的领导下,中国货币政策目标的选择运用了统筹兼顾科学方法论,以全面的、发展的、系统的观点看待问题、分析问题和解决问题。作为全球最大的新兴经济体,中国的货币政策既要为价格并轨和货币化提供必要空间,还要根据不同阶段经济增长的实际情况,兼顾转型发展和金融稳定的需要,曾很长时期要考虑双顺差的干扰,于是形成了中国货币政策以币值稳定为主、同时始终坚持多重目标的特点。中国的多重目标主要包括以下四个。

1. 经济增长

对经济增长目标的兼顾,可以追溯到1984年中国人民银行专使中央银行职能至1995年《中国人民银行法》颁布前的货币政策实践。在该时期,随着改革开放的推进,货币政策在支撑经济增长的同时,伴随着较为严重的通货膨胀。因此,就有必要将币值稳定和经济增长都设为货币政策目标。"保持货币币值稳定,并以此促进经济增长"体现了两个要求。第一,不能把稳定币值与经济增长放在同等的位置上。从主次看,稳定币值始终是主要的。从顺序来看,稳定币值为先。中央银行应该以保持币值稳定来促进经济增长。第二,即使短期内兼顾经济增长的要求,仍必须坚持稳定货币币值的基本立足点。

2. 充分就业

充分就业是指失业率降到社会可以接受的水平,即在一般情况下符合法定年龄、具有劳动能力并自愿参加工作的人都能在较合理的条件下有参与劳动的机会。实现充分就业才能使经济发展真正以人民为中心，为社会主义劳动者的自由全面发展创造条件。在复杂的国内外经济环境下，中国货币政策有必要兼顾充分就业目标。一方面，由于中国人口众多，城乡之间、地区之间发展不平衡，大量农村剩余劳动力要向城市转移，面临巨大的就业压力；另一方面，经济结构调整和世界经济发展周期对充分就业目标产生了重要影响。

3. 国际收支平衡

国际收支平衡是指一定时期内经常项目与资本和金融项目引起的对外货币收支基本平衡，略有盈余状态。中国在改革开放以后的很长一段时期内面临国际收支大额双顺差格局，流动性被动投放过多，对货币供应量和通胀有重要影响，这使中央银行必须关注国际收支平衡问题。

4. 金融稳定

中国采取的渐进式改革使得经济保持了稳定发展，但同时产生了一定的金融风险，这就要求货币政策兼顾起化解金融风险的职责。在渐进式改革的过程中，国有银行和国有企业的产权制度和治理结构长期处于一种不完善的过渡状态，分税制改革后地方财政事权与财权不对等，金融监管体制与混业经营发展趋势不适应，这些问题造成了不良资产累积、高风险影子银行、房地产金融化和地方政府隐性债务等金融风险。金融稳定是宏观经济稳定的重要因素，金融风险的累积不仅会威胁经济的长期稳定增长，还会对深化经济改革造成障碍，甚至影响货币政策的有效性。因此，货币政策必须承担起化解金融风险的职责。

稳健的货币政策要灵活适度、精准有效。保持流动性合理充裕，社会融资规模、货币供应量同经济增长和价格水平预期目标相匹配。发挥好货币政策工具总量和结构双重功能，盘活存量、提升效能，引导金融机构加大对科技创新、绿色转型、普惠小微、数字经济等方面的支持力度。促进社会综合融资成本稳中有降。保持人民币汇率在合理均衡水平上的基本稳定。

——《中央经济工作会议在北京举行》，《人民日报》2023年12月13日。

三、货币政策操作指标与中介指标

（一）操作指标与中介指标的作用与条件约束

货币政策操作指标是中央银行通过货币政策工具操作能够准确实现的政策变量，如存款准备金、基础货币等指标，也可称为操作目标。操作指标有两个特点：一是直接性，即运用政策工具可以直接引起这些指标的变化；二是灵敏性，即对政策工具的运用反应极为灵敏，政策工具可以准确地作用于操作指标，使其达到目标区。因此，操作指标通常是中央银行体系之内的可控性指标。

货币政策中介指标处于最终目标和操作指标之间，是中央银行通过货币政策操作和传导后能够以一定的精确度达到的政策变量，如货币供应量、市场利率等指标，也可称为中介目标。一般而言，中介指标不在中央银行体系之内，是一个受整个金融体系影响的指标。中央银行主要通过政策工具直接作用于操作指标，进而控制中介指标，最终实现政策目标。

为了发挥货币政策操作指标和中介指标的功能，通常要求指标选择满足以下条件。第一，可测性，是指中央银行能够迅速获得这些指标准确的数据资料，并进行相应的分析判断。第二，可控性，是指这些指标能在足够短的时间内受到货币政策的影响，并按政策设定的方向和力度发生变化。第三，相关性，是指该指标与货币政策最终目标有极为密切的关系，控制住这些指标就能基本实现货币政策目标。第四，抗干扰性，是指该指标受非政策因素的干扰程度低，能够较好地传递和反映货币政策的效果。一般而言，操作指标需要同时满足以上四个条件，中介指标应当满足前三个条件。

（二）操作指标的选择

1. 可选择的操作指标

货币政策可选择的操作指标包括存款准备金和基础货币等数量型指标，也包括中央银行利率和货币市场利率等价格型指标。

（1）存款准备金。准备金是中央银行可直接操作的指标，并且是货币政策工具影响货币供应量、市场利率等中介指标的主要传导指标。存款准备金总额、法定存款准备金、超额存款准备金均可作为操作指标，但其特性不同。法定存款准备金的多少完全取决于中央银行自行决定的法定存款准备金率，具有很强的可测性、可控性、相关性和抗干扰性。但是，法定存款准备金率的调整影响较大，不适合进行政策微调。以超额存款准备金为操作指标，就是通过政策工具来调节、监控商业银行及其他金融机构的资金紧缺程度。中央银行可以通过调节法定存款准备金率、公开市场操作、再贴现和再贷款工具调节金融机构的超额存款准备金水平。

（2）基础货币。基础货币的可测性较好，并且在中央银行基础货币的供给过程中，法定存款准备金率、公开市场业务、再贴现和再贷款、发行央行票据等货币政策工具都可以作用于基础货币，故可控性和抗干扰性也较强。

（3）中央银行利率。中央银行利率包括中央银行自行决定的再贴现率、再贷款利率、准备金存款利率、央行票据利率等，具有良好的可控性、可测性和抗干扰性，但与货币政策最终目标的相关性较弱。

（4）货币市场利率。中央银行的货币政策操作主要在货币市场进行，能够对同业拆借市场利率、回购协议市场利率、票据市场贴现率等货币市场利率产生影响，因此可以将其作为操作指标。并且，由于货币市场交易相对集中、信息比较透明，可测性较好。相关性则取决于货币市场的市场化程度和发达程度。

2. 中国的操作指标

中国货币政策操作指标主要包括基础货币、银行的超额存款准备金率以及货币市场利率（如上海银行间同业拆放利率、银行间债券市场回购利率）。加入世界贸易组织之后，资本流入和外汇储备增加导致外汇占款上升。为此，人民银行通过提高法定存款准备金率和发行央行票据等方式来对冲，基础货币和超额存款准备金率成为直接有效的操作指标。但是，频繁调整法定存款准备金率加大了流动性冲击和市场利率波动。随着金融市场的发展和货币市场基准利率的完善，货币政策操作将更多依赖反映市场资金供求的货币市场利率。

（三）中介指标的选择

1. 可选择的中介指标

货币政策可选择的中介指标一般有利率、货币供应量、信贷量和汇率等，常用的是利率、货币供应量。

（1）利率。以利率作为中介指标就是通过政策工具调节、监控市场利率水平，使其达到中央银行的期望值。与操作指标不同，作为中介指标的利率通常是中央银行体系之外的、受到金融市场更广泛影响的市场利率。利率作为中介指标的优点是可测性和相关性较强，能有效作用于货币和金融变量，调节市场总供求。但是，以利率作为中介指标对一国金融市场的发达程度有较高的要求。

（2）货币供应量。以货币供应量作为中介指标就是通过调节其增速以适应经济增长需求。中央银行根据经济和金融市场状况设定货币供应量的增速目标。若增速过高则减少货币供应量,反之则增加货币供应量。货币供应量作为中介指标的优点在于:相关性较强,与经济发展状况和货币政策最终目标比较接近;可控性较好,中央银行可以通过调节基础货币和法定存款准备金率来调节货币供应量。但是,货币供应量的可测性和可控性对金融环境的要求较高。金融创新可能削弱其可测性和可控性,当金融创新的影响足以引起金融结构的变化时,相关性也会减弱。

2. 中介指标选择的变迁

在中国货币政策的实际调控中,货币政策中介指标包括货币供应量和信用总量。货币供应量和信用总量对应多种口径,这些指标的可控性、可测性和相关性在不同经济体制和经济结构下呈现出较大差异,使得中国在不同时期采用的中介指标口径有所差异。20世纪80年代,中国经济处于计划经济向市场经济的转轨时期,该时期的货币政策中介指标是现金和贷款规模。因当时货币供给主要通过贷款渠道实现。20世纪90年代,狭义货币(M1)成为重要中介指标。1998年,中国人民银行改革了货币调控方式,取消了对商业银行指令性信贷,并确定以广义货币(M2)为中介指标。2009年起,政府工作报告设定M2增速目标值。受到金融技术发展、金融创新和利率市场化等因素的影响,M2作为货币政策中介指标的有效性受到影响。自2016年开始,政府工作报告增设了社会融资规模余额增速的目标值作为对M2增速目标值的补充。

2018年以后,政府工作报告不再公布M2和社会融资规模余额增速目标值,但是货币政策调控仍然以广义货币供应量和社会融资规模余额增速作为中介指标。随着我国转向更高质量发展阶段,潜在增速出现下降趋势,仍然依照历史经验设定M2和社会融资规模余额增速的定量目标,可能导致货币信贷与经济运行偏离,形成过度宽松的局面。因此,进入新发展阶段,货币政策中介指标的锚定方式转为与名义经济增速基本匹配,从而更好地实现跨周期政策设计和逆周期调控。

> **知识链接 13-1 逆周期调节与跨周期调节的区别与联系**
>
> 中国自古以来就建立了逆周期和跨周期调控的思维。例如,《史记》中就有"旱则资舟,水则资车"的逆周期思维,《道德经》中提到了"慎终如始,则无败事"的跨周期思维。逆周期调节措施持续时间短,在完成为经

济降温或托底的短期目标后就退出。跨周期调节则追求长期目标的实现，跨周期调节的一整套政策工具会经历拓展、完善、升级等长期过程。逆周期调节和跨周期调节互为补充、辩证统一，统筹服务经济的短期、中长期健康运行。经济结构的长期调整和短期波动并行决定了逆周期调节本身需要跨周期设计，而跨周期设计也包含逆周期考虑。

四、数量型和价格型的货币政策框架

根据操作指标或中介指标的不同，货币政策框架可分为数量型和价格型两类。货币数量的变化将影响价格调整，货币价格的调整也将引发数量相应变化。因此，在金融市场发育健全、价格机制有效发挥条件下，对物价、产出等货币政策最终目标而言，数量型和价格型货币政策的调控效果应当是等价的。在现实中，由于金融市场不完全、传导机制不完善等存在，两种货币政策框架的适用性和政策效果存在差异。

（一）数量型和价格型货币政策框架的内涵与作用机制

数量型货币政策框架通常以货币供应量等信用总量为中介指标，通过调整信用总量来调控宏观经济。一方面，调控货币供求以保持币值稳定。如第十二章所述，现代信用货币制度下的货币价值取决于货币供求均衡，货币供求失衡都会导致币值的变化，对内会引起通货膨胀或通货紧缩，对外则引起本币汇率波动。中央银行通过货币政策工具的操作使货币供求接近均衡。另一方面，通过调控货币供给实现社会总供求的内外均衡，能够使经济保持内外均衡，并促进充分就业和经济增长。由此可见，数量型货币政策调控基于宏观总量关系，政策效果直接明显，但可能扭曲价格机制并干预微观主体行为。

价格型货币政策框架通常以利率为中介指标，通过调整利率、汇率和资产价格来实现政策目标。利率和汇率作为重要的金融杠杆，能够影响经济主体的决策和行为：低利率刺激投资和消费；高利率抑制投资并吸引储蓄。汇率的变化直接影响进出口贸易和国际资本流动。中央银行可以根据国内外的经济形势和市场供求状况，通过调节利率和汇率，影响经济主体的决策和行为，改变消费、储蓄与投资的数量结构，进而影响就业、经济增长和国际收支。由此可见，价格型货币政策调控依

零利率下限约束与量化宽松

赖价格机制间接发挥作用，要求微观经济主体根据价格信号调整自身行为，对金融市场发育程度和货币政策传导机制的要求较高。表 13-1 列示了两种类型货币政策框架的比较。

表 13-1 数量型和价格型货币政策框架比较

类别	数量型货币政策框架	价格型货币政策框架
调控目标	货币数量（基础货币、货币供应量等）	金融价格（利率、汇率、资产价格等）
传导机制	以存款性公司为主体，中央银行为主导，通过调整贷款等货币供给活动实现政策目标	以金融机构和企业、居民等微观主体为对象，通过改变其财务成本和收入预期进而改变经济行为实现调控目标
调整方式	直接调整 GDP、CPI、固定资产投资（FAI）等宏观经济变量，对微观主体行为的影响力较弱	间接调控宏观经济变量，注重影响微观主体的预期来调整经济行为
观测重点	观测 GDP、CPI、FAI 等宏观经济变量	观测微观主体预期与经济行为的调整及其对金融价格的影响

（二）中国货币政策框架由数量型向价格型的转变

改革开放以来，中国主要采用的是数量型货币政策框架。以数量为主的间接货币调控方式主要受限于改革开放之初中国金融市场发育不足和利率传导机制不畅等客观因素，也与计划经济时期数量调控的政策惯性和决策偏好等主观因素有关。数量型货币政策调控在中国经济实现平稳较快增长、保持物价基本稳定方面发挥了积极的作用。中国先后经受住了 1997 年亚洲金融危机和 2008 年国际金融危机两次巨大外部冲击考验，成功应对了通货紧缩、持续双顺差和流动性过剩以及经济进入发展新常态后金融调控环境变化等严峻挑战。

近年来，随着市场化改革的深化，金融市场创新和金融脱媒迅速发展，货币需求越来越不稳定，M2 与产出、物价的相关性减弱。与此同时，大量货币由表内转向表外，使得货币供给的内生性日益增强。由此，M2 作为数量型货币政策中介指标的可测性、可控性和相关性明显下降，数量型货币政策难以适应货币政策调控的需要。社会融资规模中的非信贷融资更容易受经济波动和预期的影响，金融创新和衍生融资方式也难以及时准确掌握，不宜以社会融资规模替代 M2 作为中介指标。在此背景下，2018 年以后中国不再公布 M2 增速或社会融资规模增速的目标值，逐渐淡化数量型指标在货币政策调控中的地位。当前，中国货币政策仍然处于从数量型向价格型转型的过程中，数量型和价格型货币政策框架都在发挥着作用。

经过多年市场导向的金融改革，中国已基本具备了向价格型货币政策框架转型的条件：第一，随着利率市场化改革的不断深入，微观主体对利率变动的敏感性和金融机构的利率定价及风险管理能力明显提高，金融市场利率与存贷款利率关系更加密切，利率传导渠道日益畅通有效。第二，中国固定收益市场规模显著扩大，具备了相当的市场广度和必要的市场深度。第三，中国人民银行针对流动性管理和市场利率引导进行了大量技术性准备和理论研究工作，公开市场操作和利率走廊机制等利率操作模式基本形成。

第二节　货币政策工具与传导机制

2023年10月，中央金融工作会议明确提出，始终保持货币政策的稳健性，更加注重做好跨周期和逆周期调节，充实货币政策工具箱。那么，在确立货币政策目标后，应当如何实现这些目标呢？这既涉及如何选用合适的货币政策工具，也与货币政策工具的操作如何传导至货币政策目标有关。

一、货币政策工具

货币政策工具又称货币政策手段，是指中央银行为调控中介指标进而实现货币政策目标所采用的政策手段。货币政策工具可分为一般性货币政策工具和结构性货币政策工具。

（一）一般性货币政策工具

中国人民银行通常使用的货币政策工具主要有存款准备金政策、再贷款与再贴现政策和公开市场操作。在我国的货币政策实践中，中国人民银行还创设了不少新的货币政策工具。

1. 存款准备金政策

存款准备金制度是在中央银行体制下建立起来的。最初，存款准备金是保证存款的支付和清算，之后逐渐演变为货币政策工具。中央银行通过调整法定存款准备金率，影响金融机构的信贷资金供应能力，从而改变货币乘数，间接调控货币供应量。

调整法定存款准备金率的优点在于作用力大、主动性强和见效快，被认为是最猛烈的货币政策工具之一。法定存款准备金率的调整可以通过决定和改变货币乘数来影响货币供给，即使法定存款准备金率调整的幅度很小，也会引起货币供应量的大幅波动。法定存款准备金率的调整会增减相应的超额准备金，影响商业银行派生存款的能力，适合应对中期和严重的流动性过剩局面。

法定存款准备金政策的运用具有以下特征：

（1）针对不同类型和地区的存款类金融机构执行有差别的存款准备金率。2004年4月，中国人民银行推出差别准备金率制度，将金融机构适用的法定存款准备金率与其资本充足率、资产质量状况等指标挂钩，将资本充足率低于一定水平的金融机构法定存款准备金率提高0.5个百分点。2008年9月，在不调整六大国有控股商业银行法定存款准备金率的情况下，对一般地区的中小金融机构下调法定存款准备金率1个百分点，对汶川地震灾区地方法人金融机构下调2个百分点。在此后的调整中，大型金融机构的法定存款准备金率始终高于中小型金融机构。

（2）对准备金存款付息，发挥存款准备金利率引导市场利率的能力。自存款准备金制度建立起，中国一直对法定存款准备金和超额存款准备金支付利息。1996年8月23日至1998年3月20日以及2003年12月20日至今超额准备金存款利率持续低于法定存款准备金利率，其余时间段执行相同利率。总体上，超额准备金存款利率略低于中央银行一年期贷款利率。超额准备金存款利率在一定程度上发挥了利率走廊下限的功能。适度降低超额准备金存款利率有助于货币市场和资本市场的平稳运行，有利于改变直接融资和间接融资不平衡状况，进一步推动资本市场的发展。

法定存款准备金政策在中国货币政策实践中的运用

2. 再贷款与再贴现政策

（1）再贷款。再贷款亦称为中央银行贷款，是中央银行调控基础货币的渠道之一。中央银行通过适时调整再贷款的总量及利率，吞吐基础货币，促进实现货币信贷总量调控目标，合理引导资金流向和信贷投向。根据业务性质和功能的不同，再贷款有四种类型。一是流动性再贷款，是指中国人民银行对全国性存款类金融机构发放的短期再贷款和人民银行分支机构对地方性存款类金融机构发放的短期再贷款，发挥流动性功能。二是信贷政策支持再贷款，是指支持城市商业银行扩大中小企业贷款和消费信贷的中小金融机构再贷款（即支小再贷款），以及支持农村金融机构扩大农信社投放的支农再贷款，促进信贷结构调整。三是金融稳定再贷款，包括地方政府向中央专项借款、紧急贷款、风险处置类再贷款等。四是专项政策性再贷款，包括对中国农业发展银行、金融资产管理公司和商业银行发放的用于指定用途的再贷款。

（2）再贴现政策。中央银行通过适时调整再贴现总量及利率，明确再贴现票据选择，达到吞吐基础货币和实施金融宏观调控的目的，同时发挥调整信贷结构的功能。再贴现政策包括两个内容：一是再贴现率的确定与调整，能够影响商业银行的资金计入成本，进而影响商业银行向社会提供的信用量，同时，能够引导市场利率；二是对申请再贴现的票据、申请机构的再贴现资格和条件进行规定与调整，可以发挥抑制或扶持作用，能够改变或引导资金流向，且主要着眼于长期的结构调整。再贴现政策还是中央银行扮演"最后贷款人"角色的途径，在保持金融稳定方面发挥重要作用。

中国的再贷款与再贴现政策实践

3. 公开市场操作

公开市场操作是中央银行在金融市场上公开买卖有价证券，以此来调节金融机构的准备金和基础货币，进而影响市场利率和货币供应量的政策行为。公开市场操作是中央银行吞吐基础货币、调节市场流动性水平的主要货币政策工具。当中央银行认为应该放松银根时，就在金融市场上买进有价证券，从而实现基础货币投放，为市场注入流动性。公开市场操作中买卖的有价证券一般为政府债券、回购协议或央行票据等无风险或低风险证券。

目前中国人民银行公开市场操作的交易方式主要有以下三种：

（1）回购交易。回购交易是实施暂时性的流动性投放的公开市场操作，分为正回购和逆回购。正回购为中国人民银行向一级交易商卖出有价证券，并约定在未来特定日期买回有价证券的交易行为。正回购为央行从市场收回流动性的操作，而到期时则为央行向市场重新投放流动性的操作；逆回购则相反。

（2）现券交易。现券交易是实施一次性的流动性投放的公开市场操作，可以分为现券买断和现券卖断。现券买断为中央银行直接从二级市场买入债券，一次性投放基础货币。现券卖断为中央银行直接卖出持有的债券，一次性地回笼基础货币。

（3）央行票据。中央银行通过发行央行票据可以回笼基础货币，央行票据到期则体现为投放基础货币。中国人民银行发行的央行票据主要有3个月、6个月和1年期三个品种，也有3年期的长期品种。

公开市场操作发挥作用需要有发达和完善的金融市场。由于该限制，中国在1994年前尚不具备实施公开市场操作的基础与条件。1994年3月，中国人民银行开始在上海银行间外汇市场通过买卖外汇进行公开市场操作。1995年5月，通过中央银行融资券的买卖在本币市场开始尝试公开市场业务。1996年，以国债为对象进行公开市场操作。1998年5月，人民币公开市场操作恢复交易，规模逐步扩大。随着改革的深入和市场化程度的提高，中国人民银行实施公开市场操作的基础和条件日益成熟。1999年以后，公开市场操作发展较快，成为货币政策日常操作的主要工具之一。

中国公开市场操作在实践中不断创新完善

4. 借贷便利

借贷便利是中央银行流动性管理的工具。中国人民银行的借贷便利工具均是在外汇占款渠道投放基础货币出现阶段性放缓的背景下创设的，起到了补充流动性缺口的作用。中国人民银行的借贷便利工具包括常备借贷便利（SLF）和中期借贷便利（MLF）。

常备借贷便利是中国人民银行正常的流动性供给渠道，主要功能是满足金融机构期限较长的大额流动性需求。常备借贷便利的操作对象为政策性银行和全国性商业银行，期限为隔夜、7天和1个月，以抵押方式发放，合格抵押品包括高信用评级的债券类资产及优质信贷资产等。常备借贷便利的利率一定程度上发挥着利率走廊上限的功能。

中期借贷便利是提供中期基础货币的货币政策工具，对象为符合宏观审慎管理要求的商业银行、政策性银行，期限为3个月、6个月和1年。中期借贷便利采取质押方式发放，金融机构提供国债、央行票据、政策性金融债、高等级信用债等优质债券作为合格质押品。中国人民银行在提供中期借贷便利的同时，引导金融机构加大对小微企业和"三农"等国民经济重点领域和薄弱环节的支持力度。中期借贷便利利率曾在一段时期内发挥着中期政策利率的作用，引导金融机构降低贷款利率和社会融资成本，支持实体经济增长。

5. 利率政策

利率政策也是中央银行常用的货币政策工具之一。利率政策是指中央银行通过设定或以市场方式确定中央银行与金融机构之间借贷的利率，以此影响基础货币总量或市场利率，实现货币政策的调控意图。中央银行与金融机构之间借贷的利率包括法定存款准备金利率与超额准备金存款利率，再贷款与再贴现利率、公开市场操作利率和借贷便利利率等。中央银行可以通过调高上述利率回收流动性和引导市场利率上行，通过降低上述利率释放流动性和引导市场利率下行。

如第五章所阐述，利率市场化前后的利率政策差异显著。计划经济时期，利率是国家可控制、可管理的经济杠杆。改革开放初期，为了配合改革进程和刺激投资以达到经济较快增长的目的，仍采用低利率政策并保留了一定程度上的利率管制。在利率市场化的过程中，中国人民银行逐步扩大存贷款基准利率浮动范围，金融机构可以依照基准利率，在允许的浮动范围制定存款和贷款利率。在此模式下，中国人民银行通过调整存贷款基准利率能够有效引导信贷市场利率，实现货币政策目标。例如，2006年第二季度至2007年年末，为了遏制经济发展过热势头，8次上调存贷款基准利率；2008年下半年为应对国际金融危机的冲击，中国人民银行半年内5次下调存贷款基准利率。从历史的视角看，存贷款基准利率在促进中国经济增长和币值稳定方面发挥过重要的作用。但随着存贷款利率上下限的完全放开以及贷款市场报价利率形成机制的建立，其作用逐渐淡化。

为深化利率市场化改革和推进货币政策转型，中国人民银行逐步完善以公开市场操作利率为短期政策利率、以中期借贷便利利率为中期政策利率的央行政策利率体系，健全利率走廊机制，引导市场利率围绕央行政策利率中枢运行。2024年以来，为持续深化利率市场化改革，中国人民银行明确公开市场7天期逆回购操作利率为主要政策利率，以疏通货币政策传导渠道。

6. 预期管理

预期管理是指中央银行通过信息沟通引导市场预期，进而实现货币政策目标的一种调控手段。健全宏观政策制定和执行机制，需要重视预期管理和引导。之所以要重视预期引导，是因为影响企业投资、家庭消费等经济主体决策的不仅是货币供应量和利率，还有对未来经济和政策的预期。如果预期管理不当，很可能会损害货币政策效率。以降息为例，如果经济主体对未来的经济发展状况仍然较为悲观或者产生通缩预期，就会抵消降息的作用。

（二）结构性货币政策工具

与一般性货币政策工具不同的是，结构性货币政策工具更注重政策的精准导向和直达性，有助于让金融活水"精准滴灌"到经济发展的薄弱环节，从而更好地兼顾服务普惠金融的长期目标和不同时期经济金融发展的重点任务。截至 2024 年 9 月末，中国人民银行结构性货币政策工具已达 18 种，下面主要介绍中国结构性货币政策中使用相对较多的 3 种。

我国的其他结构性货币政策工具

1. 结构性再贷款和再贴现

中国人民银行长期实施结构性货币政策工具，在中国货币政策转向间接调控的过程中，再贷款和再贴现主要通过信贷政策支持再贷款、再贴现和专项再贷款、再贴现发挥结构性货币政策的功能。其中，结构性再贷款工具包括支农、支小、煤炭清洁高效利用、科技创新、普惠养老、交通物流、设备更新改造等专项再贷款。

2. 普惠小微贷款支持工具

为加大货币政策工具运用力度，更好地支持实体经济，中国人民银行创设了普惠小微企业贷款延期支持工具和信用贷款支持计划。普惠小微企业贷款延期支持工具鼓励地方法人银行对普惠小微企业贷款应延尽延，于 2020 年第二季度推出。信用贷款支持计划旨在缓解小微企业抵押担保不足问题，提高信用贷款比重，首次操作于 2020 年 3 月至 5 月开展。

与结构性再贷款和再贴现政策相比，普惠小微企业贷款延期支持工具和信用贷款支持计划特点显著：一是市场化。央行通过设计激励相容约束引导金融机构信贷结构调整，而非直接给企业提供资金。二是普惠性。只要符合条件的地方法人银行对普惠小微企业办理贷款延期或发放信用贷款就可以享受央行提供的支持。三是直达性。这两个创新工具将货币政策操作与金融机构对普惠小微企业的金融支持直接联系起来，实现了"精准滴灌"。

3. 抵押补充贷款

抵押补充贷款（PSL）是中国人民银行创设的为开发性金融支持棚户区改造提供长期稳定、成本适当的资金来源的一种再贷款工具，发放对象为国家开发银行、中国农业发展银行和中国进出口银行。2014 年 4 月创设，采取质押方式发放。主要服务于棚户区改造、地下管廊建设、重大水利工程、"走出去"等重点领域。对属于支持领域的贷款，按贷款本金的 100% 予以资金支持。其主要功能是支持国民经济重点领域、薄弱环节和社会事业发展而对金融机构提供期限较长的大额融资。

二、货币政策传导机制

（一）传导机制的主要类型

货币政策传导机制是指中央银行运用货币政策工具作用于操作指标，进而影响中介指标，最终实现既定目标的传导途径与作用机理。货币政策有效性不仅取决于政策制定、工具操作，也取决于政策传导。货币政策传导机制主要包括利率传导、其他金融价格传导和信贷传导。

1. 利率传导

利率传导是指货币政策通过影响金融机构和金融市场的利率水平，进而实现货币政策最终目标。以扩张性货币政策为例，中央银行通过增加货币投放或下调政策利率水平，引导实际利率下降。对于企业而言，实际利率的下降降低了资金成本，刺激投资；对于家庭而言，实际利率的下降减少储蓄收益，刺激消费。两方面共同作用，推动总需求和产出水平上升。具体传导路径如下：

扩张性货币政策→实际利率↓→投资、消费↑→产出↑

在我国推行贷款市场报价利率（LPR）改革后，LPR成为银行贷款利率的定价基准和货币政策利率传导的重要路径。以扩张性货币政策为例，中央银行通过增加货币投放或下调政策利率水平，引导LPR下行，推动贷款利率下降刺激投资和消费，最终导致总需求和产出水平上升。具体传导路径如下：

扩张性货币政策→LPR↓→贷款利率↓→投资、消费↑→产出↑

关于LPR改革及其对利率传导机制的影响请参见本节后文中"LPR形成机制改革与利率传导机制的完善"的内容。

2. 其他金融价格传导

除利率外，货币政策还会通过影响股票价格和汇率等金融资产价格影响经济主体的决策，最终影响总需求和产出。其他金融价格传导可进一步细分为资产价格传导和汇率传导。

（1）资产价格传导，是指货币政策通过影响股票等金融资产价格，进而影响企业投资和家庭消费决策，最终影响总需求和产出。以扩张性货币政策为例，中央银行增加货币投放或下调政策利率，推高资产价格并降低贴现率。对于企业而言，资产价格上升，促使企业通过购置新设备而非并购来进行投资，从而推动投资上升。对于家庭而言，资产价格的上升使得家庭金融财富增值，刺激消费。投资和消费的增加最终带动总需求和产出上升。具体传导路径如下：

扩张性货币政策→资产价格↑→投资、消费↑→产出↑

（2）汇率传导，是指货币政策通过影响汇率水平，从而改变总需求和产出。以扩张性货币政策为例，中央银行通过增加货币投放或下调政策利率，引起本币汇率贬值，从而增加出口、减少进口，推动总需求和产出上升。具体传导路径如下：

扩张性货币政策→汇率（间接标价法）↓→净出口↑→产出↑

3. 信贷传导

信贷传导是指货币政策通过影响银行与贷款者之间的信贷活动，进而影响贷款者的支出水平，最终影响总需求和产出。信贷传导可以细分为银行信贷传导和资产负债表传导。

（1）银行信贷传导，是指货币政策通过影响信贷供求，从而影响总需求和产出。例如扩张性货币政策（如逆回购、买断证券、降低法定存款准备金率）增加银行可动用的准备金，提升其放贷能力，进而促进贷款增长，推动投资、总需求和产出上升。具体传导路径如下：

扩张性货币政策→银行可动用的准备金↑→贷款↑→投资↑→产出↑

（2）资产负债表传导，是指货币政策通过影响企业资产负债表，缓解银行与贷款者之间的信息不对称问题，进而影响信贷供求，最终影响企业投资、总需求和产出。由于企业和银行之间存在信息不对称的问题，银行为了规避企业的道德风险和逆向选择，要求企业提供优质的资产作为抵押。例如扩张性货币政策推高资产价格，增加企业资产价值，提升企业融资能力并缓解企业和银行间的信息不对称，进而使得企业贷款和投资增加，从而带动总需求和产出上升。具体传导路径如下：

扩张性货币政策→资产价值↑→逆向选择、道德风险↓→贷款↑→投资↑→产出↑

（二）货币政策的传导环境

货币政策传导机制要发挥作用，需要适宜的货币金融环境。第一，市场主体对经济信号能够作出灵敏反应。第二，有效的资源配置机制。信贷渠道要发挥作用，信贷市场应能够有效配置资源，这要求具有完善的市场退出机制和不良贷款处置机制，使资金投向高效率企业。第三，完善的金融市场。一方面，完善的金融市场能更加有效地传递政策信号。另一方面，完善的金融市场是利率渠道有效传导的重要条件。中国人民银行通过不断解决经济金融发展和货币政策传导存在的体制性障碍和深层次矛盾，不断改善货币政策的传导环境，确保经济金融长期可持续健康发展。

1. "在线修复"金融体系畅通对实体经济支持

中国政府注重发挥好央行"在线修复"金融体系、维护金融稳定的功能。中国人民银行在不中断经济持续运行的情况下通过制定金融市场的规则和标准，持续修复、改善金融体系，促进货币政策向实体经济的传导。

1997年亚洲金融危机爆发后，中国加快了改革国有银行体系的步伐，稳健的银行体系显著改善了货币政策传导机制和环境。在剥离不良资产后，通过扩张银行资产负债表和外汇储备注资方式解决了国有银行资产负债表问题。在此基础上，推动国有银行改制上市，提高监管和会计审计标准。与此同时，中国人民银行在做大央行资产负债表修复金融体系的同时，也考虑了如何解决可能出现的损失和再度做小资产负债表的措施，做好救助和改革成本的分担与回收工作。经过上述改革，银行体系沉重的历史包袱得以解决，资产负债表焕然一新，显著改善了货币政策传导机制和环境，提高了金融调控的有效性。

近年来，按照党中央、国务院决策部署，金融系统坚持服务实体经济。通过统一资管业务监管标准，合理设定调整资管新规过渡期，金融脱实向虚、资金空转等情况明显改观。中国的经验表明，中央银行在必要时进行"在线修复"，对于维护金融稳定、改善货币政策调控具有重要意义。

2. LPR形成机制改革与利率传导机制的完善

中国的利率市场化改革稳步推进，尽管贷款利率上下限均已放开，但仍然存在贷款基准利率和市场利率构成的"利率双轨"，推动利率"两轨合一轨"是深化利率市场化改革的迫切要求。银行发放贷款时大多参照贷款基准利率定价，个别银行通过协同行为以贷款基准利率的一定倍数设定下限，使得市场利率向实体经济传导形成了障碍，这是市场利率下行明显但实体经济感受不足的一个重要原因。

为解决上述问题，疏通利率传导渠道，中国人民银行于2019年8月17日宣布启动改革完善LPR形成机制。此次改革后的LPR由各报价行于每月20日（遇节假日顺延）按照公开市场操作利率加点的方式进行报价。公开市场操作利率主要参考1年期中期借贷便利利率，加点幅度取决于各行自身资金成本、市场供求、风险溢价等因素。LPR报价行在原有的10家全国性银行基础上增加城市商业银行、农村商业银行、外资银行和民营银行各两家，共18家，使得贷款市场影响力较大、贷款定价能力较强、服务小微企业效果较好的中小银行能参与报价，有效增强了 LPR 的代表性。同时，中国人民银行将 LPR 运用情况纳入宏观审慎评估体系，推动商业银行将 LPR 嵌入内部资金转移定价中。2024 年以来，中国人民银行进一步健全市场化利率形成，疏通利率传导机制。2024 年两次下调公开市场 7 天期逆回购操作利率以引导 1 年期和 5 年期以上 LPR，同时通过 MLF 操作时间统一延后至 LPR 报价之后实现了 LPR 与 MLF 利率的"解绑"，标志着 LPR 报价转向更多参考公开市场 7 天期逆回购操作利率。

改革完善 LPR 形成机制，能够切实降低企业综合融资成本，有助于疏通货币政策传导渠道。第一，打破贷款利率隐性下限。将贷款基准利率的一定倍数作为贷款利率隐性下限导致贷款利率易升难降，使银行在利率下行阶段无法将货币政策有效传导至实体经济，一定程度上加剧了小微企业融资难、融资贵。改革完善后的 LPR 形成机制以市场化方式形成，使得货币政策操作能够更加顺畅地传导至贷款利率。第二，增强金融机构自主定价能力。LPR 改革打破贷款利率隐性下限后，大型企业议价能力增强，倒逼银行提高定价能力，综合考虑资金成本、风险成本、资本成本和税收成本等因素合理定价。定价能力的增强还将有助于银行拓展小微企业客户。第三，推动存款利率市场化。一方面，贷款利率隐性下限被打破后，贷款利率随市场利率下行，高息揽储行为难以持续，存款竞争压力将增强银行存款自主定价能力。另一方面，在银行信用货币制度下，银行通过贷款等资产扩张创造存款货币，贷款利率的变化将通过影响贷款供求决定存款数量，从而促成存款利率市场化。

3. 利率走廊的搭建与间接调控机制的完善

"十三五"规划纲要提出，构建目标利率和利率走廊机制，推动货币政策由数量型向价格型转变。利率走廊是以央行政策目标利率为中心，通过存款和贷款便利工具的利率分别构成这条走廊的下限和上限，控制短期市场利率在目标区间内。面对货币市场利率波动，中国人民银行以常备借贷便利利率为上限，探索利率走廊机制。该机制不仅优化了货币政策价格调控框架，还通过"自动稳定器"功能减少利率波动，降低央行公开市场操作的频率和数量，使调控更加间接和市场化。

三、货币政策效果

（一）货币政策效果的含义

货币政策效果是指使用货币政策工具后经过一定的传导所取得的效果与预期所要达到的目标之间的差距。对货币政策效果进行评估是考察政策实施情况并及时作出调整的关键步骤,是货币政策调控的重要一环。货币政策效果主要关注货币政策是否实现了预期目标,还涉及货币政策时滞问题。

(二)货币政策效果的衡量

在单一货币政策目标下,只需要考察单一目标的实现情况即可评判政策效果。在多重货币政策目标下,货币政策的效果则需要综合考察不同目标的实现情况。以通货膨胀背景下的紧缩性货币政策为例,如果紧缩性货币政策在成功平抑通胀的同时未影响经济增长,那么可以认为该紧缩性货币政策的效果较好。如果紧缩性货币政策抑制通胀但导致经济下滑,抑或是尽管没有导致经济增速下滑但是也未能完全抑制通胀,那么该紧缩性货币政策的效果欠佳。如果紧缩性货币政策既没有能够平抑物价上涨又导致了经济下滑,那么就认为该紧缩性货币政策无效。

在现实经济运行和政策调控中,宏观经济目标的实现往往取决于多种政策的综合作用,因此要准确地检验货币政策效果,必须结合其他政策进行综合分析和评价,是一个较为复杂和需要深入研究的问题。

(三)货币政策时滞

货币政策时滞是指从货币政策制定到最终影响各经济变量、实现政策目标所经过的时间,即货币政策传导过程所需要的时间。货币政策时滞是影响货币政策效果的重要因素。时滞短可更快解决问题并调整政策,更好实现预期目标。

货币政策时滞可分为内部时滞和外部时滞。内部时滞是指中央银行内部进行货币政策决策所经过的时间。内部时滞的长短取决于中央银行对经济形势发展变化的预见能力、反应灵敏度、制定政策的效率及行动的决心和速度等,体现了货币政策决策机制的效率。外部时滞是指从中央银行采取行动到对政策目标产生影响所经过的时间,即货币政策对经济起作用的时间。外部时滞的长短主要取决于货币政策传导机制的通畅程度,由客观的经济金融条件决定,在评估货币政策实施效果时,需要考虑外部时滞的作用时间与影响。

第三节 货币政策与宏观调控体系

中国货币政策的制定和实施始终坚持在多重目标中寻求平衡,重视通过与财政政策等其他宏观调控政策的一致性来实现协同发力。不仅如此,中国特色现代金融体系建设也对建立健全科学稳健的金融调控体系提出了要求。

一、宏观调控体系的构成与思想理念

（一）宏观调控的概念

宏观调控是指政府以满足人民需要和国民经济稳步协调发展为目标，综合运用经济的、计划的、法律的和必要的行政手段，对整个国民经济运行和发展进行调节和控制。

1988 年政府工作报告中提出，要发挥中央银行"在宏观经济调控中的重要作用"，"宏观调控"的提法在党和国家重要文献中正式出现。2020 年 5 月，中共中央、国务院印发的《关于新时代加快完善社会主义市场经济体制的意见》提出"宏观经济治理"概念。2022 年 10 月，党的二十大提出，"健全宏观经济治理体系，发挥国家发展规划的战略导向作用，加强财政政策和货币政策协调配合，着力扩大内需，增强消费对经济发展的基础性作用和投资对优化供给结构的关键作用"，意味着将"宏观调控"纳入国家治理体系和治理能力现代化的战略全局当中加以谋划。

党的二十届三中全会指出，科学的宏观调控、有效的政府治理是发挥社会主义市场经济体制优势的内在要求。必须完善宏观调控制度体系，统筹推进财税、金融等重点领域改革，增强宏观政策取向一致性。因此，在社会主义市场经济条件下进行宏观调控，建立健全科学稳健的金融调控体系，既是现代市场经济运行的一般要求，也是社会主义制度发展完善的特殊要求。

（二）宏观调控体系的构成

宏观调控体系是指政府为实现宏观经济调控目标，对宏观经济运行进行干预、调节和控制而运用的各种政策和措施的总称。党的十八届三中全会提出"健全宏观调控体系"。党中央基于新时代宏观经济运行出现的新变化，创新宏观调控体系理论，党的二十大从国家治理的角度提出和构建了中国宏观经济治理体系。中国宏观经济治理体系是以国家发展规划为战略导向，以财政政策和货币政策为主要手段，就业、产业、投资、消费、环保、区域等政策紧密配合、分工合理、高效协同的有机系统。

1. 以国家发展规划为战略导向

国家发展规划是指政府为达到一定的经济、社会发展目标而制定的未来行动方案，是对本国经济和社会发展所描绘的蓝图，对各经济活动主体具有战略导向作用。党的十八届三中全会提出"健全以国家发展战略和规划为导向，以财政政策和货币政策为主要手段的宏观调控体系"，开始将国家发展战略和规划纳入宏观调控体系，集中体现党和国家的战略意图和中长期发展目标。用中长期规划指导经济社会发展是我们党治国理政的一种重要方式，也是中国特色社会主义制度的独特优势。

2. 以财政政策和货币政策为主要手段

财政政策是指国家根据一定时期的社会经济发展目标和经济状况制定的用来指导财政工作和处理财政关系的基本方针和基本准则，包括财政收入政策和财政支出政策。财政收入政策以税收政策为核心，通过减税刺激总需求或增税抑制总需求，平衡社会总供求。财政支出政策涉及财政资金的分配和使用，增加支出可刺激需求，减少支出可抑制需求，从而调节社会总供求平衡。

货币政策是指中央银行通过使用货币政策工具调节货币供给量和利率水平，进而影响投资和消费决策，实现对社会总需求的调控。财政政策和货币政策各具优势，对不同经济部门的作用及其机制也不尽相同，通过相互配合、松紧搭配，能够有效调节社会总需求。

3. 就业、产业、投资、消费、环保、区域等政策协同发力

供给和需求是市场经济内在关系的两个基本方面，供给侧和需求侧是管理和调控宏观经济的两个基本手段。党的十八大以来，"把供给侧结构性改革作为经济工作的主线""把供给侧结构性改革主线贯穿于宏观调控全过程"成为新时代宏观调控的发展主线和方向。鉴于此，中国宏观调控注重通过就业、产业、投资、消费、环保、区域等多方面的供给管理和需求管理政策协同发力，构建更加高效的宏观调控制度体系，实现经济高质量发展。具体而言，坚持实施就业优先政策，把稳定和扩大就业作为经济社会发展的优先目标；突出产业政策的战略引领作用，强化对技术创新和结构升级的支持，加强产业链基础，提高产业链现代化水平；发挥投资对优化供给结构的关键性作用，着力抓重点、补短板、强弱项，以有效投资稳定总需求、促进经济结构调整，激发社会资本投资活力；完善促进消费的政策体系，增强消费对经济发展的基础性作用；完善生态文明制度体系，使生态文明建设与经济社会发展有机统一；实施因地制宜、分类指导的区域政策，统筹区域分类指导和联动发展。

> 📕 **原理13-2** 宏观经济治理体系是以国家发展规划为战略导向，以财政政策和货币政策为主要手段，就业、产业、投资、消费、环保、区域等政策协同发力的有机系统。

（三）宏观调控的思想与理念

1. 坚持党对宏观调控的集中统一领导

党对宏观调控的集中统一领导是中国特色社会主义制度的一大优势，是新时代中国特色宏观调控的根本保证。第一，中国特色宏观调控是为了最广大人民的根本利益，这与中国共产党全心全意为人民服务的宗旨相一致。第二，党的坚强有力领导是政府发挥作用的根本保证。党的领导在中国的国家治理体系中发挥着总揽全局、协调各方的核心作用。坚持党的集中统一领导才能统筹宏观调控的顶层设计、总体布局、整体推进和综合实施，增强宏观政策取向一致性，发挥集中力量办大事的政治优势，加强财政、货币、就业、产业、区域、科技、环保等政策协调配合，强化政策统筹，确保同向发力、形成合力。

2. 服务国家和发展需要的大局观

树立大局观念、坚持全国一盘棋是中国宏观调控有效实施的重要保障。中国宏观调控在发挥政府和市场两只手作用的同时，重视调动中央和地方的积极性，通过中央的统一部署和地方的贯彻执行实现集中力量办大事。宏观调控制度体系以国家发展规划为战略导向，明确体现了党和国家的战略意图和中长期发展目标。中央在加强宏观调控顶层设计的同时，充分考虑地方实际和差异性，广泛听取地方的意见建议，提高政策和决策的及时性、针对性和有效性，增强地方和企业的信心，有效激发地方积极性。地方从服务国家和发展需要的大局出发，坚持全国一盘棋思想，自觉维护中央权威，强化对宏观调控政策的理解和传导，自觉响应和贯彻宏观调控意图，提高执行落实能力。

3. 统筹兼顾与综合平衡的调控观

统筹兼顾、综合平衡作为马克思社会再生产理论的重要成果，是中国共产党一贯坚持的科学有效的工作方法。从毛泽东在《论十大关系》中提到要正确处理社会主义经济建设中的各种关系问题，到陈云强调搞经济不讲综合平衡就寸步难移，统筹兼顾、综合平衡逐渐成了中国共产党领导经济建设的原则与策略。改革开放以来，中国共产党基于统筹兼顾、综合平衡的原则与策略，在正确处理公平与效率、先富与共富、城市与农村、沿海与内陆、国内与国外等经济发展的重大理论与实践问题的基础上，逐渐探索出了一条全面、协调、可持续的科学发展路径。

党的十八大以来，统筹兼顾、综合平衡的思想进一步贯彻落实到治国理政与经济建设的实际工作中，党中央坚持协调发展理念，统筹发展和安全，推动实现城乡融合和区域协调发展，坚持以供给侧结构性改革推动实现高水平供需动态平衡，加快构建以国内大循环为主体、国内国际双循环相互促进的新发展格局，推动经济实现质的有效提升和量的合理增长。习近平指出："我们要创新发展理念，超越财政刺激多一点还是货币宽松多一点的争论，树立标本兼治、综合施策的思路。"[①] "牢牢把握着力点，加快建设实体经济、科技创新、现代金融、人力资源协同发展的产业体系"[②]。

二、货币政策在宏观调控体系中的定位

（一）货币政策是宏观调控最重要的手段之一

货币政策是宏观调控实现经济发展战略目标和社会主义生产目的的有效工具。社会主义生产是为了满足人民日益增长的美好生活需要，这个根本目的是通过各个不同发展阶段的具体发展目标实现的。要实现这个目标，单纯依靠市场的自发调节难以实现。因此，必须发挥宏观调控引领市场经济的作用。金融是经济的血脉，金融活，经济活。货币政策通过作用于金融市场和金融机构，能够推动金融更好地服务实体经济，有效防控金融风险，为经济高质量发展营造适宜的货币金融环境，提高宏观调控效率。

货币政策是宏观调控实现社会经济总量平衡和结构平衡的有力抓手。社会化大生产要求各部门之间保持一定比例关系，通过有效的资源配置保证宏观经济的总量平衡和结构平衡。然而，完全依靠市场的自发作用很难实现两种平衡，容易产生总需求不足或总供给过剩等总量问题以及结构性债务高企、中小企业融资难等结构性问题。货币政策工具箱既包含总量政策工具，也包含结构性政策工具，能够灵活精准、合理适度地应对社会经济各方面的不平衡问题。

货币政策是宏观调控协调企业和社会利益的重要手段。企业作为具有独立利

---

① 《习近平著作选读》第一卷，人民出版社2023年版，第557页。
② 《习近平著作选读》第二卷，人民出版社2023年版，第68页。

益的市场主体，往往追求自身利益最大化。而经济社会发展中，涉及一些长远利益、社会利益的内容，企业则不愿意去做。这就需要依靠宏观调控改变企业激励，协调各方利益。通过信贷政策等货币金融层面的支持，有助于降低风险和投资成本，引导企业进入国家发展战略和社会经济发展的重点领域。

川陕革命根据地货币政策

（二）货币政策是宏观调控的组成部分

货币政策是国民经济政策体系的一部分，需适应经济社会发展要求，其政策独立性是相对的，而非绝对。第一，货币政策以国家发展规划为战略导向，坚持党对国民经济发展和宏观调控的统一领导，具有相对独立性。第二，货币政策需与财政、就业、产业、区域、投资、消费、环保等政策协调，共同调节社会总需求和总供给。第三，货币政策受多重目标体系约束，需兼顾社会政治、经济、文化等多方面发展目标，贯彻新发展理念，统筹推进"五位一体"总体布局。

三、货币政策与宏观审慎政策双支柱调控框架

（一）宏观审慎政策与宏观调控

1. 宏观审慎政策在宏观调控中的重要性

宏观审慎政策的核心是发挥逆周期调节作用和防范系统性金融风险。2008年国际金融危机表明，金融周期对经济周期有重要影响，忽视金融周期、仅关注以物价稳定为表征的经济周期来实施宏观调控存在较大的局限性。与此同时，基于微观审慎监管的问题逐渐暴露，监管部门逐渐意识到对系统性金融风险进行监管的重要性。

2. 中国宏观审慎政策实践

鉴于2008年国际金融危机的教训，中国人民银行从2009年开始研究强化宏观审慎管理的政策措施，并于2011年正式引入差别准备金动态调整机制，其核心内容是金融机构适当的信贷增速取决于经济增长的合理需要及其自身的资本水平。2015年12月，中国人民银行将外汇流动性和跨境资金流动纳入宏观审慎管理范畴。一方面，随着中国防范金融风险的形势更加复杂、金融创新快速发展、资产负债类型更为多样，仅盯住银行贷款越来越难以有效实现宏观审慎政策目标。另一方面，继续推进利率市场化改革、人民币汇率形成机制改革等也对宏观审慎管理能力提出了更高要求。2016年起，中国人民银行将原有的差别准备金动态调整机制升级成为宏观审慎评估体系。具体请参阅第十章对宏观

审慎政策的介绍。

（二）货币政策与宏观审慎政策双支柱调控框架的构建

宏观审慎监管是中央银行的职责，同时中央银行还承担着货币政策调控的职责，这就形成了货币政策与宏观审慎政策的双支柱调控框架。健全货币政策与宏观审慎政策双支柱调控框架是反思国际金融危机教训并结合中国国情的重要部署，有助于在保持币值稳定的同时促进金融稳定，提高金融调控的有效性，防范系统性金融风险，切实维护宏观经济稳定和国家金融安全。

1. 双支柱调控框架下货币政策与宏观审慎政策的协调配合

双支柱调控框架下，货币政策与宏观审慎政策通过相互补充、相互协调，能够更好地实现经济稳定和金融稳定双重目标。第一，宏观审慎政策的引入能够有效应对金融周期问题，弥补单一货币政策框架存在的弱点和不足，加强对系统性金融风险的防范。一方面，不同市场和经济主体之间差异很大，在部分市场还比较冷的同时有的市场可能已经偏热，作为总量调节工具的货币政策难以完全兼顾不同的市场和主体。另一方面，房地产等资产市场天然容易加杠杆，易出现顺周期波动和超调，导致利率等价格调节机制难以有效发挥作用，需要宏观审慎政策对杠杆水平进行逆周期调节。第二，健全宏观审慎政策框架并与货币政策相互配合，能够更好地将币值稳定和金融稳定结合起来。货币政策与宏观审慎政策都可以进行逆周期调节，都具有宏观调控的属性。货币政策主要针对整体经济和总量问题，侧重于物价水平的稳定，以及经济和就业增长。而宏观审慎政策则直接和集中作用于金融体系本身，能够对症下药，侧重于维护金融稳定和防范系统性金融风险。在此基础上，宏观审慎政策通过约束金融机构加杠杆以及货币、期限错配等行为，抑制金融体系的顺周期波动，限制金融机构间关联程度和金融业务复杂程度，促进金融机构、金融基础设施稳健运行，从而有利于货币政策的实施和传导，增强货币政策执行效果。由此可见，两大支柱能够相互补充和强化。

> **原理 13-3** 货币政策与宏观审慎政策双支柱调控框架能够更好地发挥货币政策与宏观审慎政策相互补充、相互协调的作用，实现经济稳定和金融稳定双重目标。

2. 双支柱调控框架的协调机制构建

为落实货币政策与宏观审慎政策双支柱调控框架，需加强顶层设计，建立具体的协调机制。为贯彻落实党的十九大关于"健全货币政策和宏观审慎政策双支柱调控框架"的重大决策部署，中国人民银行已尝试建立起一系列协调机制。第一，建立宏观审慎工作协调机制。由宏观审慎管理牵头部门组织，重大问题提交中央金融委员会决定。跨部门协调议定的事项可通过会议纪要、备忘录等形式予以明确。第二，加强经济形势分析、金融风险监测方面的信息沟通与交流。第三，在宏观审慎政策制定过程中考虑货币政策取向，充分征求货币政策制定部门的意见，评估政策出台可能的溢出效应和叠加效应，把握政策出台的次序和节奏。第四，在政策执行过程中，会同货币政策制定部门定期评估政策执行效果，适时调整宏观审慎政策。

四、货币政策与财政政策的协调配合

货币政策与财政政策是当代各国政府调控宏观经济最主要的两项政策。虽然这两项政策在宏观经济运行中都有较强的调节能力，但由于它们本身固有的特点，二者都有一定的局限性，仅靠单项政策很难全面实现宏观经济的调控目标，这就要求二者相互协调、密切配合，充分发挥它们的综合优势。

（一）政策搭配及其组合效应

货币政策和财政政策可单独使用，也可配合使用。"紧"的货币政策通过收缩信贷和提高利率减少货币供应，抑制总需求，有利于控制通货膨胀但会制约投资。"松"的货币政策则相反。"紧"的财政政策通过增税和减支减少总需求，不利于投资。"松"的财政政策则相反。

两大政策的松紧搭配有四种组合：第一，"紧"货币，"松"财政；第二，"紧"财政，"松"货币；第三，财政、货币"双紧"；第四，财政、货币"双松"。组合选择取决于经济环境和政府判断，"一松一紧"主要是为解决结构问题，单独使用"双松"或"双紧"主要是为解决总量问题。

（二）社会主义市场经济中两大政策的协调配合

在社会主义市场经济中，货币政策和财政政策是宏观经济管理的两大重要调节手段。它们因根本利益和总体目标一致而具有内在统一性，但也因调节的侧重点不同而相对独立。因此，二者应该相互协调、密切配合，以实现宏观经济管理的目标。在货币政策与财政政策的协调配合中，需注意以下几个问题。

1. 两大政策的协调配合要以实现社会总供求的基本平衡为共同目标

国家宏观经济调节的首要目标是实现社会总供求的基本平衡，包括总量和结构平衡。货币政策和财政政策对总量和结构的平衡都有较强的调节能力，但各有侧重点：货币政策侧重总量平衡，财政政策侧重结构协调，二者需要互相补充、密切配合，才能实现社会总供求基本平衡的目标。

2. 两大政策的协调配合应有利于经济的发展

发展经济不仅关注发展速度和产值增长，更注重社会生产能力的扩大、经济效益的提高和经济结构的改善。因此，两大政策协调配合的成功与否也应以此为标准，不能片面地以速度或产值的高低来衡量。

3. 两大政策既要相互支持，又要保持相对独立性

在我国，货币政策和财政政策的调节对象、调节目标和调节过程既有所不同，又相互联系。货币政策主要侧重总量调节，调节对象为金融机构，目标是货币供应量和信用总量；财政政策更侧重结构调节，调节对象为纳税人、缴费人和财政支出对象，目标是财政收支总量与结构。货币政策通过金融机构影响市场，调节过程较长；财政政策直接影响经济单位购买力，调节过程较短。

综上，两大政策不能简单地画等号或相互取代，政府在运用两大政策时要注意到相互间的影响，在保持两大政策相对独立性的基础上相互支持和配合，充分发挥它们各自的优势。

4. 从实际出发搭配运用两大政策

科学搭配货币政策和财政政策是进行有效的宏观调控的客观要求，也是一项高超的调控艺术。采取何种政策组合需从实际出发，取决于对国民经济运行状况的透彻分析和对宏观经济形势的正确判断，实事求是、切合国情至关重要。

货币政策和财政政策的协调配合，是实现国家宏观经济管理目标的客观要求和必要条件。但两大政策协调配合的效果，不仅取决于两大政策的搭配方式及其具体操作，在很大程度上还取决于外部环境的协调配合。如需要产业政策、收入分配政策、外贸政策、社会福利政策等其他政策的协同；良好的国际环境和稳定的国内社会政治环境；合理的价格体系和企业（包括金融企业）运行机制；各部委、各部门和地方政府的支持配合。

> 科学的宏观调控、有效的政府治理是发挥社会主义市场经济体制优势的内在要求。必须完善宏观调控制度体系，统筹推进财税、金融等重点领域改革，增强宏观政策取向一致性。要完善国家战略规划体系和政策统筹协调机制，深化财税体制改革，深化金融体制改革，完善实施区域协调发展战略机制。
>
> ——《中共二十届三中全会在京举行》，《人民日报》2024年7月19日。

五、货币政策与其他政策的协调配合

（一）货币政策与产业政策的协调配合

货币政策和产业政策能够从供需两方着手，形成政策合力。第一，产业政策能够刺激市场需求，提高货币政策传导效率。货币政策的效果存在非对称性，紧缩性货币政策的效果通常比宽松货币政策更强。宽松货币政策如同"推绳子"，效果并不好。这主要是因为经济下行时期，微观主体的需求有所下降，仅有宽松的货币金融环境而没有足够的投资意愿和消费意愿，货币政策的效果也就无法从银行端传导到实体端。产业政策通过加大扶持力度和放松管制，能够为企业提供新的投资机会和发展空间，刺激市场需求，促进流动性从银行端向实体端传递。第二，产业政策能够扩大企业的投资空间，缓解积极财政政策可能产生的挤出效应。积极财政政策之下，政府支出的快速增长会对私人投资产生挤出效应。以放松管制为核心的产业政策能够改善内外部投资环境，为企业尤其是民营企业提供更大的投资空间，有助于缓解积极财政政策的挤出效应。第三，产业政策能够对产业结构中陷入停滞甚至萎缩的产业进行有计划有步骤的关停并转，推动其转型，从而提高资源配置效率和货币政策有效性。

（二）货币政策与环保政策的配合

正确处理生态环境保护和发展的关系，是实现可持续发展的内在要求，也是推进现代化建设的重要原则，需要货币政策与环保政策协同发力。一方面，碳达峰、碳中和目标转型将使得碳排放成本上升，进而影响企业还款能力，甚至进一步影响银行相关信贷资产质量和资本充足水平。这就需要发挥结构性货币政策的功能，协调企业利益、银行利益和社会利益，使企业和银行与碳达峰、碳中和目标实现激励相容。另一方面，碳达峰、碳中和问题还关系到能源产业结构的调整，需要货币政策引导和撬动金融资源向清洁能源、绿色转型、碳捕捉与封存等绿色创新项目倾斜，充分发挥资源配置作用。

中国人民银行通过做好绿色金融顶层设计和规划、推动绿色金融发展、创设碳减排支持工具等方式，引导金融机构按照市场化原则支持绿色低碳发展，与环保政策有效配合，推动实现碳达峰、碳中和目标。

重要术语

货币政策　货币政策目标　货币政策操作指标　货币政策中介指标　数量型货币政策框架　价格型货币政策框架　货币政策工具　货币政策传导机制　货币政策效果　货币政策时滞　宏观调控　宏观经济治理体系

思考题

1. 货币政策框架由哪几部分组成？彼此之间是何关系？
2. 如何理解和评价中国现行货币政策目标？
3. 中国现行的货币政策操作指标和中介指标有哪些？中国为何从数量型货币政策转向价格型货币政策？
4. 中国人民银行目前主要采用哪些货币政策工具？请举例说明结构性货币政策工具的效果。
5. 查阅相关资料，简述中国货币政策传导过程中哪一条机制最为重要。
6. 中国宏观调控有哪些独特的思想理念？
7. 为什么货币政策需要与财政政策协调配合？试举例说明。
8. 如何构建科学稳健的金融调控体系？

即测即评

第十四章　金融发展与金融"五篇大文章"

迈入新时代新征程，进一步全面深化改革、推进中国式现代化已成为中心任务，金融发展目标也随之发生变化。在新发展理念指导下，需要深刻把握金融工作的政治性、人民性，以加快建设金融强国为目标，以金融高质量发展助力经济高质量发展。本章在阐明金融发展与经济发展关系的基础上，重点阐释党的十八大以来在新发展理念指导下的金融发展新实践，包括努力做好金融"五篇大文章"，加强对重大战略、重点领域、薄弱环节的优质金融服务等，从更高层面理解金融的重要地位与使命，全面把握金融发展规律和趋势。

第一节　金融发展与经济发展

金融的运行与发展，从来都是以服务经济发展为目标。习近平立足中国经济发展的现实，提出了金融要"回归本源"的论断，丰富和发展了马克思主义金融理论。当前，面对经济中出现的增长动能不足、发展不平衡、自然环境污染、内外循环不够通畅、贫富差距等问题，国家提出新发展理念这一指导思想。金融发展的目标不仅要服务实体经济，还要支持实体经济高质量发展。

一、金融发展与经济发展的关系

（一）经济发展决定金融发展
无论是从人类社会发展的角度看，还是从一个国家演进的角度看，经济发展始终是金融发展的决定因素和基础。

1. 金融产生于经济活动并随之发展

金融是依附于商品经济的一种产业，是在商品经济的发展过程中产生并随着商品经济的发展而发展的。货币的产生是商品生产与交换发展的必然产物,信用也是随着商品经济的发展而逐步发展完善的。商品经济发展程度越高,交换关系越复杂,金融就越发达。

金融的范畴在商品经济的发展过程中不断得以拓展,从货币活动到银行信用活动,到债券、股票等金融工具交易活动,到期货、期权等金融衍生品的交易活动等,现代金融已是社会经济活动中居民、企业、政府和国外经济部门等各经济主体实现融资、投资、风险管理等金融目标的必要渠道。在满足经济活动对金融需求的同时,金融自身也获得了充分的发展。

2. 经济发展水平决定金融规模、层次和结构

首先,经济发展水平决定了金融规模。一方面,从货币角度看,货币供给的规模取决于社会货币需求量,而货币需求内生于经济活动,与经济发展水平紧密相关。另一方面,从金融资产角度看,一国金融资产总规模是该国居民、企业、政府等各经济主体所持有的金融资产总额,它直接取决于该国的国民收入水平和经济发展水平。此外,一国金融机构的数量、从业人员的数量等也都与该国的经济规模直接相关。

其次,经济发展水平决定了金融层次。在经济发展的低级阶段,经济活动较为简单,经济活动的正常进行仅需要货币提供顺畅的媒介服务,主要是简单的货币流通、货币融通和货币支付清算。随着经济的发展,经济活动对金融需求的广度和深度逐渐扩展,金融活动的层次和复杂程度不断提高,新的金融工具和金融交易方式不断产生,金融创新日益频繁。此时,为稳定金融活动,需要不断推出新的金融调控、监管工具与方式。在现代经济条件下,现代金融进入高层次阶段,现代金融体系成为一个集金融交易、金融风险管理、金融监管、金融调控等于一身的庞大的组织体系。

最后,经济发展结构决定了金融结构。这主要表现为宏观经济的部门结构决定了金融结构,如现代部门与传统部门并存的二元经济结构决定了二元金融结构,经济中开放部门与非开放部门的结构决定了金融业的开放结构,企业的组织结构和商品结构决定了金融机构的业务结构,市场结构决定了金融体系的组织结构和金融总量的结构,等等。

由此可见,金融发展始终是由经济发展来决定的,不能凌驾于经济发展之上。强调这一点,旨在说明金融不能脱离实体经济而盲目追求自身的发展。金融作为现代市场经济中的第三产业,其基本功能是满足经济发展过程中的投融资需

求和服务性需求，金融只有为经济发展服务并与之紧密相结合，其发展才有坚实的基础和持久的动力。

（二）金融发展推动经济发展

为实体经济服务是金融的天职。马克思在《资本论》中提出，银行资本和信用制度有助于生产力的发展。在信用制度下，银行将社会闲散资本集中起来形成银行资本，再将这些银行资本投资于企业，加速了商品流通过程和货币流通过程，扩大了再生产的规模和速度，支持了资本主义经济的迅速发展。

金融对经济发展的推动作用主要是通过以下四条途径实现的。

1. 金融活动为经济发展提供基础条件

现代经济是高度发达的货币信用经济，一切经济活动都离不开货币信用因素。商品和劳务交易要以货币计价并通过货币来实现，各部门的资金余缺调剂要通过银行或金融市场进行，各种对经济活动实施调节的经济政策也都与货币信用相关。现代金融为现代经济活动提供正常的交易媒介，提供信用支持，提供转账支付与汇兑等金融服务，等等。

2. 金融促进社会储蓄，并促进储蓄转化为投资

金融具有储蓄功能，能将社会上的闲置资金集中起来，并将资金提供给需要者有偿使用，实现储蓄向投资的转化。一方面，金融机构能提供存款、贷款、债券、股票等多样化的产品，满足资金闲置者的储蓄需求和资金不足者的融资需求，既激励资金闲置者让渡资金使用权，又激励资金不足者选择适当的金融产品和合理的成本来实现融资，促进储蓄与投资的扩大。另一方面，金融体系具有风险识别与资源配置功能，通过金融机构、金融市场的信息生产、收集和管理，能实现良好的风险识别，提高资源配置的效率。

3. 金融活动节约社会交易成本，促进社会交易的发展

金融机构的业务活动和金融市场的交易活动，极大地促进了社会资金流动，节省了社会交易成本，并最终实现社会资源的良好配置，提高经济发展的效率。

4. 金融业的发展直接为经济发展作出贡献

经济发展是全社会各产业的均衡发展，金融业作为第三产业，伴随着现代市场经济的发展，其产值大幅度增加，占 GDP 的比重也在不断提高。2024 年，中国金融业的增加值达到 9.85 万亿元，占 GDP 的比重已达到 7.3%。金融业产值的快速增长，直接增加一国的国民产出，提高社会就业水平，增加国民财富，贡献于经济发展。但是，金融业增加值也反映了实体经济接受金融服务时承担的成

本，过高的金融业增加值也可能阻碍经济发展。

> **原理 14-1** 经济发展决定金融发展，金融在为经济发展服务并与之紧密结合中才能高质量发展。金融的发展是现代经济发展的推动力量。

二、金融与实体经济的关系

（一）金融推动经济发展的作用演变

随着经济发展阶段的不同，金融与经济的关系也不同。经济发展阶段决定经济发展方式，进而决定金融发展方式；而金融在不同经济发展阶段中的作用也在不断变化。从历史来看，金融对经济的作用大体可以分为适应性作用、主动性作用和先导性作用三个阶段。[①]

1. 适应性作用

在经济发展的早期阶段，生产力水平不高，商品交换不频繁，生产规模也较小，金融对经济的作用主要是适应性的。在这一阶段，货币与信用两个范畴相对独立地发挥作用，主要是适应人们的交易需求和借贷需求，作用范围较为狭小。

2. 主动性作用

随着商品经济逐步位居主导地位，货币供给与需求的规模不断扩大，作用范围得以扩展。货币与信用深度融合，金融范畴开始形成。货币制度也朝着信用货币制度演变。银行功能从简单的业务簿记和出纳变为信用中介，银行以经营获利作为目标，主动将"廉价的货币资本"投向新兴工商业，使金融对经济的推动作用从最初的适应性作用转变为主动性作用。

3. 先导性作用

随着经济发展水平的不断提高，金属货币和部分信用货币均无法满足经济的需求，金本位制及布雷顿森林体系陆续瓦解，世界经济过渡到完全的信用货币制度阶段。银行对信用货币的创造突破了原有金属量的限制，金融的规模加速扩大。信用货币可以在生产潜力允许的条件下先于生产而出现在经济生活中，并带动经济的发展。金融从过去的适应产业发展、支持产业发展，转变为在一定程度上引导产业发展，金融对经济的作用从主动性作用转变为先导性作用。在这一阶

[①] 参见王广谦：《经济发展中金融的贡献与效率》，中国人民大学出版社1997年版，第18—20页。

段，金融与经济的主要矛盾从货币供给不足转移到货币供给可能过度增长上来，因此以调节货币供给为中心的金融政策成为经济发展中的主要政策。

（二）社会主义市场经济中金融与实体经济的关系

改革开放以来，随着经济发展水平的不断提高和金融市场化改革的不断深入，中国已经处于金融发挥先导性作用的阶段。如果放任货币供给过度增长、金融活动过度膨胀可能会阻碍实体经济的发展，如何处理好金融与实体经济的关系至关重要。金融与实体经济的关系是金融发展理论中的根本问题。金融是实体经济的血脉，是促进实体经济发展的润滑剂，进而服务实体经济是金融的本源。正确认识和处理好金融与实体经济的关系是推动金融与经济协调可持续发展的前提。2008年国际金融危机爆发后，在实体经济持续疲软而金融部门持续膨胀的背景下，大量资本涌入金融市场逐利，我国经济呈现出了"脱实向虚"的趋势。

> **📖 原理14-2**　金融是实体经济的血脉，为实体经济服务是金融的天职和宗旨，也是防范金融风险的根本举措。

党的二十大提出，坚持把发展经济的着力点放在实体经济上。实体经济是社会实物财富增长的源泉，经济"脱实向虚"不利于金融和经济的协调共同发展。防范经济"脱实向虚"，促进金融向实体经济的理性回归至关重要。资源过分流向"以钱生钱"的金融活动将造成虚拟经济的过度膨胀，引起经济系统的不稳定。当没有资金的流入来保证它的稳定状态时，必然造成经济出现严重问题。资源较少流向创造物质财富的生产活动会导致实体经济萎缩，进而使居民的财富变得虚拟化，贫富差距也会加大。马克思以法国的动产信用公司为案例，揭示了一些金融企业的本质在于，不以支持实体经济为目的，大肆利用证券投机交易获利。[①]法国的动产信用公司脱离实体经济的投机行为使其自身在1867年破产，并导致法国金融体系遭受重创。

三、新时代的金融发展与目标

（一）坚持以人民为中心的价值取向

金融的意义和价值由社会制度决定。在资本主义制度下，一切以资本为中

[①]《马克思恩格斯文集》第二卷，人民出版社2009年版，第582—587页。

心，金融是为资本家尤其是金融资本家的利益服务，极少数金融资本家凭借垄断地位决定着金融的运行规则，攫取超额利润。而人民群众往往成为金融资本家任意宰割的对象。

中国特色社会主义制度下的金融价值观以人民为中心。党的二十大提出，坚持以人民为中心的发展思想，维护人民根本利益，增进民生福祉，不断实现发展为了人民、发展依靠人民、发展成果由人民共享，让现代化建设成果更多更公平惠及全体人民。这阐明了中国特色社会主义的根本价值追求，也指明了中国金融发展的根本目标。

加强党中央对金融工作的集中统一领导，是做好金融工作的根本保证。遵循金融发展规律，紧紧围绕服务实体经济、防控金融风险、深化金融改革三项任务，创新和完善金融调控，健全现代金融企业制度，完善金融市场体系，推进构建现代金融监管框架，加快转变金融发展方式，健全金融法治，保障国家金融安全，促进经济金融良性循环与健康发展，最终彰显金融为人民服务的价值宗旨。以公有制为主体的社会主义基本经济制度，决定了主要的金融资本属于广大人民群众，金融应该着力为广大人民群众服务。

（二）加快建设金融强国

金融强国应当基于强大的经济基础，具有领先世界的经济实力、科技实力和综合国力，同时具备一系列关键核心金融要素，即拥有强大的货币、强大的中央银行、强大的金融机构、强大的国际金融中心、强大的金融监管、强大的金融人才队伍。建设金融强国需要长期努力，久久为功。必须加快构建中国特色现代金融体系，建立健全科学稳健的金融调控体系、结构合理的金融市场体系、分工协作的金融机构体系、完备有效的金融监管体系、多样化专业性的金融产品和服务体系、自主可控安全高效的金融基础设施体系。

要加快建设金融强国，全面加强金融监管，完善金融体制机制，优化金融服务，防范化解风险，坚定不移走中国特色金融发展之路，推动我国金融高质量发展，为以中国式现代化全面推进强国建设、民族复兴伟业提供有力支撑。

（三）为经济社会发展提供高质量服务

1. 新时代经济发展的目标

党的二十大指出，中国特色社会主义进入新时代。我们完成脱贫攻坚、全面建成小康社会的历史任务，实现了第一个百年奋斗目标。新时代新征程的中心任务是全面建设社会主义现代化国家、实现第二个百年奋斗目标，全面推进中华民族伟大复兴。为了服务新时代的发展目标，我国经济发展战略应有以下三方面的内容：第一，坚持以提高发展质量和效益为中心，加快发展方式转变。要把转方式、调结构放到更加重要的位置，更加扎实推进经济持续健康发展。要以结构深度调整、振兴实体经济为主线调整完善相关政策，构建产业新体系，培育一批战略性产业，加快建设制造强国，加快发展现代服务业。第二，加快实施创新驱动发展战略。创新是推动一个国家、一个民族向前发展的重要力量。实施创新驱动发展战略，是加快转变经济发展方式、提高我国综合国力和国际竞争力的必然要求和战略举措。我国经济发展要突破瓶颈、解决深层次矛盾和问题，根本出路在于创新，关键要依靠科技力量。第三，推进供给侧结构性改革。供给侧管理，重在解决我国经济中存在的结构性问题，注重激发经济增长动力，主要通过优化要素配置和调整生产结构来提高供给体系的质量和效率，进而推动经济增长，运用改革的办法推进结构调整，为提高供给质量激发内生动力、营造外部环境。

2. 为经济高质量发展提供高质量金融服务

高质量发展是全面建设社会主义现代化国家的首要任务，金融为实体经济服务的要义是为经济社会发展提供高质量金融服务。为此，要从前面各章节所述的金融要素、金融机构、金融市场、金融开放、风险防控和金融监管、货币政策和宏观调控等各方面全面发力。

第二节　科　技　金　融

科技创新能够催生新产业、新模式、新动能，是发展新质生产力的核心要素。发展科技金融，既拓展了科技创新型企业的融资渠道，也有助于经济创新融资激励，培育企业在实际生产和服务领域中的创新意识，促进实现新旧动能转换、优化实体经济结构和提高整体经济效益。

一、创新驱动发展与科技金融

（一）创新驱动发展概述

科技是第一生产力，创新是第一动力。科技创新是实现经济结构优化升级、经济增长模式转变和创新型国家建设的重要支持力量。我国经济总量已跃居世界第二位，经济实力、科技实力、综合国力迈上了一个新的大台阶。同时，我国发展中不平衡、不协调、不可持续问题依然突出，人口、资源、环境承压。物质资源必然越用越少，而科技和人才却会越来越多地涌现。要推动新型工业化、信息化、城镇化、农业现代化同步发展，必须及早转入创新驱动发展轨道，把科技创新潜力更好释放出来，充分发挥科技进步和创新的作用，形成新质生产力，推动并支撑中国经济的高质量发展。

> 新质生产力是创新起主导作用，摆脱传统经济增长方式、生产力发展路径，具有高科技、高效能、高质量特征，符合新发展理念的先进生产力质态。它由技术革命性突破、生产要素创新性配置、产业深度转型升级而催生，以劳动者、劳动资料、劳动对象及其优化组合的跃升为基本内涵，以全要素生产率大幅提升为核心标志，特点是创新，关键在质优，本质是先进生产力。
>
> ——《习近平在中共中央政治局第十一次集体学习时强调　加快发展新质生产力　扎实推进高质量发展》，《人民日报》2024年2月2日。

（二）科技金融的内涵

科技金融是促进科技开发、成果转化和高新技术产业发展的一系列金融工具、金融制度、金融政策与金融服务的系统性、创新性安排，是由向科技创新活动提供融资资源的政府、企业、市场、金融机构等各种主体及其在科技创新融资过程中的行为活动共同组成的一个体系，是国家科技创新体系和金融体系的重要组成部分。

科技创新需要资金投入，这离不开金融体系的支持。科技创新具有成本高、周期长、风险大等特点，从科技研发到成果转化应用，再到市场开拓、产生效益和投资回报，每个阶段都需要大量资金支持。金融作为社会资源配置的核心，能够为科技创新活动提供资金支持，活跃的金融市场、畅通的融资渠道和良好的金融环境是科技创新和经济高质量发展的重要保障。

科技创新存在风险，需要金融体系的风险分散功能支撑。现代科技创新是以企业为主体、产学研高效协同的综合体系，投资周期长，资金需求量大，风险高，依靠企业自身资本积累或其他单一资金来源都将难以持续。金融体系不仅能跨时空集聚资本、配置资源、发现价格，还能提供风险管理的手段和渠道，评价和实现科技创新价值，并从中获得价值回报，形成对科技创新源源不断的可持续投入。

从基础研究到技术创新，再到科技成果转化为商品、服务和产业，科技创新活动有着不同的阶段，对应地，也具有不同风险、不同期限、不同规模的资金需求。早期的科技研发活动或处在种子期的科技企业，虽然长期收益较高，但风险也较大，与银行的风控要求不匹配，难以从银行获得融资。但是，天使投资、创业投资等风险投资具有较强的风险偏好，能为规避化解创新风险提供金融工具和制度安排。科技创新需要有更加偏好长期收益的耐心资本，能够容忍短期的创新失败和损失。因此，要鼓励和规范发展天使投资、风险投资、私募股权投资，引导金融资本投早、投小、投长期、投硬科技，才能推动科技创新发展。

二、科技金融的形式与发展

不同类型和阶段的科技创新需要不同类型的金融工具支撑，做到风险与收益相匹配。当前，我国已经初步建成包括银行信贷、资本市场、政府引导基金等在内的全方位、多层次的科技金融服务体系，适合不同类型与阶段的科技创新。党的二十届三中全会提出，构建同科技创新相适应的科技金融体制，加强对国家重大科技任务和科技型中小企业的金融支持，完善长期资本投早、投小、投长期、投硬科技的支持政策，为科技金融的发展指明了方向。

（一）银行信贷驱动科技金融发展

金融机构拥有关于科技企业和创新活动的信息，因此可以有效地配置投资，以支持科技进步。从国际成功经验来看，美国是市场导向模式，主要依靠资本市场和风险投资推动科技创新；德国则是银行导向模式，以银行类金融机构为基础推动科技创新。在我国融资体系中，信贷在支持科技创新中一直发挥着重要作用，尤其是对于需要大规模投入的追赶型创新或风险较低的渐进式创新，银行信贷等间接融资可快速响应，发挥金融中介集聚资金的作用，引导社会资本精准流向关键科技领域。

为了应对科技企业抵押品不足的问题，2019年，银保监会、国家知识产权局、国家版权局发布《关于进一步加强知识产权质押融资工作的通知》，积极创设了知识产权质押融资，企业可以以专利、商标等知识产权作为质押品，向银行获得贷款，有效满足了科技企业的信贷需求。2024年1月，国家金融监督管理总局发布《关于加强科技型企业全生命周期金融服务的通知》，提出要促进"科技—产业—金融"良性循环，扎实做好科技金融大文章，推动银行业保险业进一步加强科技型企业全生命周期金融服务。同年4月，中国人民银行设立5 000亿元额度科技创新和技术改造再贷款,旨在进一步激励引导金融机构加大对科技型中小企业、重点领域技术改造和设备更新项目的金融支持力度。目前,金融支持科技创新的力度、广度、精度正在不断提升。截至 2024 年年底,获得贷款支持的科技型中小企业已有 26.25 万家,获贷率 46.9%;科技型中小企业本外币贷款余额 3.27 万亿元;获得贷款支持的高新技术企业 25.81 万家,获贷率为 55.7%;高新技术企业本外币贷款余额 15.63 万亿元。

(二)资本市场赋能科技金融发展

处于初创期和成长期的科技创新企业,往往"轻资产"特征明显、盈利能力较弱、抗风险能力较低、技术优势和市场优势不确定性较大,与商业银行传统授信条件不匹配,导致科技创新企业难以从银行获得融资。资本市场具有独特的风险共担、利益共享机制,能够有效促进资本形成,促进"科技—产业—金融"良性循环,在支持现代经济体系建设和服务创新发展战略方面具有重要价值。尤其是对于引领式和颠覆式创新,资本市场等直接融资具有更强的定价效率和天然的风险共担功能,更能适应有关领域高风险、高成长的特点。

在全面注册制改革深入推进、多层次资本市场建设日益深化的背景下,资本市场要素资源向科技创新领域集聚,形成资本市场体系支持科技创新驱动发展的强大合力。自科创板和创业板改革试点注册制以来,资本市场要素资源加速向科技创新领域集聚,服务实体经济成效显著。2024 年 4 月,国务院印发《关于加强监管防范风险推动资本市场高质量发展的若干意见》,也称为新"国九条",强调资本市场需要提升对新产业新业态新技术的包容性。这一措施的出台标志着中国资本市场改革的深化方向,通过提高资本市场的包容性和服务水平,为科技创新提供更加有力的支持。新"国九条"有助于夯实资本市场的长期发展根基,为新质生产力的培育和壮大创造了良好的市场环境。截至 2024 年年底,科创板上市企业 581 家,IPO 融资额超 9 000 亿元,总市值 6.34 万亿元,创业板总市值为 12.46 万亿元。经过 2 年多的建设和发展,北交所打造服务创新型中小企业主阵地取得新突破,市场规模逐渐扩大。截至 2024 年年底,北交所上市公司家数达 262 家,总市值约 5 386 亿元。北交所上市的企业里,中小企业占比超八成,民营企业占比近九成,国家级专精特新"小巨人"企业占比近五成。

(三)政府引导基金推动科技金融发展

近年来,我国各级政府相继设立了科技创新母基金,以产业引导基金的方式,引导更多的社会资本聚焦地区产业发展战略需求,增强原始创新能力,促进科技创新成果产业化，推动区域经济社会高质量发展。

自 2011 年 7 月起，国家科技成果转化引导基金相关政策密集出台，政策体系日益完善。国家科技成果转化引导基金作为政府引导基金，可充分发挥财政资金引导放大的作用，吸引更多社会资本向科技成果转化集聚，进而实现以资本的力量助推科技创新。国家科技成果转化引导基金主要用于支持转化利用财政资金形成的科技成果，包括中央财政科技计划、地方科技计划及其他由事业单位产生的新技术、新产品、新工艺、新材料、新装置及其系统等。与符合条件的投资机构共同设立子基金，为转化科技成果的企业提供股权投资。子基金重点支持转化应用科技成果的种子期、初创期、成长期的科技型中小企业。

第三节　绿　色　金　融

绿色发展是我国新发展理念之一，生态文明建设事关中华民族永续发展。发展绿色金融，是实现绿色发展的重要措施，也是供给侧结构性改革的重要内容，在推动实施碳达峰、碳中和战略的过程中将扮演不可替代的重要角色。在绿色发展理念的指导下，国家出台了一系列绿色金融政策，积极推动绿色金融创新，有助于经济实现绿色发展、循环发展和低碳发展。

一、绿色发展理念

（一）绿色发展的内涵

绿色发展是建立在生态环境和资源承载力的约束下，将环境保护作为实现可持续发展重要支柱的一种新型发展模式和生活方式。改革开放以来，我国经济社会发展取得了历史性成就。同时，我国在快速发展中也积累了大量生态环境问题，成为明显的短板。党的十八大提出，把生态文明建设放在突出地位。建设"美丽中国"，首先要求的是自然之美，是人与自然的和谐之美。这种美丽是建立在节约资源、保护环境基础之上的。建设美丽中国，是实现中华民族伟大复兴的中国梦的重要内容，需要科学的生态文明理念和生态文明实践。

（二）绿色发展的理论

"两山"理论是指习近平提出的"绿水青山就是金山银山"的生态环保理念，也是习近平生态文明思想的重要内容。第一，像对待生命一样对待生态环境。自然界是人类社会产生、存在和发展的基础和前提,人类可以通过社会实践活动有目的地利用自然、改造自然,但不能凌驾于自然之上。第二,保护生态环境就是保护生产力。生态环境问题归根到底是经济发展方式问题,要正确处理好经济发展同生态环境保护的关系,切实把绿色发展理念融入经济社会发展的各方面,推进形成绿色发展方式和生活方式。第三,以系统工程思路抓生态建设。要按照系统工程的思路,抓好生态文明建设重点任务的落实,切实把能源资源保障好,把环境污染治理好,把生态环境建设好,为人民群众创造良好生产生活环境。

> 既要金山银山,又要绿水青山。这"两座山"之间是有矛盾的,但又可以辩证统一。可以说,在实践中对这"两座山"之间关系的认识经过了三个阶段:第一个阶段是用绿水青山去换金山银山,不考虑或者很少考虑环境的承载能力,一味索取资源。第二个阶段是既要金山银山,但是也要保住绿水青山,这时候经济发展与资源匮乏、环境恶化之间的矛盾开始凸显出来,人们意识到环境是我们生存发展的根本,要留得青山在,才能有柴烧。第三个阶段是认识到绿水青山可以源源不断地带来金山银山,绿水青山本身就是金山银山,我们种的常青树就是摇钱树,生态优势变成经济优势,形成了一种浑然一体、和谐统一的关系。
> ——习近平:《之江新语》,浙江人民出版社2007年版,第186页。

"碳达峰"与"碳中和"简称"双碳"。碳达峰是指在某一个时点,二氧化碳或温室气体的排放达到峰值不再增长,之后逐步回落;碳中和是指国家、企业、产品、活动或个人在一定时间内直接或间接产生的二氧化碳或温室气体排放总量,通过植树造林、节能减排等形式实现正负抵消,达到相对"零排放"。"双碳"目标是指力争2030年前实现碳达峰、2060年前实现碳中和的目标及其举措。"双碳"目标是习近平生态文明思想的重要体现。2020年中国正式提出"双碳"目标并部署实施,这是基于推动构建人类命运共同体的责任担当和实现可持续发展的内在要求作出的重大战略决策。

二、绿色金融与绿色金融体系

(一)绿色金融的内涵

党的二十大强调,完善支持绿色发展的财税、金融、投资、价格政策和标准体系。党的二十届三中全会进一步提出要健全绿色低碳发展机制。绿色金融是指为支持生态环境质量改善、应对气候变化和实现资源节约高效利用的经济活动所提供的金融服务。其基本理念是金融部门要把环境保护作为一项基本政策，在业务活动中要考虑潜在的环境影响，把与环境条件相关的潜在的回报、风险和成本融合进日常业务管理中，注重对生态环境的保护以及环境污染的治理，通过对社会经济资源的引导，促进社会的可持续发展。绿色金融最突出的特点，在于更强调人类社会的生存环境利益和生态效应，将对环境保护和对资源的有效利用程度作为计量其活动成效的标准之一，通过金融业自身的活动，引导各经济主体注重自然生态平衡。

> **原理14-3**　绿色金融是为支持生态环境质量改善、应对气候变化和实现资源节约高效利用的经济活动提供的服务，促进环保、经济社会包括金融业自身的可持续发展。

（二）绿色金融体系

绿色金融体系是指通过绿色贷款、绿色债券、绿色股权、绿色发展基金、绿色保险等金融工具和相关政策支持经济向绿色化转型的制度安排。构建绿色金融体系主要目的在于动员和激励更多社会资本投入绿色产业，同时更有效地抑制污染性投资。构建绿色金融体系，不仅有助于加快我国经济向绿色化转型，支持生态文明建设，也有利于促进环保、新能源、节能等领域的技术进步，加快培育新的经济增长点，提升经济增长潜力。

中国绿色金融发展与实践

绿色金融工具主要有：绿色贷款，也称绿色信贷，是指金融机构向客户发放的用于投向节能环保、清洁生产、清洁能源、生态环境、基础设施绿色升级和绿色服务等领域的贷款。绿色贷款既包括对污染处理行业的贷款，也包括对污染企业支持节能减排投资的贷款。绿色贷款往往较一般贷款利率更低，而且可按规定申请财政贴息。截至 2024 年年底，绿色贷款余额从 2018 年年底的 8.23 万亿元持续攀升至 36.6 万亿元，绿色贷款余额占总贷款余额的比重也从 2018 年年底的 5.8% 升至 2024 年年底的 14.0%。

绿色债券是指依法发行的、募集资金用于支持绿色发展并按约定还本付息的有价证券。绿色债券是重要的绿色金融工具，分为绿色金融债券、绿色债务融资工具、绿色企业债券、绿色公司债券和绿色资产支持证券五大类。由于不同类别的绿色债券发行和交易的市场不同，绿色金融债券由中国人民银行及国家金融监督管理总局监管，绿色债务融资工具由中国银行间市场交易商协会监管，绿色企业债券由国家发展改革委监管，绿色公司债券和绿色资产支持证券则由证监会及交易所监管。

碳中和债是指募集资金专项用于具有碳减排效益的绿色项目的债务融资工具，需满足绿色债券募集资金用途、项目评估与遴选、募集资金管理和存续期信息披露等核心要素，属于绿色债务融资工具的子品种。2021年，中国人民银行在银行间市场推出碳中和债务融资工具和碳中和金融债，重点支持符合绿色债券目录标准且碳减排效果显著的绿色低碳项目。

绿色股权融资，是指企业通过发行股票筹集资金用于绿色项目投资和运营的一种融资方式。通过这种融资方式形成的股权被称为绿色股权。上海证券交易所、深圳证券交易所和北京证券交易所都出台了相关政策鼓励和支持绿色企业上市融资，为绿色企业提供便利，降低其融资成本。绿色企业股票也被纳入绿色金融资产的范围。

绿色股票指数是指按照一定的行业标准和指标架构综合评分较高的绿色上市公司样本的股价所计算出来的价格指数，主要用以刻画绿色股票市场的价格波动情形。绿色股票指数通过引导资金投入针对特定绿色主题、经过特定绿色标准筛选出的上市公司样本，进而直接或间接提高相关上市公司的估值，使企业在资本市场中处于有利地位。2024年3月，中国人民银行等七部门发布《关于进一步强化金融支持绿色低碳发展的指导意见》，提出要"研究制定绿色股票标准，统一绿色股票的业务规则"。

绿色发展基金是指由政府牵头，专门针对节能减排战略、低碳经济发展、环境优化改造项目而建立的专项投资基金，旨在通过资本投入促进节能减排事业发展。2020年，财政部牵头，整合已有的节能环保等专项资金设立了国家绿色发展基金，投资绿色产业，体现国家对绿色投资的引导和政策信号作用。

绿色保险有狭义和广义之分。狭义的绿色保险即环境污染责任保险，是指当企业发生污染环境的行为导致第三方人身或者财产损失后，由保险公司在约定的限额内对其进行赔偿，并且也对治理污染的费用进行补偿。广义的绿色保险是一种可持续发展的保险，即融入了环保意识及生态文明理念的保险经营活动，通过保险业的绿色转型来对生态环境进行保护及支持环保产业的发展，为绿色经济保驾护航。

三、绿色金融政策

近年来，中国人民银行等金融管理机构出台了一系列激励政策，支持绿色金融发展和"双碳"目标。2024年10月，中国人民银行等四部门发布《关于发挥绿色金融作用 服务美丽中国建设的意见》，从加大重点领域支持力度、提升绿色金融专业服务能力、丰富绿色金融产品和服务、强化实施保障四个方面提出19项重点举措，进一步推动金融服务于绿色发展。

（一）绿色信贷政策

绿色信贷政策是利用信贷调控手段引导金融机构加大绿色信贷投放力度的政策，包括增加贷款供给和降低贷款利率两个方面。绿色信贷政策规定了贷款的投向、规模、支持重点、限制对象，以促进绿色发展目标。例如，2012年，银监会制定《绿色信贷指引》，推动银行业金融机构以绿色信贷为抓手，积极调整信贷结构，有效防范环境与社会风险，更好地服务实体经济，促进经济发展方式转变和经济结构调整。

（二）关注绿色发展的货币政策

近年来，针对经济结构性矛盾，央行创设了多种结构性货币政策工具。其中，一些货币政策工具在引导经济绿色发展方面发挥了重要作用。2017年，中国人民银行将银行业存款类金融机构的绿色信贷和绿色债券业绩纳入宏观审慎评估体系，随后，中国人民银行对金融机构的绿色贷款、绿色债券业务开展综合评价，评价结果纳入中央银行金融机构评级，有效提升了金融机构拓展绿色金融业务的动力。中期借贷便利、常备借贷便利等货币政策工具一般需要合格抵押品或质押品。2018年，中国人民银行将符合条件的绿色贷款和绿色债券纳入货币政策操作合格抵质押品范围，提高了商业银行发放绿色贷款和投资绿色债券的积极性。

为了实现"双碳"目标，2021年，中国人民银行进一步推出了碳减排支持工具和支持煤炭清洁高效利用专项再贷款。这两个工具均属于绿色目标的结构性货币政策工具，采取"先贷后借"的直达机制：金融机构在自主决策、自担风险基础上，向相关领域内的企业发放优惠利率贷款后，可向中国人民银行申请资金支持。对于符合要求的贷款，中国人民银行按贷款本金的一定比例向金融机构提供低成本资金支持。

环境权益交易市场与环境权益融资工具

(三)绿色金融发展试验区

地方政府及市场主体积极配合,充分发挥主观能动性和创新精神,形成了推动绿色金融发展的重要原动力。2017年6月,浙江、江西、广东、贵州、新疆五省(自治区)的八个市(州、新区)获批建立绿色金融改革创新试验区,探索具有区域特色的绿色金融发展模式,以绿色金融服务地方经济绿色转型。为鼓励绿色金融发展,部分地方政府还出台了针对性的财政贴息及奖补政策,牵头建立了专业化的绿色基金和绿色担保机制。各类市场主体积极探索和创新绿色金融产品、工具及服务模式,开展了环境压力测试、环境信息披露试点等前瞻性研究与实践,取得的相关成果走在国际前列。

第四节 普惠金融

共享发展体现了社会主义的本质要求,旨在顺应人民群众对美好生活的向往,让发展成果由人民共享。普惠金融是共享发展理念在金融领域的延伸,其目的是维护人民获得金融服务机会的权利,建设满足全社会各阶层人士和经济社会发展需要的普惠金融体系。

一、普惠金融的内涵

(一)普惠金融的概念与目标

普惠金融是指立足机会平等要求和商业可持续原则,以可负担的成本为有金融服务需求的社会各阶层和群体提供适当、有效的金融服务。党的十八届三中全会提出要发展普惠金融,鼓励金融创新,丰富金融市场层次和产品。

联合国在2005年国际小额信贷年会上首次提出了普惠金融的概念,世界银行将普惠金融定义为获得金融服务机会的可得性和平等性。中国普惠金融发展的理念在此基础上,还强调了提供的金融服务要"适当、有效",应该有"可负担的成本",并且要满足"商业可持续原则"。

中国普惠金融的目标是满足人民群众日益增长的金融需求,关注和强调每个人都应该有获得金融服务机会的权利,进而有机会参与经济发展并从中获益,这是实现社会共同富裕、建立和谐社会与和谐世界的必由之路。

（二）普惠金融的关键要素

普惠金融包含四个关键要素，分别是金融服务的可得性、多样且适当的产品、商业可行性和可持续性、安全和责任。

1. 金融服务的可得性

消费者能否便捷地获得金融产品和服务是普惠金融的关键驱动因素。金融服务的可得性意味着消费者在物理上能够充分接近分支机构、代理点、自动柜员机（ATM）或其他网点及设备等各类服务设施，便捷地挑选和使用一系列金融产品和服务。普惠金融首先要提高金融服务对人群的覆盖率，尤其是让偏远地区或者农村的居民都能享受到存取款、转账支付等最基本的金融服务。随着金融数字化转型的深入，一些基于金融科技的金融服务因其成本更低而触达一些偏远地区，对传统的物理银行网点、ATM 起到了一定的补充作用甚至是替代作用。

2. 多样且适当的产品

发展普惠金融，必须合理设计一系列金融产品和服务。金融产品的合适性或质量涉及很多方面，包括可负担、便捷、产品匹配、安全、维护客户尊严，以及保护客户权益等。合适的产品能够推动产品的获取和使用，让更多无法获得或获得金融服务不足的群体进入正规金融体系。

3. 商业可行性和可持续性

构建和维持一个良好的金融生态系统，使得金融服务提供者能以成本节约的方式、长期可持续地提供产品和服务，是实现普惠金融长远目标的必要条件。在向金融服务不足群体提供产品和服务时，为降低经营成本、克服实现盈利和可持续发展的内在障碍，商业实践也需要适当加以调整。

4. 安全和责任

实现普惠金融的长期发展目标需要负责任地向消费者提供金融产品和服务，同时普惠金融政策目标应当与金融稳定和市场诚信的政策目标相一致。总而言之，金融管理部门应当持续评估风险，在不同金融政策目标之间做好权衡取舍。金融消费者权益保护的核心要素包括产品和服务条款的清晰披露、公开透明，公平对待消费者，以及建立便捷合理的纠纷解决机制等。近年来，国家越来越重视金融消费者保护问题。2020 年，国家出台了《中国人民银行金融消费者权益保护实施办法》，保护金融消费者合法权益，规范金融机构提供金融产品和服务的行为，维护公平、公正的市场环境，促进金融市场健康稳定运行。

> **原理 14-4** 普惠金融的关键要素是金融服务的可得性、多样且适当的产品、商业可行性和可持续性、安全和责任。

二、中国普惠金融的发展

根据中国人民银行的划分,普惠金融的指标体系包括基础金融服务可得性、金融服务的使用情况以及金融服务的质量三大类,通过这些指标可以监控普惠金融的发展情况。

(一)基础金融服务可得性

可得性是普惠金融的基本要求。金融服务物理层面的可得性,主要体现在金融分支机构的地理分布上。银行网点是银行体系最基本的分支机构,我国特别重视提高农村地区的金融服务可得性,部分大型商业银行和农村商业银行主动在银行网点空白乡镇新设银行网点,持续向县域乡村倾斜金融资源,助农取款服务点已基本覆盖全部村级行政区,有效满足农村居民日益增长的金融服务需要。

(二)金融服务的使用情况

物理层面的可得性为居民提供了享受金融服务的可能,而服务的使用情况才能体现居民是否真正享受到了金融服务。

1. 支付结算服务

支付结算是最基本的金融功能,便利支付是普惠金融体系的基本特征。居民的非现金支付大多依托于银行账户,因此,在银行开立账户和银行卡反映了人们使用金融服务的情况。截至 2024 年年底,我国银行账户总数达到 149.51 亿户,银行卡总量达到 99.13 亿张,人均持有银行卡 7.04 张。目前,我国个人银行账户拥有率已超过 95%,高于中高收入经济体平均水平,移动支付普及率达到 86%,居全球第一。多地积极开展促消费活动,加强对商户和消费者的激励,促进居民消费和支付需求释放。总体来看,各类场景的支付业务量保持稳定增长。

2. 个人投资、信贷与保险

个人参与投资理财、信贷和保险,反映了居民获取金融投融资和保险服务的情况。随着普惠金融发展的不断推进,个人购买金融资产比例保持平稳,中国人民银行调查数据显示,2023 年,40.39% 的受访者购买银行理财、国债、基金、股票等金融资产。个人信贷使用情况稳步增长,有效缓解了家庭融资约束。

保险密度是保费收入与人口的比值,保费深度是保费收入与GDP的比值,均反映了保险的覆盖情况。从保险密度和保险深度看,保险业务的普惠水平逐年稳步提高。2024年,全国保险密度为4 046元/人,保险深度为4.2%。截至2024年年末,所有金融机构的普惠型小微企业贷款余额达到32.93万亿元,同比增长14.6%。

3. 特定化信贷配置

向受到金融排斥的人群或企业提供倾斜性的资金支持,是普惠金融的一项重要内容。中国人民银行强化信贷政策引导,督促商业银行完善内部激励考核机制,落实尽职免责要求,加大信贷管理制度和产品创新,强化金融科技手段运用,不断提升小微企业金融服务能力。小微企业融资总体呈现"量增、面扩、价降"的态势。

提升中小微企业融资便利水平

在民生信贷方面,中国人民银行加强信贷政策引导,提高符合条件的个人和小微企业最高贷款额度,支持退役军人、高校毕业生、建档立卡贫困人口、农村自主创业农民等重点人群创业。从数据上看,就业创业担保贷款快速增加,助学贷款较快增长。

(三)金融服务的质量

关于金融服务的质量,中国人民银行提出金融知识和金融行为、金融服务投诉、银行卡卡均授信额度、信用贷款情况和信用建设五类指标。近年来,我国金融服务质量不断提升,金融消费权益保护制度和机制建设不断深化,金融消费者长远和根本利益得到更多关注,国民金融素养稳步提升;金融信用信息基础数据库收录的自然人数和企业数稳步增长,以多维度数据集成、共享为特征的中小企业信用体系建设取得明显成效。

三、中国普惠金融发展的支持政策

普惠金融的发展需要政府通过加大政策引导扶持、完善金融服务设施、在法律和政策方面提供适当的空间,鼓励小额信贷机构等新型金融机构的发展,建设起满足全社会各阶层人士和经济社会发展需要的普惠金融体系。2023年10月,国务院发布了《关于推进普惠金融高质量发展的实施意见》,旨在通过深化金融供给侧结构性改革和优化服务,实现普惠金融体系的全面升级,以支持实体经济和社会公平发展。

(一)货币信贷政策

近年来,中国人民银行通过差别存款准备金率、再贷款、再贴现等一系列政策工具,鼓励金融机构加大对"三农"和小微企业的信贷支持力度。中国人民银行还通过再贷款和再贴现,引导金融机构加大对金融服务不足群体的信贷投放力度,具体包括"三农"、小微企业和贫困人口。这些举措有效提高了对"三农"、小微企业和其他普惠金融重要目标群体的金融服务水平。2024年3月15日,《国家金融监督管理总局办公厅关于做好2024年普惠信贷工作的通知》,首次提出"普惠信贷"概念,并明确了量化目标,针对不同类型银行提出了差异化要求。

(二)财税政策

近年来,我国推出了一系列财税政策,通过市场化途径作用于不同的金融产品和服务,推动普惠金融发展。2014年,国家出台了《关于全面做好扶贫开发金融服务工作的指导意见》《关于创新发展扶贫小额信贷的指导意见》等办法,鼓励金融机构提供无担保贷款;支持地方政府安排风险补偿资金,并对贫困人口给予利息补贴;支持推广小额信贷保险,分散贷款风险。此外我国积极鼓励和支持担保机构的发展,旨在提升金融对目标群体的普惠性。许多地方政府已建立政府担保机构以分担金融机构承担的信用风险。

(三)货币政策与监管政策

我国积极运用各种监管手段促进普惠金融发展,主要有差异化监管、优惠政策、重点扶持、市场主体培育以及机制建设。近年来,中国人民银行等部门采取了各种措施,提高"三农"和小微企业金融服务的可获得性。这些措施包括支持商业银行发行专项用于小微企业贷款的金融债券,在小微企业贷款的存贷比、不良贷款率等方面实行差异化计算和考核。近年来,证监会也采取一系列举措满足中小企业融资需求,采取各种措施推动中小企业规范运作和健康发展。

第五节 养老金融

人口老龄化对经济发展提出了挑战,也带来了机遇。发展养老金融,改善对孤寡、残障失能等特殊困难老年人的服务,既有利于满足老年人美好生活需求,促进社会公平,也有助于维持有效劳动和劳动参与率,推动经济发展。

一、人口老龄化趋势与养老金融

（一）人口老龄化及其对经济的影响

人口老龄化是指由生育率下降、预期寿命延长所引起的总人口中老年人口比例相应增长的态势。人口老龄化是一种全球性的趋势，是经济社会发展到一定阶段后的必然结果。按照国际通行的标准，65岁及以上老年人口占总人口的比重达到7%，意味着一个国家进入浅度老龄化社会；比重达到14%，意味着进入深度老龄化社会；比重达到20%，意味着进入超级老龄化社会。根据国家统计局发布的数据，截至2024年年底，我国65周岁及以上老年人口2.2亿人，占总人口的15.6%，已进入深度老龄化社会。

国家积极实施应对人口老龄化国家战略，系统整体推进老龄事业发展，建设符合中国国情、顺应人口老龄化趋势的保障和服务体系，大力发展银发经济，推动老龄事业与养老产业、基本公共服务与多样化服务协调发展。

（二）养老金融的内涵

银发经济和养老产业的发展都离不开金融的支持，养老金等传统的养老模式也需要金融体系的支撑。为了应对人口老龄化挑战，围绕着社会成员的各种养老需求所进行的金融活动的总和均可称作养老金融，包括养老金金融、养老产业金融等。

应对老龄化需要在两个方面发力：一是有足够多的资金用于老年人群的经济支出；二是建设完善的养老产业体系，满足老年人的经济需求。前者需要发展养老金体系，以及创新发展以养老为目的的金融产品，例如在养老金制度的基础上加快建立长期护理保险制度；后者需要养老服务和产业的发展，例如社区养老服务和养老院等。这些需要不同类型的金融服务来支持。

二、养老金融的主要形式与发展

（一）养老金金融

养老金也称退休金，是最主要的社会养老福利待遇，即工作时所创造财富的一部分按月积累到养老金账户，用于保障职工退休后的基本生活需要。养老金金融服务于养老金制度的实施，包括为养老金所有者提供支付结算、账户管理、基金托管、基金投资、养老金信托等服务，开发适合个人养老金保值增值的金融产品等。

养老金制度，是国家为保障劳动者达到法定退休年龄或丧失劳动能力之后能够满足基本生活需要而实行的一种福利制度，发挥着保障社会和谐稳定的重要功能。在一系列政策的支持和引导下，我国养老金体系有了快速发展，目前已经初步建立起了一个覆盖范围广泛、多方主体参与的三支柱养老金体系：第一支柱是国家强制实施的基本养老保险制度，保障大多数老年人的基本生活需求；第二支柱是单位主导的职业养老金制度，包括企业年金和职业年金；第三支柱是国家税收优惠支持、个人自愿参与的个人养老金。

三支柱养老金体系形成的资金总额稳步增长。关于第一支柱，截至2024年年末，城镇职工基本养老保险和城乡居民基本养老保险累计结余资金达到8.7万亿元，参保人数达到10.73亿人。第二支柱于2004年开始实施。2024年，全国企业年金基金积累规模达到3.64万亿元，全国职业年金基金规模达到3.11万亿元。第三支柱于2018年在上海、福建和苏州工业园区建立试点，于2022年11月在北京、上海、天津、广州、西安、银川等36个城市（地区）率先启动实施，并于2024年12月起在全国实施。2024年，个人养老金已吸引超过7 200万名开户参与者。

（二）养老产业金融

养老产业金融则是指为养老相关产业提供投融资支持的金融活动，其对象是养老产业，目标是满足养老产业的各种投融资需求。《"十四五"国家老龄事业发展和养老服务体系规划》中要求，拓宽金融支持养老服务渠道。鼓励金融机构按照市场化、法治化原则，提供差异化信贷支持，满足养老服务机构合理融资需求。鼓励探索以应收账款、动产、知识产权、股权等抵质押贷款，满足养老服务机构多样化融资需求。在依法合规、风险可控的前提下，审慎有序探索养老服务领域资产证券化，支持保险资金加大对养老服务业的投资力度，支持保险机构开发相关责任险及机构运营相关保险。

近年来，养老产业金融增长也非常迅速。一是银行业普惠养老专项再贷款政策的推出，加大了银行业对普惠养老机构的信贷支持，降低了普惠养老机构的融资成本，促使老年人照护、医疗以及智慧家居产业展现出欣欣向荣的局面。二是信贷政策指引发挥效果，养老产业信贷投放持续增长。

第六节　数　字　金　融

党的二十大指出，加快发展数字经济，促进数字经济和实体经济深度融合。数字经济是把握新一轮科技革命和产业变革新机遇的战略选择，也是创新驱动发展的重要体现。数字经济的蓬勃兴起为金融创新发展构筑广阔舞台,数字技术的快速演进为数字金融发展注入充沛活力。

一、数字金融及其对经济的作用

(一)数字金融的概念

数字金融是推动经济社会发展的重要力量,要加快金融机构数字化转型,提升数字金融服务实体经济质效,为经济社会发展和人民群众生活提供更加优质的金融服务。在当今信息化、数字化的时代背景下,金融作为现代经济体系的核心,正经历着前所未有的变革。数字金融作为这场变革的先锋,正以其独特的魅力和巨大的潜力,改变着传统金融的运作模式,重塑着金融服务的面貌。

数字金融是与数字经济高度契合的金融新形态,指通过数字技术手段实现的金融服务,涵盖支付、借贷、投资、保险等传统金融业务,以及利用大数据、云计算、人工智能、区块链等技术进行的金融创新。其核心在于数字化,通过数据和技术驱动,实现金融服务自动化、智能化和个性化。

数字金融与传统金融有显著区别,传统金融依赖物理网点和人工操作,而数字金融通过互联网和移动设备提供服务,打破时空限制,利用大数据和人工智能等技术更准确地评估和管理金融风险,提高安全性和效率。

(二)数字金融对经济发展的作用

数字技术在金融领域的运用,能够助力金融强国建设,提高金融服务实体经济的效率和质量。数字金融的作用主要体现在以下五个方面:

第一,数字金融提高金融服务效率。通过自动化和智能化技术,减少了人工操作环节,提高了金融服务的效率。例如,数字支付可以实现秒级到账,网络借贷可以快速匹配借贷双方,大大提高了金融服务的便捷性。

第二,数字金融扩大金融服务覆盖面。数字金融打破了地域限制,使得偏远地区和低收入人群也能享受到便捷的金融服务。通过互联网和移动设备,数字金融可以覆盖到传统金融难以触及的地区和人群。

第三,降低金融服务成本。数字金融通过互联网和移动技术,降低了金融服务的运营成本。例如,线上银行的运营成本远低于实体网点,使得金融服务更加普惠。

第四,增强金融创新。数字技术的应用促进了金融产品和服务的创新。例如,区块链技术可以实现去中心化的金融交易,人工智能技术可以用于风险评估和投资决策，为金融创新提供了广阔的空间。

大数据重构传统征信模式

第五，提升风险管理能力。大数据和人工智能技术的应用，使得金融机构能够更准确地评估和管理风险。例如，通过大数据分析，金融机构可以更准确地评估借款人的信用风险；通过人工智能技术，可以进行实时风险监控和预警。

2024年11月，中国人民银行等七部门发布《推动数字金融高质量发展行动方案》，提出系统推进金融机构数字化转型等一系列举措，以数据要素和数字技术为关键驱动，加快推进金融机构数字化转型，夯实数字金融发展基础，完善数字金融治理体系，支持金融机构以数字技术赋能提升金融"五篇大文章"服务质效，建成与数字经济发展高度适配的金融体系。

二、数字金融的形式与发展

（一）数字金融的主要形式

数字金融形式多样，涵盖多个金融服务领域，主要包括以下几种。

1. 数字支付

通过电子设备和第三方支付平台实现资金快速转移，已广泛应用于购物、餐饮、交通等生活场景。数字支付不仅包括常见的移动支付，如支付宝、微信支付等，还包括银行卡闪付等多种形式。随着技术的发展，数字支付的安全性和便捷性不断提升，为消费者提供了更加流畅的支付体验。同时，数字支付也推动了商家的数字化转型，提高了商业运营效率。

2. 网络借贷

利用互联网平台匹配借贷双方，降低门槛，提高效率，为个人和小微企业提供便捷融资渠道。网络借贷包括个人之间的网络借贷、网络小额贷款等，通过大数据分析和信用评估技术，能够快速准确地评估借款人的信用状况，从而实现精准放贷。这种模式不仅拓宽了融资渠道，还降低了融资成本，为解决小微企业融资难问题提供了新途径。

3. 数字资产投资

通过互联网和移动设备进行金融产品交易和投资，提供丰富选择，满足不同投资者需求。数字投资平台利用人工智能和大数据技术，为投资者提供个性化的投资建议和资产配置方案。例如，智能投顾服务能够根据投资者的风险偏好、投资目标和资金状况，自动生成投资组合，降低了投资门槛，使更多人能够参与到金融市场中来。

4. 互联网保险

通过互联网平台销售和管理保险产品，提供在线投保、理赔等服务，便捷高效。互联网保险打破了传统保险的时间和空间限制，使投保过程更加简便快捷。同时，借助大数据和人工智能技术，保险公司能够更准确地评估风险，开发出更符合市场需求的保险产品，提高保险服务的质量和效率。

5. 区块链金融

利用区块链技术实现金融服务，具有去中心化、高透明度、强安全性等特点，涵盖数字货币、智能合约等。区块链金融通过分布式账本技术，实现了交易的不可篡改和可追溯性，降低了交易风险，提高了金融市场的信任度。例如，数字货币的出现不仅改变了传统的支付方式，还为跨境支付、供应链金融等领域带来了新的解决方案。

（二）数字金融的政策支持与发展

近年来，我国密集出台支持数字金融快速发展的政策文件。2022年1月，中国人民银行印发《金融科技发展规划（2022—2025年）》，勾画出我国未来金融业数字化转型的发展蓝图，其对于构建适应现代经济发展的数字金融新格局，不断提高金融服务实体经济的能力和水平，有效防范化解金融风险，具有十分重要的意义。

展望未来，数字金融将继续深化发展，大模型规模化应用加速落地，"数据＋算法"赋能场景更加多元，产业数字金融发展加速，成为银行服务实体经济发展新质生产力的重要推手。同时，随着数字人民币试点的推进和应用场景的不断丰富，数字金融将为经济社会发展和人民群众生活提供更加优质、高效、普惠的金融服务。

🎙 重要术语

科技金融　"两山"理论　碳达峰　碳中和　"双碳"目标　绿色金融　绿色贷款　绿色债券　碳中和债　绿色股票指数　绿色发展基金　绿色保险　绿色信贷政策　普惠金融　养老金融　数字金融

思考题

1. 如何看待经济与金融之间的辩证关系？
2. 如何理解金融发展要"以人民为中心"？
3. 如何解决政府引导基金的财政预算约束和市场化目标之间的矛盾？
4. 如何理解"两山"理论？当前绿色金融政策的困境是什么？
5. 普惠金融的关键因素有哪些？怎样评价中国普惠金融的发展？
6. 养老金融的意义是什么？
7. 如何理解数字金融与金融科技的关系？

即测即评

阅读文献

- 《马克思恩格斯文集》第五卷，人民出版社2009年版。
- 《马克思恩格斯文集》第七卷，人民出版社2009年版。
- 《马克思恩格斯选集》第二卷，人民出版社2012年版。
- 《毛泽东文集》第七卷，人民出版社1999年版。
- 《邓小平文选》第二卷，人民出版社1994年版。
- 《习近平谈治国理政》第一至四卷，外文出版社2018、2017、2020、2022年版。
- 《习近平著作选读》第一至二卷，人民出版社2023年版。
- 《习近平经济文选》第一卷，中央文献出版社2025年版。
- 中共中央党史和文献研究院编：《十九大以来重要文献选编》（中），中央文献出版社2021年版。
- 中共中央党史和文献研究院编：《习近平关于金融工作论述摘编》，中央文献出版社2024年版。
- 黄达：《财政信贷综合平衡导论》，中国金融出版社1984年版。
- 吴念鲁、陈全庚：《人民币汇率研究》，中国金融出版社1989年版。
- 戴根有：《中央银行宏观经济分析》，中国金融出版社1990年版。
- 闵庚尧主编：《财经古文选》（修订本），中国财政经济出版社1990年版。
- 刘光第主编：《中国经济体制转轨时期的货币政策研究》，中国金融出版社1997年版。
- 戴相龙主编：《中国人民银行五十年——中央银行制度的发展历程1948—1998》，中国金融出版社1998年版。
- 刘尚希等：《宏观金融风险与政府财政责任》，中国财政经济出版社2006年版。
- 刘鸿儒等：《变革——中国金融体制发展六十年》，中国金融出版社2009年版。
- 易纲：《中国金融改革思考录》，商务印书馆2009年版。

阅读文献

- 曾康林、刘锡良、缪明杨主编：《百年中国金融思想学说史》第一卷，中国金融出版社 2011 年版。
- 姚遂：《中国金融思想史》（上、下），上海交通大学出版社 2012 年版。
- 郑联盛、何德旭：《宏观审慎管理与中国金融安全》，社会科学文献出版社 2012 年版。
- 中国人民银行编著：《中国共产党领导下的金融发展简史》，中国金融出版社 2012 年版。
- 余永定：《最后的屏障：资本项目自由化和人民币国际化之辩》，东方出版社 2016 年版。
- 世界银行、中国人民银行编著：《全球视野下的中国普惠金融：实践、经验与挑战》，中国金融出版社 2018 年版。
- 顾海良主编：《中国特色社会主义政治经济学史纲》，高等教育出版社 2019 年版。
- 黄达、张杰编著：《金融学》（第五版），中国人民大学出版社 2020 年版。
- 中国证券监督管理委员会编著：《中国资本市场三十年》，中国金融出版社 2021 年版。
- 李健主编：《金融学》（第四版），高等教育出版社 2022 年版。
- 王广谦：《经济发展中金融的贡献与效率》，商务印书馆 2023 年版。

后　　记

《中国金融学》是马克思主义理论研究和建设工程重点教材，是"中国系列"原创性教材中的中国经济学教材，由教育部组织编写，经国家教材委员会审核通过。在编写过程中，得到了国家教材委员会高校哲学社会科学（马工程）专家委员会、思想政治审议专家委员会和经济学学科专家组、中国经济学教材审核指导组专家的指导。同时，广泛听取了高校教师和学生的意见建议。

本教材由中央财经大学承担，李健主持编写，李建军任副主编。绪论、第一章，李健撰写；第二章，李建军撰写；第三章，黄昌利撰写；第四章、第五章，彭俞超撰写；第六章，陈颖撰写；第七章，应展宇撰写；第八章，黄志刚撰写；第九章，王辉撰写；第十章，方意撰写；第十一章，马亚撰写；第十二章、第十三章，郭豫媚撰写；第十四章，彭俞超撰写。李健负责全书统稿工作。邢天才、朱玉杰、刘力、刘伟、刘俏、刘尚希、李善民、吴军、吴卫星、宋逢明、张杰、金桩、胡金焱、胡海峰、贺力平、谭小芬、谭松涛等（按姓氏笔画排序）参与了研讨工作。

2025 年 7 月

郑重声明

高等教育出版社依法对本书享有专有出版权。任何未经许可的复制、销售行为均违反《中华人民共和国著作权法》，其行为人将承担相应的民事责任和行政责任；构成犯罪的，将被依法追究刑事责任。为了维护市场秩序，保护读者的合法权益，避免读者误用盗版书造成不良后果，我社将配合行政执法部门和司法机关对违法犯罪的单位和个人进行严厉打击。社会各界人士如发现上述侵权行为，希望及时举报，我社将奖励举报有功人员。

反盗版举报电话　（010）58581999　58582371
反盗版举报邮箱　dd@hep.com.cn
通信地址　北京市西城区德外大街4号
　　　　　高等教育出版社知识产权与法律事务部
邮政编码　100120

读者意见反馈

为收集对教材的意见建议，进一步完善教材编写并做好服务工作，读者可将对本教材的意见建议通过如下渠道反馈至我社。

咨询电话　400-810-0598
反馈邮箱　gjdzfwb@pub.hep.cn
通信地址　北京市朝阳区惠新东街4号富盛大厦1座
　　　　　高等教育出版社总编辑办公室
邮政编码　100029

防伪查询说明

用户购书后刮开封底防伪涂层，使用手机微信等软件扫描二维码，会跳转至防伪查询网页，获得所购图书详细信息。

防伪客服电话　（010）58582300